LES DESSOUS

DE

L'HISTOIRE

CURIOSITÉS JUDICIAIRES
ADMINISTRATIVES, POLITIQUES ET LITTÉRAIRES

RECUEILLIES ET ANNOTÉES

PAR

J. HOVYN DE TRANCHÈRE

Ancien Député de la Gironde.

Tome I

PARIS
ERNEST LEROUX
ÉDITEUR
28, rue Bonaparte, 28

BORDEAUX
FERET ET FILS
LIBRAIRES-ÉDITEURS
15, cours de l'Intendance, 15

1886

LES DESSOUS DE L'HISTOIRE

LISTE DES SOUSCRIPTEURS

S. A. R. Monseigneur le duc d'Aumale.
Ville de Bordeaux.
Archives départementales.
Chambre de commerce.

Cercle de l'Union.
Cercle des Régates.
New-Club.
Bibliothèque royale de Berlin.

MM.

Aignan (Léon), à Champigny.
Alauze (Paul-Émile).
Aradel (R.).
Arnault, avocat, à Libourne.
Astré (F.).
Ayguesparsse (Albert), à Libourne.
Aymen, conseiller général, à Castillon.
Baguenard (Z.).
Balaresque (Henri), à Bègles.
Barckhausen.
Béchade (Armand), à Miramont.
Bellemer.
Belleville, curé de Notre-Dame.
Bethmann (E. de).
Béthune (Comte de), à Nice.
Beylot (Charles), à Libourne.
Beyssac (L.).
Billaudel, inspecteur général honoraire des Ponts et Chaussées, à Paris.
Birlé (Albert), à Nice.
Bocher (Édouard), sénateur, à Paris.
Bonnemains (Général de), à Paris.
Bonnet (Adrien), ancien député, à Paris.
Bony (Baron de), au château de Vayres.

MM.

Bordes (H.)
Bordes de Fortage.
Bossuet du Sillac, à Savignac.
Boüard (R. de).
Boudias, avoué.
Bouvier (Léonce).
Boyer (Alfred), à Guîtres.
Brézetz (Baron de), ancien magistrat.
Brézetz (A. de).
Brivazac (de).
Caboy, notaire honoraire, à Blanquefort.
Canolle (Marquis de).
Carayon-Latour (Joseph de), au château de Virelade (Gironde).
Carbonnier de Marsac (de).
Carles (Comte Alfred de).
Carton (P.-G.).
Cary (Pierre), à Nice.
Castelnau-d'Essenault (Marquis de), à La Tresne (Gironde).
Céleste, conservateur adjoint à la Bibliothèque de la ville de Bordeaux.
Chaperon (Félix), ancien président du Tribunal civil, à Libourne.

MM.

Chappelle (de), docteur-médecin.
Chauliac (Charles).
Chauveau (Comte de), à Paris.
Chiapella (Jérôme).
Chiq (Mme L. de), à Thouars.
Clary de St-Hubert, à Coutras.
Cluzant (Louis), au château de Cabanac (Gironde).
Cordier (A.), directeur du *Nouvelliste*.
Courcel (Baron de), ambassadeur de France à Berlin.
Couturier de Versan.
Cruse (Ed.).
Cuvillier, à Paris.
Cuzol (F.).
Damblat (A.).
Daürel (J.), président de la Société d'Horticulture de la Gironde.
Dauzats (R.).
Dauzats fils (G.-A.).
David (Gaston).
Decazes (Duc), au château de La Grave.
Decrais (Albert), ambassadeur de France à Rome.
Deffès.
Delpit (Jules), à Izon.
Demay de Certant.
Denicau (Léopold), à Paris.
Depret (Camille), à Paris.
Desgranges-Schmidt (F.), à Listrac.
Desmaisons (D^r), au Bouscat.
Dompierre-d'Hornoy (Vice-amiral), député, à Ambarès.
Dréolle (Ernest), ancien député.
Duboscq (E.).
Dubreuilh (Marcel).
Ducarpe (Junior), à Saint-Émilion
Ducasse (A.), avoué, à Libourne.
Ducasse (J.-D.), notaire, à Libourne.
Dufrénoy (Gratien), à Paris.
Dumeau (A.).
Dupac (M.).

MM.

Du Périer de Larsan, à Arcins.
Duphot (H.), correspondant de l'Institut.
Dupuis (Adolphe), à Paris.
Durand-Dégrange, à Libourne.
Dutfoy (Georges), à Paris.
Escarraguel (Arthur).
Eymond (H.), à Saint-Loubès.
Fama (Charles), député, à Saxon-les-Bains.
Ferrière (M.).
Faugère (F.).
Ferronays (Comtesse Fernand de La), à Paris.
Festugière (Émile), à Paris.
Follardeau, à Ruch (Gironde).
Fontémoing (Léo), à Libourne.
Fontémoing (Alphonse), à Saint-Germain-du-Puch.
Fontémoing (R. et H.) frères, à Libourne.
Fourcaud (Victor) père, à Libourne.
Froin (Alcée), conseiller général, à Saint-Ciers-Lalande
Gaden (Charles).
Gaillard (Général), à Pau.
Gallay (Auguste), à Madrid.
Garets (Vicomte des), à Paris.
Gaullieur, archiviste de la Ville.
Gautier (E.).
Gautier-Lagardère.
Gazeaud.
Gervais (L'abbé), chanoine.
Gilly (Jules), à Nice.
Girard de Rialle, chef de la division des Archives au Ministère des affaires étrangères.
Godin (A.), instituteur, à Guîtres.
Goumin (P.).
Grailly (Comte E. de), au château de Bomale, à Saint-Denis-de-Pile.
Grangère-Chaperon.
Guérin (Armand).
Guestier (D.).
Guichenet (A.).

MM.

Guignard (M.).
Guirouard-Bonnaire (P.).
Gungsburg (Baron Jacques de), à Paris.
Guyet père, à Niort.
Guyet (René), à Guingamp.
Guyonnet (Baron de), à Rauzan (Gironde).
Hameau, docteur-médecin, à Arcachon.
Hamel (Comte F. du), à Castets-en-Dorthe.
Haring (Numa), à Guîtres.
Hazera (L'abbé), vicaire de Saint-Louis.
Heeckeren (Baron Georges de), à Paris.
Hondt (Victor d'), avocat, à Gand (Belgique).
Jannaut.
Johnston (Nath.).
Johnston (H.), au château de Beaucaillou (Médoc).
Jouet (E.).
Journu (Henri).
Jullien (J.), à Paris.
Labat (Gustave).
Lacaze (Alfred), premier secrétaire de l'ambassade de France à Rome.
Lacolonge (de).
Lafayette (Edmond de), sénateur, à Paris.
Lagrape, conseiller d'arrondissement, à Saint-Magne.
Lalanne (Émile).
Lalaurencie (Baron E. de), à Abzac.
Lambert de Ste-Croix, à Paris.
Laporte (A.).
Larard (Maurice de), notaire, à Guîtres.
Largeteau aîné.
Lataillade (de), à Puisseguin.
Lawton (W.).
Leblanc (Alfred).
Lechevalier (Émile), à Paris.
Lefebvre (Veuve Ch.).
Le Flo (Général), à Néchoat.
Lépinay (G. de), à Moriolles.
Léon (Adrien), ancien député.
Léon (Alexandre), conseiller général.

MM.

Lesca (Léon), conseiller général.
Leybardie (Alfred de).
Leybardie (Louis de).
Lhote (Louis), à Créon (Gironde).
Luze (Charles de).
Maïhos, directeur de la *Guienne*.
Malet-Roquefort (Comte de), à Saint-Émilion.
Mareilhac (E.).
Maury aîné (G.).
Mazet, notaire, à Saint-Denis-de-Pile.
Mensignac (Camille de).
Méran père, avocat.
Méran (Georges), avocat.
Mercier, à Niort.
Meynot (G. de), château Fourney (Gironde).
Mérionet (Alain de), à Paris.
Monnet (Gabriel), à Libourne.
Morange (A.), avocat, à Lesparre.
Myre-Mory (Comte de La), à Preignac.
Obissier-Lagiraudais, à Libourne.
Passemard (Raoul), avocat à la Cour d'appel.
Pauly.
Payraud (A. de), président du Tribunal de commerce, à Libourne.
Payraud (O. de), maire de Saint-Loubès.
Pelleport-Burète (Vicomte de), ancien sénateur et ancien maire de Bordeaux.
Péreire (Émile), à Paris.
Peyret, ancien percepteur, à Guîtres.
Phélan (Henri).
Pigneguy (G.), à Lamarque.
Piis (F. de), à La Brède.
Piola (A.), ancien maire de Libourne.
Piron (L'abbé), aumônier à l'hôpital Saint-André.
Platon-Mailhou (L.), à Libourne.
Pontac (Vicomte de).
Poumereau (Jules), avocat.
Pourcet, à Cadillac-sur-Garonne.

MM.

Pradet (Émile).
Princeteau (Paul).
Pujos (Eug.).
Pujos (E.).
Puyferrat (de), à Talence.
Raba (Amédée).
Rabion (Auguste), à Galgon.
Raboutet-Chevallier.
Ravez (Comte), à Portets.
Reims (E. de), à Paris.
Riffaud (Émile), directeur du *Courrier de la Gironde*.
Rivière-Bodin, ancien conseiller à la Cour.
Roussel (Louis).
Roux (L'abbé Ph.), vicaire à la Primatiale.
Rozier (Henri), au château d'Abzac.
Sadoine (E.), directeur des Usines Cockeril, à Seraing (Belgique).

MM.

Saint-Ange Richon.
Sauvage, à Paris.
Savignac (Baron O. de), à Tizac-de-Galgon.
Schyler (M.).
Tamizey de Laroque, à Gontaut.
Tourneux (Maurice), à Paris.
Tribert, sénateur, au château de Puyraveau (Deux-Sèvres).
Troplong (Édouard), à Paris.
Vallandé (Albert de), à Talence.
Vallié (H.).
Vandal (Comte Albert de), à Paris.
Vaney (A.), à Paris.
Vassillière (F.).
Vivie (Aurélien).
Vogüé (Vicomte Eug. Melchior de), à Paris.

LES
DESSOUS DE L'HISTOIRE

INTRODUCTION

L'HISTOIRE a ses « dessous » comme le théâtre, et si l'on tient à la présenter sous son véritable jour, à donner aux faits leur origine certaine, à mettre leurs causes en pleine lumière, à peindre d'un trait exact le caractère et les mobiles de ses héros, il faut, à tout prix, descendre dans ces sous-sols mystérieux où se préparent et se machinent les événements, et où les hommes se montrent dans « le simple appareil » de leurs qualités natives, en attendant le moment où ils doivent remplir la scène du monde du bruit de leurs noms et de leurs aventures.

Aussi ne se contente-t-on plus aujourd'hui d'écrire l'histoire sur des données plus ou moins officielles, et d'accepter une version historique, sans l'avoir préalablement soumise au contrôle le plus sévère. Chroniques du temps, dépêches originales, correspondances intimes, rapports et mémoires secrets, tout est mis à contribution par l'écrivain pour découvrir la vérité vraie, et l'histoire, l'histoire impartiale et sincère, y gagne toujours ce qu'y perdent quelquefois la légende et la convention.

De toutes les collections étrangères, la Bibliothèque impériale de Saint-Pétersbourg est, sans contredit, la plus riche en documents de ce genre, et c'est par centaines qu'on y compte les manuscrits et les dossiers d'autographes relatifs à l'histoire politique, administrative et littéraire de la France.

Le plus grand nombre provient de la bibliothèque des comtes Joseph et André Zaluski, dont les 262,000 volumes imprimés et les 100,000 manuscrits furent transportés, en 1795, de Varsovie à Saint-Pétersbourg, et surtout de la collection de Pierre Dubrowsky, secrétaire de l'ambassade de Russie à Paris en 1789. Chez Dubrowsky, le diplomate était doublé d'un chercheur passionné, qui ne reculait devant aucun moyen pour augmenter son « musée » bibliographique, et lorsque eurent lieu la prise de la Bastille et le sac de l'abbaye de Saint-Germain-des-Prés, il en profita, comme d'une occasion providentielle, pour s'approprier de toutes mains les papiers d'État et les manuscrits littéraires qui y étaient déposés. Le procédé n'était pas, sans doute, des plus corrects ; mais si l'on songe qu'à son défaut ces précieux documents, dont quelques-uns portent encore des traces de la boue où ils ont été ramassés, eussent été dispersés aux quatre vents du ciel, et peut-être brûlés comme « entachés de féodalité », on se sent disposé à lui accorder le bénéfice des circonstances atténuantes, et à lui savoir même gré de s'être fait, *per fas et nefas*, le conservateur de cet inestimable trésor.

Vendue, en 1805, au Gouvernement russe par son propriétaire, cette collection, dont les richesses ont été analysées par M. Léouzon-Leduc en 1852, et par M. le comte H. de La Ferrière en 1867, se divise en deux parties distinctes : *les manuscrits français*, dont le catalogue, commencé par nous et terminé par M. Gustave Bertrand, a paru en 1874, et *les autographes français*, dont le catalogue spécial, dressé en entier par M. Gustave Bertrand, a été publié dans la *Revue des Sociétés savantes* (5ᵉ série, tome IV, novembre-décembre 1872).

En ce qui nous concerne, nous avons successivement transcrit *in extenso* et collationné :

Pour les Archives du Ministère des affaires étrangères :

1° *Lettres et dépêches de Messire Paul Hurault, sieur de Maisse*, conseiller du Roi et ambassadeur à Venise, avec les réponses, èz années 1589, 1590, 1591, 1592 et 1593. 3 vol., 2,356 pages.

2° *Ambassade d'Espagne des sieurs de Lymoge et de St-Sulpice* en 1561 et 1564 (*et du sieur de Fourquevaulx* en 1566). 701 pages.

3° *Dépêches originales de M. de Laubespine, évêque de Limoges,* ambassadeur en Espagne, 1560-1562. 274 pages.

4° *Dépêches originales de M. le marquis de St-Sulpice,* ambassadeur de France en Espagne (1562-1564), avec des minutes de celles du Roi. 533 pages.

5° *Dépêches originales du sieur de La Mothe Fénélon,* ambassadeur de France à Londres (1568-1570). 2 vol., 739 pages.

6° *Lettres et dépêches originales de M. de Chamillart à M. le duc de La Feuillade* (1703, 1704, 1705, 1706). 3 vol. *Correspondance entre M. le duc de Vendôme et M. le duc de La Feuillade*. 1 vol. Ensemble : 1,873 pages. 819 pièces.

7° *Lettres et dépêches de Louis d'Aubusson, maréchal, duc de La Feuillade, à M. de Chamillart* (1703, 1704, 1705, 1706). 2 vol., 768 pages, 211 pièces.

8° *Advis de ce qui a esté faict en Angleterre par Monsieur Pomponne de Bellièvre, et de ce qui s'est passé sur les affaires de la Reine d'Écosse,* èz mois de novembre et décembre 1586, et janvier 1587. 92 pages.

9° *Lettres originales des Rois, Reines, Princes et Princesses d'Angleterre et d'Écosse* (1486-1651). 98 pages, dont :

Henri VII	1	Jacques II	1
Henri VIII	1	Anne	2
Élizabeth	13	Charles Ier	2
Marie Stuart	10	Henriette de France	5
Madeleine de France	1	Charles II	1
Jacques Ier	4	Élizabeth, fille de Jacques Ier	2

10° *Lettres originales des hommes illustres d'Angleterre et d'Écosse* (1477-1649). 67 pages, dont :

Oxynford	1	Duchesse de Buckingham	1
Jacques Stuart	2	Duc de Buckingham	2
Lord Fleming	1	Comte de Warwick	1
Seigneurs d'Écosse	2	Duc d'Hamilton	1
Comte d'Essex	6	Lord Hollaud	1
Mindesay	1	Comte d'Arundel	1
Lord Cécil	1	Lord Digby	1
Lord Salisbury	1	Jeanne Hamilton	1
Leycester	1	Montagu	1
Duncaster	2	Craff	2
Duc de Pembrock	1	(Inconnu)	1
Carlisle	2	(Passeport)	1

11° *Minutes autographes d'une correspondance de quelque agent secret*, employé près de la cour de Versailles en 1734. 64 pages.

12° *Relation du mariage de M. le duc d'Holstein avec la princesse Anne de Russie*, célébré le 1ᵉʳ juin 1725, par le sieur de Villardeau. 9 pages.

13° *Relation du couronnement du Czar Pierre II.*

14° *Relation de ce qui s'est passé à Moscou le jour que Sa Majesté Czarienne Anna Ivanovna fit son entrée en cette ville.*

15° *Relation de ce qui s'est passé à l'occasion de l'audience donnée par Sa Majesté Czarienne aux ambassadeurs de la Chine*, le 6 février 1731.

16° *Relation de ce qui s'est passé à l'audience publique que Sa Majesté Czarienne a donnée à l'envoyé extraordinaire de Turquie* (1731).

17° *Table des rangs de toutes les charges*, tant militaires que civiles, de la cour de la Grande-Russie (24 janvier 1722).

18° *Formulaire du serment de fidélité* que les sénateurs, les troupes, et généralement tous les sujets de Sa Majesté Czarienne Pierre II lui ont presté à son avènement au trosne de Russie.

19° *Extrait d'une lettre de M. de Villardeau*, consul de France à Saint-Pétersbourg, en date du 10 février 1725.

20° *Relation de la pompe funèbre de Pierre Alexévitz* (22 mars 1725).

21° *Mémoire touchant l'origine et la conduite de la Czarine*, par le sieur de Villardeau (avril 1725).

22° *Réflexions sur le grand-duc de Moscovie.*

23° *État présent de la Russie au 12 février 1725.*

24° *Liste des chevaliers de l'ordre de Saint-Alexandre Niefvsky* (1725).

25° *Réflexions sur Catherine Ire.*

26° *Liste des chevaliers de l'ordre de Saint-André.*

27° *Liste des dames de l'ordre de Sainte-Catherine.*

28° *Extrait du testament de la Czarine.*

29° *Ordre du convoi de la Czarine.*

30° *Portrait du prince Mentchicoff.*

31° *Portrait de M. Ostermann.*

32° *État des affaires de Russie sous Pierre II* (août 1727).

33° *Relation de la cérémonie des fiançailles du Czar Pierre II avec la princesse Catherine Alexievna Dolgorouki.*

34° *Czar nommé Alexiévitz.*

35° *Relation de tout ce qui s'est passé de plus particulier après la mort du Czar.*

36° *Commerce étranger établi en Russie.*

37° *Mémoire sur les Cosaques,* par le sieur de Villardeau (1727). Ensemble, 97 pages.

38° *Réflexions sur le commerce extérieur de la Russie,* ou avantages que la Russie peut retirer du commerce avec la France par la mer Noire, les Échelles du Levant et la Méditerranée. 50 pages.

39° *Motifs qui, indépendamment de l'intérêt des Polonais, doivent porter le Gouvernement français à s'occuper de la Pologne,* avec une lettre de Mastowski au général citoyen Bonaparte. 64 pages.

40° *Constitution de l'an 1616* (relative à la starostie de Jeziersky).

A. *Cérémonial à observer à la coronation de Sa Majesté le Roi Stanislas-Auguste* (25 novembre 1754).
B. *Instructions communes pour M. Orlik et M. l'abbé de Langlois.*
C. *Détails sur l'arrivée du Roi Stanislas en Pologne.*
D. *Réponse des États confédérés au Mémoire de l'abbé de Langlois.*
E. *Éclaircissemens sur les dixmes ecclésiastiques.*
F. *Résolutions royales* (1739).
G. *Projet des Universaux pour la Diète extraordinaire.*

H. *Réflexions sur l'impression des Gazettes, et réplique à ces Réflexions.*
I. *Raisonnement pour appuyer la demande de M. Korff pour changer le rescript des jugements en Courlande.* Ensemble, 94 pages.

41° *Extrait du Droit public de Pologne,* concernant l'interrègne, la Diète de convocation, l'élection et le couronnement des rois, traduit par Duclos à Varsovie, 1764. 29 pages.

42° *Instruction pour un jeune seigneur,* par le chevalier de La Chétardie. 46 pages.

43° Grammont, fils du maréchal de Grammont, frère du comte de Guiche. — *Relation de mon voyage de Pologne sous le règne de Jean-Casimir* (1663). 101 pages.

44° *Harangue faite au Roi par Méhémet-Cogi,* envoyé d'Alger (1690). 5 pages.

45° *Harangue faite à Sa Majesté par les ambassadeurs du Roi de Siam* en 1687. 4 pages.

46° *Relation de l'entrée à Paris des ambassadeurs suisses en 1663,* lors du renouvellement de l'alliance avec les cantons et leurs alliés. 48 pages.

47° *Lettre de M. de Lesdiguières au Roi* (8 septembre 1597). 5 pages.

48° *Règlement de la Fraternité de Messieurs du Port-Royal des Champs.* 169 pages.

49° *Lettres de la Reine Marguerite de Navarre.* 39 lettres, 71 pages.

50° *Traité touchant les franchises des ambassadeurs à Rome.*
Réponse au plaidoyer de M. Talon, avocat général au Parlement de Paris (1688). 113 pages.

51° *Copie des Actes concernant le traité de confédération entre le pape Alexandre VI et le grand-turc Bajazet II contre Charles VIII, roi de France.*
A. *Lettre latine de Charles VIII aux cardinaux* (Naples, le 8 avril 1494).
B. *Instructions d'Alexandre VI au nonce Giorgio Buzardo,* envoyé par lui *ad magnum sultanum* Bajazet.
C. *Cinq lettres de Bajazet au Pape.* Ensemble, 65 pages.

52° *Dépêches originales de M. de Faugy, ambassadeur de France à Vienne* (1612, 1617, 1618, 1619). 90 pièces, 243 pages.

53° *Lettres originales du marquis de Villars, maréchal de France* (1560, 1562, 1572, 1573, 1577). 43 pièces, 161 pages.

Pour Monseigneur le duc d'Aumale :

54° *Lettres originales de François de Bourbon-Montpensier* (1568-1587). 47 pièces, 140 pages.

55° *Lettres originales des princes de Bourbon-Condé* (1562-1663). 76 pièces, 150 pages.

56° *Lettres originales de Louis de Bourbon-Montpensier* (1562-1586). 60 pièces, 194 pages.

57° *Lettres originales de Claude de Lorraine, duc d'Aumale* (1567-1573). 34 pièces, 111 pages.

58° *Lettres originales des Ducs, Princes et Princesses de Lorraine* (1465-1627). 131 pièces, 320 pages.

59° *Lettres et minutes originales du cardinal de Lorraine* (1556-1572). 29 pièces, 76 pages.

Pour les Archives de la ville de Bordeaux :

60° *Recueil de 187 lettres* (1633-1669) *relatives à la Fronde et aux luttes du Parlement de Bordeaux avec les ducs d'Épernon* (avec fac-simile des signatures). 237 pages.

61° *Mémoire de la Généralité de Bordeaux* (1704). 73 pages.

62° *Secret de la négociation du retour du Roy dans sa bonne ville de Paris en l'année 1652, et de celle de la réduction de Bordeaux à l'obéissance de Sa Majesté, en l'année 1653.* 121 pages.

63° *Recueil des Grands-Jours tenus en diverses villes de France depuis 1367 jusqu'en 1634..... En 1456 et 1459 à Bordeaux.* 33 pages.

64° *Recueil historique pour la minorité du Roi de France...*, etc... *Le Récit de ce qui s'est passé dans la province de Guyenne, depuis le mois de mars jusques au mois de juin, touchant la guerre des Bordelais avec Monsieur d'Espernon* (1649). 19 pages.

65° *Deux lettres du Parlement de Bordeaux au Roi* (la dernière datée du 11 avril 1731). 18 pages.

66° Montesquieu (?). *Essai touchant les lois naturelles et la distinction du juste et de l'injuste.* 19 pages.

67° *Recueil de documents relatifs à l'histoire de Bordeaux et de la province de Guyenne* (1558-1585) (1). 262 pages.

68° *Correspondance du maréchal de Biron* (1563..., etc...) (2). 3 pages (révision).

69° *Dépêches originales du cardinal Georges d'Armagnac* (1562-1585). 62 pièces, 201 pages.

Pour nos archives personnelles :

70° *Les amours de Louis XIV avec Mlle de La Vallière. — Les amours du Roy avec Mme de Montespan, avec les intrigues de la cour. — Les amours du Roy et de Mlle de Fontanges. — Les amours de Mme de Maintenon.* 2 vol., 183 pages.

71° *Histoire galante d'Henriette Stuart* (fille de Charles Stuart). 44 pages.

72° *Histoire du Palais-Royal. — Histoire galante de M. le comte de Guiche et de Madame.* 20 pages.

73° *La Dieudiade,* ou Caractères satyriques de la cour de Louis XIV. 40 pages.

74° Duchesse de La Vallière. *Réflexions sur la miséricorde de Dieu.*

75° De La Vallière. *Réflexions sur la miséricorde de Dieu, par une Dame pénitente, avec table de Réflexions* (2e édition, 1680). 37 pages.

---

(1) C'est sur une invitation, qui nous en fut adressée par le maire de Bordeaux dans le courant de l'année 1877, que nous avons complété ce Recueil, qui avait été antérieurement publié dans le tome XVII des *Archives de la Gironde.*
Sur les 153 pièces qui le composent :
39 ont été corrigées sur les originaux ;
23, copiées en partie par M. de Barthélemy, ont été complétées ;
52, qui avaient été omises par lui, ont été transcrites intégralement ;
39, dont il s'était contenté de faire l'analyse, ont été rétablies en entier.

(2) De même que pour le Recueil précédent, cette correspondance, qui avait déjà été imprimée dans le tome XIV des *Archives de la Gironde,* a été entièrement revue et corrigée sur le texte original ; il y a été ajouté trois lettres et un passage qui avaient été omis, ainsi que le *fac-simile* de l'écriture du premier et du second maréchal.

Papiers de la Bastille (XVIIIᵉ SIÈCLE) :

76° *Lettres de cachet.* — *Ordres d'arrestation, d'élargissement et de transfert.* — *Ordres et lettres des ministres.* — *Lettres des officiers de la Bastille.*

77° *Lettres saisies sur les prisonniers d'État ou écrites par eux pendant leur détention à la Bastille.*

78° *Affaires.* — *Mémoires.* — *Rapports de police.* — *Lettres d'agents secrets à l'étranger.* — *Nouvelles à la main.*

79° *Interrogatoires.* — *Instructions judiciaires.* — *Procès-verbaux de perquisition.* — *Dénonciations.* — *Règlements et Instructions de police.* — *Requêtes et demandes.* — *Réclamations.*

80° *Listes des prisonniers* (Bastille, Vincennes, Grand-Châtelet). — *Frais d'entretien des prisonniers.*

81° *Pièces en vers saisies sur les auteurs ou écrites par eux pendant leur séjour à la Bastille.*

82° *Grand Mémoire ou Rêveries du sieur de M...* (Masers de Latude), écrites de sa main dans le donjon de Vincennes et à la Bastille de 1775 à 1777 (avec un fac-similé de son écriture).

83° *Recueil de divers écrits du chevalier de Rességuier, avec la vie de l'auteur,* écrite par lui-même à la Bastille.

84° Huerne de La Mothe. — *L'auteur pénitent à la Bastille, poème ou confession générale.*

85° *La Bastille conquise,* poème héroïco-satyrico-comique, divisé en 10 chants, où se voit l'histoire de tout ce qui a précédé, accompagné et suivi le blocus de Paris, entrepris par le cardinal Mazarin contre le Parlement, en 1649. 214 pages.

86° *Procès de François Ravaillac,* praticien de la ville d'Angoulême. 28 pages.

87° *L'Histoire des amours de Henri IV,* écrite par Louise de Lorraine, princesse de Conti (?), suivie de la *Clef du Grand Alcandre.* 37 pages.

88° *La Femme docteur ou la Théologie tombée en quenouille,* comédie en prose, par le Père Bougeaut, jésuite (1730). 111 pages.

89° *Recueil des pièces retranchées des Œuvres de J.-B. Rousseau, à cause de leur infamie.* 17 pages.

90° *Histoire de Marie Stuart,* Reine d'Écosse. 81 pages.

91° *Notice sur Marie Stuart* (traduite sur un manuscrit italien de la bibliothèque du prince Labanoff-Rostovsky). 11 pages.

92° *Recueil de plusieurs discours, harangues, lettres, relations, factums et autres ouvrages :*

A. *Lettre écrite au Roi par le Roi d'Angleterre* sur le combat naval donné, les 29 et 30 mai 1692, entre la flotte de France et celles d'Angleterre et de Hollande. 1 page.
B. *Relation de la magnifique entrée de S. A. R. Madame la Duchesse de Lorraine,* faite à Nancy. 2 pages.
C. *Mémoire des riches et magnifiques ameublements et la valeur des pierreries et bijoux* dont S. A. le Duc de Lorraine a fait présent à Mademoiselle d'Orléans, son épouse. 1 page et demie.
D. *Des armes de France et de leur origine.* 2 pages.
E. *Sixain à l'occasion de la mort de M. de Louvois. — Anagramme. — Trois épigrammes sur le prince d'Orange. — L'Attelage,* allégorie. 1 page.

93° Pièces diverses :

A. *Arrest de la Bazoche, à propos d'un mandement de Monsieur l'Évêque de Laon,* donné le 2 avril 1735. 1 page.
B. *Vers au sujet de la démission de Mgr de Saint-Papoul.* 1/2 page.
C. *Épigramme sur Mgr de Ségur.* 1/2 page.
D. *Lettre de Louis XIV, écrite avant sa mort, pour être rendue à Louis XV à l'âge de quinze ans.* 2 pages.
E. *Lettre de Buffon,* datée de Montbard, le 19 novembre 1756. 1 page.

94° Lettres et documents inédits de Diderot :

A. *Histoire de Russie.*
B. *Histoire universelle. — Traité relativement aux arts de peindre et de sculpter.*
C. *Lettre de Diderot,* demandant les suffrages de l'Académie.
D. *Deux lettres.*
E. *Une lettre sur l'abbé Galiani.*
F. *Pièce de vers.*

95° *Correspondance de M. d'Allion*, ministre de France à la cour de Russie, dans les années 1744 et 1745. 226 pages.

96° *Correspondance inédite d'un ministre étranger à la cour de Pierre le Grand, pendant le procès du Czarevitch Alexis* (1718). 13 pages.

97° *Paris ridicule*, satire en vers par Le Petit. 45 pages.

98° *Abrégé de l'Histoire de la possession des Ursulines de Loudun*, suivi du *Triomphe de l'amour divin sur les puissances de l'Enfer*. 121 pages.

99° *Advis de ce qui a esté faict en Angleterre par Monsieur de Bellièvre, et de ce qui s'est passé sur les affaires de la Royne d'Escosse, èz mois de novembre et décembre* 1586, *et janvier* 1587 (double). 49 pages

100° *Procès et mort du maréchal duc de Biron* (1602). 21 pages.

Comme on le voit par cette longue nomenclature, notre travail, dont l'ensemble ne représente pas moins de *quatorze mille pages* in-folio, se compose d'éléments de toute nature, et donne une idée assez juste de la variété des documents qui constituent le fonds français de la Bibliothèque impériale de Saint-Pétersbourg.

Il nous a, sans doute, coûté beaucoup de temps et de peine, mais l'un et l'autre ont été largement compensés par l'attrait que nous avons trouvé à parcourir ces terres inconnues, et plus encore par la pensée qu'il pouvait être de quelque utilité pour les annales de notre pays. Nous ne saurions trop dire, du reste, combien notre tâche nous a été facilitée par le bienveillant empressement de M. Delianoff, le directeur général de la Bibliothèque, et de M. Bytschkoff, son savant et actif adjoint, à satisfaire à nos moindres désirs et à nous seconder dans toutes nos recherches. En mettant ainsi à notre disposition les richesses confiées à leur garde et à leur surveillance, ils nous ont prouvé une fois de plus que sur le terrain de la science comme dans les relations de la vie habituelle, peu de pays savent, comme la Russie, pratiquer avec autant de bonne grâce les devoirs de l'hospitalité.

C'est de la partie de ce travail que nous nous étions plus spécialement réservée que sont extraits les documents formant la matière de ces deux volumes. La plupart sont inédits; quant aux autres, ils sont devenus tellement rares, que le lecteur nous saura gré assurément de les avoir édités à nouveau, et d'avoir, au prix d'un labeur opiniâtre, rapatrié, pour ainsi dire, ces intéressants « dessous » de l'histoire.

XVIᵉ SIÈCLE

MARIE STUART

SOMMAIRE

Pages.

NOTE 17

1º HISTOIRE DE MARIE STUART, REINE D'ÉCOSSE (1548-1578) 22

2º HISTOIRE DE MARIE STUART, REYNE D'ÉCOSSE 33

3º PROCÈS ET MORT DE MARIE STUART :

    Advis de ce qui a esté faict en Angleterre par Monsieur de Bellièvre, et de ce qui s'est passé sur les affaires de la Royne d'Escosse èz mois de novembre et de décembre 1586, et janvier 1587.................... 105

    Propositions faictes à la dicte Royne d'Angleterre par le dict sieur de Bellièvre sur le subiect de la dicte Royne d'Escosse.................... 119

    Propositions faictes à Greniche (Grenwich), du VIᵉ janvier MDLXXXVII......... 131

    Les derniers propos tenus par la dicte Dame Royne d'Escosse, depuis qu'elle fut administrée à la mort jusqu'à l'heure d'icelle.................... 135

4º LA DESCRIPTION DE LA ROYNE D'ESCOSSE, ensemble de sa personne et de la façon de ses habillemens lorsqu'elle vint souffrir la mort, le VIIIᵉ de febvrier 1587 141

5º LA MANIÈRE DE L'EXÉCUTION DE LA ROYNE D'ESCOSSE, faicte le VIIIᵉ de febvrier 1587 en la grande salle du chasteau de Fotheringay.................... 142

6º LA MANIÈRE DE LA SOLENNITÉ DES FUNÉRAILLES DE LA ROYNE D'ESCOSSE, faicte à Peterburghe le premier d'aoust 1587.................... 149

NOTE

LES deux Histoires inédites de Marie Stuart, dont nous publions ci-après la copie littérale, proviennent de la collection du prince Alexandre Labanoff de Rostoff.

La première, qui ne s'étend, du reste, que de 1548 à 1578, est la traduction d'un manuscrit italien qui lui fut offert par le chevalier Pietro Ercole Visconti, lors de son séjour à Rome pendant l'année 1840.

La seconde, dont l'auteur est resté inconnu, a été écrite, d'après une note du prince Labanoff, sous le règne de Charles Ier, et comprend tous les événements relatifs à la Reine d'Écosse, depuis sa naissance (8 décembre 1542) jusqu'à sa mort (8 février 1587).

De tous les amoureux posthumes de Marie Stuart, il n'en est pas qui ait poussé plus loin le culte de sa mémoire que le prince Alexandre Labanoff. Dès que les exigences de son service lui en donnèrent le loisir, il se mit, avec une ardeur toute juvénile, à parcourir l'Europe et à chercher, pendant quatorze années, dans les Archives, dans les Bibliothèques, dans les collections particulières, toutes les lettres, tous les documents qui, de près ou de loin, pouvaient se rapporter à l'infortunée Reine d'Écosse. Grâce à sa haute situation, grâce surtout à l'insistance passionnée qu'il apportait dans ses démarches et dans ses sollicitations, lorsqu'il se sentait sur la trace d'un souvenir de sa morte adorée, bien des portes, qui jusque-là étaient restées fermées aux profanes, s'ouvrirent devant lui, et il revint de ce long voyage de découverte avec un bagage de 736 pièces émanant directement de Marie Stuart, dont plus de 400 étaient encore inédites et inconnues.

Pour en arriver là, il avait compulsé lui-même ou fait compulser par d'intelligents secrétaires les soixante-neuf volumes dans lesquels on conserve, au *State paper Office*, tous les papiers concernant la fille de Jacques V; il avait fouillé en Angleterre et en Écosse : le Musée Britannique à Londres, le Musée Ashmoleon et la Bibliothèque Bodleianne à Oxford, le General Register

House et la Bibliothèque des Avocats à Édimbourg, les archives de famille du duc de Roxburg, du marquis de Salisbury, du comte de Leven et Melville, de sir John Bowes, des Barnbarroch, la collection du docteur Kyle..., etc... De retour sur le continent, sans se lasser une minute dans ses infatigables recherches, il mettait à contribution, en France : les Archives nationales et les Archives du Ministère des affaires étrangères, les Bibliothèques de Paris, d'Aix et de Besançon, les collections du comte de Lanjuinais, de M. de Libri, du comte Hunolstein, de Mme la baronne J. de Rothschild, de M. Feuillet de Conches, de M. Lucas de Montigny, de M. J. Audenet, de M. de Montrémy, à Paris ; du marquis de Villeneuve de Trans, à Nancy ; le Chartrier d'Esneval, au château de Pavilly ; le portefeuille de Sébastien de l'Aubespine, au château de Villebon..., etc...

Puis, reprenant sa course à travers l'Europe, il puisait à pleines mains : à Vienne, dans les Archives impériales ; à Bruxelles, dans les Archives royales ; à Rome, dans les Archives secrètes du Vatican et dans la Bibliothèque Barberini ; à Florence, dans les Archives Médicis et dans la Bibliothèque Magliabechiana ; à Turin, dans les Archives de la Chambre des Comptes ; en Espagne, dans les Archives de Simancas, et enfin, dans la Bibliothèque impériale de Saint-Pétersbourg.

Pendant qu'il réunissait ainsi une correspondance qui n'embrassait rien moins qu'une période de trente-sept ans de la vie de Marie Stuart, et qu'il la publiait, en 1844, sous le patronage de la reine Victoria, il recueillait en même temps un grand nombre d'ouvrages et de manuscrits, et plus de 700 portraits et gravures relatifs à la touchante victime de la jalousie et de la politique religieuse d'Élisabeth.

Par suite de la mort de son propriétaire, cette inestimable collection est aujourd'hui dispersée aux quatre vents du ciel, et c'est à un de ces heureux hasards, qui sont les bonnes fortunes des chercheurs, que nous devons d'avoir pu offrir à nos lecteurs la primeur de ces deux curieux documents.

Les pièces inscrites sous la rubrique : *Procès et mort de Marie Stuart* présentent d'autant plus d'intérêt qu'elles ont été certainement écrites sur les notes de Pomponne de Bellièvre, qui fut envoyé par Henri III, en 1586, auprès de la reine Élisabeth, et qui fut le témoin oculaire des incidents si dramatiques du procès et de la mort de la malheureuse Reine d'Écosse. Elles faisaient partie de l'importante bibliothèque des comtes Joseph et André Zaluski, qui fut transportée, en 1795, de Varsovie à Saint-Pétersbourg. Elles sont mentionnées dans le Catalogue de Gustave Bertrand, à la page 127, sous le n° 131 Z.

Quant aux trois derniers documents, nous les avons transcrits à la Bibliothèque de Saint-Pétersbourg. Ils existent également, à l'état de copie, à la Bibliothèque de l'Arsenal et y sont catalogués, sous le n° 132, dans la partie affectée à la Jurisprudence.

Le Livre d'heures de Marie Stuart. — Parmi les curiosités bibliographiques de la Bibliothèque impériale de Saint-Pétersbourg figure, au premier rang, le Livre d'heures de Marie Stuart, dont il est fait mention dans « l'Inventaire des bijoux, de l'argenterie et d'autres menus objets appartenant à Marie Stuart », dressé à Chartley en août 1586, et dont la Bibliothèque nationale possède une copie du temps.

Voici en quels termes il est décrit dans l'Inventaire :

« Heures en parchemin, escripts à la main, couverts de velloux
» avec coings, plattines au milieu et fermoirs d'or garnis de pier-
» reries ».

Dans le tome VII de son Recueil (page 245), le prince Labanoff lui a consacré la note suivante :

« Ce livre d'heures est maintenant conservé dans la Bibliothèque
» impériale de Saint-Pétersbourg, mais dépouillé de sa magnifique
» garniture. C'est un superbe manuscrit du quinzième siècle, écrit
» en caractères gothiques, avec de riches initiales et torneures *(sic)*
» en or et en couleur. Il se compose de 229 feuillets de peau de
» vélin, contenant des prières latines et françaises, et il est décoré
» de superbes miniatures. Chaque page est encadrée d'arabesques
» en couleur rehaussées d'or, et en bien des endroits l'on trouve
» sur les marges la signature de Marie Stuart et des vers qu'elle
» composa, probablement durant sa longue captivité. L'écriture
» bien connue de cette princesse ne laisse aucun doute sur la
» main qui traça ces lignes, et les différentes formes des caractères,
» ainsi que les dates que l'on y rencontre, prouvent que ce
» manuscrit précieux lui appartint dès sa plus tendre jeunesse,
» lorsque, fiancée du Dauphin, elle habitait la cour de France,
» et qu'il fut encore le compagnon de ses infortunes, quand elle

» gémissait, en Angleterre, sous les verroux de son implacable
» ennemie. Différentes autres signatures, que l'on voit dans ce
» livre, indiquent qu'il resta en Angleterre au moins jusqu'en
» 1615. Il n'existe aucune donnée sur ce qu'il devint ensuite,
» mais il est certain qu'il fut acheté à Paris durant les premières
» années de la Révolution française, et apporté à Saint-Péters-
» bourg par M. Dubrowsky, alors attaché à l'ambassade de Russie
» en France. »

Les vers dont parle le prince Labanoff, et qui sont, en effet, de la main même de Marie Stuart, sont les suivants :

1° Sur le recto et le verso du feuillet 81, qui était resté en blanc dans le manuscrit :

> Qui jamais davantage eust contraire le sort ;
> Si la vie m'est moins utile que la mort !
> Et plustost que cha[n]ger de mes maux l'adventure,
> Chacun change pour moi d'humeur et de nature.
> Marie R.

> Comme autrefois la renommée
> Ne vole plus par l'univers ;
> Isy borne son cours divers,
> La chose d'elle plus aimée.
> Marie R.

> Mais nous savons un bel ange.
> Or sujet de notre louange.

> Les heures je guide, et le jour,
> Par l'ordre exact de ma carrière ;
> Quittant mon triste séjour
> Pour isy croistre ma lumière.

> Ma voix et mes accor.....
> Si ne vous touch.....
> Comment pourr.....
> Et dire que le.....

> Celle qui d'honneur sait combler
> Chacun du bruit de sa louange,
> Ne peut moins qu'à soi ressembler,
> En effet, n'étant qu'un bel ange.

> Il faut plus que la renommée
> Pour dire et publier après.....

2° Sur le verso du feuillet 129 :

> Un cœur que l'outrage martire
> Par un mepris ou d'un refus,
> A le pouvoir de faire dire :
> Je ne suis plus ce que je fus.
> Marie.

3° Sur le recto du feuillet 130 :

> Si nos pensers sont eslevés,
> Ne l'estimés pas chose estrange,
> Ils méritent estre approuvés,
> Ayant pour objet un bel ange.

4° Sur le verso du feuillet 137 :

> Pour récompense et pour sala[i]re
> De mon amour et de ma foie,
> Rendés m'en, ange titulaire (*sic*),
> Autant comme ie vous en doye.

5° Sur le recto du feuillet 138 :

> En feinte mes amis changent leur bienveillance,
> Tout le bien qu'ils me font est désirer ma mort ;
> Et comme si, mourant, j'estois en deffaillance,
> Dessus mes vestements ils ont jetté le sort.

6° Sur le verso du feuillet 158 :

> Il n'apartient porter ces armes
> Qu'à ceux qui, d'un cœur indompté,
> Comme nous n'ont peur des allarmes
> Du temps puissant mais sans bonté.

7° Sur le verso du feuillet 159 :

> Bien plus utile est l'heur que non pas la fortune,
> Puisqu'elle change autant qu'elle est [in]opportune.

8° Sur le verso du feuillet 172 :

> La vieillesse est un mal qui ne se peut guérir,
> Et la jeunesse un bien que pas un ne ménage,
> Qui fait qu'aussitôt né l'homme est près de mourir.
> Et qui l'on croit heureux travaille davantage.

HISTOIRE DE MARIE STUART

REINE D'ÉCOSSE (1548-1578).

Offert à S. E. le prince Labanoff de Rostoff, en assurance de profonde estime et de respect.

Le chevalier Pietro Ercole Visconti.

Roma, 19 Mars 1840.

Au très-illustre et très-vénérable Seigneur, Marquis François Sforza.

Illustre Seigneur, ayant déjà présenté au Serenissime Grand-Duc une narration analogue de l'état dans lequel se trouvent la Reine d'Écosse et le Prince son fils, j'ai pensé qu'il était convenable d'en faire également part à Vostre Très-Illustre Seigneurie, comme à une personne qui a toujours aimé les œuvres dignes et honorables. Il est parlé dans cette narration des persécutions, tracas et emprisonnement dont la Reine a été l'objet depuis sa naissance, qui eut lieu en l'année 1542, ainsi que de la mort de son époux le Roy Henry, de plusieurs autres Barons, de la destruction de la Religion catholique de la Sainte Église, et enfin du couronnement et du règne du Prince son fils, et de la satisfaction des Barons et sujets de ce royaume, qui espèrent la mise en liberté de la Reine et le rétablissement de la Religion catholique.

Je prie très-humblement Vostre Illustre Seigneurie de daigner recevoir avec bonté cet humble et modeste don, et en vous désirant encore une plus haute grandeur, je prie Dieu, Nostre Seigneur, qu'il vous tienne et conserve heureux pendant de longues années.

Florence, le xiv Décembre mdlxxix.

De Vostre Seigneurie Très-Illustre,
Le très-humble serviteur,
François Manaldi.

MARIE, Reine d'Écosse, fille de Jacques V, Roi du même pays, succéda à son père sept jours après sa naissance. Le Roi Henri VIII d'Angleterre, désirant la faire épouser par son fils Édouard, commença une guerre cruelle contre les Écossais, et pendant quelques années ne cessa d'inquiéter l'Écosse par ses incursions.

Anno MDXLVIII. — Pendant ce temps, la Reine, ayant atteint l'âge de *six ans,* et en butte à des tourments continuels, fut envoyée en France sur le conseil et l'ordre de ses Barons, et y ayant été élevée honorablement, fut fiancée, à *seize ans,* au Dauphin, qui fut ensuite Roi de France sous le nom de François II.

Anno MDLVIII. — Après ce mariage, Marie, Reine d'Angleterre et femme de Philippe, Roi d'Espagne, étant venue à mourir, sa sœur Élizabeth lui succéda et commença à régner; mais Henri, Roi de France, ayant appris que par décret de son père ladite Élizabeth devait être privée du trône, comme fille illégitime, et que par suite de ce changement dans l'ordre de succession au trône d'Angleterre ce trône revenait de droit au mari de la Reine d'Écosse, comme étant le plus proche héritier, il ordonna que Marie fût déclarée et reconnue Reine d'Écosse et de Hibernie (1), et que les drapeaux et les insignes des deux Royaumes fussent levés en son nom.

Anno MDLIX. — La Reine Élizabeth, très-émue de cette nouvelle, se décida à commencer une lutte intestine, et se déclara ouvertement l'ennemie de la France, dans l'espoir qu'elle empêcherait ainsi l'exécution des ordres du Roi. Pour arriver plus facilement à son but, sous le couvert de la religion, elle souleva et poussa à la révolte contre les Français plusieurs Barons du royaume d'Écosse. Ceux-ci commencèrent la guerre, largement munis de tout ce qui pouvait les aider à la soutenir. En outre, la Reine Élizabeth envoya en Écosse un grand nombre de soldats anglais, qui, par leur valeur, obligèrent les Français à abandonner à la fois et leur entreprise et ce royaume. Ainsi fut détruite en Écosse la religion catholique; les églises et les autels furent renversés,

---

(1) Irlande.

les couvents ruinés, les évêques, les abbés, et avec eux tous les autres religieux, qui confessèrent et défendirent constamment leur sainte foi, furent chassés de leurs sièges et exilés du pays; plusieurs d'entre eux furent punis, emprisonnés et subirent les plus graves sévices.

Anno MDLX. — A la mort de François II, Roi de France, la Reine Marie retourna en Écosse, dans la pensée que par sa présence et par son autorité elle parviendrait à arrêter, ou du moins à diminuer les troubles civils de son royaume, et à y rétablir la religion catholique et les rites de la Sainte Église.

Anno MDLXI. — Mais elle en fut empêchée par quelques seigneurs écossais, parmi lesquels se trouvait *Jacques, prieur de Saint-André*, son frère naturel, devenu depuis *comte de Moravie* (1), qui avaient pris en apparence son parti, et qui se réunirent pour conspirer la perte des Barons et des citoyens catholiques qui lui étaient réellement dévoués (2).

Anno MDLXII. — C'est à la suite de cette criminelle entente que le *comte de Huntleo* (3) fut tué par ceux-ci, son fils aîné condamné à une détention perpétuelle, son second fils condamné à mort, et que le *comte d'Inderlandia* (?) fut banni et ses biens confisqués. En outre, les comtes *di Aravia* (?) et *di Boduelia* (4), ainsi que l'archevêque de Saint-André et plusieurs autres grands personnages, furent exilés.

Anno MDLXIII. — La Reine, ne se trouvant plus, dès lors, entourée que de Barons hérétiques, n'eut plus la hardiesse de rien tenter en faveur de la religion.

Anno MDLXIV. — Et ainsi, par la volonté de Jacques et des autres hérétiques, elle fut obligée de renoncer à tous ses projets.

---

(1) Murray (le comte de), bâtard d'Écosse, fils naturel de Jacques V et de Marguerite Erskine; souvent désigné dans les correspondances du temps sous le nom de « comte de Mora ».

(2) Cet alinéa est complètement inintelligible dans l'original, et nous n'avons pu, par suite, que lui donner le sens qui nous a paru être le plus logique.

(3) Huntley (le comte de).

(4) Bothwell (le comte de).

Anno MDLXV. — Finalement, la pieuse Reine, voyant son royaume ruiné et la religion catholique persécutée sans pouvoir y porter aucun remède, pensa que le parti le plus sage était de se marier à un prince catholique et pieux comme elle, et de pouvoir ainsi obvier à toutes les ruines et à tous les maux qui l'accablaient.

Elle prit l'assentiment de tous ses Barons, et se maria solennellement avec *Henry Stuart*, son parent, après avoir reçu, à cet effet, une dispense de Notre Saint-Père le Pape Pie IV.

La Reine d'Angleterre tenta à plusieurs reprises d'empêcher ce mariage, et elle poussa à prendre les armes Jacques, le frère naturel de Marie, et les Barons de son parti. La Reine d'Écosse et son mari réunirent une grande armée contre les envahisseurs, et les chassèrent d'Écosse, en les obligeant à se réfugier en Angleterre, où la Reine Élizabeth les fit recevoir avec bonté.

Ce qu'ils n'avaient pu faire par la force, ils le tentèrent par la ruse et par l'intrigue. En présence du Roi Henry, ils accusèrent un certain *David*, son secrétaire catholique, d'avoir comploté, avec la Reine Marie, son assassinat.

David fut banni, et la Reine gardée à vue très-sévèrement; mais la fraude et la tromperie n'ayant pas tardé à être reconnues, les bannis furent tous rappelés en Écosse, et le jour suivant, le Roi Henry, ayant reconnu son erreur et la scélératesse des accusateurs, vint demander secrètement pardon à la Reine, en versant d'abondantes larmes. Elle lui pardonna gracieusement, en l'embrassant, et tous deux s'enfuirent nuitamment des mains de leurs ennemis et se réfugièrent dans le château de *Dumbar* (1).

Anno MDLXVI. — Arrivés là, ils rassemblèrent une nouvelle armée, et exilèrent Jacques et tous ceux de son parti, ainsi que les fauteurs de tant de scélératesses, et les envoyèrent, les uns en Angleterre, et les autres dans les Isles. Il en résulta chez tous ces derniers une violente haine contre le Roi Henry, pour avoir ainsi abandonné ses complices et pour s'être rangé du côté de la Reine. Quelque temps après, la Reine d'Angleterre fit demander par son ambassadeur la grâce des coupables. La Reine d'Écosse fut plus miséricordieuse qu'ils ne le méritaient : elle leur pardonna, et oublia tous leurs méfaits.

---

(1) Dunbarton.

Mais *Morton*, comte de *Rutvenio* (1), et *All'Indisagio* (?), qui avaient commis tant de crimes de leurs propres mains, ne renoncèrent pas à leur haine contre le Roi Henry, et ne cessèrent de chercher toutes les occasions de se venger, jusqu'au moment où ils en arrivèrent à lui donner cruellement la mort.

Le mois suivant, le 19 juin, la Reine mit au monde un fils, auquel on donna le nom de *Jacques* (actuellement *Prince d'Écosse*). Cet événement fut accueilli par tout le royaume avec une grande joie. Jacques fut tenu sur les fonts du baptême par *Charles*, Roi très-chrétien de France, par Élizabeth, Reine d'Angleterre, et par le *duc de Sabaudia* (2) par l'intermédiaire des ambassadeurs envoyés par lui à cet effet.

Après le baptême, une nouvelle conspiration fut ourdie : les conjurés résolurent de tuer Henry, le mari de la Reine, et ils ne cessèrent leurs machinations que lorsqu'ils furent parvenus à exécuter leur entreprise. Ce furent *Botuelio* (3) avec plusieurs des siens qui s'en chargèrent, et une nuit, le Roi Henry fut étranglé et brûlé dans sa maison au moyen de feux d'artifice.

ANNO MDLXVII. — Après la mort du Roi Henry, Botuelio, après s'en être entendu avec les Barons de son parti, forme le projet de prendre pour femme la Reine, alors veuve. Pour en arriver à ses fins, il l'attaque, pendant qu'elle était en voyage, entre *Shilling* (4) et *Édimbourg*, avec une troupe considérable de soldats, l'enlève de vive force, la conduit au château de *Duntbario* (5), dont il avait le commandement, et l'y retient prisonnière avec quelques-uns de ses Barons, jusqu'à ce qu'elle ait consenti à lui accorder sa main. Les autres Barons, ne pouvant supporter une telle injure, vinrent attaquer Botuelio avec une grande armée. Il s'enfuit, passa dans les *Iles Anades* (6), et de là gagna en toute hâte le Danemark, où il fut pris et remis entre les mains de la Reine de ce royaume, qui l'envoya dans un château fort, où il finit ses jours. La Reine Marie se réfugia alors auprès de ses Barons, qui, au mépris de toutes les loix humaines, l'enfermèrent

---

(1) Le comte de Ruthven.
(2) Savoie.
(3) Le comte de Bothwell.
(4) Stirling, capitale du comté en Écosse.
(5) Dunbarton.
(6) Les Iles Orcades.

dans un château, près du lac de *Levino* (1), où ils la menacèrent à plusieurs reprises de mort, si elle refusait plus longtemps de se rendre à leurs désirs. Enfin, elle fut contrainte de signer de sa propre main quelques lettres qui remettaient à son fils l'administration entière du royaume d'Écosse. Ils nommèrent alors gouverneur du Roi et du royaume, Jacques, son frère naturel. Quant à la Reine Marie, ce ne fut qu'avec des larmes et des sanglots qu'elle consentit par force à leur demande, tout en protestant et en déclarant qu'une fois rendue à la liberté elle révoquerait tout ce qu'elle venait de faire contrairement à sa volonté.

Le jeune Prince, fils de la Reine, qui était alors âgé d'un an, fut couronné Roi, et Jacques, frère naturel de la Reine, prit seul la direction du royaume, disposa de tout à sa façon, et commit mille cruautés contre les catholiques et les sujets restés fidèles à leur Reine.

Anno MDLXVIII. — Sur ces entrefaites, la Reine, secondée par quelques gentilshommes, chercha le moyen de recouvrer sa liberté, et, grâce à leur aide et à leur dévouement, sortit presque miraculeusement de prison, et s'enfuit dans une forteresse nommée *Amilitone* (2), où elle se réfugia. Un grand nombre de Barons y accoururent de tous côtés et la saluèrent comme leur vraie souveraine, en lui jurant toute obéissance. Se basant sur l'autorité qu'ils venaient de lui reconnaître et de lui donner, la Reine Marie annula alors tout ce qu'elle avait fait en prison.

A cette nouvelle, Jacques, le Régent du royaume, réunit une armée et attaqua la Reine et ses défenseurs. Beaucoup de ces derniers furent tués sous ses yeux, et pour se soustraire à la fureur du Régent, elle se dirigea vers l'Angleterre.

Voyant les choses tourner de la sorte, la Reine d'Angleterre lui envoya des lettres et des ambassadeurs, comme elle lui en avait envoyés déjà plusieurs fois, en la consolant, et en l'exhortant à prendre patience et à supporter courageusement son infortune. Elle l'invita en outre à venir dans son royaume d'Angleterre, lui promettant de la traiter avec amitié comme sa véritable et bonne sœur, et d'obliger ses sujets à lui rendre l'obéissance qu'ils lui

---

(1) Le château de Loch-Leven.
(2) Hamilton (?).

devaient. La Reine Marie, convaincue par ces belles paroles (qui n'étaient que trop mensongères), partit immédiatement pour l'Angleterre; mais elle fut rejointe par ses ennemis et enfermée dans un château, où elle fut gardée sévèrement à vue, ce qui l'empêcha de se rendre auprès de la Reine d'Angleterre.

Cette dernière fit semblant alors de vouloir arranger les affaires du royaume d'Écosse, bien que secrètement elle soutînt la faction des ennemis de la Reine.

Elle réunit dans ce but un Conseil auquel prirent part les Barons anglais, parmi lesquels étaient le *duc de Norfolk* et d'autres pour la Reine d'Angleterre.

L'évêque *Roseuse* (1) et plusieurs écossais soutenaient le parti de leur Reine. Jacques, le Régent, et d'autres défendirent les prétentions des fédérés, mais ils ne purent s'accorder, chacun criant, accusant à l'envi et semant de son mieux la discorde.

Les ambassadeurs finirent par se brouiller, et, après plusieurs mois, le Conseil fut dissous et les discussions abandonnées. Les Écossais s'en retournèrent chez eux, à l'exception de l'évêque Roseuse, ambassadeur de la Reine d'Écosse, qui, à sa demande, resta pendant sept ans auprès de la Reine Élizabeth, au risque de sa vie et de sa fortune.

Anno mdlxix. — Il fut conclu et juré entre les deux Reines que la Reine d'Écosse serait mise en liberté (1570), à la condition toutefois que, pendant toute la vie de la Reine d'Angleterre, elle ne tenterait rien contre le titre pris par cette dernière; qu'elle lui remettrait, en garantie, son fils et un certain nombre de Barons écossais; qu'elle pardonnerait tous leurs crimes à ceux de ses sujets qui s'étaient soulevés contre elle, et qu'elle leur rendrait sa faveur. Les conditions de ce pacte d'amitié furent signées personnellement par les deux Reines.

Anno mdlxxi. — Néanmoins, quand il s'agit d'exécuter ces conventions, les conseillers de la Reine d'Angleterre et les Barons écossais révoltés lui persuadèrent d'agir tout autrement, en lui disant que son royaume serait continuellement bouleversé et agité si elle mettait en liberté la Reine d'Écosse, et que celle-ci, grâce à ses relations amicales avec beaucoup de princes catho-

---

(1) L'évêque de Ross.

liques qui lui étaient toujours restés fidèles, pourrait, avec leur aide, la chasser du trône et se mettre à sa place.

La Reine d'Angleterre s'excusa à plusieurs reprises auprès de l'archevêque Roseuse, ambassadeur d'Écosse, en lui disant qu'elle ne voulait rien faire contre l'avis de ses conseillers, bien que, disait-elle, elle comprenait qu'elle agissait contre sa volonté, contre l'honneur et contre sa conscience, mais que la libération de la Reine d'Écosse menaçait trop ses propres États, et sa conclusion constante était qu'elle ne pouvait mettre Marie en liberté. A la suite de ces longs pourparlers, l'ambassadeur dut partir sans avoir obtenu aucun résultat favorable.

Sur ces entrefaites, il y avait de grands désordres et de grands troubles en Angleterre et en Écosse. Les comtes *di Hortombria* (1) et *di Oresturandia* (2) et plusieurs autres seigneurs, espérant introduire la religion catholique dans le pays, prirent les armes, enrôlèrent des soldats, occupèrent et fortifièrent plusieurs châteaux et ports de mer; mais se voyant abandonnés par les Princes dont ils attendaient des secours, après bien des combats et des assauts, ils renoncèrent à leur entreprise; ils passèrent avec leur armée en Écosse, où ils furent accueillis avec beaucoup d'humanité.

Anno MDLXXII. — On décapita, contre toutes les loix divines et humaines, le comte de Morton, qui était emprisonné chez le gouverneur *Mortawio* (?), et 800 catholiques, appartenant, il est vrai, à la classe du peuple, furent pendus en Angleterre. La Reine Élizabeth envoya alors une grande armée en Écosse, en demandant qu'on lui rendît le comte di Oresturandia, ainsi que ses compagnons qui s'étaient révoltés contre elle; et comme les Barons écossais, et particulièrement les catholiques, refusaient de les lui rendre, elle brûla trois cents villes et détruisit cinquante châteaux.

En outre, le capitaine anglais *d'Ortofolia* (3) fut emprisonné; par un commun accord des Barons catholiques d'Écosse et d'Angleterre, et avec l'assentiment de Sa Sainteté et de plusieurs Princes chrétiens, on s'était proposé de le marier avec la Reine

---

(1) Le comte de Northumberland.
(2) Le comte de Westmorland.
(3) Le duc de Norfolk (?).

d'Écosse, afin d'arriver par ce moyen à y rétablir les rites et les cérémonies de la Sainte Église.

La Reine d'Angleterre fit encore emprisonner cinquante Barons ou Comtes et d'autres gentilshommes dans le château de *Condieuse* (?), et en même temps, elle ordonna qu'on augmentât la surveillance et qu'on doublât la garde autour de la Reine d'Écosse.

L'évêque Roseuse, qui était également en prison à *Condieuse* (?), fut transféré dans une autre prison, où il resta pendant trois ans. Quant au *duc d'Ortofolia* (1), il paya pour tous les autres et fut décapité.

En Écosse, des conflits de toutes sortes s'élevaient à chaque instant entre Jacques, le bâtard, et beaucoup de Barons qui avaient pris le parti de la Reine Marie. Plusieurs de ces gentilshommes perdirent la vie dans ces conflits, et entre autres Jacques lui-même. Il fut remplacé, avec le consentement de la Reine, par le *comte de Lennox,* comme gouverneur; mais par suite de sa cruauté et de ses mesures tyranniques, spécialement contre l'archevêque de Saint-André, il ne tarda pas à être tué, et peu de temps après lui fut également assassiné *Filopotreto* (?).

Anno MDLXXIII. — Le *comte Maria* (2) fut nommé troisième Régent, mais à la suite des terreurs que lui causaient ses remords d'occuper la place de la Reine, il mourut subitement.

État présent de l'Écosse.

Anno MDLXXVIII. — Morton, le dernier Régent, s'étant rendu odieux à toute la noblesse, fut, dans le courant du mois de mars, cassé, dégradé et exilé en province par l'autorité du Roi et des Barons. Le Roi, qui est maintenant âgé de treize ans, a pris en main le gouvernement du pays, conformément aux loix existantes, et a choisi pour ses conseillers quelques-uns des Barons, surtout de ceux restés fidèles à la Reine. Tout, dans ce moment, est décidé par eux. Ils sont au nombre de vingt-quatre conseillers nobles, dont une partie est catholique et les autres appartiennent à la secte; mais le Roi et toute la noblesse ne

---

(1) Le duc de Norfolk (?).
(2) Lord Erskine, comte de Mar.

cessent de témoigner d'un grand amour pour la Reine d'Écosse, et le Roi fait continuellement en sorte que, par son ordre, on envoie des ambassadeurs chargés de demander la mise en liberté de la Reine à certaines conditions. La Reine d'Angleterre laisse beaucoup plus de liberté à sa prisonnière que par le passé. Par crainte des Écossais, elle leur envoie à tout moment des ambassadeurs pour les exhorter à conserver la paix et l'amitié jurée, et à ne pas recevoir de soldats étrangers dans leur pays.

L'intérêt dont le cœur du jeune Prince fait preuve en faveur de sa mère donne à espérer que, sous peu de temps, elle sera rendue à la liberté, et que la religion de la Sainte Église catholique sera bientôt rétablie en Écosse, parce que les Princes se montrent, de jour en jour, plus enclins à l'embrasser et à la défendre.

Que le Dieu tout-puissant, principe de toute vertu et de tout bien, favorise cet heureux événement, à sa gloire, au plus grand bénéfice de la République chrétienne et pour l'utilité de la Sainte Église, et qu'ainsi Sa Divine Majesté daigne nous concéder cette grâce inappréciable dans ce siècle si turbulent!

HISTOIRE DE MARIE STUART
REINE D'ÉCOSSE

TABLE DES MATIÈRES (1)

	Pages
Naissance de Marie Stuart...	41
Mariage de Marie avec François, fils d'Henry II, Roy de France..	41
Mort du Roy François après seize mois de règne............	42
Marie s'en va en Écosse prendre possession de ce royaume.	42
Élizabeth, qui s'empare du royaume d'Angleterre, prend une jalousie contre Marie..	42
Factions des Calvinistes contre Marie, excitées par Élizabeth	42
Second mariage de Marie avec Henry Stuart, comte de Lennox, son cousin..	43
Le comte de Mouray, bâtard de Jacques II, père de Marie, est l'organe d'Élizabeth pour chagriner Marie, sa sœur........	43
Le comte de Mouray se met en campagne pour faire la guerre au Roy : n'ayant pas pu réussir, il se sauve en Angleterre, et met le trouble entre le Roy et Marie par les manœuvres du comte de Morton	44
Jalousie de Henry contre David Riccio, secrétaire de la Reyne Marie, portée à un point qu'il le poignarde...............	45
Les meurtriers présentent le pistolet sur la gorge de la Reyne, s'emparent d'Elle et la renferment avec une garde à sa porte	45
La Reyne pardonne au comte de Mouray d'avoir porté les armes contre Elle, et au Roy son mary d'avoir assassiné son secrétaire...	46

(1) Cette *Table des matières* est celle qui se trouve dans le manuscrit original.

Fuite du Roy et de la Reyne, après avoir ramassé neuf à dix mille hommes, à cause des Rebelles qui vouloient faire mourir la Reyne.. 47

Le Roy, qui avoit été malade de la petite vérole, après en estre guéry, les conjurez luy conseillent d'aller prendre l'air dans une maison la plus haute de la ville..................... 48

Les conjurez, qui avoient fait miner cette maison, font jouer la mine et le font sauter, et achèvent de le tuer........... 48

Le comte de Morton, Jean Hebron, Paris et Danglis furent exécutez pour ce funeste parricide, et déchargèrent à la mort la Reyne Marie, qui étoit accusée de ce meurtre................. 49

Bothwell, qui avoit part à la mort du Roy, ose rechercher, par l'intrigue de Mouray, la Reyne en mariage....................... 50

Enlèvement de la Reyne, à son retour de Sterlin, par Bothwell, qui l'emmène dans son château de Dombar......... 51

Conseil de Mouray donné à la Reyne d'épouser Bothwell.. 51

Mariage de Marie Stuart avec Bothwell............................ 52

Guerre par les Luthériens et Calvinistes contre le mariage de la Reyne avec Bothwell, sous prétexte de venger la mort du Roy... 52

Horreur de la Reyne du crime de Bothwell, qui avoit fait périr le Roy son mary ; Elle luy donne ordre de se retirer et de ne la voir jamais.. 52

Fuite de Bothwell dans le royaume de Danemark, où il resta en prison dix ans, et déclara, à la mort, que Marie étoit innocente de ce qu'on l'accusoit de la mort de son mary.. 53

Enlèvement de la Reyne par les infidèles et par les trahisons tramées par les agens d'Élizabeth, qui firent couronner son fils à l'âge d'un an et mirent toute l'autorité entre les mains de Mouray, comme Régent ; la dépouillant des ornemens royaux, la firent monter sur un cheval et la menèrent prisonnière dans un château, sur le lac de Levin .. 53

Elle étoit chargée d'opprobres dans cette captivité par la concubine de son père, femme très-insolente, qui la gardoit, et par Mouray, qui la visita pour luy faire des remontrances. 53

Un petit enfant, fils du comte Domglas, luy propose de la faire sauver dans un bateau par le lac : Elle l'accepte et se sauve.. 55

Elle se retire en Angleterre, où Élizabeth la demandoit.

Quand Elle y fut, Elle la fait arrêter par les sollicitations de Mouray, et luy nomme des Commissaires pour luy faire son procès.. 56

Le vicomte de Herrin, cavalier écossois, se présenta à Élizabeth pour la défense de Marie, et luy tint un long discours pour prouver son innocence.............................. 57

Élizabeth, qui trouvoit son avantage au malheur de Marie, ne tint aucun compte de ces remontrances et ordonna aux Commissaires de faire leur charge................................ 58

Le comte de Mouray se déclare chef de l'accusation faite contre Marie.. 58

Défenses pour Marie par plusieurs Seigneurs contre Mouray... 58

La Reyne d'Écosse est jugée innocente par les Commissaires, et Mouray s'enfuit.. 62

Élizabeth est étonnée de ce jugement............................... 62

Le duc de Norfolk désire épouser Marie......................... 63

Le duc de Norfolk est arrêté et mis à la Tour de Londres, à cause de ce mariage... 65

Le duc est accusé d'avoir voulu déposséder Élizabeth de son trône pour y mettre Marie : on dresse un échaffaut, et l'on nomme des Commissaires pour le juger..................... 65

Défenses du duc sur cette accusation............................... 66

Sentence de mort du duc... 66

Cruelle mort du duc... 67

Le comte de Mouray retourne, après tant de perfidies, en Écosse pour jouir des dépouilles de Marie, sa sœur : il est tué d'un coup de pistolet par la main d'un Hamilton......... 67

Comme Marie avoit passé la moitié de sa vie en prison, et qu'on luy refusoit des Prêtres pour la consoler, le Pape Pie V luy permit de se communier elle-même et luy envoya une boête pleine d'hosties consacrées...................................... 68

Divers Papes *(sic)* industrieux trouvent les moyens de voir Marie dans sa prison.. 68

Henry III, Roy de France, envoye à Marie des ambassadeurs pour la consoler... 68

Lettres écrites par la Reyne d'Écosse à la Reyne d'Angleterre.. 69

Éloges de la naissance de la Reyne Marie et de celle de la Reyne Élizabeth... 72

Élizabeth contracte mariage avec le duc d'Alençon, frère de Henry III, qui avoit été en Angleterre pour l'épouser. Après luy avoir donné l'anneau nuptial, Elle rompt tout, par le seul caprice d'une nuit.. 74

Résolution d'Élizabeth de faire mourir Marie.................. 77

Conspiration formée pour faire assassiner la Reyne Élizabeth, à cause de l'usurpation qu'Elle avoit faite du royaume. 77

La conspiration découverte par la trahison d'un nommé Giffar... 79

Les conjurez à la conspiration arrétez et faits mourir cruellement.. 79

Marie renfermée dans une plus étroite prison, et les gardes redoublées à cause de la découverte de cette conspiration. Élizabeth luy signifie, par une lettre, une Commission qu'Elle avoit donnée à des Conseillers d'État pour l'entendre en jugement.. 79

Réponse de Marie à ceux qui luy avoient rendu la lettre d'Élizabeth.. 80

Le Chancelier et le Trésorier vont trouver Marie, luy déclarent le pouvoir qui leur étoit déféré par leurs Commissions et l'admonestent d'entendre les faits dont Elle étoit accusée. Elle leur répond.. 80

A la réponse de la Reyne d'Écosse, Hatton, second chambellan, parle à cette Reyne.. 81

La Reyne d'Écosse appelle quelqu'un des Commissaires et demande que sa protestation soit mise par écrit, et qu'Elle se justifieroit, sans préjudicier à la dignité royale........................ 81

Bromlay, chancelier, se tourne vers la Reyne Marie et luy parle. Quarante officiers de justice font mille questions captieuses à Marie pour la surprendre.. 82

Réponse de Marie à ses juges.. 82

Sentence des juges contre Marie, qui fut présentée au Parlement pour demander la publication....................................... 86

Élizabeth se trouve au Parlement avec une harangue étudiée... 86

L'arrêt confirmé par l'autorité du Parlement, on envoya Beal à la Reyne d'Écosse luy porter la nouvelle de cette funeste condamnation.. 87

La Reyne Marie reçoit cette triste nouvelle avec un courage digne d'Elle.. 87

La Reyne Marie écrit à Élizabeth, non pas pour luy demander la vie, mais pour obtenir d'Elle un tombeau 88

Le Roy Jacques s'employe pour la délivrance de sa mère, ainsy que les ambassadeurs de France, et font de grandes représentations à Élizabeth 89

Les Ministres représentent à Élizabeth qu'il faut finir la vie de Marie, Reyne d'Écosse 90

La vanité d'Élizabeth de faire voler, une fois dans sa vie, la teste d'une Reyne ne se ressouvient pas que sous le règne de la courageuse Marie, Elle avoit été accusée de crime d'État, et qu'Elle attendoit son arrêt de mort 91

La Reyne Élizabeth fait sceller par son secrétaire l'arrêt de mort de Marie 91

On envoye Beal, capital ennemy des Catholiques, avec des exécuteurs de la haute justice, avec des lettres adressées à certains Comtes, par lesquelles le pouvoir étoit donné de procéder à ce massacre. Ils se transportèrent où étoit Marie, pour luy annoncer qu'il falloit mourir le lendemain 92

Discours de la Reyne Marie à ces Comtes sur cette nouvelle 92

Elle demande permission aux Commissaires de conférer avec son confesseur. On le luy refuse 93

Après que les Comtes furent retirés, Elle commença à régler l'ordre de son dernier jour 93

A la fin de son souper, Elle boit à tous ses serviteurs avec gayeté 93

Après souper, Elle écrit trois lettres, l'une au Roy de France, l'autre au duc de Guise, et la troisième à son confesseur. (Voyez celle au Roy Henry III.) 94

Opinion que la lettre au duc de Guise étoit de même substance que celle écrite au Roy; celle au confesseur portoit les combats qu'Elle avoit livrez pour sa religion 95

Elle repasse la vüe sur son Testament, fait la lecture de l'inventaire de ses biens et de ses ornemens, et écrit les noms de ceux à qui Elle les avoit donnez 95

Quand Elle fut éveillée, Elle commença son agonie en lisant la Passion, les genoux nuds sur terre 96

Son dernier jour, qui fut le 8 février 1587, Elle se para des ornemens qu'Elle mettoit les jours de feste, et dit les derniers adieux à ses domestiques.................................... 96

Elle se retire dans son oratoire, où Elle se communie elle-même. On la vient avertir qu'il étoit temps de sortir, ce qu'Elle fit avec un courage incroyable. Melvin, son maître d'hôtel, se présente à genoux devant Elle. Elle luy répond .. 96

Elle demande aux Comtes que l'on traitât humainement ses pauvres serviteurs et qu'on leur permît d'assister à sa mort. On le luy refuse... 97

On luy accorde cinq ou six de ses domestiques pour l'accompagner au supplice... 97

Elle marche et entre dans une salle toute tendue de noir, et monte à l'échaffaut... 97

Elle s'assoye sur une chaise, et Beal luy lut le mandement et l'arrêt outrageux de sa mort; ensuite, Fletcher, doyen de Pétrebourg, l'un de ses malins consolateurs, luy fit un discours de pédant; Elle ne voulut pas l'écouter... 98

Elle jette les yeux par toute la salle pour voir si Elle ne découvriroit pas son confesseur, pour luy demander l'absolution. 98

Discours qu'Elle dit à tous les spectateurs... 98

Sur ce discours, tout le monde pleura... 99

Elle baisoit constamment un crucifix qu'Elle tenoit; le bourreau voulut luy ôter son grand manteau, Elle le repoussa, demandant que cet office luy fût rendu par ses filles, qui s'approchèrent pour la préparer au coup de la mort. Elle s'accommoda elle-même et tendit son col... 99

Elle blâme ses suivantes de ce qu'elles pleuroient. Elle avoit encore une croix de grand prix, qu'Elle vouloit donner à une de ses suivantes : le bourreau la luy arracha des mains. 99

Ayant les yeux bandez et étant attachée au poteau, Elle commença le Psaume : *In te, Domine, speravi*, et parmy ces sacrées paroles : *In manus tuas*, l'exécuteur, tremblant et maladroit, luy déchargea un coup de hache; au lieu de donner sur le col, il frappa l'extrémité de la teste, et luy enfonça sa coëffure, puis déchargea promptement deux autres coups et sépara la teste du corps, la montra et cria : « Vive la Reyne Élizabeth ! Périssent les Ennemis de l'Évangile ! ». 100

Le sang fut ramassé dans des bassins d'argent; ses pauvres filles demandèrent la permission d'ensevelir le corps, mais le Comte les fit chasser de la salle... 100

Éloges et discours faits sur le compte de la pauvre Reyne Marie Stuart, après sa mort... 101

DISCOURS

DE L'AUTEUR DE CETTE HISTOIRE

JE veux produire l'histoire de l'incomparable Reyne Marie Stuart, où je prétends faire voir dans un haut lustre l'innocence persécutée par les jalousies, tant d'amour que d'État, et par un combat général de toutes les passions, sur qui elle dresse un trophée par l'invincible constance de sa mort.

J'ay pris plaisir de lire plusieurs auteurs là-dessus, et tirer la vérité du chaos, où la malice des historiens passionnez l'avoit extrêmement embrouillée, et je l'ay fait d'autant plus volontiers, que c'est un service que je rends à la première vérité que j'adore, à la France qui a nourry et élevé cette grande âme, au Roy de la Grande-Bretagne, qui est honoré de son sang et de ses royales vertus, à l'Écosse qui l'a portée, et à l'Angleterre même, dont la plus saine partie a toujours détesté l'attentat commis en sa personne.

Je prie mon lecteur de croire que jamais histoire ne fut plus déguisée par les hérétiques partisans, jamais la méchanceté n'apporta tant d'artifices, la calomnie tant de mensonges, le mensonge tant de couleurs, et l'impiété tant d'efforts, pour décrier une pauvre Princesse. Cela est passé si avant, que quelques catholiques ignorans ou négligens, ne prenant pas la peine de lire et d'examiner les raisons, se sont abandonnez à une croyance indifférente de tous les libelles diffamatoires des ennemis de notre Religion. Encore, de fraîche date, un calviniste, auteur d'une Histoire espagnole, a fait couler en son livre des outrages contre la mémoire de Marie, Reyne d'Écosse, par une discrétion assez fade, qui donne des ténèbres à l'histoire et du jour à sa passion. Si cet homme eût eu quelque modestie, il eût reconnu le peu d'habileté qu'il avoit d'écrire des livres; il eût eu quelque respect, il eût épargné une Reyne; si son cœur se fût senty touché de quelque pitié, il eût pardonné à une morte; et si quelque sentiment d'honneur eût encore resté dans son âme, étant au service du Roy d'Angleterre, jamais il n'eût fait imprimer des cahiers insolens au désavantage de Sa Majesté, jamais il n'eût crié contre les cendres de sa grande Mère.

Or, pour vous apprendre avec quelle équité je veux procéder en ce narré, je ne consulteray ny Bosius, ny Florimond de Rémond, ny le père Hilarion, de la caste de l'ordre des Minimes, qui ont cependant traité si dignement ce sujet, mais je prendray les principales vérités que j'ay à déduire dans Cambden, historiographe huguenot de la Reyne d'Angleterre, qui a écrit cette histoire, non pas sur de petits livres courans, mais sur les Mémoires authentiques. Dieu a permis que ce personnage, ayant une généreuse ambition de dire la vérité, est allé fouiller dans les Archives, et a produit des papiers que l'on avoit ensevelis, qui font assez paraître les artifices d'Élizabeth et l'innocence de la Reyne d'Écosse.

Voyez, lecteur, où l'abondance du droit et la force de la vérité nous portent, puisque nous prenons nos ennemis mêmes pour juges et pour témoins en cette cause.

PROCÈS ET MORT DE MARIE STUART

MARIE STUART, fille unique de Jacques V, Roy d'Écosse, et de la sage Marie de Lorraine, petite-fille de la très-vertueuse Antoinette de Bourbon, née en Écosse l'année 1542, le 13 de décembre, le jour de Sainte-Luce, est, à mon avis, une Reyne qui a égalé l'excès de ses désastres à la hauteur de sa gloire, et il semble que sa vie ne soit autre chose qu'un théâtre tendu de deuil et couvert de sang, où la révolution des choses humaines joue d'étranges tragédies. Jamais la Nature ne fit naître plus de beautés, ny la grâce plus de merveilles en une personne de cette condition ; jamais le sort ne traita plus rigoureusement une teste, que le Ciel avoit fait naître pour porter trois grandes couronnes.

Elle perdit son père huit jours après sa naissance, fut amenée en France à l'âge de *cinq ans* et nourrie en la cour de Henry II et de Catherine de Médicis, qui l'aimoient uniquement. C'étoit encore un petit bouton de rose, qui tenoit ses grâces enfermées dans la première enfance ; mais comme Elle vint à se produire avec l'âge, on vit une Princesse, descendüe du sang de plus de cent Roys, qui avoit un corps formé des mains de la beauté, un esprit net, un jugement ferme, une haute vertu, et une grâce de parler incomparable. Tout cela fit résoudre Henry II à la donner pour femme à François, son fils, qu'Elle épousa à l'âge de *quinze ans,* n'étant pas beaucoup plus âgé qu'Elle.

Tout rioit aux rayons de cette aurore, et il sembloit que la félicité devoit verser ses faveurs à pleines mains sur un mariage qui avoit été noüé dans le Ciel, pour tirer l'approbation de toute la terre.

Mais qui pourroit sçavoir les secrets que la Providence nous cache dans son sein, ou qui auroit assez de larmes pour déplorer l'état des grandes fortunes, lorsqu'elles sont abandonnées, comme au pillage, à de grandes misères ? Le petit Roy François, n'ayant fait que saluer en passant la Royauté, après un règne de seize mois, est enlevé du monde par un mal d'oreille. Toute la France gémit sous cette perte, à cause des bonnes inclinations de ce Prince, qui n'avoit aucun vice ; mais elle fut plus que sensible au cœur de sa chère Épouse, qui eût désiré de se sacrifier le reste de ses jours auprès des cendres de son mary. Néanmoins, comme le bas âge du Roy, traversé de diverses dispositions, et le peu de temps qu'ils furent ensemble ne luy avoient point laissé de lignée, il fallut parler de retourner en sa patrie, où deux couronnes la regardoient, en Angleterre et en Écosse, comme la vraye héritière. Elle prend possession de l'une, et l'autre est injustement usurpée sur ses droits.

Élizabeth d'Angleterre commence à se piquer d'une furieuse jalousie contre Elle, et avoit déjà formé le dessein de l'arrêter au passage ; mais Dieu voulut qu'étant bien accompagnée de la plus généreuse noblesse de France, Elle passa les mers fort heureusement et se trouva soudainement en son Royaume, comme si Elle eût volé par l'air, où Elle fut reçüe de tous les bons catholiques avec des joyes et des applaudissements merveilleux. L'Angloise, qui crevoit de dépit d'avoir manqué son coup, couvrant ses artifices d'un voile d'amitié, luy envoya une solennelle ambassade, avec des présens pour se conjoüir avec Elle de sa venüe, et luy jurer une alliance éternelle. La bonne Princesse, qui avoit le cœur généreux et crédule, est passionnée pour cette amitié et dispute avec Elle à qui rendra le plus d'honneurs et de courtoisie. Elle prend dans ses Trésors un diamant taillé en cœur, dont Elle luy fait présent, avec un enrichissement de vers de Buchanan, qui n'avoit pas encore l'esprit infecté de trahison. Cependant, Élizabeth, semblable à ces sorcières qui font naître des bruines dans les plus claires matinées, ne cesse de semer sous main des troubles et des divisions au Royaume d'Écosse, voulant perdre sa cousine par chicane, qu'Elle n'osoit pas attaquer par armes.

Et de fait, à son arrivée, Elle se trouve enveloppée par les factions des Calvinistes, qui troubloient pour lors tous les États de la chrétienté ; et voyant que sa viduité n'étoit pas compatible avec de si grandes affaires que les Ennemis formoient tous les jours dans l'État, Elle se résolut, après l'espace de cinq ans, de penser à des secondes noces. Le peu de succès de son premier mariage luy faisoit craindre les alliances étrangères, que ses plus proches luy dissuadoient. Elle jette les yeux sur *Henry Stuart, comte de Lennox* (1), son cousin, qui étoit l'un des beaux Princes du Royaume, et l'épouse avec dispense du Pape. Cette affection, quoique fort innocente, n'étant pas ménagée avec toutes les considérations de l'État, attira la jalousie des autres Princes sur Elle, et fut enfin suivie de beaucoup de déplaisirs.

Mais à dire vray, le *comte de Mouray* (2), frère naturel de la Reyne, homme pernicieux et débordé, et qui étoit sous main l'organe d'Élizabeth, jetta les premières semences de toutes ces tragédies.

On l'appeloit au commencement le *Prieur de Saint-André*, comme étant destiné par son père, le Roy Jacques V, à une dignité ecclésiastique; mais après avoir humé l'air d'une ambition furieuse et turbulente, qui luy fut soufflée par *Knox*, patriarche des Hérétiques en Écosse, il ne cessa d'affecter la qualité de Régent et de Roy, sans épargner les plus détestables méchancetez pour parvenir au but de ses désirs. Comme il vit que la Reyne sa sœur, encore fort jeune, étoit recherchée du Roy d'Espagne pour son fils, et de l'Empereur pour son frère, il fit tous ses efforts pour empêcher ce dessein, prévoyant bien que telles alliances iroient à la diminution de son autorité, et ne manqua pas de luy représenter, avec de très-violentes persuasions, qu'Elle n'auroit ny paix, ny honneur en son Royaume, si Elle épousoit un Prince étranger; et pour l'en dissuader, il ne cessoit de relever auprès d'Elle les perfections du jeune Lennox, plustôt pour l'amuser que pour conduire le mariage au point de sa consommation.

La généreuse Princesse, qui n'étoit pas encore assez rusée, l'écouta, et par son conseil, faisant plus qu'il ne vouloit, entendit au mariage de ce comte de Lennox, qui étoit fort accomply d'esprit et de corps, mais qui, étant d'une extrême jeunesse, n'avoit pas les qualitez requises pour luy servir d'un grand appuy. Le Mouray, qui pensoit qu'il régneroit par luy et en luy, et que l'ayant porté à cette dignité royale, il n'y demeureroit que pour être l'instrument de ses volontez, fut bien trompé quand il le vit refroidy envers luy et régner avec une autorité plus absolue qu'il n'eût voulu. Sa fureur vint à un point, qu'il se mit

---

(1) Henry Stuart, lord de Darnley, fils du comte de Lennox.
(2) Le comte de Murray, bâtard d'Écosse, fils naturel de Jacques V et de Marguerite Erskine, frère consanguin de Marie Stuart.

en campagne pour faire la guerre au Roy. Ayant été mal secondé, il fut contraint de se retirer en Angleterre, où il commença les desseins de perdre sa sœur.

Il avoit à la cour d'Écosse un *comte de Morton*, qui étoit un autre luy-même, auquel il donna la commission de jetter la pomme de discorde dans le mariage du Roy et de la Reyne, ce que celui-cy exécuta avec un artifice incroyable; et y trouvant déjà quelque disposition par le refroidissement des affections, il persuada à Lennox « qu'il n'étoit Roy seulement que de nom, puisque la » Reyne signoit la première aux Édits, et ne permettoit pas qu'un » autre visage que le sien fût gravé sur les monnoyes; qu'il » falloit nécessairement s'emparer de la tutelle de cette impérieuse » femme, et la remettre sous la loy de la nature, qui ne permet » pas à son sexe de commander à un mary ». D'autre part, ce forgeron d'iniquitez, allumant deux fournaises du même souffle, ne cessoit d'embraser le cœur de la Reyne par ses plaintes, luy disant « qu'il falloit châtier ce jeune téméraire, et retenir toute la » souveraineté de son côté; autrement, que ses passions déréglées » voulant partager une couronne, l'ôteroient à tous deux et » mettroient tout en confusion ».

Cela faisoit que Marie, animant son cœur d'un courage viril, jouissoit des droits de sa naissance et régnoit avec une pleine autorité.

Ce nouveau mary, qui de sujet étoit devenu Maître, ne peut porter avec modération le changement de sa fortune, et tient déjà plus de l'empire que de la complaisance. La Reyne aussy, qui désiroit être reconnue comme l'ouvrière de son bonheur, ne voulant pas perdre le nom de Maîtresse en prenant celuy d'Épouse, se dégoûta de son importunité, différa son couronnement, et luy donna peu de part aux affaires du Royaume. Elle traitoit ordinairement avec *David Riccio*, son secrétaire, homme âgé et prudent, qui possédoit son oreille et sa bienveillance avec toute honneur, vu qu'Elle le chérissoit plustôt pour la nécessité de ses affaires que pour autres attraits qui fussent en luy, étant assez disgracié de corps, comme ont écrit ceux qui l'ont pu voir. Mais la médisance des Puritains, qui fait flèche de tout bois, ne laissa pas de faire glisser quelques mauvais discours là-dessus contre l'honneur de Marie, quoyque ce fût la chose la plus incroyable et la plus ridicule du monde.

Aussy Cambden, le plus sincère des historiens de la Religion prétendüe réformée, et Monsieur *de Castelnau* (1), ont dédaigné d'en parler, comme d'un outrage qui n'avoit aucun fondement, quoyque les *comtes de Morton* et *de Lindesay* (2), ces exécrables boutefeux, qui avoient entrepris le divorce de la Maison Royale, suivant l'esprit de l'Hérésie, fatal à débiter impudemment les plus grands mensonges, altérèrent fort le Roy sur le refroidissement des affections de sa femme.

L'esprit de Henry en devient furieux et se sent agité de deux démons, de jalousie d'amour et d'État, qui font en même temps un prodigieux ravage dans son cœur. Ils luy font croire que l'on le tient pour un Roy en phantôme, et que son trône même n'est qu'en peinture, cependant que son lit va être partagé par un autre. En effet, l'excellente beauté de la Reyne, qui luy avoit donné tant d'amour, égaloit sa jalousie à ses flammes; il étoit brûlé de soupçons, de rages, de colères, de phrénésies et de terreurs, vivant comme sur la roüe, et ne sçachant à quoy se résoudre.

La passion luy suggère un remède sanglant, qui fut de tuer le Secrétaire du Cabinet de la Reyne à l'heure de son souper, et sous couleur de luy communiquer quelque affaire, le poignarda dans l'antichambre. Ce corps, tout sanglant et navré de soixante playes, tombe à la porte de sa Maîtresse, implorant le Ciel et la terre contre ceux qui, par une trahison si noire, luy ravissoient la vie en la fleur de ses espérances. La Reyne, épouvantée du bruit, y court et reçoit les derniers soupirs de son âme avec son sang, dont quelques gouttes tombèrent sur sa juppe. Elle en est outrée tout ce qui se peut, et croit que la tache de ce sang luy peint l'opprobre sur le visage.

Mais comme Elle s'en plaint, les meurtriers luy présentent le pistolet, sans avoir égard à l'éclat de sa Majesté, ny à sa grossesse, ne désirant autre chose que de perdre l'arbre et le fruit du même coup. Ils la resserrent sur l'heure dans une chambre du Palais, luy ôtant tous ses domestiques, et posant un corps de garde de quatre-vingts soldats à sa porte. Les États se tenoient pour lors, et le Conseil pestilent étoit assemblé, où les Hérétiques ne cessoient de souffler, avec des bouches de feu, la rébellion, le

---

(1) Michel Castelnau de Mauvissière, successeur de La Mothe Fénélon à l'ambassade de France en Angleterre.

(2) Lord de Lindsey, prévôt d'Édimbourg.

sang et les carnages; ils disoient hautement qu'il ne falloit point faire à deux une affaire de si grande importance : mais, puisque la Reyne, qui étoit la colonne de la religion des Papistes dans l'Écosse, étoit déjà ébranlée, qu'il la falloit abattre et la perdre, en donnant droit aux calomnies que l'on avoit publiées d'Elle. Ils tâchèrent de séduire l'esprit du jeune Roy, luy promettant de mettre la couronne paisible sur sa teste, s'il vouloit appuyer leur dessein, à quoy, comme il montroit de l'inclination, ils commencèrent à tramer une horrible conjuration, pour se deffaire de toutes les plus signalées personnes de l'État, et envelopper l'innocence de la pauvre Reyne dans ce naufrage commun.

Le comte de Mouray, réfugié en Angleterre pour avoir levé les armes contre Leurs Majestés, retourne là-dessus et revient plutôt en triomphateur qu'en criminel. On luy fait ouverture de ces pernicieux conseils, dont il eut de l'horreur, ne voulant pas encore porter l'affaire jusques à ce point. Il va trouver la Reyne en secret, luy demandant pardon de sa faute passée, luy promet toute obéissance à l'avenir et luy conseille de rallier les esprits, pardonner les injures et lever aux conjurez toutes les appréhensions du désespoir. Elle, pliant son esprit à la nécessité des temps et des affaires, le reçoit avec toute courtoisie, et luy dit qu'Elle étoit prête de faire tout ce qu'il luy plairoit, mais qu'il la falloit tirer de là, et délier les mains à sa clémence, à dessein d'embrasser ses rebelles. Au reste, qu'il n'ignoroit pas que son cœur étoit sans fiel, ayant toujours pardonné les offenses jusques à se perdre par trop de bonté, et quoyqu'il l'eût traitée avec beaucoup de rigueur pour un frère, qu'Elle ne cesseroit de le chérir et de le gratifier sur tous autres pour luy donner une pleine satisfaction.

Comme il fut sorty, le Roy entra, et ce fut alors que la grâce et la nature firent leur effet, car l'innocente Reyne, formant son visage et sa parole à la plus sensible passion, luy dit :

« Hé quoy! Monsieur, est-ce donc là ce que j'ay mérité pour
» vous avoir aymé sur tous les hommes du monde? Me falloit-il
» distraire de votre amitié pour adhérer à mes plus mortels
» ennemis? Si j'ay mérité la mort en faisant tout le bien qui
» m'a été possible, qu'a fait ce petit innocent qui est dans mes
» entrailles, que je ne conserve que pour accroître vos pouvoirs?
» Les excez de ce mauvais traitement arracheront la vie à la
» mère et à l'enfant, et je crains que vous ne reconnoissiez un

» jour trop tard la violence et la rage de ceux qui vous per-
» suadent de perdre tout ce que vous avez de plus cher, pour
» vous ensevelir dans mes ruines ».

Comme Elle eut dit ces mots en pleurant, le cœur du Roy son mary s'attendrit, luy demanda pardon à genoux avec des soupirs touchans, des larmes d'amour et des gémissemens qui luy firent pitié ; et après luy avoir déclaré la conjuration qui se tramoit, luy dit qu'il venoit pour vivre ou pour mourir pour Elle. Cette confiance la réjoüit extrêmement, et l'ayant exhorté d'appaiser la colère de Dieu sur toutes choses et avoir en particulier recours à sa miséricorde, Elle luy donna des instructions nécessaires, luy conseillant de dissimuler et ne se pas ouvrir aux conjurez, mais seulement leur représenter qu'il avoit trouvé la Reyne sa femme fort malade, et que la violence de son mal pourroit être aussy forte que le fer ou le poison pour l'enlever de ce monde ; qu'il n'étoit pas besoin de la garder davantage, qu'il en répondoit pour en passer après par leurs avis, si Dieu n'en ordonnoit autrement.

Ce conseil fut suivy, et après que le Roy eut persuadé aux rebelles ce qu'il désiroit, il retourna à sa chère Épouse, et tous deux se sauvent sur le minuit, ayant ramassé neuf ou dix mille hommes par la diligence du *comte de Bothuel* (1), qui dissipèrent en une matinée toute la rébellion.

Or, le comte de Mouray étoit rentré dans les bonnes grâces de la Reyne ; mais le Roy, qui sçavoit les pernicieux conseils dont il étoit auteur, et qu'il l'avoit fait servir d'instrument à la mort du Secrétaire, ne le pouvoit nullement souffrir, et s'étoit résolu dès lors de l'assassiner, sans la défense expresse de la bonne Reyne, qui ne pouvoit rien souffrir de violent.

L'autre, sçachant la mauvaise volonté que le Roy avoit pour luy, le prévint par un crime détestable, attirant le comte de Bothuel, son amy, homme factieux et hardy à la main, pour le faire massacrer, avec promesse de luy faire épouser la Reyne, s'il venoit à bout de son entreprise funeste.

Le misérable Prince, que la jalousie avoit porté à ce cruel meurtre du Secrétaire, s'étoit encore depuis pleinement réconcilié avec sa femme, qui l'aimoit tendrement et avoit conçu une extrême pitié d'avoir vu sa jeunesse embarrassée dans les per-

---

(1) Le comte de Bothwell.

nicieux conseils de ses ennemis. Il étoit pour lors à Glascow (1), malade de la petite vérole, ce que la Reyne ayant sçu, Elle s'y transporta et le fait amener à Édimbourg pour le faire traiter plus commodément.

Les conjurez s'assemblèrent en ce même temps pour faire leur coup, et eurent envie d'abord d'accabler la Reyne et son fils sous une même ruine; mais ils jugèrent que cela seroit trop visible, et qu'il seroit beaucoup plus expédient d'ôter toute l'envie de la mort du mary sur la teste de sa femme, que l'on sçavoit avoir été cruellement offensée par ses mauvais déportemens. Pour cèt effet, ils tâchèrent sur cet incident de brouiller son esprit et de le piquer de vengeance, quoyqu'ils n'y purent jamais parvenir, tant l'amitié étoit bien nouée. Ils se délibérèrent de donner une mort de feu à ce misérable Prince, et comme il étoit fort incommodé dans son Palais, ils luy conseillèrent de se faire transporter en une belle maison qui étoit au plus haut de la ville, où ils avoient déposé une mine fatale à son malheur.

La Reyne, ayant consenti à ce transport, fit conduire fort innocemment son mary au lieu destiné, le menant elle-même par la main à l'entrée du logis, et disposant avec une singulière prudence tout ce qui concernoit l'état de sa santé. Non contente de cela, Elle demeure avec luy, sans avoir aucune appréhension de son mal, que les délicats craignent si fort. Elle le réjoüit et l'entretient jusques à minuit avec les plus douces satisfactions qu'il pouvoit attendre de sa bonté.

Comme Elle fut retirée, voicy que par les secrets artifices de la poudre à canon, que l'on fit jouer sous le logis du Roy, on enlève en l'air sa chambre et son lit tout en feu. Il se trouve investy dans ce malheur, et les auteurs du maléfice, conspirant avec les élémens, achèvent de le tuer, l'ayant trouvé demy-mort dans un jardin, où la violence du feu l'avoit jetté. La Reyne est saisie d'étonnement et abysmée dans un grand deuil; Elle craint tout et ne sçait que faire, ny espérer, attendant à toute heure la fin de cette tragédie par celle de sa vie.

Le malicieux comte de Mouray, qui avoit frappé le coup par l'instrument de sa méchanceté et avoit dit à ses plus confidens que le Roy devoit mourir la même nuit, retire dextrement le bras. Les peuples murmuroient et ne sçavoient à qui s'en prendre,

---

(1) Glasgow.

mais tous les plus clairvoyans reconnurent que c'étoit un effet de ce pernicieux frère, qui avoit envie de perdre toute la Maison Royale pour monter sur le Trône.

C'est ainsy que l'assure Cambden en la première partie de son Histoire, et quoyqu'il fût calviniste de sa religion et historiographe de la Reyne d'Angleterre de profession, il ne put dissimuler la vérité, en confirmation de laquelle il apporte des preuves aussy claires que le jour, avec les attestations des comtes de *Houtley* (1) et d'*Argathel,* deux des principaux Seigneurs d'Écosse, qui protestèrent authentiquement à la Reyne d'Angleterre, par un écrit signé de leur main, que les comtes de Mouray, de Morton et de Lidington étoient les conseillers et les auteurs du funeste parricide commis contre le Roy, la bonne Reyne, à qui ils vouloient persuader la vengeance, ayant toujours dit qu'Elle leur défendoit de faire chose qui, en façon quelconque, flétrît son honneur ou offensât sa conscience. Aussy, le malheureux comte de Morton, qui fut depuis convaincu et exécuté pour cet attentat, la déchargea totalement à la mort, nomma les complices, qui étoient liez par promesse écrite de défendre le meurtrier de la Majesté Royale. *Jean Hebron, Paris* et *Danglis,* qui avoient préparé la mine, après avoir été déchirez à la question pour leur faire accuser l'innocente, étant au supplice, protestèrent devant Dieu et les anges qu'Elle étoit innocente de tout crime, et que Mouray et Morton en avoient donné le commandement. Buchanan, pensionnaire de Mouray, qui l'avoit décriée par sa plume venimeuse, touché enfin des remords de sa conscience, en demanda pardon en pleurant au Roy Jacques, son fils, et étant au lit de la mort, souhaita de prolonger sa vie, ou pour éclaircir l'intégrité de Marie par le rayon de la vérité, ou pour laver la tache de sa médisance par son sang.

Quelques Protestans, étonnez de le voir parler de cette façon dans l'appréhension qu'il avoit des jugemens de Dieu, disoient, par une fade échapatoire, que son grand âge le faisoit radoter. Ce que j'écris fut depuis reconnu, comme nous allons voir, par un jugement public et solennel, où les principaux Seigneurs d'Angleterre, quoyque Luthériens et ennemis, ayant été choisis pour examiner l'affaire, publièrent hautement l'innocence de la Reyne.

(1) Le comte de Huntley (?).

Après cela, qu'y a-t-il à dire? Ne voilà-t-il pas de quoy faire rougir de honte ou crever de dépit tant d'historiens infâmes qui ont noirci sa pureté? Il y a des Catholiques mêmes, peu versez au discernement de l'histoire, qui se laissent quelquefois surprendre là-dessus, ne considérant pas que toute la calomnie est venue de ce livre de Buchanan, corrompu par le bâtard Mouray, qui luy avoit promis de le faire Patriarche de l'Écosse en cas qu'il fût Roy, ce qui fit que cet apostat écrivit un détestable livre contre l'honneur de la Reyne, qui fut condamné depuis par les États d'Écosse et rétracté par l'auteur même.

Mais quelques Huguenots de Consistoire, qui sont les plus pétillans calomniateurs que la terre ait portés, n'ont pas cessé de faire valoir cette fable et cette illusion du genre humain, quoyqu'elle fût juridiquement condamnée de fausseté par les plus apparens de leur party. C'est un malheur que les hommes croient volontiers le mal, soit par l'inclination qu'ils y ont, soit par la difficulté qu'ils ont de se deffaire des premières croyances. La très-vertueuse Reyne Didon passe éternellement dans le monde pour une femme perdüe d'amour, à raison d'un Roman, quoyque véritablement elle soit morte pour la défense de sa chasteté, aymant mieux brûler sur les flammes d'un bûcher que de se marier, ainsy que dit Tertullien.

Mais, pour reprendre le fil de ce narré, quelque temps après la mort du Roy, Bothuel, qui étoit l'un des plus puissans Seigneurs de l'Écosse, osa bien rechercher la Reyne en mariage, puisque le comte de Mouray le luy avoit promis pour récompense de son crime. Elle eut d'abord cette recherche à contre-cœur, quoyqu'Elle ne sçût pas encore que ce pernicieux homme eût trempé en la mort de son mary, l'ayant toujours reconnu fort fidèle à son service; mais comme le bruit en fut répandu, Elle s'offensa fort contre ceux qui la pressoient sur cette affaire, disant qu'il n'y avoit pas d'apparence de luy proposer pour mary celuy qui étoit soupçonné d'un attentat si détestable, quand même il en seroit innocent, outre qu'il étoit déjà lié par mariage à une autre femme; mais le Bâtard et les autres conjurez, qui avoient entrepris cette affaire avec une opiniâtreté résolue, firent justifier le criminel par des juges qui étoient de leur faction, et donnèrent à entendre à la Reyne que la première femme, qui n'avoit jamais contracté légitimement avec luy, étoit morte.

Tout cela n'étoit pas capable de fléchir encore son esprit merveilleusement troublé sur tout ce qui s'étoit passé, ce qui fit que le comte, transporté d'amour et assuré du haut crédit qu'il auroit en tout le Royaume, voltigeant dans la campagne avec cinq cents chevaux, osa bien enlever la Reyne au retour de *Sterlin* (1), où Elle étoit allée voir son petit fils, et la mener dans son château de *Dombar* (2), où, luy ayant demandé pardon avec des soumissions étranges, il luy représenta le contrat de son mariage signé par le comte de Mouray et par les principaux du Royaume, qui trouvoient bon que cette alliance se fît pour remédier à toutes les calamitez publiques, et là-dessus luy protesta qu'il ne se méconnaîtroit jamais pour l'honneur qu'il recevroit de Sa Majesté, ny pour la grandeur de sa fortune inespérée, dont le plus haut monarque de la terre se contenteroit, mais qu'il demeureroit toujours son très-humble et très-obéissant serviteur. Ce philistin adoroit de la façon cette belle arche d'alliance pour lors captive.

Mais Elle, modérant sa passion, luy remontra que d'y procéder de la sorte, c'étoit ruiner toute l'affaire, avant qu'elle fût établie; qu'Elle vouloit absolument être rendue à Édimbourg, la ville capitale de son Royaume, où Elle prendroit résolution de faire ce que bon luy sembleroit.

Ce fut à cette occasion que le comte de Mouray, qui s'étoit un peu éloigné pour n'être pas soupçonné du meurtre, revint en cour, et porta la recherche de son assassin, le payant de la conqueste de la plus belle Reyne du monde pour récompense de son attentat. Il ne cessa de la presser de prendre Bothuel pour son mary, luy remontrant son innocence avoüée publiquement, la splendeur de sa maison, les exploits de son courage, les preuves de sa fidélité, qui le rendoient fort digne de son amour. Il ajouta qu'étant seule et sans assistance, Elle n'étoit nullement capable d'appaiser les troubles que l'on avoit excités, prévenir les embûches que l'on pourroit luy dresser et soutenir la charge du Royaume; ainsy, qu'Elle devoit recevoir pour mary et pour compagnon de sa fortune et de ses desseins celuy qui avoit le pouvoir, le vouloir et le courage de s'y opposer, et que jamais Elle n'auroit paix avec luy que par la consommation d'une si bonne affaire. Ce malheureux homme, par ce conseil, se promettoit,

---

(1) Stirling, capitale du comté en Écosse.
(2) Dunbarton.

ou de régner par son confident, ou de décrier la Reyne par cette action et la perdre d'autorité, comme il fit.

Le mariage s'accomplit, et les pressantes sollicitations du comte enlevèrent enfin le cœur de Marie, qui l'épousa en face d'Église, avec toutes les cérémonies requises. Quelques-uns ont écrit que cette bonne âme fut fort persécutée par ces recherches de mariage à cause de sa beauté, et que la facilité de son naturel, qui n'avoit pas assez de résistance contre les grandes importunitez et les continuelles batailles que l'amour suscitoit contre Elle, luy attira un grand déluge de malheurs.

Aussy, les Princes voisins, qui ne sçavoient pas l'artifice de ses ennemis, la blâmèrent au commencement d'avoir adhéré trop facilement à un homme qui étoit dangereusement soupçonné, jugeant qu'Elle devoit épurer sa réputation des moindres taches dont l'envie auroit sujet de la ternir. Mais qui considérera bien une jeune veuve, âgée de dix-sept ans, rangée aux extrémitez de la terre, où l'hérésie avoit tout renversé et déchaîné les furies les plus noires de l'abysme à la désolation de l'État; qui la contemplera, seule comme l'étoile du matin, au milieu des nuages, sans assistance, sans force, sans conseil, persécutée par son frère, outragée par les Hérétiques, trahie par la Reyne d'Angleterre sous couleur de bienveillance, recherchée d'alliance à main armée par les Princes de son Royaume, trouvera qu'Elle n'a rien fait d'imprudent en montrant choisir par amitié ceux que la nécessité luy donnoit par force, et qu'il y a des temps et des rencontres d'affaires si périlleuses et si irrémédiables, où nous n'avons autre puissance que celle de nous perdre.

Cependant, les Luthériens et les Calvinistes ne cessèrent de crier et de rugir contre leur Princesse, et ayant commencé par des libelles diffamatoires qui étoient comme le bourdonnement des sauterelles de l'Apocalypse, ils firent tant par les trompettes de leurs séditions, qu'ils enflammèrent la guerre, sous prétexte de venger la mort du Roy, qu'ils avoient fait peindre mort sur une bannière sanglante, avec son petit fils à ses pieds qui demandoit vengeance. Bothuel, qui étoit encore enyvré des douceurs de l'affection de sa nouvelle Épouse, est tout étonné qu'il voit marcher une armée en campagne contre luy et que les clameurs publiques le chargent hautement de la mort de son Roy. La Reyne eut tant d'horreur du crime de ce malheureux homme, où le temps commençoit à faire jour, que sur l'heure Elle luy commanda de se retirer et de ne la voir jamais, et quoyqu'Elle n'ignorât pas que son courage et sa valeur étoient capables de la garantir de l'orage qui alloit fondre sur sa teste, si est-ce qu'Elle ayma mieux s'abandonner comme une proye à toutes les fureurs de ses ennemis que de tenir une seule heure auprès d'Elle un homme qu'Elle connut, seulement pour lors, avoir eu de mauvais desseins sur la personne Royale. Il s'enfuit au Royaume de Danemark, où, après avoir trempé dix ans en prison, il protesta, vivant et mourant, que la Reyne Marie n'avoit jamais rien sçu de la conjuration faite contre le Roy son mary, et que ceux qui firent le coup luy ayant demandé quelque aveu de la Reyne pour leur décharge, il leur répondit que c'étoit un sacrilège d'y penser, tant Elle avoit l'âme innocente.

Cette protestation, qu'il avoit faite à la mort devant l'Évêque et autres Seigneurs du Royaume, fut depuis envoyée à plusieurs Princes de l'Europe par le Roy de Danemark, et à Élizabeth même, qui la dissimula. Cependant, la rage des infidelles se saisit de Marie et la contraignit, avec des violences exécrables et des trahisons tramées sous main par les agens de la Reyne d'Angleterre, de résigner le Royaume à son fils, que les séditieux firent couronner à l'âge d'un an, pour mettre toute autorité entre les mains de Mouray, en qualité de Régent. Non contents de cela, ils la surprirent comme Elle s'habilloit, et luy ayant ôté les ornemens dignes de sa qualité, la vêtirent d'un méchant habit, et après l'avoir montée sur un cheval qui passoit par hazard dans une prairie, ils la menèrent dans un lieu écarté et la confinèrent dans un château situé sur le lac de *Levin* (1), sous la garde du comte *Domglas* (2), frère utérin de ce Vice-Roy, la traitant comme une perdüe et une misérable, en l'accusant, avec une horrible effronterie, de la mort de son mary, à dessein d'envahir son Royaume.

Elle étoit chargée d'opprobres dans cette captivité par la concubine de son père, femme très-insolente qui la gardoit, et par ce Prieur défroqué, qui la visita pour luy faire des remontrances d'un Père confesseur, et dès lors quelques esprits noirs et carnassiers prirent quasy résolution de la faire étrangler et publier qu'Elle s'étoit désespérée.

---

(1) Loch-Leven.
(2) James Douglas, frère bâtard du comte de Morton.

Quelle indignité et quel renversement de la nature et des loix du monde! Cette excellente femme, à qui la grâce et la nature avoient donné des charmes pour captiver les cœurs des barbares, cette haute Princesse que le soleil avoit quasy vüe aussytost Reyne que créature vivante, celle qui étoit née aux Empires et pour qui les Empires sembloient être nés, se voit privée de la douce liberté, séparée de tout commerce humain, reléguée dans un désert, où il n'y avoit que les rochers qui fussent témoins de ses souffrances, et, qui plus est, se voit captive de ses sujets et servante de ses esclaves!

La pauvre tourterelle ne cessoit de gémir et regardoit souvent par une grille le lac de Levin, où Elle pensoit voir en toutes les ondes l'image ondoyante des changemens de sa fortune. Ce fut lors qu'Elle entra dans une profonde tristesse, où le malin Esprit, qui pesche en eau trouble, osa bien la tenter de désespoir, luy remontrant que puisque l'air et la terre luy étoient fermés, Elle choisît l'eau et se jettât dedans le lac, pour terminer les langueurs de sa captivité et ensevelir dans un moment toutes ses peines.

Mais comme cette bonne âme tenoit fort à Dieu par des chaînes indissolubles, Elle se mit à prier ardemment sa divine bonté à ce qu'il luy plût consoler et affermir son esprit, qui étoit descendu jusques au fond de l'abysme des misères du monde. Cette prière fit des infusions amoureuses envers son Créateur et luy donna une confiance pleine de générosité qui luy fit dire :

« Hé quoy! mon âme, si Dieu permet cecy pour tes péchés,
» ne faut-il pas baiser la verge qui te frappe, et adorer cette
» miséricorde infinie qui te châtie par des peines passagères,
» ne voulant pas te faire l'objet de cette colère qui est allumée
» par une éternité de flammes? Et si cela t'arrive pour éprouver
» ta vertu, crains-tu d'entrer dans la fournaise où ce grand
» ouvrier consommera la paille qui brûle et te fera reluire
» comme l'or? De quoy vous attristez-vous, mon cœur? D'être
» privé de la liberté et des délices de la cour? Mais, prenez les
» ailes de la contemplation et de l'amour, et volez par-dessus
» le lac de Levin; volez par-dessus les mers qui environnent
» nos Isles, et apprenez qu'il n'y a point de prison pour une
» âme qui est l'affranchie de Dieu, et que tout le monde appartient à celuy qui le sçait mépriser ».

Elle sentoit des douceurs sans pareilles dans ces considérations, et charmoit du mieux qu'Elle pouvoit les ennuys de sa prison, quand voicy une aveugle félicité qui luy fait trouver des issües inespérées. Dieu suscite un petit Daniel pour délivrer cette pauvre Susanne : un jeune enfant, fils du comte de Domglas, sentit son petit cœur touché des misères de cette belle Reyne, et eut la hardiesse de luy dire : « Madame, si Votre Majesté veut » entendre à sa délivrance, j'en sçays bien le moyen : nous avons » icy-bas une porte par laquelle nous sortons quelquefois pour » aller nous promener sur le lac, je vous en apporteray la clef, » et tiendray le bateau prêt, où je me sauveray avec vous, » craignant la fureur de mon père ».

La Reyne, extrêmement étonnée du discours de cet enfant, luy dit : « Mon petit amy, voilà qui est fort bien ; faites ce que vous » dites et n'en parlez à personne ; autrement, vous nous perdriez. » Que si vous me rendez ce service, je vous feray grand et » content le reste de vos jours ». Cependant, Elle écrit dans son mouchoir avec du charbon, faute de papier et de plume, et trouve le moyen d'avertir le vicomte de *Selon* (1) touchant ce dessein, luy assignant le jour et le lieu pour l'attendre, à quoy il se disposa d'une grande activité, qui luy donnoit des ailes pour voler plustôt que des pas pour marcher.

L'enfant ne manqua pas d'exécuter ce qu'il avoit promis. Elle prend la clef de sa main, ouvre la porte, saute agilement dans la barque avec ce petit compagnon de fortune. Elle-même prend la perche en main, voyant que le jeune garçon n'avoit pas la force de la manier, et commence à conduire le bateau et sauver sa vie à la faveur de ses bras. Une de ses Demoiselles, nommée *Quenède,* voyant sa maîtresse dans ce combat, saute par une fenêtre du château dans le lac et s'abandonne à la mercy des ondes pour l'aller joindre.

O Dieu ! Que les astres regardoient avec admiration dans ce grand silence du monde une Reyne si pompeuse, descendüe du gouvernail à la rame pour faire un métier que la nécessité luy enseignoit et que la félicité gouvernoit. Le calme des flots sentoit les efforts de cette belle main, et tout le lac ouvroit doucement ses eaux pour luy faire passage. Elle gagne enfin l'autre rive et trouve le Vicomte, qui la reçoit avec toute sorte de révérence et d'allégresse. Elle se retire en lieu de seureté et avise aux moyens

(1) Chesholm (?).

de se rétablir, à quoy Elle trouva ses bons sujets bien disposés, et fit en peu de temps une armée d'environ sept mille hommes; mais les rebelles enragez luy viennent au-devant avec de grosses troupes, et luy ayant donné bataille, emportent le dessus. La rencontre fut sanglante, les uns contribuans de la fureur et les autres du courage. Cinquante-sept Seigneurs, de la maison des Hamilton, qui approchoient de bien près la Royale, couvrirent le champ de bataille de leurs corps morts. La Reyne, qui avoit horreur de tant de massacres, préféra une retraite innocente à une victoire certaine. Son frère Bâtard, chef de cette rébellion, d'un Roy imaginaire se fait un vray Tyran, étouffe tant qu'il peut les restes de la vraye Religion dans l'Écosse, par les persuasions de Knox et de Buchanan, dépouille les Églises pour se couvrir, opprime les gens de bien et se déborde en toutes les insolences possibles.

La déplorable Princesse est contrainte de sortir hors du Royaume, pour ne tomber derechef entre des mains si lâches et si cruelles. Elle s'embarque, ayant au commencement quelque dessein de venir du côté de la France, où sa mémoire étoit encore adorée, mais comme son cœur étoit haut et extrêmement bien assis, Elle avoit honte de se transporter, avec un équipage de bannie, dans un lieu où les Grâces et les Vertus luy avoient dressé tant de trophées. Elle pensa que les misères cachées étoient les plus supportables, et qu'il luy étoit plus expédient de vivre en une Isle qui fait le coin de la terre que dans la splendeur de la France, outre qu'Elle jugeoit devoir être dans le voisinage de son Royaume, pour faciliter son retour.

L'archevêque *Hamilton*, très-sage vieillard, luy dissuada cette résolution, sçachant bien les menées du comte Mouray avec l'Angloise, et comme Elle montroit ne faire pas assez de compte de ses bons conseils, il se jetta à ses pieds la larme aux yeux, la priant de n'aller point de gayeté de cœur à la boucherie. Élizabeth, d'autre part, la pressoit et sollicitoit, par mille courtoisies, pour luy faire prendre la route d'Angleterre, à quoy Elle condescendit, comme si la nécessité luy eût tissu des chaînes de diamant pour l'attacher à son malheur.

Cette innocente colombe, en fuyant les filets de l'oyseleur, se jette entre les serres de l'épervier. Elle entre dans un Royaume d'où la Religion et la Justice étoient chassées par les horribles factions des hérétiques. Elle se met entre les bras de celle qui avoit usurpé son sceptre et qui trouvoit tous ses intérêts dans sa mort. Au lieu de venir à la cour pour y être reçüe selon son mérite et sa naissance, Elle se voit reléguée au coin d'une Isle déserte, où Elle est indignement retenue dans une nouvelle captivité. Le Vice-Roy, son frère déloyal, la voyant échappée de ses armes sanglantes, se promet de l'opprimer avec toute facilité par la chicane des Juges Protestans. Il renouvelle la trame des vieilles accusations et de toutes les faussetez qui avoient été inventées contre son honneur. La Reyne Élizabeth, au lieu de réprimer les insolences de ses sujets dénaturez, luy donne des Commissaires et luy fait faire son procès. Les Puritains et Luthériens, ennemis mortels de Marie, y sont les accusateurs, les juges et les témoins. Tous fondent à ce jugement, avec des ardeurs altérées de sang et des inventions diaboliques forgées pour l'oppression de l'innocence. Le nombre des gens de bien y étoit fort petit, et l'horreur du péril fermoit la bouche à ceux qui avoient la connoissance de la vérité, sans avoir le courage de la défendre. Néanmoins, entre autres, se trouva un cavalier écossois, vicomte de *Herrin,* digne d'une éternelle mémoire, qui se présenta à Élizabeth pour la défense de sa Reyne, et luy dit :

« Madame,

» La Reyne ma Maîtresse, qui ne vous est en rien sujette que
» par son malheur, vous supplie de considérer que c'est un fait
» de très-mauvais exemple et d'une pernicieuse conséquence, de
» faire entendre contre Elle des sujets rebelles, qui, ne l'ayant
» pu perdre par armes, se promettent de l'assassiner, sous couleur
» de justice, jusques dans votre propre sein. Considérez, Madame,
» l'état des choses humaines, et portez quelque compassion aux
» calamitez inouïes de votre pauvre suppliante : après l'assassinat
» du Roy son mary, le meurtre de ses serviteurs, le cruel attentat
» sur sa personne sacrée; après les prisons et les chaînes, les
» sujets se sont entendus contre leur Reyne, les rebelles contre
» leur Dame légitime, les coupables contre l'innocente et les
» criminels contre leur juge. Où sommes-nous et que faisons-
» nous? Si la nature nous a mis aux extrémitez du monde, elle
» ne nous a pas pour cela confinez au-delà de toute humanité.
» C'est votre sang, c'est votre parente, c'est l'une des meilleures
» Reynes du monde, pour qui Votre Majesté voit préparer des

» échaffauts sanglants en un lieu où Elle n'attendoit que des
» faveurs. Je n'ay point de paroles en un fait si barbare, mais je
» suis prêt d'en venir aux effets, et vérifier l'innocence de ma
» Reyne par témoignages irréprochables et par pièces écrites et
» souscrites de la main des accusateurs. Que si cela ne suffit,
» je m'offre, avec la permission de Votre Majesté, au combat
» d'homme à homme contre le plus hardy et le plus déterminé
» de tous ceux qui poursuivent ce jugement, me promettant de
» votre équité qu'elle ne déniera point cette faveur à celle que
» l'on veut mettre aux termes de n'en recevoir jamais de votre
» bonté. »

Élizabeth, qui trouvoit son avantage au malheur de Marie, ne tint aucun compte de ces remontrances, et commanda aux Commissaires, qui étoient les ducs de Norfolk et de Sussex, de faire leur charge. Mais il y a un Dieu qui préside aux assemblées des hommes, et qui souvent fait tourner leur avis contre leur propre conscience. La pluspart s'étoient transportez à ce parquet avec intention de la perdre; Mouray, Morton, l'infâme Évêque des Orcades, et le pernicieux Buchanan, et d'autres de ses ennemis, y étoient venus avec les plus exécrables inventions et les plus ténébreuses médisances qui furent jamais tirées du puits de l'abysme, jusques à la charger de la mort du Roy son mary, jusques à produire des lettres d'amour, qui avoient été inventées par quelques Puritains, osant bien, par une effronterie insupportable, dire qu'elles avoient été trouvées dans un coffre d'argent de la Reyne.

Le comte de Mouray, qui feignoit au commencement n'en vouloir qu'à Bothuel, se déclara le chef de cette accusation, poursuivant outrageusement la mort de sa sœur, alléguant qu'Elle avoit fait mourir son mary, en vengeance du secrétaire, qu'Elle ne l'avoit jamais aymé depuis, qu'Elle n'avoit pas assez regretté sa perte, ny pleuré son trépas, qu'Elle s'étoit totalement abandonnée à l'amour du comte Bothuel, qu'Elle avoit depuis épousé, quoyque ce fût le meurtrier de son mary. *Leslay, Évêque de Rosse* (1), *Gordon* (2), *Gauvin, Baron* et d'autres, que la Reyne avoit commis pour sa défense, puisqu'Elle n'assistoit pas en personne à ce jugement, sçachant la vérité du fait et se sentant

---

(1) Jean Leslie, évêque de Ross.
(2) Adam de Gordon.

extrêmement piquez des lâches trahisons de ce Judas, le traitèrent selon son mérite et luy répondirent par une forte apologie, qui fut depuis rédigée par écrit et présentée aux Juges pour l'examiner à leur loisir, dont la substance est icy insérée, ayant été trouvée tout au long dans les actes de la Reyne d'Écosse :

« Messieurs,

» C'est une faveur du Ciel pour nous que le comte de Mouray
» se rende accusateur en cette cause, puisque son nom est capable
» de justifier les plus grands criminels, tant s'en faut qu'il soit
» efficace pour accabler les innocens sous des personnes si pru-
» dentes et si équitables. On sçait assez que par l'ignominie de
» sa mère, il est fils d'un crime aussytost que de la nature, qu'il
» n'a vécu que de maléfices et qu'il ne s'est agrandy que par ses
» insolences. La Reyne, sa sœur, n'a qu'un péché, qui est de
» l'avoir avancé contre les intentions du Roy son père, qui ne l'a
» jamais destiné qu'à une couronne de barbier, et il veut enlever
» celle d'un Royaume. Il veut qu'on luy mette le diadème de
» Marie sur la teste, pour récompense de ce qu'il l'a décriée par
» ses calomnies, déshonorée par ses outrages, emprisonnée par
» sa fureur, et dépossédée par sa tyrannie.

» Mouray accuse l'innocente d'avoir machiné la mort de son
» mary, et l'accuse dans une assemblée où il y a des témoins
» irréprochables, qui luy soutiendront à cette heure, comme
» après avoir tramé cette détestable méchanceté, qu'il dit, étant
» en un bateau, que le Roy devoit être cette nuit-là guéry de tous
» maux ; et certes, il luy étoit aisé de le prédire, puisqu'il avoit
» eu l'assurance de l'ordonner à ses complices et de leur assigner
» le lieu, le temps et l'ordre de l'exécution. Mouray se fait accu-
» sateur pour ravir un Royaume et empoigner un sceptre trempé
» dans le sang de la Reyne sa sœur : il ne s'en faut point étonner,
» vu qu'il a vendu son âme à tant de crimes, à beaucoup meilleur
» marché.

» Qui avoit plus d'intérêt à la mort du Roy, puisque d'un
» moine, qui est la condition de sa naissance, il est devenu le
» Régent d'un grand Royaume? Qui avoit plus de passion de le
» voir hors du monde, que celuy qui attendoit tous les jours, de
» la main du mort, la juste punition de ses crimes?

» Nous sommes prêts de luy représenter un papier signé de sa

» main et de celle de ses adhérens, où il s'oblige de défendre,
» envers tous et contre tous, celuy qui devoit attenter à la per-
» sonne Royale.

» Cet instrument exécrable avoit été mis entre les mains de
» *Bolfou,* capitaine du château d'Édimbourg, qu'ils avoient au
» commencement attiré à leur party, et qui, étant depuis piqué
» contre certains conjurez, a découvert toute l'affaire. C'est ainsy
» que nous parlons avec des raisons plus visibles que le jour, et
» des assurances aussy fortes que la vérité même.

» Je vous demande, Messieurs, qu'est-ce que nos rebelles
» opposent à toutes ces preuves, sinon des conjectures frivoles,
» qui ne seroient pas suffisantes pour faire condamner la plus
» vile servante du monde, quoyqu'ils les employent pour perdre
» une si haute Majesté? Dix mille bouches, telles que celles de
» Mouray et ses complices, ne devroient pas faire une demy-
» preuve contre l'honneur de Marie, et toutes fois on a la
» patience de les écouter plustôt que de les châtier.

» Ils ont mis à la question ordinaire et extraordinaire de
» pauvres serviteurs; ils les ont déchirez et écorchez tout vifs,
» pour leur faire accuser la Reyne. Jamais ont-ils dit une seule
» parole efficace contre son innocence? N'ont-ils pas déclaré
» hautement et devant le peuple, au supplice, qu'Elle étoit
» ignorante de tout ce qui s'est passé, et qu'ils ne luy avoient
» jamais oüy dire aucune chose qui tendît à cet attentat?

» Toutes leurs raisons se bornent à deux conjectures, dont la
» première dit que la Reyne a commis cet acte, en vengeance de
» la mort de son secrétaire; la seconde, que ses amours et son
» mariage avec le comte Bothuel, meurtrier de son mary, sont
» pour Elle des charges inévitables. Mais je demande pour
» répondre à la première : si la Reyne avoit envie de se venger,
» sur qui devoit-elle exercer cette vengeance? Sur un mary
» qu'Elle aymoit avec des tendresses sans pareilles, qu'Elle
» défendoit en toute compagnie, à qui Elle avoit donné une
» abolition du meurtre de David Riccio, de peur qu'il n'en fût un
» jour recherché; qu'Elle avoit nouvellement reçeu en grâce et
» en une étroite amitié, à qui Elle rendit des témoignages d'un
» amour extrême jusqu'à la dernière heure de sa vie? Est-ce sur
» luy qu'Elle devoit décharger sa colère, ou sur ceux qui avoient
» été les auteurs et les exécuteurs du crime? Si Elle a pardonné
» au comte de Mouray et à Morton, ses ennemis jurez, qu'Elle

» pouvoit perdre en mille occasions, comment est-il croyable
» qu'une Dame, en qui on a toujours reconnu une conscience
» fort tendre, ait voulu perdre un mary agréable, qu'Elle sçavoit
» n'avoir péché que par la malice de ces esprits perdus?

» Mais pourquoy a-t-elle donc épousé l'assassin du Roy, son
» mary? C'est le second chef, et pour dire vray, l'unique qu'ils
» font sonner le plus haut. C'est pour cela qu'ils ont pris ses
» bagues et ont mis en place des lettres infâmes, inventées par
» Buchanan ou quelque autre semblable, qui traitent l'amour
» non pas en Princesse, mais en femme débordée, qui paroissent
» n'avoir jamais été fermées, ny cachetées, mais exposées à tout
» le monde, comme si un esprit si chaste et si sage que celuy de
» la Reyne pouvoit être si stupide et si vilain que de publier des
» infamies à la face de tout l'univers.

» Mais enfin le mariage s'en est ensuivy : qui l'a fait sinon
» ceux qui en font maintenant un crime capital? Ce sont ceux-là
» qui l'ont conseillé par raison, sollicité par poursuites, contraint
» par force et signé par complot. Nous voilà prêts de représenter,
» en vos présences, le contrat qui porte leurs noms et leurs armes,
» et qu'ils ne peuvent désavouer. La Reyne proteste devant Dieu
» et devant les hommes qu'Elle eût mieux aymé mourir de dix
» mille morts que d'épouser Bothuel, si Elle l'eût pensé taché
» d'une seule goutte du sang de son mary et s'ils ne l'eussent
» proclamé innocent.

» Et puis jugez, Messieurs, avec quelle impudence ils osent
» paroître devant votre face et croire que la Reyne d'Angleterre
» vous a mis là pour servir à leur passion et immoler une si
» haute Princesse à leur vengeance! Nous espérons tout le
» contraire, et nous nous persuadons fermement que ce grand
» Dieu, ce Juge redoutable des vivans et des morts, vous ins-
» pirera des avis qui donneront du jour à la vérité, de la gloire
» à votre conscience et de la consolation à la plus affligée des
» Reynes, qui ne veut respirer ce qui luy reste de vie qu'à la
» faveur de votre probité. »

Cela dit en cette façon, les agens et députez de la Reyne, après
avoir protesté hautement qu'ils n'étoient pas là pour reconnoître
aucune puissance supérieure à la couronne d'Écosse, mais seulement pour faire une déclaration du bon droit de leur Reyne,
ne voulant point perdre le temps en paroles, vinrent aux preuves
et la défendirent avec une vigueur incroyable, faisant premiè-

rement paroître en plein Conseil les falsifications qui étoient assez ordinaires au comte de Mouray; secondement, le contrat de mariage de Bothuel qu'il condamnoit, signé par luy et ses adhérens; de plus, produisant l'instrument de la conspiration contre le Roy deffunt, souscrit de leur main et scellé de leur cachet; enfin, rapportant les dépositions de Jean Hebron, Paris et Danglis, qui, étant exécutez pour ce crime, avoient entièrement déchargé la Reyne, à l'article de la mort, devant tout le peuple.

Après quoy, les Commissaires jugèrent la Reyne d'Écosse innocente de tous les cas et crimes à elle faussement imputez par les accusateurs traîtres et déloyaux, et que la poursuite qu'ils en faisoient n'étoit que pour s'exempter du crime par eux commis et couvrir la tyrannie qu'ils avoient usurpée en Écosse. Cela fit que le comte de Mouray s'enfuit tout remply de crainte et de confusion, voyant que sa vie étoit en grand danger, s'il n'eût été secrètement protégé par l'Angloise.

Suivant ce jugement, les plus hommes de bien du Conseil proposèrent trois moyens pour vuider tous les différens et rétablir la vraye Reyne dans son Royaume. Le premier fut qu'Elle donneroit une entière assurance à la Reyne Élizabeth de ne l'inquiéter aucunement en la succession de la couronne d'Angleterre; le second, qu'Elle accorderoit une abolition à ses rebelles, de peur qu'il ne fallût étendre les punitions à l'infiny; et en troisième lieu, que le mariage de Bothuel étant condamné comme de rapt, Elle consentiroit à être mariée à quelque illustre personne d'Angleterre, qui répondroit de toutes ces conditions et entretiendroit les deux Royaumes en une perpétuelle amitié, à quoy Marie témoigna avoir une inclination singulière.

Mais l'Angloise fut extrêmement étonnée de ce jugement et de ces procédures, et quoyqu'Elle se montrât en public estre fort contente de la justification de sa cousine, Elle enrageoit en secret et poussoit les accusateurs à poursuivre leur pointe en plein Parlement, les appelant lâches et impertinens d'avoir entrepris cette affaire sans l'accomplir.

Le procès est encore renvoyé au Conseil d'Angleterre, où ce bâtard, armé de la plume outrageuse de Buchanan, fit tous les efforts possibles, jusques à intimider les agens de Marie par l'autorité d'Élizabeth. Mais tous les plus grands gens de bien commencèrent à murmurer, disant qu'il falloit assommer les traîtres et rétablir l'innocente en son Royaume.

Élizabeth, de son côté, ne cessoit d'y former des remises, et d'autre part Elle feignoit de vouloir entendre aux conditions de cet élargissement, soit pour paroître civile et humaine, soit qu'elle voulût sonder les volontez de ceux qui s'échaufferoient avec trop de liberté dans cette affaire.

Cependant, les esprits, qui ne voyoient pas encore assez clair dans les labyrinthes de son cœur ténébreux, jugeoient que la vérité avoit fait un grand jour à l'innocence de la Reyne d'Écosse, que l'orage étoit calmé, et qu'Elle alloit surgir au port tant désiré. Chacun la regardoit d'un autre œil, et tous les grands d'Angleterre souhaitoient avec passion son alliance.

Le comte de *Lister*, ou *Licestre* (1), intime favory d'Élizabeth, considérant que la Reyne n'avoit point d'intention de se marier et que le sceptre d'Angleterre regardoit la prisonnière, se piquoit d'une ambition délicieuse sur ce mariage; mais l'humeur Tibèrienne de sa jalouse Maîtresse ne luy permettoit quasy pas de dire telles pensées à son propre cœur. Il désiroit ardemment que la Reyne luy fît Elle-même l'ouverture, pour soumettre tout à sa discrétion et luy faire entendre que ce seroit le moyen de luy lever toutes les appréhensions de l'Écossoise. Si est-ce qu'il n'osoit sonder le gué, tant il connaissoit l'esprit de l'Angloise, autant susceptible des mauvaises impressions que cruel à la vengeance.

Le duc de Norfolk, qui avoit présidé au jugement de Marie, étoit relevé sur tous les autres en dignité, et considéré dans tout le Royaume, à cause de ses grandes et belles qualitez. Le bâtard Mouray le flatte sur l'espérance du mariage de sa sœur; Licestre le fait sonder sur cette recherche, soit que par ce moyen il voulût connoître les sentiments d'Élizabeth, soit qu'il eût résolu par jalousie de perdre le Duc, qui seul pouvoit faire ombre à sa lumière. Le comte de Throckmorton, qui étoit amy des deux, porta la parole et dit à Norfolk que l'autre étoit sur le point de luy parler d'une grande affaire et d'une haute alliance, qui étoit celle de la Reyne d'Écosse; que c'étoit bien son fait, mais qu'il luy conseilloit en amy de déférer cette recherche au comte de Licestre, que l'on pensoit y prétendre, et que sa modestie feroit que l'autre appuyeroit son affaire, vu qu'il n'y avoit pas grande apparence d'y réussir, sans sa conduite. Il crut ce conseil, et

---

(1) Robert Dudley, comte de Leicester.

aussytost que le Comte luy porta la parole, il le traita avec toute sorte d'honneur et de soumission, se montra au reste assez froid et indifférent pour la Reyne d'Écosse, quoyque son innocence persécutée luy eût déjà jetté les premières flammes de cet amour dans le cœur. Licestre, touché de sa courtoisie, l'échauffe davantage, luy remontre que ce mariage réussira au plus grand bien de l'État, vu que ce sera un moyen de divertir les alliances étrangères, qui pourroient emporter la Reyne d'Écosse pour les prétentions qu'Elle a sur l'Angleterre, et de l'affermir totalement dans les bonnes grâces d'Élizabeth. Le Duc, qui étoit d'une bonté naturelle et qui ne fut jamais des plus rusez, se voyant en même temps entre deux feux de l'amour et de l'honneur, prit de la chaleur et la fit évaporer trop tôt, suppliant le Comte, puisqu'il ne prétendoit rien à cette affaire et qu'il n'y vouloit procéder que sous son aveu et sa conduite, il luy plût de faire un coup digne de la faveur qu'il avoit auprès de la Reyne Élizabeth, et qu'il n'en seroit jamais ingrat. L'autre promet, avec apparence d'une grande cordialité, ce qui enfla tellement le cœur de l'amant, que quand il y pensoit, il adoroit ses propres pensées. C'étoit une forte tentation et une puissante amorce que de se proposer une beauté si accomplie et une vertu si éminente, qui traînoit après Elle deux Empires. Le monde ne seroit pas capable de résister à deux soleils, et le cœur de l'homme souffre des agonies plus que mortelles, quand il luy faut soutenir le choc de deux violentes passions, qui unissent leurs desseins et leurs forces pour luy faire la guerre.

Le Duc, se voyant flatté sur ses amours par plusieurs autres agens, écrit à la Reyne d'Écosse avec de magnifiques complimens et des offres de services sans pareils, pour entrer avec pompe et douceur dans ses plus secrettes pensées. La prisonnière, qui ne tâchoit qu'à rompre ses chaînes, eût désiré de voir plustôt la fin de cette affaire que d'en sçavoir le commencement, mais l'expérience qu'Elle avoit des feintes et des jalousies d'Élizabeth luy faisoit marcher sur toutes ces considérations, comme sur la braise couverte de cendres. Voilà pourquoy, sans s'émouvoir beaucoup, Elle dit qu'il falloit renvoyer toute cette négociation à la Reyne, et ne se fier à personne, qu'Elle n'eût parlé et témoigné ouvertement ses volontez.

Cependant, le comte de Licestre, qui avoit promis d'en parler, et qui seul pouvoit donner une couleur du bien de l'État à ce mariage pour y faire pencher Élizabeth, diffère de jour en jour, et se voyant pressé par les sollicitations violentes du Duc, il contrefait le malade, et demeure dans un malin silence.

Il sçavoit que pour ruiner souvent une bonne affaire, il la faut faire entamer par une bouche indiscrette : il souffre que les femmes, qui éventent pour l'ordinaire assez curieusement les secrets des amants, en portent les premières paroles à la Reyne.

C'étoit mettre son esprit sur le chevalet et le tourmenter en la partie la plus sensible. Elle, qui étoit extrêmement jalouse sur les recherches que l'on faisoit de la Reyne d'Écosse, et qui avoit une fureur pour les moindres atteintes qui sembloient être données à sa Couronne, se voyant en même temps battüe de ces deux fortes passions, entre dans des rages qui ne se peuvent dire. Son esprit, qui étoit naturellement formé à la dissimulation, ne put plus se tenir qu'il ne se débandât, et qu'Elle ne laissât couler quelques paroles au duc de Norfolk, luy disant que qui dormoit mollement sur un coussin prît garde que l'on ne le luy enlevât. Mais quittant bientôt les énigmes, Elle échappe et le reprend aigrement d'avoir pensé au mariage de la Reyne d'Écosse, sans luy en donner avis. L'autre luy répond que jamais il n'y avoit rien prétendu, sans attendre là-dessus ses volontez et ses ordres, et que le comte de Licestre s'étoit chargé de luy en parler et de le luy faire agréer ; mais que puisque Sa Majesté montroit y avoir de la difficulté, il s'en départoit volontiers, n'ayant autre but que de régler sa vie et sa fortune selon ses intentions. Elle le laisse sur cette promesse et va voir le comte de Licestre, qui gardoit la chambre, et qui, ayant sçu qu'Elle étoit avertie et que le secret de ce mariage avoit été déposé dans son sein, entra dans une grande frayeur qui le fit pâlir et trembler en présence de la Reyne, laquelle il prévint et pria avec larmes de l'excuser, s'il ne luy avoit pas parlé de cette affaire, parce qu'il cherchoit de la trouver de bonne humeur, afin de donner moins de trouble à son esprit, qu'il sçavoit en devoir être inquiété. Sa maladie feinte, ses pâles couleurs, et surtout l'affection déréglée que luy portoit Élizabeth, le sauvèrent du coup de ce tonnerre, mais le pauvre Norfolk se voit incontinent abandonné de ses amis, traité sèchement de la Reyne, suivy, épié, persécuté, et enfin confiné dans la Tour de Londres.

Quelque temps après, on dresse un échaffaut dans un grand Palais, et dessus on plante un Tribunal avec des sièges rangés de côté et d'autre pour les Commissaires qui devoient le juger. Il est conduit à ce parquet par deux chevaliers dorez, devant lesquels on portoit une hache qui avoit le dos tourné du côté du criminel. Le comte *Talbot*, qui présidoit à cette assemblée en qualité de Sénéchal, s'assit sur le Tribunal, et à ses côtés quantité de Juges et de Conseillers. Après la lecture faite de leur commission, le Duc est cité et accusé d'avoir voulu déposséder Élizabeth de son Trône pour y mettre la Reyne d'Écosse, d'avoir eu de grandes intelligences avec le Pape et les Princes étrangers ennemis de la Couronne, d'avoir aidé de ses moyens les Ennemis de l'État, avec d'autres particularitez que l'on costoit par le menu. Le pauvre cavalier se trouva fort étonné de se voir investy tout soudainement d'une accusation si dangereuse et chargée de tant de chefs. Il demande un avocat pour déduire sa justification, ce qui luy fut refusé, et le pressa-t-on de répondre promptement aux crimes dont il étoit accusé, à quoy il dit fort innocemment :

« Je me recommande à Dieu et aux Pairs : l'atrocité de ces
» crimes m'étonne, mais la Royale clémence de Sa Majesté, qui
» m'a fait des biens autant que j'en pouvois espérer, me console.
» Je vous prie, Monsieur le Sénéchal, que l'on me fasse justice
» et que l'on ne m'accable point la mémoire d'une foule de
» choses confuses. Je me sens heureux de vous avoir tous Pairs
» et Juges, et commettrois volontiers ma vie à l'intégrité de
» plusieurs de vous. M'assurant sur mon innocence, je n'ay
» point voulu prendre la fuite, et quoyque je reconnoisse ingé-
» nüement de n'avoir pas réglé toutes mes actions dans une
» bienséance si juste, si est-ce que je n'ay point offensé Sa
» Majesté. »

Alors on luy mit en teste un *Bathaut*, avocat général de la Reyne, homme violent, audacieux contre les timides et timide contre les audacieux, qui, pour faire voir sa suffisance et le zèle qu'il avoit au service de sa Maîtresse, le presse vivement et l'embarrasse dans des grandes quantitez de paroles. Le bon Duc, qui sçavoit mieux manier l'épée que la langue, et qui avoit la mémoire assez chancelante, deffendoit sa vie et son honneur autant qu'il pouvoit, mais la partie n'étoit pas égale, tant d'autorité, de perfidie et de malice fondoit sur luy pour l'accabler sans ressource. On le fait retirer pour demander les avis, et à son rappel on luy montre le tranchant de la hache, pour luy porter la nouvelle d'une funeste sentence qui le condamnoit à être traîné sur une claye au gibet, pour être pendu, décapité et mis en quatre quartiers. Cet arrêt luy donna bien de l'horreur et luy fit dire :

« On a donné sentence contre moy comme contre un traître.
» Je me confie en Dieu et en la Reyne, et espère que si je suis
» privé de votre compagnie, je jouiray de celle qui est au Ciel.
» Sur cette espérance, je me prépareray à souffrir la mort. Je ne
» demande autre chose à la Reyne, sinon qu'Elle soit propice à
» mes enfans et à mes serviteurs, et qu'elle prenne le soin de
» faire acquitter mes dettes. »

Quelques mois après, l'arrêt n'étant aucunement modéré, il est conduit au supplice, où il mourut plustôt en ministre qu'en capitaine, prêchant le peuple, et s'accusant d'avoir traité de mariage avec la Reyne d'Écosse, sans en avertir la Reyne, et d'avoir vu des lettres écrites du Pape, auxquelles il n'avoit pas consenty, et d'avoir eu des serviteurs affectionnez à la Religion Romaine, en quoy s'il avoit offensé Dieu, l'Église et les Protestans, il en demandoit pardon.

Le Doyen, nouvel hérétique, qui avoit pris possession de son âme effrayée, l'assistant sur l'échaffaut à la mort, luy faisoit dire tout ce qu'il vouloit en faveur de son party, après quoy il se prosterna en terre, prononçant quelque prière, et mit la teste sur le poteau, que le bourreau, d'un seul coup, luy sépara du corps.

Le comte de Mouray, qui avoit servi d'organe à la Reyne d'Angleterre pour accabler ce brave capitaine et ruiner toutes les espérances de sa sœur, étant retourné en Écosse, où, après tant de perfidies, il pensoit jouir des dépouilles sanglantes de sa plus proche parente, est tué d'un coup de pistolet, passant par une rüe, de la main d'un *Hamilton*, qui étoit des premières maisons du Royaume, et cette ambition enragée, qui avoit soufflé tant d'orages, est enfin éteinte dans son sang, sans qu'il témoignât à la mort aucun acte de chrétien. Sa bonne sœur le pleura, plaignant sur toutes choses son âme, qui, étant arrachée du corps par une mort soudaine, n'avoit point effacé ses crimes par la vie, et ses blasphèmes par une même bouche.

Néanmoins, Elle se trouva encore liée de chaînes que ce malheureux forgeron avoit tissües, et sous ombre de ce prétendu mariage du Duc, quoyqu'Elle se fût comportée avec tant de prudence, Elle fut derechef persécutée, tant le malheur s'opiniâtroit à la poursuivre, et lorsqu'Elle envisageoit les rayons de sa chère liberté, on luy redoubla ses gardes pour la traiter avec toutes les rigueurs possibles.

De quarante-quatre ans de vie que le Ciel luy a donnés, Elle en a passé quasy la moitié dans les langueurs de cette cruelle prison, où Elle eût été mille fois accablée de tristesse, sans les consolations qu'Elle puisoit dans les sources de la vraye piété. Le Pape *Pie V*, sçachant qu'on luy refusoit l'assistance des prêtres, luy avoit permis de se communier Elle-même, ce qu'Elle faisoit souvent, ses affidés luy envoyant à cet effet en cachette des boëtes pleines d'hosties consacrées. Outre cela, comme c'étoit une sçavante Princesse, qui avoit été nourrie en France dès l'âge de cinq ans et avoit toujours affectionné les lettres, parlant très-commodément de six langues, Elle cultivoit son esprit par de bonnes lectures, qui adoucissoient les ennuys de sa captivité.

Parmy ses persécutions, Elle fut consolée par divers Papes *(sic)*, courageux et industrieux, qui trouvèrent le moyen de la voir, de la fortifier en la vraye Religion et de luy parler des choses divines, qui étoient la plus douce manne qu'Elle goûtoit dans son désert. Elle protesta toujours, par une singulière confiance qu'Elle avoit en la grâce de Dieu, qu'il n'y auroit aucune violence qui la séparât de l'ancienne Religion, et que ce luy seroit un don du Ciel de pouvoir sceller cette confession par son sang.

Henry III, honorant sa dignité et son alliance, n'oublia pas de luy députer à différentes fois des ambassadeurs pour la consoler, quoyque certaines raisons l'empêchoient d'agir efficacement pour sa délivrance. Il y avoit encore dans ce temps-là à Paris *Monsieur de Chérelles*, un vénérable vieillard, âgé de quatre-vingts ans, qui étoit plein de vertu, d'honneur et de mérite, qui la visita dans cette captivité par le commandement du Roy Henry III, et a dit souvent que personne ne pouvoit voir cette généreuse Reyne qu'avec des ravissemens et des consolations sensibles. Elle aymoit naturellement les Français et donnoit magnifiquement tout ce qu'Elle pouvoit, et se voyant pour lors dépourvue dans sa prison de quantité de choses qu'Elle ne désiroit avoir que pour les distribuer, Elle prit une enseigne de diamans qui luy restoit avec ses propres tablettes où Elle écrivoit, qu'Elle donna à ce bon seigneur, qui les montroit par rareté. Il est vray qu'elles étoient fort riches, étant couvertes de velours cramoisy, garnies de fermoirs, de corniches et de lames d'or. Néanmoins, Elle les dora plus avantageusement par ses Royales paroles, luy disant que c'étoit l'un des malheurs de la pauvreté de sa prison, de ne pouvoir pas luy donner chose qui fût digne de son mérite; toutefois, qu'il rendroit ce présent recommandable par le profit qu'il en feroit, y écrivant quelques bonnes remarques, et qu'il luy serviroit mieux qu'à Elle.

Cependant, cette grande âme passoit les longues années, pleurant sur les rivages de cette cruelle Babylone, où Elle n'entendoit parler que de chaînes et de prisons, et de massacres des Catholiques, malade continuellement du corps, et toujours inondée d'amertume en son esprit. Mais dans tous les soucis de cette longue et cruelle captivité, rien ne la touchoit plus sensiblement que son fils, un jeune Prince qui étoit entre les mains des hérétiques, abandonné à leur mauvaise doctrine, imbu de leurs erreurs, exposé comme une proye à leurs conspirations. C'est pourquoy Elle écrivit quelques années avant sa mort une longue lettre à la Reyne d'Angleterre, dont voicy quelques termes bien notables :

« Madame,

» Sur ce qui est venu à ma connoissance touchant les dernières
» conspirations exécutées en Écosse contre mon pauvre fils, ayant
» toute occasion d'en craindre les conséquences pour l'exemple
» que je reconnois en moy-même, il faut que j'employe ce peu de
» vie et de force qui me restent, devant que je sorte du monde,
» pour vous décharger pleinement mon cœur par mes plaintes,
» qui sont autant justes que lamentables.

» Je désire que cette lettre vous serve après ma mort d'un
» témoignage perpétuel que je veux graver en votre conscience,
» tant pour ma décharge à la postérité qu'à la confusion de ceux
» qui, sous votre aveu, m'ont si cruellement et si indignement
» traitée; et d'autant que leurs desseins, leurs pratiques et
» procédures, pour détestables qu'elles ayent esté, ont toujours
» prévalu en votre endroit contre mes très-justes remontrances
» et toute la sincérité de mes déportemens, et que la force que
» vous avez en main vous a donné la raison entre les hommes,
» j'auray recours au Dieu vivant, notre seul juge, qui nous a
» également et immédiatement établies sous luy au gouvernement

» de ses peuples. Je l'invoqueray dans cette extrémité de mes
» afflictions à ce qu'il rende à vous et à moy ce qui sera dû à nos
» mérites et démérites. Souvenez-vous, Madame, que c'est le seul
» juge à qui le fard et la police mondaine ne peuvent rien dé-
» guiser, quoyque les hommes puissent pour un temps obscurcir
» la vérité par la subtilité de leurs inventions.

» En son nom et comme devant luy, séant entre nous deux,
» je vous feray ressouvenir des secrettes pratiques dont vous
» avez usé contre moy pour troubler mon Royaume, corrompre
» mes sujets, les révolter contre moy et attenter contre ma per-
» sonne. Je vous représenteray l'injuste démission que vous
» m'avez fait faire par vos conseils, lorsque l'on me tenoit le
» poignard sur la gorge en la prison de Lochlevin, m'assurant
» qu'elle ne seroit nullement valable, quoyque depuis vous l'avez
» fait valoir autant qu'il vous a esté possible, assistant par vos
» forces ceux qui en avoient esté les premiers auteurs. Vous avez
» fait transmettre mon autorité à mon fils, lorsqu'il étoit au
» berceau et qu'il ne s'en pouvoit aider, et depuis que je luy ay
» voulu légitimement assurer, vous l'avez mis en la puissance de
» mes capitaux ennemis, qui, après luy en avoir ravy l'effet, luy
» en ôteront le titre, si Dieu ne le préserve.

» Je vous diray, devant ce juge redoutable, que me voyant
» poursuivie à mort par mes rebelles, je vous envoyay par un
» gentilhomme exprez une bague de diamans que j'avois reçeüe
» de vous avec assurance d'être protégée par votre autorité,
» secourüe par vos armes, et reçeüe en votre Royaume avec toute
» amitié; cette promesse tant de fois réitérée par votre bouche
» m'obligea de me venir jetter entre vos bras, si j'en eusse pu
» approcher. Mais délibérant de vous aller trouver, me voilà en
» my-chemin arrestée, environnée de gardes, retenüe dans des
» places fortes, réduite à une misérable captivité, où je meurs
» aujourd'huy, sans compter mille morts que j'ay déjà souffertes.

» Après que la vérité a fait jour à toutes les impostures que
» l'on avoit semées de moy, et que les principaux de votre
» Royaume ont reconnu et déclaré mon innocence; après qu'il
» a paru que ce qui s'étoit passé entre le feu duc de Norfolk et
» moy avoit été traité, approuvé et signé par ceux qui tenoient
» les premiers rangs en votre Conseil; après que je me suis
» accommodée un si long espace de temps à l'ordre qui m'étoit
» prescrit pour ma captivité, je me vois toujours persécutée en

» ma personne et en celle des miens, totalement interdite, non-
» seulement de survenir à la nécessité pressante de mon fils,
» mais aussy d'avoir aucune connoissance de son état.

» C'est ce qui fait qu'encore une fois je vous supplie, Madame,
» par la douloureuse Passion de notre Sauveur et Rédempteur
» Jésus-Christ, qu'il me soit permis de me retirer hors du
» Royaume, pour secourir mon cher fils, chercher quelque
» soulagement à mon pauvre corps travaillé de continuelles
» douleurs, et préparer avec toute liberté de conscience mon
» âme à Dieu, qui l'appelle journellement.

» Prenez de moy toutes les assurances et toutes les conditions
» raisonnables que vous désirerez. La force est de votre côté
» pour me les faire observer, et vous avez assez d'expérience
» comme j'ay toujours gardé mes plus simples promesses jusqu'à
» mon propre préjudice.

» Vos prisons ont déjà détruit mon corps, il n'en reste plus
» guère à mes ennemis pour assouvir leur vengeance; l'âme
» demeure encore entière, que vous ne pouvez, ny ne devez
» captiver. Donnez-luy quelque lieu de respirer plus librement
» son salut, que je souhaite mille fois plus que toutes les
» grandeurs du monde. Quel honneur aurez-vous de me voir
» étouffer en votre présence sous les pieds de mes ennemis? Ne
» voyez-vous pas que si dans cette extrémité, quoyque trop tard,
» je suis par votre moyen tirée de leurs mains, vous m'obligerez
» moy et tous les miens, et nommément mon fils, dont vous
» pourrez vous assurer?

» Je vous prie de me faire entendre là-dessus votre intention,
» et de ne la remettre point à la discrétion d'autre personne que
» de vous-même. Je vous demande cependant deux choses, l'une,
» qu'estant preste de partir de ce monde comme je suis, je puisse
» avoir auprès de moy pour ma consolation quelque honorable
» homme d'Église, afin de m'instruire et de me perfectionner
» en ma Religion, dans laquelle je suis résolue de vivre et de
» mourir; l'autre, que j'aye deux femmes de chambre pour me
» gouverner en ma maladie, vous protestant devant Dieu qu'elles
» me sont très-nécessaires, quand bien même je serois née entre
» le simple peuple. Accordez-les-moy en l'honneur de Dieu, et
» montrez que mes ennemis n'ont pas tant de crédit envers
» vous, que d'exercer leur vengeance et leur cruauté contre moy
» en chose de si petite conséquence.

» Reprenez les anciennes marques de votre bon naturel, obligez
» les vôtres à vous-même, donnez-moy ce consentement, avant
» que de mourir, que de voir toutes choses bien remises entre
» nous, afin que mon âme délivrée de ce corps ne soit contrainte
» d'épandre ses gémissemens devant Dieu pour le tort que vous
» aurez souffert m'être fait ici-bas. Mais qu'au contraire, que
» partant de cette captivité en paix et concorde avec vous, elle
» s'achemine avec tout contentement vers Celuy que je prie vous
» bien inspirer sur mes très-justes requestes.

» *A Scheffeild* ce
» 28 novembre 1581. Votre très-désolée plus proche parente
» et très-affectionnée cousine,

» MARIE, Reyne. »

Ne faut-il pas avoüer que ces remontrances et ces paroles étoient capables d'amollir un cœur de tygre, et toutefois elles ne firent aucune impression sur cette âme barbare, qui, étant née par crime, ne pouvoit vivre que dans l'iniquité.

Il est vray que l'on doit être saisy d'étonnement, en considérant outes les particularitez de cette histoire, et il doit prendre une curiosité de lever le rideau du sanctuaire, de pénétrer dans les secrets de la Providence divine, et de voir, à travers tant d'ombres et de ténèbres, pourquoy deux Reynes, de si différentes qualitez, sont traitées si différemment, comme par une aveugle conduite du hazard, qui fait que tout le mal va du côté de la bonne, et que tout le bonheur ne semble être que pour la mauvaise. Je veux comparer l'une avec l'autre, et quoyque la Reyne Élizabeth soit morte hors de la communion de la vraye Église, et qu'Elle ait extrêmement méprisé et offensé la France en plusieurs occasions, l'auteur ne la traitera pas si rudement que les éloquentes plumes de *Monsieur le cardinal du Perron* et *Monsieur du Vair* l'ont maniée. Il se contente de dire ce qui se peut recueillir de son histoire écrite par Cambden, son historiographe.

La Reyne Marie étoit d'une très-haute et très-glorieuse naissance de père et de mère; la Reyne Élizabeth étoit venüe au monde par un crime et par un scandale qui fit gémir toute la chrétienté. Elle étoit fille de Roy, mais d'un Roy débordé et d'une mère basse et honteuse, à qui le Roy, son mary, fit trancher la teste pour ses impudicitez. L'une avoit été nourrie en France dès l'âge de cinq ans, avec tant de piété, de sagesse et d'honneur, que l'on n'y pouvoit rien désirer ; l'autre avoit rencontré une nourriture licencieuse dans le mauvais exemple de ses parens. L'une avoit l'esprit excellent, actif et lumineux, qui tenoit des qualitez du soleil ; l'autre l'avoit rusé, malin et funeste, qui tenoit des conditions de la comete. L'une s'étoit cultivée dans la connoissance des langues et des sciences, autant qu'il étoit nécessaire à une honnête femme, qui ne doit pas paroître trop sçavante ; l'autre se donnoit la vanité d'avoir étudié jusques à faire quelquefois des extravagances, comme lorsqu'Elle se mit à traduire les cinq livres de « la Consolation » de *Boëce*, pour se consoler sur la conversion de Henry IV. L'une parloit et écrivoit avec une grande clarté et une netteté singulière ; l'autre, voulant faire la sçavante, embarrassoit ses pensées et s'exprimoit très-mal, comme il paroît par une souscription françoise qu'Elle mit de sa main en une lettre qu'Elle écrivit à notre Henry le Grand après sa conversion : « *Votre Sœur, si ce soit à la vieille mode, avec* » *nouvelle je n'ay que faire. Élizabeth F.* » Je laisse au plus franc Œdipe à deviner ce qu'Elle veut dire. L'une avoit un cœur généreux, franc et crédule ; l'autre malicieux, dissimulé et endurcy. L'une aymoit l'honneur auquel sa condition l'avoit obligée ; l'autre avoit une furieuse et sanglante ambition, qui n'épargnoit personne pour l'intérêt de sa grandeur. L'une retint une admirable constance dans la piété ancienne, pour quoy Elle fut outrageusement persécutée, sans qu'Elle relâchât jamais rien de sa dévotion ; l'autre prit la Religion comme un masque, se faisant hérétique parmy les hérétiques, catholique parmy les catholiques, car, après que sous le Règne de Marie, sa sœur, Elle eut fait une haute et solennelle profession de la foy Romaine, Elle démentit sa croyance et trahit son caractère pour autoriser l'hérésie et la rébellion contre l'Église. L'une craignoit Dieu, et se voyant veuve de François II à l'âge de dix-sept ans, Elle ayma mieux subir le joug du mariage pour donner la vie à un Roy, que de vivre licencieusement et cacher des impudicitez secrettes sous le voile de viduité ; l'autre, qui n'avoit pas la conscience si étroite, trouva moyen d'accorder l'amour et l'ambition ; Elle vécut non mariée, et non vierge, et comme on ne voudroit pas assurer qu'Elle ait mené une vie si sale et si lubrique que plusieurs ont écrit, aussy ne peut-on pas nier qu'Elle n'ait eu des favoris et des mignons, puisque Cambden, son paranymphe et son historiographe, ne l'a pas célé. L'une s'étudioit au bien de la vertu; l'autre à celuy de la vaine réputation. L'une avoit une généreuse liberté en toutes ses actions; l'autre fardoit sa vie et couvroit ses vices par de grands prétextes. Elle craignoit extrêmement le jugement de la postérité, ce qui faisoit qu'Elle caressoit avec beaucoup d'artifices les habiles hommes des pays étrangers, entretenoit des plumes mercenaires pour luy donner de la renommée, pensant par ce moyen cacher ses défauts et éblouir les yeux du genre humain. C'est pourquoy il ne faut pas croire légèrement quelques historiens, quoyque gens d'estime, qui en disent de grands biens après en avoir reçu de grands présents. Les hommes de cette sorte sont assez crédules et n'ont pas coutume de parler mal de ceux qui leur donnent du pain. L'une étoit fort religieuse en ses promesses; l'autre inconstante et captieuse, ce qu'Elle montra visiblement envers le duc d'Alençon, frère de Henry III, qui étoit venu en Angleterre pour l'épouser, et néanmoins, après un contrat de mariage arrêté de part et d'autre, après luy avoir donné l'anneau nuptial, Elle rompt tout, par le seul caprice d'une nuit, pour obéir aux crieries de ses femmes de chambre, qui ne désiroient pas qu'Elle se mariât. L'une étoit pleine de bonté envers son pauvre peuple, à qui Elle ne pouvoit faire tout le bien qu'Elle désiroit, à cause des rébellions qui furent suscitées dans son Royaume; l'autre fut assez soigneuse de ne charger point ses sujets d'impôts et de subsides, ce qui la fit aimer du peuple, qui ne chérit rien tant en toutes les vertus d'un Prince que la modération des tributs. L'une étoit douée d'une extrême douceur qui sembloit quelquefois trop désarmée, lorsqu'Elle pardonnoit de grands crimes, qui alloient à la diminution de son autorité, sans faire justice; l'autre étoit naturellement cruelle et aymoit le sang, tourmentant horriblement les Catholiques, et faisant voler trop facilement la teste des grands sur des échaffauts, pour s'acquérir l'honneur de juste envers les âmes populaires. Enfin, l'une régnoit en colombe, et l'autre en oizeau de carnage.

C'est chose horrible que lire l'histoire de son règne, écrite par ses admirateurs, où, au lieu de contempler des beautez et des vertus, on n'y remarque quasy entre toutes les pages que des rages d'accusation, des jugemens sanglans, des proscriptions, des massacres : ce que l'on dit n'est pas au désavantage de la nation, mais à l'opprobre de l'hérésie. Il semble, quand on lit la vie d'Élizabeth, que l'on entre dans un païs d'anthropophages, où l'on ne voit que des hommes traînés sur des clayes, des bourreaux qui arrachent des entrailles, qui mettent des corps en quartiers, et des membres humains, dégouttant encore le sang, pendus aux plus visibles places de la ville, comme les tapisseries de l'ancienne cruauté des Puritains. Ceux qui gouvernent aujourd'huy, sous un Prince si débonnaire, en ont horreur et tâcheront d'effacer par leur modération la tache d'un temps si funeste.

Qui est-ce donc qui ne s'étonnera pas de voir la vertu si destituée, que la meilleure Reyne du monde mène une vie si orageuse, persécutée aux moyens, au corps, en l'honneur, en sa personne, en celle des siens, dépouillée, outragée, déshonorée, déchirée par de sanglantes calomnies, tirée en tant d'injustes tribunaux, enfermée en tant de prisons, délaissée de ses plus proches, immolée par les siens à la vengeance de ses ennemis d'une façon si tragique et d'une main si barbare? Et d'où vient que l'autre, étant chargée de crimes, monte au Trône par des voyes inespérées, y demeure par des moyens efficaces, y règne comme si Elle eût tenu le bonheur à ses gages? Le bien et l'honneur sont toujours à ses côtez; les délices et les joyes ne semblent être faites que pour Elle; tout ce qu'Elle projette réussit, tout ce qu'Elle pense luy succède; la terre et la mer luy obéissent, les vents et les tempêtes suivent ses étendards. Quelques-uns jugeront que cela n'est pas merveilles, vu qu'Elle suivoit un Conseil fin, rusé et politique, composé d'enfans de ténèbres, qui sont bien plus propres à faire des félicitez de terre et des fortunes turquesques *(sic)* que les fils de lumière.

Mais il faut avoüer que c'est icy le sort des bons et des mauvais, où l'esprit humain se perd, où David, voulant curieusement discourir, se trouve au commencement philosophe, et confesse enfin que cette considération le fait devenir bête. Les Astrologues diront qu'Élizabeth vint au monde sous le signe de la Vierge, qui promet les empires et les faveurs, et que la Reyne d'Écosse est née sous le Sagittaire, qui menace les femmes de quantité d'afflictions et d'une mort sanglante. Les Machiavélistes maintiendront qu'Elle devoit s'accommoder à la Religion du pays, et que pour s'être opposée à ce torrent, Elle a ruiné toutes ses affaires. Les sages politiques trouveront à redire à la facilité de son naturel; les autres blâmeront le conseil qu'Elle prit de se marier à ses sujets ; les autres la regarderont comme les faux amis de Job, et la penseront navrée sur ce fumier pour ses péchez. Mais après avoir bien considéré cecy, on trouve que Dieu a voulu représenter en ces deux Reynes les deux Citez de Sion et de Babylone, les deux vies des justes et des pécheurs, l'état du siècle présent et de l'avenir. Il a donné à Élizabeth le pain des chiens pour réserver à Marie la manne des Anges. Il a récompensé en l'une quelques vertus morales par des commoditez temporelles, pour faire entrer l'autre en la possession des biens éternels. Élizabeth a régné, c'est ce qu'a fait Athalia ; Elle a persécuté les Prophètes, c'est ce qu'a fait Jézabel ; Elle a gagné des batailles, c'est ce qu'a fait Thomiris, Reyne des Scythes ; Elle a vécu dans les grandeurs et les délices, ainsy fit Sémiramis ; Elle est morte de sa mort naturelle dans une profonde vieillesse après tant de meurtres des innocens, ainsy sont morts les Hérode et les Tibère ; mais suivant les routes qu'Elle a tenues, que peut-on penser de sa fin, sinon ce que Job a dit du tombeau des méchans : « Ils passent leur vie en délices et descendent en un moment aux Enfers ? »

Or, Dieu voulant élever Marie par-dessus les routes de toutes les grandeurs de la terre, et renouveller en Elle les fruits de sa croix, a permis au siècle dans lequel Elle a vécu la plus outrageuse et la plus sanglante persécution qui se soit jamais élevée dans l'Église. Il a voulu, par un conseil secret de sa Providence, qu'il y eût des personnes de toutes qualitez qui rehaussassent les effets de sa Passion. Tant de Prélats, de Docteurs, de Sçavans, d'Hommes d'État, de Justiciers, de Marchands, de Laboureurs, d'Artisans y étoient entrez, il y falloit des Roys et des Reynes. *François second*, son mary, quoyque très-juste et très-innocent, avoit déjà tenu sa partie dans ce concert des âmes souffrantes ; sa vie luy étant abrégée, comme l'on tient, par la fureur des Huguenots qui ne cessoient de le persécuter, il falloit que sa chère Épouse achevât le mystère de la Croix, et comme c'étoit une âme très-forte, Dieu l'a mise en butte aux plus violens persécuteurs, pour souffrir les plus grands maux et s'acquérir les plus riches couronnes.

Le Prophète disoit que l'homme étoit fait comme une pièce de broderie : ce qui se manifeste en la vie des justes, car Dieu les prend comme le brodeur fait les étoffes de velours et de satin pour les mettre en pièces, à dessein d'en composer les paremens et les beautez de son grand Temple. « La Sapience, dit Tertullien, égorge ses enfans, mais c'est pour leur donner la vie et les diviniser par leurs propres supplices ». C'est ce qui nous reste à voir en la suite de l'histoire de Marie.

Enfin, Élizabeth, animée de sa vengeance et emportée par un Conseil violent, se résout de la faire mourir. C'est chose très-certaine qu'Elle désiroit avec une ardente passion la mort de la Reyne d'Écosse, sçachant bien que sa vie étoit contraire à ses plus délicats intérêts, qu'Elle recherchoit en toute occasion. Elle ne pouvoit ignorer que Marie Stuart avoit le droit à la Couronne d'Angleterre, et Elle l'usurpation. Elle ne pouvoit oublier que dans une générale Assemblée des États d'Angleterre Elle avoit été déclarée Bâtarde, comme étant née d'un mariage fait et consommé contre les loix divines et humaines. Elle voyoit que son Trône ne subsistoit que par la faction de l'hérésie, et comme il s'étoit étably par le désordre, il falloit, selon sa police, le cimenter par le sang. Elle ne pouvoit nier pour le moins que la Reyne d'Écosse fût, sans controverse, l'héritière présomptive du Royaume, et que la Couronne tomboit insensiblement sur la teste de cette prisonnière, qui pouvoit en un moment changer toute la face de l'État. Elle contemploit une Reyne d'un grand esprit, d'une foy inébranlable, d'une haute vertu, qui avoit l'onction du Royaume d'Écosse, qui étoit Douairière de celuy de France, appuyée par le Pape, considérée par toute la chrétienté, regardée des Catholiques anglois comme une tige sacrée, par qui devoient renaître les branches de la Religion que le fer de la persécution ne cessoit de trancher.

Les Hérétiques anglois, qui la craignoient comme celle qui devoit venger leurs crimes et détruire leurs fortunes qu'ils avoient élevées sur les ruines de la Religion, n'avoient point de plus ardent désir que de la voir hors du monde. Tout conjuroit à perdre cette pauvre Princesse, et il ne restoit plus rien que de donner couleur à une si hardie méchanceté.

Il arriva, sur les dernières années de son ennuyeuse prison, qu'une conspiration contre l'État et la vie de la Reyne Élizabeth, selon le récit de Cambden, fut formée par *Baillard,* un Prêtre anglois, qui, ayant plus de zèle pour sa Religion que de conduite dans ses entreprises, considéroit que cette femme avoit usurpé un sceptre qui ne luy appartenoit pas; qu'Elle avoit renversé toutes les maximes de la Religion ancienne; qu'Elle tenoit en prison une Reyne innocente, déjà l'espace de vingt ans, la traitant avec de grandes indignitez; qu'Elle exerçoit continuellement des boucheries aux dépens du sang des Catholiques. Il pensoit que c'étoit un fait de justice de faire mourir celle qui avoit volé un Empire, comme si l'on tuoit un voleur au coin d'un bois, qui tiendroit notre bourse en sa main et notre liberté à la chaîne. Mais je ne voudrois pas approuver ces conseils sanglans, qui font naître des remèdes pires que les maux, et troublent infiniment les États de la chrétienté.

Néanmoins, celuy-cy en tire quantité d'autres dans son sentiment, qui s'offrent et se dévoüent à faire ce funeste coup! Le premier d'entre eux étoit un nommé *Babinton,* qui étoit d'illustre maison, de grand esprit, sçavant par-dessus son âge et fort zélé à la Religion catholique. Son exemple fit embarquer plusieurs autres dans ce périlleux dessein. Les uns s'y portèrent par l'espérance de grandes récompenses; les autres par gloire, et les autres par haine du mal et des méchans. Il n'est nullement croyable (comme on fera voir) que la Reyne d'Écosse eût voulu se mêler là-dedans, Elle qui, outre la conscience, avoit une prudence affinée par de longues expériences, qui luy eût fait voir incontinent la faiblesse de ce party, où la plupart étoient des jeunes gens bouillans et inconsidérez, qui n'avoient pas seulement appris à garder le secret, qui est le premier nœud des grandes affaires. Ils portoient leurs cœurs sur les lèvres, et ne se contentèrent pas de parler de leur dessein dans les tavernes : ils se firent peindre dans un tableau avec des devises, comme auteurs de la liberté, et le montrèrent entre eux par une fade vanité. Babinton ne se put tenir d'en écrire à la Reyne prisonnière, et les lettres étant venües entre les mains de ses Secrétaires, *Nau* et *Curles,* qui s'ennuyoient de cette longue prison, n'en communiquèrent rien à leur Maîtresse, sçachant bien que la grande pureté de sa conscience l'éloigneroit de ces conseils si violens. Mais comme ils virent que Babinton donnoit là-dedans un secret avis de la conférence qu'il avoit eüe avec Baillard, et que six gentilshommes avoient été choisis pour commettre un assassinat tragique, et qu'avec cent autres ils devoient délivrer la Reyne de prison, ils pensèrent qu'il ne falloit point négliger cette occasion, et pour ce, ils firent réponse, empruntant le nom de Marie, et loüèrent Babinton de son zèle envers la Religion catholique et la personne sacrée de celle qui en étoit le soutien.

Ils l'avertirent d'apporter de la circonspection dans cette entreprise, de faire passer une association entre ceux qui en étoient auteurs et acteurs, parce qu'il y avoit lieu d'appréhender les hérétiques Puritains, de ne rien remuer avant les assurances du secours étranger, d'exciter quelques troubles en Irlande, pendant que l'on feroit une playe dans cette contrée, d'attirer dans ce party le comte *d'Arondel* et ses frères, et autres nommés dans la même lettre. Ils prescrivirent aussy le moyen de délivrer la Reyne, ou en mettant le feu dans les écuries, ou en renversant un carrosse à la porte du château où Elle étoit gardée, ou en l'enlevant lorsqu'Elle se promenoit à cheval pour se récréer. Enfin, ils l'exhortèrent de promettre de grandes récompenses aux six gentilshommes et à tous les autres.

Babinton, pensant que c'étoit la Reyne qui traitoit avec luy, en devint fort glorieux, encouragea ses compagnons, montra aux plus apparens ses lettres et brûla du désir d'exécuter son dessein. La vanité qui les emporta leur fit fermer les yeux au péril, ouvrir la bouche au secret, et le communiquer à tant de complices, que la multitude des conjurez fit avorter leur conspiration. Ils se déclarèrent à un nommé *Giffar*, homme pernicieux et débordé, qui, s'étant chargé de la commission de faire tenir leurs lettres, les portoit toutes à *Valsingham*, secrétaire de la Reyne d'Angleterre, qui les ouvroit et les refermoit dextrement, sondant par ce moyen tous leurs desseins. Les dernières écrites par Babinton, avec la réponse des Secrétaires au nom de Marie, furent portées à Élizabeth et à son Conseil, qui en conçut une joye extrême. Elle fait prendre les conjurez, et surtout Babinton, qui, étant appliqué à la question, ne manqua pas d'avoüer qu'il avoit traité avec la Reyne d'Écosse sur ce sujet, comme en effet c'étoit sa pensée, quoyque ce ne fût pas la vérité.

Après avoir été tous ouïs et condamnez, ils furent exécutez de supplices cruels et honteux, qui donnèrent de l'horreur à ceux qui les avoient condamnez.

Il falloit passer par les entrailles de tant de corps, pour venir au sang de Marie. Elle, qui ne sçavoit rien de ce qui se passoit, demeuroit fort tranquille dans les langueurs de sa captivité, lorsqu'Elle se voit soudainement renfermée en une plus étroite prison, les gardes redoublées, ses Secrétaires saisis sans leur pouvoir parler, ses papiers pris et son argent confisqué. Elle attend que ce tonnerre parle pour luy dire la cause de son malheur, lorsque voicy une lettre de la Reyne d'Angleterre qui luy signifie une commission qu'Elle avoit donnée à ses Conseillers d'État pour l'ouïr en jugement sur les faits dont Elle étoit accusée. Après l'avoir lüe, Elle dit d'un visage fort majestueux et d'un esprit rassis à ceux qui la luy avoient rendüe :

« Je suis fâchée que la Reyne, ma très-chère Sœur, ait été
» mal informée de moy, et qu'après avoir été si longues années
» étroitement gardée et percluse de mes membres, tant d'équi-
» tables conditions que j'ay offertes pour ma liberté, ayant été
» méprisées et moy abandonnée, je l'ay suffisamment avertie de
» plusieurs dangers, et néanmoins jamais Elle ne m'a voulu
» croire et m'a toujours mésestimée, quoyque je luy sois très-
» proche par le sang. J'ay bien prévu que quelque accident qui
» pourroit arriver au dedans ou dehors le Royaume, on s'en
» prendroit toujours à moy, et que je serois assez criminelle,
» puisque je suis si misérable. Quant à sa lettre, j'estime que
» c'est chose un peu nouvelle que la Reyne me commande
» comme à sa sujette de comparoître en jugement. Je suis
» Reyne absolue et ne feray rien au préjudice de la Majesté
» Royale, mon courage n'est point encore abattu et je ne suc-
» comberay jamais sous ma calamité. »

On rédigea sa réponse par écrit, qu'Elle avoit prononcée en ces mêmes termes, et le même jour le Chancelier et le Trésorier l'allèrent trouver, et luy déclarèrent le pouvoir qui leur étoit déféré par leur commission, l'admonestant d'entendre les faits dont Elle étoit chargée, autrement qu'ils pouvoient et vouloient procéder contre Elle par contumace. A cela Elle répond qu'Elle n'étoit point sujette, et qu'Elle aymoit mieux périr mille fois qu'en se reconnoissant telle porter préjudice à la Majesté Royale ; que s'ils venoient à Elle après l'avoir condamnée par leurs préjugez pour faire contenance de garder quelque formalité de justice, ils consultassent leur conscience et se souvinssent que le théâtre du monde étoit plus grand que l'Angleterre. Les Commissaires ne laissèrent pas d'insister et de luy présenter la teneur de leur commission avec leurs noms ; sur quoy Elle demanda par quel droit ils devoient procéder contre Elle, ou canon, ou civil, et qu'Elle sçavoit bien qu'ils n'étoient pas grands jurisconsultes ; qu'il seroit plus à propos d'appeler de bonnes Universitez de l'Europe. Ils luy dirent qu'ils prétendoient agir avec Elle en

vertu du droit civil des Anglois, auquel ils étoient assez expérimentez; mais Elle vit bien qu'ils vouloient l'embarrasser dans une loy nouvellement faite et à dessein contre Elle. Elle répliqua : « Vous êtes d'habiles gens, vous faites des loix à
» votre fantaisie : je ne suis point tenue de m'y soumettre,
» puisque les Anglois ont refusé autrefois de s'assujettir à la
» loy salique des François. Votre loy n'a point d'exemple, non
» plus que votre procédé de justice. »

A cela, *Hatton* (1), second chambellan de la Reyne d'Angleterre, s'avance de parler et luy dit : « Vous êtes accusée d'avoir conjuré
» la ruine de notre Maîtresse, qui a l'onction de Reyne. Votre
» degré n'est point exempt de répondre à tel crime, ny par
» le droit des gens, ny par le droit de nature. Si vous êtes
» innocente, vous faites tort à votre réputation d'esquiver ce
» jugement. La Reyne sera fort joyeuse que vous vous justifiiez,
» car Elle ma assuré que jamais Elle n'avoit reçeu plus de
» déplaisir que de vous voir chargée de cette accusation. Quittez
» cette vaine considération de Royauté, qui à présent ne sert de
» rien ; faites cesser les soupçons, et effacez la tache qui demeu-
» reroit éternellement sur votre réputation ». — « Je ne refuse
» point, dit-Elle, de répondre devant les États du Royaume
» légitimement convoquez, pourvu que j'y sois reconnüe comme
» l'héritière présomptive du Royaume : alors je parleray, non
» comme sujette, mais par manière de devis, sans me soumettre
» jamais à la nouvelle ordonnance de votre commission, que
» l'on sçait être un trait malicieux pour envelopper mon inno-
» cence ». Le Trésorier répliqua : « Nous procéderons par
» contumace ». A quoy Elle répartit : « Examinez votre cons-
» cience et pourvoyez à votre honneur, et Dieu vous rende et
» à vos enfans ce que vous ferez en ce jugement ».

Le lendemain, Elle appelle quelqu'un des Commissaires et demande que sa protestation soit mise par écrit, et que, cela étant, Elle se justifieroit sans préjudicier à la dignité Royale. A l'instant, les Commissaires s'assemblèrent en la Chambre de Présence, où l'on avoit dressé un échaffaut, au haut duquel étoit un siège Royal sous un daiz, pour représenter la Majesté de la Reyne Élizabeth, et à côté une chaise de velours cramoisy parée pour Elle. La courageuse Reyne entre d'une contenance

---

(1) Hatton (Me), vice-chambellan d'Angleterre.

modeste et assurée parmy ces visages affreux des Milords, altérez de son sang, et prend sa place. *Bromlay,* le chancelier, se tournant vers Elle, luy parle en ces termes :

« La Sérénissime Reyne d'Angleterre, ayant été assurée, non
» sans une extrême angoisse d'esprit, que vous avez machiné sa
» perte et celle du Royaume d'Angleterre et de la Religion, pour
» s'acquitter de son devoir et ne pas manquer à Dieu, à soy et à
» son peuple, a, sans aucune malice de cœur, étably ces Com-
» missaires pour entendre les choses dont vous êtes accusée,
» comment vous les résoudrez et montrerez votre innocence ».

Cet homme, qui parloit assez mal, eut la discrétion de parler peu, et tout incontinent, comme il eût donné le signal, les pervers officiers, qui étoient plus de quarante, se jettent tous comme des chiens acharnez sur la proye, luy faisant mille questions captieuses pour la surprendre, dont la généreuse amazone se démêloit avec une vivacité incroyable. Enfin, tout se réduit aux lettres de Babinton, qui luy avoit donné avis de la conjuration, et à la réponse qu'Elle luy avoit faite, en l'exhortant à poursuivre son dessein, et, de plus, aux dépositions des Secrétaires, qui assuroient qu'Elle avoit dicté ces lettres et d'autres aussy aux Princes étrangers pour attirer leurs armes sur l'Angleterre. Ils la pressent sur ces faussetez qui sembloient avoir plus de probabilité, mais Elle y répondit invinciblement, comme il est clair par ces termes qui ont été tirez d'Elle en divers endroits, les liant ensemble pour donner plus de jour à son apologie, où on a remarqué de grandes lumières d'esprit et de jugement :

« Si la Reyne, ma Sœur, vous a donné la commission de
» rendre la justice, il est bien raisonnable que vous la com-
» menciez, plustôt par le soulagement de mes peines que par
» l'oppression de mon innocence. Je suis venüe en Angleterre
» pour y implorer le secours contre la rébellion de mes sujets.
» Le sang, la parenté, le sexe, le voisinage, le titre de Reyne
» que je porte, m'y promettoient toute satisfaction, et j'y ay
» rencontré mes plus sensibles déplaisirs. Voicy tantôt la ving-
» tième année que je suis retenüe prisonnière, sans cause, sans
» sujet, sans miséricorde, et qui plus est sans espérance. Je ne
» suis point sujette de votre Maîtresse, mais Reyne libre et
» absolüe, qui ne doit répondre qu'à Dieu, juge souverain de
» mes actions, pour ne préjudicier au caractère de la Majesté

» Royale, ny à mon fils le Roy d'Écosse, ny à ses successeurs
» et autres Princes souverains de la terre. C'est la protestation
» que j'en ay faite et que je réitère en vos présences, devant que
» de répondre aux crimes qui me sont imposez.

» La plus noire des médisances me charge d'avoir conspiré la
» mort de ma très-chère Cousine, et après beaucoup de chica-
» neries les preuves se réduisent aux lettres de Babinton, à la
» déposition de mes Secrétaires, et aux sollicitations que j'ay
» faites envers les Princes étrangers pour attirer leurs armes
» contre l'Angleterre. Je veux répondre efficacement à tous ces
» chefs, et faire voir clairement la justice de ma cause à tous
» ceux qui seront sans passion. Et premièrement, je jure et
» proteste que je n'ay jamais connu ce Babinton, qui fait icy le
» principal point de l'affaire; que je n'ay reçu aucune lettre de
» sa part, et qu'il ne peut en avoir de la mienne. J'ay toujours
» eu en horreur les conseils violens et funestes qui tendoient à
» la ruine de la Reyne Élizabeth, et je suis preste de produire les
» lettres de ceux qui, ayant eu quelque mauvaise entreprise, se
» sont excusez à moy de ne m'en avoir rien découvert, parce
» qu'ils sçavoient bien que mon esprit étoit éloigné de semblables
» desseins. Je ne puis pas sçavoir, étant prisonnière, ce qu'a fait
» Babinton et ses complices : il a pu écrire tout ce qu'il a voulu,
» mais je sçays bien que je n'ay vu, ny oüy aucune de ses lettres;
» et s'il se trouve une réponse écrite par moy à des choses qui ne
» sont pas seulement tombées en mon imagination, c'est une
» fausseté abominable. Nous ne sommes pas en un siècle, ny en
» un Royaume où l'on ignore le métier de falsifier : on m'a dit
» que Valsingham, l'un d'entre vous, qui a conspiré ma mort et
» celle de mon fils, se sert de ces artifices et a pu s'emparer de
» mes chiffres, contrefaire une lettre comme de ma part pour
» répondre à celle de Babinton qu'il avoit interceptée. L'autre
» a cru innocemment et déposé que cela venoit de moy, mais
» tout cecy ne va qu'à une simple conjecture. Il faudroit un
» millier de témoignages plus clairs que le rayon du soleil pour
» accabler une Reyne souveraine, qui enferme en son autorité
» tant de millions de vies, et l'on croit contre moy un homme
» inconnu, un homme demy-mort, qui disoit tout ce qu'il sçavoit
» et ce qu'il ne sçavoit pas, pour se délivrer des horribles cruautez
» de la question. Que l'on produise une seule lettre de ma main,
» un seul ombrage de ce crime, et je me tiendray convaincue. Je

» le dis avec toute la sincérité de mon cœur et les larmes de mes
» yeux, je ne voudrois pas conquérir un Royaume par le sang de
» la plus vile personne tirée de la lie du peuple, beaucoup moins
» par celuy de la Reyne. Jamais je ne feray naufrage de mon
» âme, en conjurant la ruine d'une personne à qui j'ay voüé
» tant d'honneur et d'amitié.

» Quant à mes Secrétaires, je les avois toujours reconnus assez
» hommes de bien. Que s'ils m'ont chargée et accusée par dépo-
» sitions de leur avoir dicté une réponse à Babinton, ils ont
» commis deux grandes méchancetez : la première, en violant
» le serment qu'ils ont fait d'être secrets et fidelles à leur Maî-
» tresse, et secondement, en inventant une si détestable calomnie
» contre celle à qui ils devoient tout respect et toute fidélité. De
» sorte que toute la foy que vous pouvez tirer de cecy ne vient
» que des perfides. Hélas, vray Dieu! c'est fait de la Majesté et
» du salut des Princes, s'ils dépendent des écrits et des témoi-
» gnages de leurs Secrétaires, en des affaires de si grande consé-
» quence. Combien y en a-t-il qui se laissent aller à l'espérance
» des richesses? Combien d'autres succombent aux menaces des
» Grands? Ce sont gens de fortune qui suivent le flux et le reflux
» de son inconstance. Si ces pauvres hommes ont déposé ce que
» vous dites contre moy, cela a esté pour se délivrer de l'horreur
» de vos supplices, et pour renvoyer tout sur une teste couronnée,
» qu'ils pensoient estre inaccessible à vos commissions.

» Mais quels jurisconsultes estes-vous, d'avoir fait mourir
» Babinton sans me le confronter, de luy avoir ouvert la bouche
» à force de tourmens pour dire un mensonge, et puis l'avoir
» fermée pour jamais à la vérité? Si mes Secrétaires sont encore
» en vie, faites-les venir en ma présence, faites-les parler, et je
» m'assure qu'ils ne persisteront point dans cette déposition que
» vous m'objectez. Ne paroît-il pas bien que vous y procédez de
» mauvaise foy, et que vous n'empruntez ces petites formalitez
» que pour donner quelque teinture à votre préjugé?

» Jamais je n'ay rien dicté aux miens que ce que la nature m'a
» suggéré pour recouvrer ma liberté. C'est la troisième objection
» de votre procédé, et je vous demande si j'ay commis un grand
» crime d'avoir souhaité un bien que la voix publique nous
» enseigne, que les loix approuvent, que tous les hommes pra-
» tiquent, que la nature apprend aux petits rossignols jusques
» dans les volières et dans les cages. Que peut faire une personne

» qui se voit dans les fers, sinon implorer le secours de ses amis,
» et désirer que quelque puissante main luy ouvre la prison?
» J'avoüe d'avoir eu le désir de la liberté, mais je nie d'en avoir
» recherché l'effet par les moyens que vous alléguez. C'est chose
» bien étrange qu'une prisonnière, dont on épie toutes les actions,
» et de qui l'on compte tous les pas, fasse des affaires que les
» Souverains ont de la peine de remuer, dans une puissance
» toute libre et toute absolue. Il y a tant d'années que je suis
» comme à la chaîne d'une misérable captivité, sans que les
» offres que j'ay faites, les assurances que j'ay données, le déclin
» de mon âge et de ma santé, ayent pu émouvoir ma Sœur à
» mon élargissement. N'ay-je pas offert de contracter une très-
» étroite amitié avec Elle, de la chérir et de la respecter très-
» officieusement par-dessus tous les Princes chrétiens, mettre en
» oubly toutes les offenses, la connoître pour vraye et légitime
» Reyne d'Angleterre, soumettant tout mon droit au bien de la
» paix, ne prétendre, ny prendre aucune part à sa Couronne de
» son vivant, et renoncer tout à fait aux titres et aux armes de
» ce Royaume que je m'étois attribuez par le commandement de
» *Henry second*, Roy de France, sans que toutes ces soumissions
» ayent rien opéré pour ma délivrance? Ne suis-je pas bien cou-
» pable, si j'ay désiré que les Princes étrangers, mes amis et
» mes alliez, me tirassent de ces profondes misères; et cependant
» je n'ay jamais voulu affermir entre les mains du Roy d'Espagne
» le droit qu'il prétendoit avoir sur la Couronne d'Angleterre,
» quoyqu'il s'en soit offensé, respectant ma Sœur jusques à ce
» point que d'avoir négligé ma vie et ma délivrance pour ne la
» point irriter, et aymant mieux me servir des dévotions d'Esther
» que de l'épée de Judith. Je dis et déclare encore à présent, que
» puisque l'Angleterre m'est si peu équitable, que je ne dois, ny
» ne veux mépriser l'aide des autres Roys, dans toute la douceur
» que j'y pourray contribuer. Je vous ay déclaré sincèrement mes
» conseils et mes pensées sur cette accusation; que si le droit et
» l'équité cèdent à la puissance, et si la force opprime la vérité
» parmy les hommes, j'en appelleray au Dieu vivant, que je
» reconnois avoir un empire absolu sur la Reyne Élizabeth et
» sur moy. Je jure sur mon Dieu et sur mon honneur qu'il y a
» longtemps que je n'ay pensé à autre Royaume qu'à celuy du
» Ciel, que je regarde comme le port de mes longues misères.
» Je crois avoir satisfait à toutes vos objections, et vous sçavez

» bien en conscience que rien ne me charge que ma naissance,
» et que rien ne me rend criminelle que ma Religion ; mais je ne
» puis démentir ce que Dieu m'a fait naître, et ne puis renoncer
» le caractère que j'ay reçeu au jour de mon Baptême. J'ay vécu
» et mourray catholique : c'est le seul crime où je ne veux point
» d'avocats pour me défendre, où je désire avoir tout le monde
» pour témoin, et où je ne crains pas les juges les plus redou-
» tables. »

La pauvre Princesse trempa ses paroles dans ses larmes, prévoyant la persécution des siens, et considérant comme sa Royale dignité étoit si barbarement traitée entre des avocats de Palais, qui sembloient tous avoir juré sa mort. Si est-ce qu'ils sentirent de vives atteintes en leur conscience, d'autant que ce qu'Elle disoit étoit très-véritable au rapport même des hérétiques, comme il paroît au livre de Cambden, qui a écrit la vie d'Élizabeth, et qui ne nie pas que Valsingham ouvroit et refermoit les lettres que le traître Giffar luy portoit, y contrefaisant ce que bon luy sembloit. Et le même confesse que l'opinion des plus sensez étoit que les Secrétaires de la Reyne avoient esté séduits et corrompus par argent, et qu'il est bien certain qu'ils demandèrent récompense à Valsingham, qui leur dit qu'ils se devoient contenter de la vie, et ajoute qu'en la condamnant sans luy confronter les témoins, on avoit procédé en cela contre toute forme de justice.

Voilà le jugement des Huguenots mêmes, ses plus cruels ennemis, je dis de ceux qui ont quelque petite étincelle de bonne conscience, et non pas de ces brouillons qui écrivent des rapsodies pleines d'ignorance et de mensonge. Tout cela sert de preuve invincible à son innocence, mais les mauvais juges, qui s'étoient vendus à l'iniquité, ne laissèrent pas de passer outre et de rendre une sentence de condamnation qu'ils portèrent à la Reyne d'Angleterre, et qui fut présentée au Parlement pour en demander la publication.

Élizabeth s'y trouva avec une harangue étudiée, où Elle rendoit grâces à Dieu des périls dont il l'avoit délivrée, et remercioit ses bons sujets de l'affection qu'ils avoient pour leur Reyne ; puis, venant au fait dont il étoit question, Elle se montroit extrêmement affligée que la Reyne d'Écosse, qui étoit une personne de son sexe, de son État et de son sang, fût convaincüe d'avoir conjuré contre Elle, ajoutant qu'Elle luy pardonneroit volontiers et luy sacrifieroit sa propre vie, si cela devoit rendre les affaires de l'Angleterre plus florissantes; mais que pour cet effet Elle ne vouloit pas préjudicier à Elle-même, ny au bien de son Royaume. Elle venoit avec un cœur plein de vengeance en cette action : Elle se vouloit donner la réputation de douceur et de clémence, imitant en cela les Hérode et les Tibère, qui jamais ne disoient mieux que quand ils faisoient le pis, et rioient dans leur cœur, lorsqu'ils distilloient des larmes de crocodile de leurs yeux. Elle vouloit que son Parlement luy demandât, à jointes mains, la chose qu'Elle donnoit le plus volontiers : tantôt Elle le flattoit sur les respects et les cordiales affections qu'il avoit pour Elle, à dessein de l'inciter à poursuivre sa pointe; tantôt Elle faisoit la fâchée d'y reconnoître trop de zèle; tantôt Elle disoit qu'Elle se vouloit conserver, tantôt qu'Elle aymoit mieux abandonner sa propre conservation pour exercer sa clémence.

Cet esprit, qui étoit grandement dissimulé, jamais n'eut tant d'ondes et de plis qu'en cette affaire, et, à dire vray, Elle s'embarrassoit dans son propre labyrinthe, et en se voulant trop cacher, Elle se montroit, disant à ceux qui luy demandoient la mort de la Reyne : « Je vous prie et vous conjure de vous
» contenter d'une réponse sans réponse. J'approuve votre ju-
» gement et en comprends les raisons, mais excusez, je vous
» prie, la pensée soucieuse et douteuse qui me tourmente, et
» prenez en gré la très-gracieuse affection que je vous porte, et
» cette réponse, si tant est que vous l'estimiez réponse. Si je dis
» que je ne feray point ce que vous me demandez, par aventure
» diray-je plus que je ne pense. Si que je le feray, je me pré-
» cipiteray à ma ruine, moy que vous voulez conserver. »

Enfin, l'arrest ayant été confirmé par l'autorité du Parlement, on envoya *Beal* à la Reyne d'Écosse pour luy porter la nouvelle de cette funeste condamnation, et luy dire que les États en demandoient l'exécution pour la justice, la seureté et la nécessité.

Ce grand cœur ne fut point abattu par cette rigueur si violente et une injustice si damnable; mais levant dès lors les yeux et les mains au Ciel, en rendit grâces à Dieu, demandant incontinent un Prestre pour luy administrer les Sacremens et pour la disposer à mourir. *Paulet,* qui l'avoit en garde, la traita dès lors comme un barbare, commandant aux officiers de sa maison d'abattre le daiz de sa chambre; mais comme personne n'y vouloit toucher, et qu'il vit qu'on ne luy répondoit que par des cris et des lamentations qui eussent amolly un cœur d'homme, il fit faire cette exécution par les mains de ses satellites, et ôta à la pauvre prisonnière toutes les marques de la Royauté, pour luy faire contempler ses funérailles toute vive, et luy faire saigner le cœur d'une playe mortelle, devant que l'on tirât le sang de toutes les veines de son corps par la main d'un bourreau.

Mais Élizabeth retenoit encore le coup de l'exécution, soit pour la crainte des Princes étrangers, ne voyant pas assez clair dans leurs pouvoirs et protections, soit pour s'acquérir cette réputation imaginaire de clémence, soit qu'Elle voulût brûler cette pauvre victime à petit feu, luy prolongeant les langueurs de sa prison.

L'autre se résolut de luy écrire, non pas pour luy demander la vie, d'un style bas et mendiant, mais pour obtenir d'Elle un tombeau. Voicy encore les propres termes de sa lettre :

« Madame,

» Je rends grâces à Dieu de tout mon cœur de ce qu'il luy
» plaît de mettre fin, par vos arrests, au pèlerinage ennuyeux de
» ma vie. Je ne demande point qu'elle me soit prolongée, n'ayant
» eu que trop de temps pour expérimenter ses amertumes. Je
» supplie Votre Majesté que puisque je ne dois attendre aucune
» faveur de quelques Ministres zélez, qui tiennent les premiers
» rangs dans l'État d'Angleterre, je puisse tenir de vous seule et
» non d'autre les bienfaits qui s'ensuivent :
» Premièrement, je vous demande que, comme il ne m'est
» pas loisible d'espérer une sépulture en Angleterre selon les
» solennitez catholiques pratiquées par les anciens Roys, vos
» ancestres et les miens, et que dans l'Écosse on a forcé et
» violenté les cendres de mes ayeuls, quand mes adversaires
» seront soulez de mon sang innocent, mon corps soit porté par
» mes domestiques en quelque terre sainte pour y être enterré,
» et surtout en France, où les os de la Reyne, ma très-honorée
» mère, reposent, afin que ce pauvre corps, qui n'a jamais eu de
» repos tant qu'il a esté joint à mon âme, le puisse finalement
» rencontrer lorsqu'il en sera séparé.
» Secondement, je prie Votre Majesté, pour l'appréhension
» que j'ay de la tyrannie de ceux au pouvoir desquels vous

» m'avez abandonnée, que je ne sois point suppliciée en quelque
» lieu caché, mais à la vue de mes domestiques, et autres per-
» sonnes qui puissent rendre témoignage de ma foy et de mon
» obéissance envers la vraye Église, et défendre les restes de ma
» vie et mes derniers soupirs contre les faux bruits que mes
» adversaires pourroient faire courir.

» En troisième lieu, je requiers que mes domestiques, qui
» m'ont servye parmy tant d'ennemis, et avec tant de fidélité,
» se puissent retirer librement où ils voudront, et joüir des
» petites commoditez que ma pauvreté leur a léguées dans mon
» testament.

» Je vous conjure, Madame, par le sang de Jésus-Christ, par
» notre parenté, par la mémoire de *Henry septième,* notre Père
» commun, et par le titre de Reyne que je porte encore jusques
» à la mort, de ne point refuser des demandes si raisonnables,
» et me les assurer par un mot de votre main, et là-dessus je
» mourray comme j'ay vécu,

» Votre affectionnée Sœur et prisonnière,

» MARIE, Reyne. »

On ne sçait si cette lettre fut aux mains d'Élizabeth, attendu qu'on ne trouve aucune réponse, soit que les Ministres la luy ont cachée, soit que la dureté de son cœur la dissimula.

Cependant, le Roy Jacques s'employa pour la délivrance de sa Mère; les ambassadeurs de France, *Messieurs de La Mothe-Aigron* et de *L'Aubépine* (1) y travaillèrent à diverses occasions; *Monsieur de Bellièvre* (2) s'y porta avec beaucoup de prudence, de courage et de fidélité, par une grave remontrance qui se lit encore dans l'histoire. L'arrest fut suspendu environ trois mois, jusques à temps que les clameurs des Puritains et des Luthériens firent tomber la foudre d'une main qui ne demandoit qu'à faire son coup.

Les plus avisez luy remontroient bien que cela étoit sans exemple, commettre une femme, une Reyne de France et d'Écosse, la plus proche parente qu'Elle eût au monde, à la main d'un bourreau; une Reyne, qui n'étoit point sa prison-

---

(1) M. de L'Aubespine.
(2) M. Pomponne de Bellièvre.

nière mais son hôtesse, qu'Elle avoit appelée et invitée en son Royaume, luy envoyant des gages de sa fidélité; qu'Elle prît garde que tout le mal venoit de ses Secrétaires, non d'Elle; et quand bien même, après une prison de vingt ans, Elle auroit consenty d'être enlevée par force et par armes, que cela ne méritoit point la mort. Si Elle la faisoit mourir, qu'Elle ouvriroit une playe dont il sortiroit tant de sang, que plusieurs ne le pourroient étancher; que l'Italie, la France, l'Espagne et tous les Royaumes catholiques du monde s'en tiendroient offensez, et qu'Elle attireroit sur son Royaume les armes de toute la chrétienté, qui prendroit volontiers ce prétexte pour envahir son État; que c'étoit faire un affront à Jacques, son fils, et à toute sa race, qui s'en pourroit ressentir; que cela aigriroit les esprits de tous les Catholiques du Royaume, qui se rendroient irréconciliables; et enfin, qu'il y avoit un très-grand danger que le Ciel n'armât contre un dessein si sanglant; qu'il falloit traiter les misérables, et nommément une Reyne qui s'étoit réfugiée en son pays, avec plus de révérence que les Anglois ne faisoient les reliques; que l'on hazardoit beaucoup en sa mort, mais que l'on ne pouvoit rien perdre à sa vie, vu qu'il y avoit assez de gardes, de prisons, de barrières, de murailles, pour l'arrester, si Elle vouloit entreprendre contre l'État.

Mais les Ministres insolens crioient incessamment qu'il falloit finir sa prison par la fin de sa vie; que la Reyne devoit se ressouvenir qu'Elle avoit usurpé ses titres et son nom, se faisant proclamer autrefois Reyne d'Angleterre et d'Écosse, et que les Souverains ne pardonnoient jamais à ceux qui entreprenoient jusques à ce point sur leur autorité; que la vie d'Élizabeth étoit incomparable avec celle de Marie; que le vray moyen d'ôter toutes les prétentions des Catholiques, c'étoit de couper cette racine qui faisoit pousser toutes leurs espérances; que le Roy Jacques seroit instruit à la Religion d'Angleterre, et prendroit les sentimens du bien de son État, plustòt que la vengeance des cendres de sa mère; que les Étrangers étoient trop embarrassez dans leurs propres affaires, et songeoient plus à se défendre qu'ils ne pensoient à attaquer; que les Guise, parens de la Reyne d'Écosse, étoient mal en France, et que Henry III se garderoit bien d'épouser leurs querelles; et en cas que d'autres fussent si téméraires que de l'entreprendre, ils sçauroient que l'Angleterre a de bons fossez; que la Reyne Élizabeth étoit mortelle, et que si Elle venoit à manquer, il n'y auroit point de désolation imaginable que la Religion et l'État ne souffrissent sous le règne de Marie, en vengeance de sa prison et d'autres injures qu'Elle pensoit avoir reçeües ; qu'il falloit se souvenir que les Grands écrivent les bienfaits sur le sable et gravent leur mécontentement sur le cuivre. Les Prédicans en faisoient un cas de Religion avec leurs fades allégations de la Bible, qu'ils accommodoient à leur esprit sanguinaire, et les jurisconsultes ignorans apportoient des histoires de supplices de quelques Roys, qui étoient en tout impertinentes.

Il n'en falloit pas tant pour persuader une femme qui avoit la vanité de faire voler une fois dans sa vie la teste d'une Reyne sur un échaffaut, et qui ne se souvenoit plus que, sous le règne de la courageuse Marie, étant accusée de crime d'État et attendant son arrest, Elle craignoit tant les haches des bourreaux d'Angleterre, qu'Elle étoit résolüe de supplier sa Sœur que l'on mandât un exécuteur de France pour luy couper le col. Le mandement est donc donné et signifié à la pauvre victime, que l'on avoit préparée de longue main à ce sacrifice.

Quelques écrivains passionnez se sont efforcez de soustraire ce crime à la réputation d'Élizabeth, fondez sur une lettre qu'Elle écrivit au Roy d'Écosse, où, par une honteuse perfidie, Elle dit que son esprit est tourmenté d'une incomparable douleur, à cause de l'événement épouvantable arrivé contre sa volonté, et qu'Elle n'a point l'âme si basse de craindre, par terreur, de faire ce qui est juste, ou de le dénier par lâcheté après l'avoir fait.

Mais ne voit-on pas que c'est se moquer de l'histoire et de la foy du genre humain que d'avancer une telle deffaite? *Davison* (1), son secrétaire, qui ménagea cette affaire funeste, comme le vray instrument de sa malice, dit en son attestation, rapportée dans les plus fidelles Mémoires d'Angleterre par Cambden, qu'après le départ de l'ambassadeur de France, envoyé pour arrester le coup, Elle luy commanda de représenter le mandement qui avoit été dressé sur l'exécution de la Reyne d'Écosse, ce qu'ayant fait, Elle le signa fort volontiers de sa main, luy ordonnant de le sceller du grand sceau, et là-dessus dit quelques paroles en riant, blâmant *Paulet* et *Daurey,* qui gardoient la prisonnière, de ne l'avoir pas délivrée de cette peine.

---

(1) Davidson (Mc).

Il est vray que le lendemain Elle envoya un nommé *Quillègre* (1) à Davison pour luy défendre d'expédier ce mandement, soit que les remords de sa conscience luy suscitassent des frayeurs, son sommeil étant ordinairement inquiété de songes horribles qui étoient les images de ses crimes, soit que ce fût une fourbe pour se donner la réputation de clémente, en tuant avec tant de trahison. Le Secrétaire l'alla trouver sur-le-champ, et luy déclara que le mandement étoit déjà expédié et scellé, de quoy Elle fit contenance de le blâmer, disant que l'on pouvoit, par le conseil de quelques hommes prudens, trouver d'autres expédiens, voulant, comme il étoit croyable, parler d'un empoisonnement. Néanmoins, Elle ne commanda nullement que l'exécution fût mise en surséance, et comme Davison se présenta à Elle trois jours après, luy demandant si Sa Majesté avoit changé d'avis, Elle dit que non et se fâcha contre Paulet, qui n'avoit pas voulu entreprendre assez hardiment le dernier des crimes, et dit qu'Elle en trouveroit d'autres qui le feroient pour l'amour d'Elle. Sur quoy, l'autre luy ayant remontré qu'il falloit tenir bon, autrement qu'Elle ruineroit tout à fait des hommes de grand mérite avec leur postérité, Elle persista, et le même jour de l'exécution, Elle blâma le Secrétaire de ce qu'elle n'avoit pas été avancée, et sitôt que celuy-cy eut découvert l'affaire, les mauvais Conseillers poursuivirent l'expédition avec des ardeurs incroyables, car ils envoyèrent Beal, capital ennemy des Catholiques, avec des exécuteurs de la haute justice, et des lettres adressées à certains Comtes, par lesquelles le pouvoir leur étoit donné de procéder à ce massacre. Ceux-cy se transportèrent incontinent au château de *Fotheringay,* où la Reyne étoit prisonnière, la firent lever du lit, où son indisposition la tenoit pour lors couchée, luy lurent le mandement, et l'avertirent qu'il falloit mourir le lendemain.

Elle reçut cette nouvelle sans changer de visage, disant :

« Qu'Elle ne pensoit pas que la Reyne, sa Sœur, en eût dû
» venir jusque-là; mais que, puisque tel étoit son bon plaisir, la
» mort luy étoit très-agréable, et qu'une âme ne se voit point
» digne des joyes célestes et éternelles, dont le corps ne pourroit
» endurer un coup de bourreau. Au reste, qu'Elle appeloit le
» Ciel et la terre à témoins de son innocence, et que l'unique
» consolation qu'Elle avoit dans un spectacle si ignominieux étoit

---

(1) Killegrew (Henri), beau-frère de Cécil. (?)

» de mourir pour la Religion de ses Pères ; qu'Elle prioit Dieu
» d'augmenter sa constance à la mesure de ses peines, et d'agréer
» la mort qu'Elle alloit souffrir pour l'expiation de ses péchez. »

Après qu'Elle eut dit ces paroles, Elle pria les Commissaires de luy permettre de conférer avec son confesseur, ce qui luy fut refusé par une cruauté barbare que l'on n'exerce pas envers les plus scélérats, et au lieu du Directeur de sa conscience, on luy envoya deux grands hérétiques, l'Évêque et le *Doyen de Petrebourg*, qu'Elle renvoya avec horreur, disant que Dieu seroit sa consolation.

Le *comte de Kent*, qui étoit l'un de ses Commissaires des plus ardens à la persécuter, luy dit là-dessus : « Votre vie sera la » mort, et votre mort sera la vie de notre Religion », luy déclarant assez la cause de cet attentat ; ce qui fit qu'Elle rendit grâces à Dieu d'être jugée par ses ennemis mêmes un instrument capable de rétablir l'ancienne Religion dans l'Angleterre, et en ce point Elle désiroit que les Protestans eussent plustôt blâmé ses effets que ses desseins.

Comme les Comtes se retirèrent, Elle commença à régler l'ordre de son dernier jour, comme si Elle eût délibéré pour un petit voyage, avec tant de dévotion, de prudence et de courage, qu'un Religieux, qui auroit médité la mort l'espace de trente ans, n'y auroit pu apporter plus de résolution et de justesse. Et premièrement, Elle commanda qu'on avançât son souper, pour penser à ses affaires ; et soupant fort sobrement, selon sa coutume, Elle s'entretint de très-bons discours avec une merveilleuse tranquillité d'esprit, et, entre autres paroles, se tournant vers *Burgon*, son médecin, Elle luy demanda s'il avoit bien remarqué combien est grande la force de la vérité, vu que son arrest portoit qu'Elle étoit condamnée pour avoir conjuré contre la Reyne Élizabeth, et néanmoins le comte de Kent luy avoit signifié qu'Elle mourroit pour l'appréhension qu'on avoit qu'Elle ne fît un jour mourir la fausse Religion, ce qui luy étoit plustôt une gloire qu'un supplice.

Sur la fin du souper, Elle voulut boire à tous ses serviteurs avec une gayeté grave et modeste, sur quoy ils se jettèrent tous à ses genoux pour luy faire raison, et mêlèrent leurs larmes avec le vin. C'étoit une chose pitoyable de voir un pareil spectacle. Autant que leurs sanglots donnèrent de liberté à leurs paroles, ils luy demandèrent pardon s'ils ne luy avoient pas rendu les services que Sa Majesté méritoit ; mais Elle pria pareillement tout le monde de luy pardonner ses défauts, quoyqu'Elle étoit la meilleure maîtresse qui fut jamais sous le ciel. Elle les consola d'un courage invincible, et leur commanda d'essuyer leurs larmes et de se réjoüir, parce qu'Elle alloit sortir d'un abysme de misères, et qu'Elle ne les oublieroit pas, ny devant Dieu, ny devant les hommes.

Après souper, Elle écrivit trois lettres : l'une au Roy de France, l'autre au duc de Guise, et la troisième à son confesseur. Voicy les propres termes de celle qu'Elle adressa au Roy Henry III :

« Monsieur mon Beau-Frère,

» Dieu ayant permis pour l'expiation de mes péchez, comme
» je dois croire avec toute humilité, que je sois venüe me jetter
» entre les bras de cette Reyne, ma cousine, après y avoir passé
» plus de vingt ans dans les ennuys de la prison, je suis enfin,
» par Elle et ses États, condamnée à la mort. J'avois demandé
» que l'on me rendît mes papiers qui m'ont été enlevez, à dessein
» de faire mon testament, et que mon corps fût transporté,
» selon mon désir, dans votre Royaume, où j'ay eu l'honneur
» d'être Reyne, votre sœur et ancienne alliée; mais comme mes
» maux sont sans consolation, mes requestes sont sans réponse.
» Aujourd'huy après dîner, on m'a signifié l'arrest pour être
» exécutée le lendemain à sept heures du matin, comme la plus
» criminelle du monde. Je ne puis pas vous faire un discours
» bien ample sur tout ce qui s'est passé : il plaira à Votre Majesté
» d'en croire mon médecin et mes serviteurs, que j'ay jugés
» capables de cette croyance. Je suis toute disposée à la mort,
» que je recevray, dans cette innocence, avec mépris, comme je
» l'ay attendue avec patience. Le droit que m'a donné ma nais-
» sance sur le Royaume d'Angleterre et la Religion catholique
» sont les points de ma condamnation, quoyqu'ils les déguisent
» tant qu'ils peuvent par leurs calomnies. Ils m'ont ôté mon
» aumônier, et me privant des consolations que j'attendois des
» Sacremens à la mort, me pressant avec toute violence de
» recevoir l'assistance et la doctrine de leurs ministres, mais
» jamais je ne feray rien qui soit indigne de ma naissance et de
» ma Religion. Ceux qui vous porteront les derniers soupirs de

» ma vie vous assureront de ma constance. Il reste que je vous
» supplie, puisque vous avez toujours protesté de m'aymer, de
» me rendre les preuves de votre charité, en faisant prier Dieu
» pour une Reyne très-chrétienne, qui meurt catholique comme
» Elle a vécu, et en ordonnant de donner quelque récompense
» à mes chers domestiques, puisque je pars de ce monde, dénüée
» de tous biens. Quant à mon fils, je vous le recommande autant
» qu'il le méritera, car je n'en puis répondre. J'ay pris la har-
» diesse de vous envoyer deux pierres qui sont rares pour la
» santé, que je vous souhaite parfaite et heureuse dans une longue
» vie. Vous les recevrez comme de votre belle-sœur très-affec-
» tionnée, qui meurt en vous rendant les derniers témoignages
» de son cœur. Je vous recommande derechef mes serviteurs
» désolez, et si Votre Majesté me donne de quoy fonder un
» petit couvent pour y faire les aumônes requises, vous enyoyerez
» mon âme devant Dieu, plus parée de mérites. Je vous en
» supplie en l'honneur de Jésus-Christ, que je prieray bientôt à
» la mort pour vous, en qualité,

  » Monsieur mon Beau-Frère,
    » De votre très-affectionnée et bonne sœur,

      » Marie, Reyne. »

On a opinion que la lettre adressée au duc de Guise, qui ne se trouve point, étoit de même substance. Celle qu'Elle écrivoit à son confesseur portoit les combats qu'Elle avoit livrez pour sa Religion, et le zèle qui la transportoit à mourir en la foy catholique, et comme on luy avoit cruellement refusé le pouvoir de tester librement, et le transport de son corps, et la permission de se confesser; faute de quoy, Elle confessa ses péchez en général, comme Elle avoit délibéré de les luy dire en particulier; au reste, qu'Elle luy recommandoit de prier et de veiller la nuit en esprit avec Elle, de luy envoyer son absolution, luy pardonner toutes ses fautes, et luy prescrire les prières qu'il jugeroit les plus convenables pour la nuit et le lendemain au matin, ajoutant que si Elle l'apercevoit à l'heure de son supplice, Elle se mettroit à genoux, et luy demanderoit sa bénédiction pour prendre congé de luy. Cela fait, Elle repasse la vüe sur son testament, fait la lecture de l'inventaire de ses biens et de ses ornemens, écrit les noms de ceux à qui Elle les avoit donnez, distribua de l'argent de sa propre main à quelques-uns, puis s'étant retirée, passa le reste de la nuit à veiller en oraison. D'autres assurent qu'ayant fait ses prières, Elle se jetta sur le lit au temps qu'Elle avoit accoutumé, et dormit quelques heures d'un sommeil assez paisible, pour se rendre plus forte à mourir. Puis, étant éveillée, Elle commença son agonie, lisant Elle-même la Passion, les genoux nuds sur la terre, pour s'animer au dernier combat, mêlant presque déjà ses larmes et son sang avec les larmes et le sang de son bien-aymé, et passant les longues heures en prières et méditations, jusques à lasser deux suivantes, qu'Elle envoya prendre leur repos.

Son dernier jour, qui fut le dix-huitième de février de l'année 1587, et le huitième selon le calendrier des Anglois, commençant à luire, Elle se pare des ornemens qu'Elle avoit accoutumé de prendre les jours de feste, et, ayant assemblé ses serviteurs, fait lire son testament, les priant de prendre de bon gré les petits legs qu'Elle leur avoit faits, puisque l'état de sa condition ne luy permettoit pas d'en faire de plus grands. Elle leur dit à tous le dernier adieu, les exhortant à la crainte et à l'amour de leur Créateur, à la conservation de leur foy et de la concorde parmy eux, et leur recommanda de prier pour le salut de sa pauvre âme. Ensuite, Elle baisa toutes les femmes, et permit aux hommes de luy baiser les mains. La salle étoit remplie de cris et de hurlemens, de soupirs et de sanglots, suivis d'une grande ondée de larmes qu'on ne pouvoit essuyer. Mais comme Elle avoit toutes ses pensées portées vers le Ciel, Elle se retire derechef dans son Oratoire où Elle fut longtemps, et se communia comme l'on pense, implorant la grâce de Dieu avec des soupirs et des gémissemens de colombe, jusques à temps que *Thomas André*, Lieutenant de la Province, luy eût signifié qu'il étoit temps de sortir.

Elle obéit promptement, et sort avec une façon pleine de majesté, un visage joyeux, un habit fort modeste, la teste couverte d'un voile pendant, un chappelet à sa ceinture et un crucifix d'yvoire en sa main. Les Commissaires la reçurent dans une galerie où ils l'attendoient, et *Melvin*, son maître d'hôtel, se présenta et se mit à genoux devant Elle, en pleurant, pour recevoir ses derniers mandemens :

« Ne pleurez point, luy dit-Elle, mais réjoüissez-vous, puisque
» vous devez voir aujourd'huy Marie Stuart délivrée de toutes

» ses peines. Je vous conjure de dire à mon fils que j'ay vécu et
» que je meurs constante en la Religion catholique, et que je
» l'exhorte aussy de tout mon cœur de retenir la foy de ses
» ancestres, d'aymer la justice, de maintenir ses peuples en
» bonne paix, et de ne rien entreprendre contre la Reyne d'An-
» gleterre. Je n'ay rien fait au préjudice du Royaume d'Écosse,
» et je demeure ferme en la fidélité que j'ay toujours eüe pour le
» Royaume de France. Dieu pardonne à ceux qui ont été altérez
» de mon sang, comme le cerf de l'eau des fontaines. Tu connais,
» ô Dieu qui es la vérité même et qui sonde les plus profonds
» secrets de mon cœur, combien j'ay désiré la paix et l'union
» des Royaumes d'Angleterre et d'Écosse ! »

Ce fut alors que ce cœur Royal, étant attendry sur son fils, sur l'image des cruautez et persécutions de l'Église catholique et sur les indignitez qu'on luy faisoit souffrir dans cette innocence, ses yeux versèrent quelques larmes de compassion qu'Elle essuya promptement. Puis se tournant vers les Comtes, les pria que l'on traitât humainement ses pauvres serviteurs, les faisant joüir des choses qu'Elle leur avoit données par son testament, et leur permettant d'assister près d'Elle à sa mort, et de là qu'on les renvoyât en leurs païs, sous la foy publique. L'inhumanité du comte de Kent luy refusa l'assistance de son monde, et dit que tout cela ne feroit qu'augmenter la superstition. Mais Elle luy dit : « Ne craignez point : ces pauvres misérables ne désirent
» autre chose que de me dire les derniers adieux, et je sçays que
» ma sœur Élizabeth ne voudroit pas m'avoir refusé si peu de
» chose, vu que l'honneur même du sexe demande que mes
» servantes y soient. Je luy suis très-proche parente, petite-fille
» de Henry VII et Douairière de France, outre l'onction de la
» Reyne d'Écosse. Sy vous n'accordez pas cette permission,
» donnez-la pour le moins à la tendresse d'un cœur humain ».
Sur cette considération, on luy permet cinq ou six de ses domestiques pour l'accompagner au supplice, où Elle s'achemina.

Cette divine Reyne, que la France avoit vüe marcher superbement dans les pompes de son hyménée, lorsqu'Elle étoit suivie de toute la gloire, marcha pour lors avec ce petit train, pour aller tendre le col au bourreau. Elle entra dans une salle toute tapissée de noir et monta sur un échaffaut couvert des mêmes livrées, pour accomplir le dernier acte de cette longue tragédie. Quel œil de furie n'eût pas été ébloüy à l'aspect de cette face dans qui les grâces mourantes jettoient encore au dehors leur dernier éclat !

Sitôt qu'Elle se fut assise sur une chaise préparée pour Elle, Beal lut le mandement et l'arrest outrageux de sa mort, qu'Elle entendit fort tranquillement, réprimant tous les mouvemens de la nature, pour s'abandonner à la grâce et à l'imitation de son Sauveur. Ensuite, *Fletcher,* doyen de Petrebourg, l'un de ses malins consolateurs, se présenta, luy fit un discours de pédant sur la condition de sa vie passée, de la présente et de celle qui étoit à venir, tâchant de tout son pouvoir à la pervertir dans ce dernier combat. C'étoit le plus sensible de tous ses maux d'entendre, en cet article de sa vie, la harangue étudiée d'un ministre impertinent et audacieux : voilà pourquoy Elle l'interrompit plusieurs fois, et le pria de ne la plus importuner, assurant qu'Elle étoit confirmée dans la foy de l'ancienne Église Catholique et Romaine, et preste de répandre son sang à ce sujet. Néanmoins, cet infâme docteur ne cessoit point de la persécuter, en luy faisant des remontrances jusques dans l'ombre de la mort.

Elle jetta les yeux par toute la salle, pour voir si Elle ne découvriroit pas son confesseur, pour luy demander l'absolution de ses péchez, mais on l'avoit bien empêché d'en approcher.

Une pauvre fille de sa maison s'étant jettée à toute force parmy la presse, comme elle fut entrée et qu'elle vit sa Maîtresse entre deux bourreaux, commença à jetter un grand cry qui émut tous les assistans ; mais la Reyne, ayant l'esprit présent à tout, luy fit signe du doigt qu'il se falloit taire, si elle ne vouloit pas être chassée. Alors, les Comtes firent contenance de vouloir prier pour Elle, mais Elle les remercia de leur bonne volonté, disant que ce luy seroit un crime de communiquer ses prières avec eux. Puis se tournant vers cette multitude, qui étoit environ de trois cents personnes, Elle dit :

« C'est un spectacle nouveau de voir une Reyne réduite à
» mourir sur un échaffaut. Je n'ay pas appris à lever le voile
» et me dépouiller de mes ornemens Royaux dans une si grande
» compagnie, et d'avoir des bourreaux pour valets de chambre,
» mais il faut vouloir ce que le Ciel veut et obéir aux arrests de
» la Providence divine.

» Je proteste à la face du Dieu vivant que je n'ay jamais
» attenté à la vie, ny à l'État de ma Cousine, ny commis autre
» chose digne de ce traitement, si l'on ne me veut imputer ma

» Religion, pour laquelle je m'estime heureuse de répandre
» jusques à la dernière goutte de mon sang. Je mets toute mon
» espérance en Celuy que je vois représenté en cette Croix que
» je tiens en main, et je me flatte que cette mort temporelle,
» soufferte pour son nom, me sera le commencement d'une vie
» éternelle avec les Anges et les âmes bienheureuses qui recevront
» mon sang, et le représenteront devant Dieu, en rémission de
» toutes mes offenses. »

Là-dessus, tout le monde pleura. Il n'y en eut pas quatre en toute l'assemblée, de ses ennemis mêmes, qui pussent retenir leurs larmes. Le bourreau, vêtu d'un habit de velours noir, se jetta à genoux et luy demanda pardon, qu'Elle luy accorda fort volontiers et à tous ses persécuteurs.

Après ces paroles, Elle s'agenouilla, priant hautement en latin, invoquant la Très-Sacrée Mère de Dieu et la triomphante compagnie des Saints à son secours, pour combattre encore l'hérésie par ses derniers soupirs. Elle redoubla ses plus ardentes prières pour l'Église, pour son Royaume, pour la France, pour son fils, pour sa cruelle meurtrière, pour l'Angleterre, pour ses juges et pour son bourreau, recommandant entre les mains du Sauveur du monde son esprit purifié par tant d'amour et de souffrances. Les dernières paroles de son oraison furent celles-cy : « Comme
» tes bras, Seigneur Jésus-Christ, étoient étendus sur la Croix,
» reçois-moy de même entre les bras étendus de ta miséricorde ».

Elle baisoit constamment un crucifix qu'Elle tenoit entre ses mains, sur quoy un des assistans, fâché de l'honneur qu'Elle rendoit à la Croix, luy dit qu'il la falloit porter au cœur, mais Elle répartit promptement : « Au cœur et à la main ! » Puis Elle se disposa à son supplice, et l'exécuteur voulut luy ôter son grand manteau, mais Elle le repoussa, demandant que cet office lui fût rendu par ses filles, qui s'approchèrent pour la préparer au coup de la mort. Elle-même s'accommoda le plus diligemment qu'Elle put, et tendant son col et sa gorge plus blanche qu'albâtre, assez bien découverte pour un si fâcheux sujet. Cela fait, Elle fit le signe de la croix à ses suivantes, les baisa, et avec un petit sourire leur dit adieu, pour montrer qu'Elle mouroit aussy doucement que constamment, ne faisant non plus de résistance à la mort que la fleur à celuy qui l'a cueillie.

Ces pauvres créatures pleuroient amèrement et poussoient des sanglots à fendre les rochers, lorsque la Reyne leur dit :

« Comment! J'ay répondu de votre constance et que vous ne
» seriez point importunes; cependant, vous vous laissez emporter
» à la désolation, lorsque je m'en vais changer un Royaume tem-
» porel plein de misères en un Empire éternel remply de féli-
» citez ».

Il se trouva qu'Elle avoit encore sur Elle une croix de grand prix, qu'Elle voulut donner à une de ses confidentes, promettant au bourreau de le faire récompenser, mais cet ennemy de la Croix la ravit pour souler son avarice, et, comme Elle eut les yeux bandez et qu'Elle fut attachée au funeste poteau, Elle commença le Psaume : « *In te, Domine, speravi* », et parmy ces sacrées paroles : « *In manus tuas* », qu'Elle redoubla quantité de fois, l'exécuteur tremblant, et assez maladroit, luy déchargea un coup de hache, et au lieu de donner sur le col, il frappa l'extrémité de la teste, luy enfonça sa coëffure, et luy fît une playe qui ne pouvoit être que douloureuse; puis déchargeant promptement deux autres coups, il enleva la teste du corps, et la montra publiquement, toute pasle et toute sanglante qu'elle étoit, portant encore en ses yeux éclypsez les traits de cette belle âme qui cessoit de l'animer, et là-dessus il cria d'une voix horrible : « Vive la Reyne Éli-
» zabeth! Ainsy périssent les Ennemis de l'Évangile! » ce que le Doyen répéta, et le comte de Kent y applaudit, lorsque tout le monde étoit en pleurs.

Le sang fut ramassé dans des bassins d'argent, et le corps demeurant étendu sur l'échaffaut, ses pauvres filles s'approchèrent, demandant qu'il leur fût permis de le dépouiller et de l'ensevelir de leurs mains, mais ce furieux Comte les chassa hors de la salle, et fit transporter ce sacré dépôt dans une chambre du château bien fermée, ordonnant de brûler le drap et les aix qui étoient empourprez du sang de cette Martyre, comme s'il y avoit élément au monde qui fût capable d'effacer une tache si céleste. Les deux filles ne laissèrent pas de suivre des yeux le corps de leur Maîtresse, le regardant tant qu'elles pouvoient par les fentes d'une porte, encore ensanglanté et demy-couvert. Elles demeuroient là comme des Madeleine au Sépulchre, jusques à temps qu'il fût enterré dans l'Église catholique de Petrebourg, où tous les gens de bien, tant qu'il leur étoit permis, alloient soupirer sur son tombeau. La nouvelle étant venüe dans Londres, toutes les cloches sonnèrent par réjoüissance pour la transmettre à la cruelle Élizabeth, qui se cacha plustôt de honte que de deüil, quoyqu'Elle feignît d'être extrêmement touchée de la mort de sa Cousine; et en effet, Elle sentoit quelquefois des remords de conscience, et avoit des songes horribles, qui la faisoient crier la nuit et éveiller ses femmes de chambre avec frayeur.

Tant qu'il y aura des véritez, des vertus et des hommes sur la terre, cette playe saignera; tant qu'il y aura des yeux et des larmes dans ce lieu de misères, on les fera distiller sur ces Royales cendres, et la piété des vivans ne se lassera jamais d'épandre à pleines mains des lis, des œillets et des roses sur sa tombe. Marie, que le Ciel absout, intente un procès éternel contre Élizabeth; Elle sera promenée par autant de Tribunaux qu'il y a d'esprits raisonnables, et sera toujours condamnée sans finir sa misère, pour n'avoir fait aucune fin à son injustice.

Il semble que Dieu luy a voulu donner expressément une longue vie, comme à Caïn, à Hérode, à Tibère et à tant d'autres tyrans, pour combler ses iniquitez, pour posséder un sceptre sanglant parmy les soupçons, les frayeurs, les défiances, et voir son Enfer toute vivante, lorsque, tombant enfin dans une vieillesse impuissante, et méprisée des siens mêmes, Elle se plaignoit souvent que tout le monde l'abandonnoit, et qu'Elle n'avoit personne à qui Elle se pût fier.

Le Ciel a fait sécher sa racine sur terre, l'a fait mourir sans enfans, et a mis sur son Trône le sang de Marie, qui a tenu la Couronne d'Angleterre et d'Écosse.

Grand Dieu, s'il est permis d'entrer dans ces mystères et secrets que vous cachez à nos yeux, n'est-ce pas de ce sang que l'on verra sortir quelque jour un fleuron le plus illustre de toute la postérité, qui fera naître un siècle d'or entre ses mains, qui fera triompher l'ancienne piété, et la portera sur ses épaules Royales jusques dans le Trône de gloire, qui rendra des honneurs divins aux cendres de sa mère, et fera croître sur sa tombe des cyprez qui porteront jusqu'aux étoiles ce beau nom, qu'ils auront gravé sur leurs feuilles?

Élizabeth ne sera plus alors qu'un phantôme d'horreur, et ses pernicieux Conseillers paroîtront autour d'Elle, comme les plus pâles ombres de l'Enfer.

La Bretagne s'éveillera de cette longue léthargie, et regardera avec vénération celle qu'elle a déshonorée avec tant de fureur.

Incomparable Marie, ne disons plus que la Providence a été marâtre pour vous, et qu'elle vous a traitée avec trop de rigueur et de violence. Elle vous a fait entrer dans une lice toute couverte de palmes et de lauriers, que vous avez arrosez de vos larmes, cultivez par vos travaux, annoblis par vos combats et honorez de votre sang. Elle vous a fait monter sur un échaffaut, où vous avez joüé la première et la plus glorieuse tragédie qui fut jamais représentée dans le monde en votre sexe et en votre condition. Les Anges, ô divine Princesse, contemploient sur les portes du Ciel avec admiration votre combat, animoient votre constance, chantoient vos louanges et préparoient à l'envi vos couronnes.

Un cœur de femme contre cent léopards, un cœur de diamant contre mille marteaux, qui n'a jamais fléchy par la violence, qui ne s'est point laissé gagner à l'éclat des honneurs, qui a trempé dans le fiel les plus délicieux contentemens de la vie, pour suivre son Jésus, son navré, son crucifié!

Une Reyne, la plus catholique qui fut au monde, qui n'honoroit rien tant que les Églises, les Prestres et les Autels, être quasy vingt ans sans Église, sans Prestres, sans Autels, pour faire en Elle un temple de son corps, un autel de son cœur et un sacrifice de son sang : mais que dire dans une mort si abandonnée, être l'Autel, la Victime et le Prestre de soy-même? Quel Martyr a sanctifié tant de prisons? Quelle Vierge a vü la vingtième année de sa captivité? Qui jamais a expérimenté tant de morts en une seule mort? Qui l'a vüe venir avec plus de froideur? Qui l'a caressée avec plus de joye? Qui l'a ménagée avec plus de prudence, et qui, enfin, l'a consommée avec plus de gloire?

Votre beau nom, ô Marie, porté sur l'aile d'une triomphante renommée, passe les terres et les mers, sert d'objet à la vénération des peuples et d'ornement au Ciel, où votre âme joüit avantageusement des douceurs de la béatitude.

Regardez, ô belle âme, vos Isles et vos Royaumes de ces yeux éclairez de la face divine. Considérez ces flots de l'Océan, qui ne cessent de porter la mémoire de vos faits aux extrémitez de la terre. Pardonnez à vos sujets, et lavez enfin la tache de ce sang généreux, que vous avez mieux aymé être le messager de la réconciliation que le porteur de la vengeance.

O grande et illustre Bretagne, est-il possible que ce sang n'ait point encore opéré sur la dureté de ton cœur, et que tu te plaises toujours à combattre le Ciel à main armée, pour t'opposer à ton salut et fermer la porte à ta félicité? Où est cette gloire de ton Christianisme, qui te faisoit anciennement regarder comme une terre de bénédiction, laquelle ouvroit son sein pour donner tant de Docteurs à l'Europe, tant de lumières à la Doctrine de l'Église, tant d'exemples de piété à toute la Chrétienté, et tant de Confesseurs au Paradis? Tes Roys forçoient le chemin du Ciel d'une pieuse violence, et les peuples les suivoient à la foule. On ne parloit chez toy que d'obéissance à l'Église Romaine, que de Saints, que de reliques, que de piété, que de combats de vertu, que de couronnes, et depuis qu'un démon d'amour et de rébellion, poussé du plus noir des abysmes, s'empara de l'âme d'un misérable Roy, tu as soüillé ta sanctification, tu as détruit ton Sanctuaire, dont les pitoyables reliques sont encore épandües par tout le monde, et les pierres sacrées de ce temple, gémissantes parmy les nations étrangères, attendent le jour de la justice de Dieu et la réunion des Esprits au point de son service. Qu'as-tu fait du berceau de Constantin et de Sainte Hélène, qui sont nés chez toy, pour donner des loix à toute la Chrétienté? Qu'as-tu fait de tant de pierres précieuses qui composoient ce diadème d'honneur, dont les rayons donnoient avec admiration dans les yeux de tous les peuples du monde? Retourne, ô Sunamite, retourne, ô belle Isle, retourne à ton principe! La main de Dieu n'est point raccourcie, et ses bras sont toujours tendus à ton obéissance. Si les mains insolentes de l'hérésie ont trouvé le moyen de lever des barrières qui étoient affermies par l'espace de dix siècles, penses-tu que celles de la vraye piété ne puissent arracher les désordres qui se sont glissez parmy la nuit d'un siècle corrompu? Ne t'imagine point des horreurs, des renversemens d'État, des ruines du temporel, des dégâts, enfin, Rome avec ses inquisitions et ses foudres. Le rayon du soleil fera fondre la manne que le feu n'a pu consumer; le sang de cette Reyne immortelle cassera le diamant, et fera un jour des effets que nous ne pouvons croire et que la postérité ne sçaura jamais assez admirer.

C'est dans vos veines, ô auguste Monarque de la Grande-Bretagne, que coule encore ce beau sang; cette cruelle hache, qui fit tomber trois Couronnes avec une seule teste, n'a pas encore tout versé : il se conserve en votre corps et en celuy de votre postérité, animé des esprits de Marie et imprimé des images de sa bonté. C'est luy qui vous donne un esprit si tempéré, des inclinations si aymables, des vertus si Royales et une Majesté si triomphante. C'est luy qui vous unit avec la Reyne, votre chère épouse, d'une volonté si cordiale, d'un amour si parfait, et qui fait que votre image est comme ces anciens sacrifices où l'on présentoit des victimes qui n'avoient point de fiel. La Reyne d'Écosse, votre ayeule, fut donnée à la France, et la France vous a rendu une Princesse selon le cœur de Dieu et selon le vôtre, un fleuron de nos lis, fille de Roy, sœur de Roy, femme de Roy, toute Royale de sang, de religion, de piété, de prudence et de courage. Elle entre dans vos soins, Elle prend part à vos travaux, Elle conspire à vos desseins, son esprit tourne dans le vôtre, et le vôtre s'ajuste continuellement au sien. Ce sont deux horloges extrêmement bien réglées qui se répondent à toutes les heures du jour !

Grandes Majestez Britanniques, portez un même joug dans le service de Dieu et la piété de vos ancestres, et comme vous ne faites qu'un cœur, ne faites aussy qu'une Religion, mais faites celle que votre ayeule d'éternelle mémoire a pratiquée par ses vertus, montrée par ses exemples, honorée de sa constance, et scellée de son sang !

ADVIS

DE CE QUI A ESTÉ FAICT EN ANGLETERRE PAR MONSIEUR DE BELLIÈVRE, ET DE CE QUI S'EST PASSÉ SUR LES AFFAIRES DE LA ROYNE D'ESCOSSE ÈZ MOYS DE NOVEMBRE ET DE DÉCEMBRE 1586, ET JANVIER 1587.

Monseigneur,

J'AY reçeu celle qu'il vous a pleu m'escrire du XVIIe, par laquelle j'ay entendu que vous avez reçeu et veu les propositions de Monsieur de Bellièvre faictes à la Royne d'Angleterre, mais que vous désirez encore de sçavoir quel a esté le jugement donné contre la Royne d'Escosse et le succès d'icelluy. Je vous diray ce qui en est advenu et que j'en ay peu apprendre et recueillir le plus au vray qu'il m'a esté possible.

Mon dict sieur partit de Paris pour s'ascheminer pour aller en Angleterre le XXIVe novembre (1), et arriva à Calais le XXVIIe, où il reçut lettres de Monsieur de Chasteauneuf, par lesquelles il le prioit de faire plus de dilligence qu'il luy seroit possible, d'aultant que la Royne d'Angleterre et les Estats de son Royaulme procédoient à toutes forces au procès criminel contre la dicte Dame Royne d'Escosse, ce que mon dict sieur a naguères entendu encore plus particulièrement par le sieur de Bacalan, proche parent de Monsieur Delbesse, natif de Lyon, bien honneste gentilhomme, qui estoit près de Monsieur de Chasteauneuf, lequel, estant venu exprès de Londres, descendit au dict Calais, pour y faire conduire ung navire anglois pour le passage de mon dict sieur du costé de Douvres, estant le dict navire arrivé avecq le vent à gré, et qui n'estoit contraire lors, et fallut attendre deux ou trois jours cette

---

(1) Toutes les dates de ce récit sont indiquées dans le *nouveau style*, soit *dix jours* de plus que pour l'ancien style, encore usité à cette époque en Angleterre. Ce n'est que vers 1752 que le calendrier grégorien fut introduit en Angleterre et en Écosse, et même jusqu'alors l'année n'y commençait que le 25 mars.

commodité du vent au dict lieu de Calais. Encore qu'il y eust de la contrariété et du hazard aussy grand, mon dict seigneur néantmoings, pour le désir qu'il avoit de pouvoir arriver devant qu'on eust prins résolution pour les affaires de la dicte Royne d'Escosse, s'embarqua le vendredy, xxviiie du moys de novembre, sur le minuict, et arrivasmes à Douvres le lendemain, vers les neuf heures du matin, non sans avoir enduré le mal commung de la mer, excepté mon dict seigneur, qui demeura le dict jour à Douvres, et pour faire et laisser reposer les gentilshommes qui l'avoient accompagné, qui estoient tous esbranlez de la mer. Le dimanche matin, xxxe du dict moys, se mit au coche, que Monsieur de Chasteauneuf luy avoit envoyé par Monsieur de Vucalton (?), et nous avecq ceulx de la suitte sur chevaulx de poste qui se trouvent aisément et en grand nombre sur tout le chemin du dict Douvres à Londres, distant de l'un à l'autre de vingt-cinq lieues françoises, qui se font ordinairement en deux jours. Estant mon dict seigneur et toute sa compagnie arrivez à Londres le lundy, premier jour de décembre, à midy, le lendemain il envoya le sieur de Villiers, ung des seigneurs qui l'avoient suivy, vers la Royne d'Angleterre, qui tenoit sa court en son chasteau de Richemont, distant du dict Londres de trois lieues françoises, pour la prier de luy voulloir donner audiance ; et, comme la mallice de ceste femme est infinie, voullut différer de quelques jours de veoir mon dict seigneur, pendant lesquels Elle faisoit secrettement procedder par les Estats et Parlement au procez extraordinaire de ceste pauvre Princesse, la Royne d'Escosse, et courir ung mauvais bruict, affin de délaiyer cependant l'audiance de mon dict seigneur, faisant venir et mettre en avant deux occasions et faulces suppositions pour gaigner temps et parfaire sur les délais et inventions sa dicte procédure. Elle fit en premier lieu courir ung bruict en sa court et à Londres que toute la compagnie de mon dict seigneur estoit pleine de contagion, et qu'il estoit mort de peste à Calais trois ou quatre des siens, et aultres demourez mallades par les chemins. L'autre bruict commung estoit qu'il y avoit en sa compagnie quelques hommes incongneus, et estoient là venuz exprès pour la tirer. Ces deux faulx prétextes ne purent prendre fin de huit jours durant, et jusques au viie de décembre que la dicte Royne envoya quérir mon dict seigneur au matin, qui l'alast trouver sur l'après-disnée au dict lieu de Richemont, accompagné de tous les sieurs qui estoient venuz de France avecq luy. Estant entré dans la salle de Présence, il trouva la dicte Dame assise en son siège royal, accompagnée et environnée des grans seigneurs millors du Royaulme. L'ayant mon dict seigneur et aussy Monsieur de Chasteauneuf saluée, il commença à luy faire les remonstrances de la part du Roy, qui sont contenues en la proposition grande que je vous ay cy-devant envoyée, auxquelles Elle fit responce presque sur tous les poincts, et en bons termes et langage françois; et comme saisye de quelque passion, qui apparoissoit à sa contenance, remonstra Sa Majesté que la Royne d'Escosse luy avoit tousiours poursuivy, et que c'estoit la troisiesme fois qu'Elle avoit voullu faire attempter à sa vie par une infinité de moyens, ce qu'Elle avoit par trop supporté avecq beaucoup de patience, et que jamais chose ne luy avoit sy asprement touché au cœur que ce dernier accident, à cause duquel Elle avoit jecté plus de soupirs et de larmes qu'Elle n'avoit faict à l'occasion de la perte de tous ses parens, et d'aultant plus pour ce que la Royne d'Escosse estoit sa proche parente, et qu'Elle touchoit aussy de sy près au Roy. Et pour ce que par les dictes remonstrances, mon dict seigneur luy avoit mis en avant plusieurs exemples tirez des Histoires, Elle luy dict qu'Elle avoit beaucoup leu et veu des livres en sa vye plus que nulle aultre de son sexe et de sa qualité, et que jamais Elle n'avoit trouvé, ny ouy parler d'un tel acte que celuy que l'on avoit proiecté sur Elle et poursuivy par une sienne parente, laquelle le Roy, son beau-frère, ne pouvoit et ne devoit soustenir en sa mallice, mais plustost luy ayder à haster la justice pour exemple, disant qu'Elle avoit bonne preuve et expérience de l'estat de ce monde, congnu que c'est d'estre subiecte et souveraine, que c'est d'avoir de bons voisins, et quelquefois remonstroit qu'Elle avoit trouvé des trahisons là où Elle avoit toute confiance, qu'Elle avoit veu de grands bienfaits peu recongnuz, et au lieu de recongnoissance des entreprises pour la traverser, disant à Monsieur de Bellièvre qu'Elle avoit ung bien grand regret qu'il n'avoit esté député et envoyé vers Elle pour meilleure occasion, et que dans peu de jours Elle le renvoyeroit au Roy, son beau-frère, du bon portement duquel Elle s'enquist, et de la Royne, sa mère, et qui prenoit grand'peyne pour mettre la paix en France, qui estoit très-nécessaire, ainsy qu'Elle pouvoit juger. Sur ces propos, Elle se retira en sa chambre, et mon dict seigneur retourna le dict jour à Londres, où il demoura quelques jours, attendant la responce de la dicte Royne d'Angleterre, de laquelle il la pressoit incessamment et les seigneurs de son Conseil, lesquels remuoient tousiours les affaires de la pauvre Royne d'Escosse, qui fut cause que mon dict seigneur retourna à la dicte court à Richemont, pour faire nouvelles remonstrances à la Royne d'Angleterre, et ce qu'il avoit entendu estre arresté sur ceste pauvre Princesse. Ce fut le xve de décembre qu'il la pria et supplya, puisqu'Elle avoit si avant jusques à sentence de mort contre Elle, qu'il n'estoit plus besoing de faire plus long séiour en Angleterre, la supplyant luy donner sauf-conduit pour retourner vers le Roy, ce qu'Elle luy promit faire dedans deux ou trois jours après. Il s'en retourna à Londres de ce mesme jour qui estoit le lundy. Le mardy en suivant, xvie du dict moys, tous ceulx des Estats et du Parlement furent assemblez au palais nommé Westmynster, où se trouvèrent aussy les principaux seigneurs du Royaulme et du Conseil de la dicte Royne, qu'Elle avoit convocquez; auquel lieu et en la présence de tous les dessus dicts fut proclamée et prononcée en pleine audiance la sentence de mort contre ceste pauvre Princesse, et avecq grandes solennitez et cérémonies par tous les lieux et carrefours du dict Londres, et conséquemment par tout le dict Royaulme; et sur ceste proclamation firent sonner les cloches de la dicte ville vingt-quatre heures durant sans cesse, et fut commandé à ung chacun des habitans d'alumer devant leurs portes, par les rues, des feux comme de joye, ainsy que nous faisons en France la veille Saint-Jehan-Babtiste.

Le lendemain, fut la dicte sentence de mort portée et prononcée à la dicte Dame Royne d'Escosse par anciens et premiers du Conseil du Royaulme, accompagnez de grandes troupes de la justice, qui l'alèrent trouver au lieu et chasteau de Fotheringay, dix lieues loin de Londres. L'on rapporte que ceste pauvre Princesse ne s'estonna pas grandement, mais avecq une grande constance leur dict que tout le contenu de la dicte sentence n'estoit que mensonge et suppositions controuvées contre Elle, et y avoit esté procedé en la mesme forme que faisoient les scribes et les pharisiens contre Jésus-Christ, et qu'Elle ne pouvoit estre subiecte, ny justiciable aux loys, ny statuts du Royaulme, ainsy qu'Elle avoit cy-devant protesté, lorsque par contrainte Elle avoit respondu et parlé devant lesquelles responces et interrogatoires, au moings ce que j'en ay peu recueillir est cy-après escript, et sur ces proclamations évidentes que mon dict sieur avoit peu veoir et entendre, il se résolut d'escrire à la dicte Royne d'Angleterre la lettre qui s'ensuit :

« Madame, nous partismes hier d'auprès Vostre Majesté, » attendant, comme il vous pleust nous dire, d'avoir dans peu » de temps vostre bonne responce sur la prière que nous vous » avons faicte de la part du Roy, nostre Maistre, vostre bon » frère, pour la Royne d'Escosse, sa belle-sœur et fédérée; et » d'aultant que ce matin nous avons esté advertiz que le ju- » gement donné contre la dicte Dame Royne a esté proclamé » par ceste ville de Londres, encore que nous nous promettions » avoir aultre chose de vostre clémence et de l'amitié que vous » portez au seigneur Roy, vostre bon frère, sy est-ce que pour » n'obmettre rien de ce que estimions estre de nostre debvoir et » du désir de Sa Majesté, nous n'avons voullu faillir de vous » escrire la présente, par laquelle vous supplions derechef et » bien humblement de ne voulloir refuser à Sa Majesté la prière » très-instante et très-affectionnée qu'Elle vous a faicte à ce qu'il » vous plaise conserver la vie à la dicte Dame Royne d'Escosse, » ce que le dict seigneur Roy recepvra pour le plus grand plaisir » que Vostre Majesté, ny aultre luy sçauroit faire, comme au » contraire il ne luy seroit advenu chose qui luy apportast plus » de regret et de desplaisir, et qui le touche plus au cœur que » s'il estoit uzé de rigueur contre la dicte Dame Royne d'Escosse, » estant ce qu'Elle luy est; et pour ce, Madame, que le dict » seigneur Roy, nostre Maistre, vostre bon frère, lorsque pour » cest effect il a dépesché vers Vostre Majesté, n'a point estimé » qu'il feust possible, en aulcune sorte, de se résouldre sy promp- » tement à une telle exécution, nous vous supplions, Madame, » qu'avant qu'il y soit passé oultre, nous donner quelque temps » pendant lequel nous l'advertirons de l'estat des affaires de » la dicte Royne d'Escosse, à ce que auparavant que Vostre » Majesté y prenne une finalle résolution, Elle entende ce qu'il » plaira à Sa Majesté très-chrestienne vous dire et remonstrer » sur le plus grand affaire qui, de nostre mémoire, ait esté mis » au jugement des hommes. Le sieur de St-Cir (?), qui rendra » la présente à Vostre Majesté, nous apportera, s'il luy plaist, » vostre bonne responce. De Londres, ce xvie décembre 1586 ».

Ce fut le dict jour, xvie décembre, que mon dict sieur de

Sᵗ-Cir et aultres seigneurs françois s'ascheminèrent à la court de la dicte Royne d'Angleterre, à Richemont, pour luy présenter les lettres cy-devant escriptes, qui estoient signées de mon dict seigneur, et de Monsieur de Chasteauneuf, laquelle Royne ne se voullut laisser veoir le dict jour, s'excusant sur certaines indispositions. Fut la dicte lettre laissée au sieur Walsingham, son premier secrétaire d'Estat, qui l'asseura d'envoyer la responce de la Royne dans le lendemain, qui fut néantmoings attendue deux ou trois jours, que la dicte responce fut apportée verballe par deux gentilshommes qui vinrent trouver mon seigneur sans aulcune lettre, car les Anglois ont ceste coustume et ordre de ne négocier rien par escript, mais seullement donner parolles, lesquelles ils révocquent deux heures après. Le langage qu'ils tinrent à mon dict seigneur de la part de la Royne, fut que suivant la lettre qu'il luy avoit escripte, depuis peu de jours, sur le désir qu'il avoit qu'Elle luy donnast quelques jours de délay pour faire entendre au Roy l'estat des affaires de la Royne d'Escosse, la dicte Royne luy accorda ung délay de douze jours, temps seullement pendant lequel il pourra faire entendre au dict sieur Roy et luy donner advis des choses susdites, qui fut occasion que Monsieur de Genlis, fils aisné de Monsieur de Bruslart, fut incontinent dépesché en France, lequel, oultre l'ample dépesche qu'il portoit à Sa Majesté sur ce sujet, le dict sieur de Genlis avoit charge expresse de luy rapporter, comme il fit fidellement, les choses qu'il avoit veu passer pendant son séjour en Angleterre sur les affaires de la dicte Royne d'Escosse, sur quoy Sa Majesté se résolut de faire une soudaine dépesche, arrivée à Londres deux jours après le dict délay donné de douze; et à l'instant mon dict seigneur envoya vers la dicte Royne d'Angleterre, qui s'estoit aprochée à une lieue près de Londres, à ung chasteau nommé Grenuiche, où Elle faisoit les festes de Noël selon leur almanach, pour la prier de luy voulloir donner audiance, qu'il ne peut obtenir de quatre ou cinq jours à cause des dictes festes. Enfin, le vıᵉ jour de janvier, mon dict seigneur fut par Elle mandé. Il s'y aschemina le dict jour, et estant entré avecq Monsieur de Chasteauneuf dans le dict chasteau de Grenuiche, dans une salle parée, qu'ils appellent Salle de pentère (?), où estoit la dicte Royne, l'ayant saluée, il luy fit les remonstrances et les propositions secondaires que vous avez veues, et que la dicte Royne entendit patiemment jusques sur la fin et derniers mots d'icelles, qui la faisoient entrer en propos bien avant et presque indignez : « Monsieur de Bellièvre, avez-vous » charge du Roy, mon frère, me tenir ung tel langaige? » Il luy fit responce : « Ouy, Madame, j'en ay très-exprès commandement » de Sa Majesté ». Elle luy réplicqua : « Avez-vous ce pouvoir » signé de sa main? » Il luy dict encore : « Ouy, Madame, le » Roy, vostre bon frère, m'a expressément commandé et en- » chargé, par lettres escriptes de sa propre main, de vous faire » les remonstrances cy-dessus ». Elle luy dict : « Je vous en » demande aultant signé de la vostre », ce que mon dict seigneur luy envoya dès le mesme jour. Elle fit alors sortir ceulx qui estoient dans la salle, et n'y demeurèrent qu'Elle, mes dicts sieurs de Bellièvre et de Chasteauneuf, et ung des siens, où ilz demeurèrent une bonne heure en conférence. Néantmoings, je n'ay point sçeu que mon dict seigneur ayt peu tirer d'Elle aulcune asseurance de la vie de la Royne d'Escosse, mais bien asseuré mon dict seigneur d'envoyer au Roy ung sien ambassadeur, qui seroit à Paris aussytost comme luy, par lequel Sa Majesté recepvroit résolution sur les affaires de la Royne d'Escosse. Mon dict seigneur laissa la dicte Royne en son chasteau de Grenuiche. Le dimanche, vi^e jour de janvier, ayant prins congé d'Elle et des seigneurs de sa court, faict estat de partir deux jours après, qui estoit le mardy viiie, que nous estions tous bottez et préparez pour reprendre nostre chemin en France, mais la dicte Dame envoya le dict jour deux gentilshommes des siens vers mon dict seigneur, pour le prier de voulloir bien encore attendre deux ou trois jours, à quoy pour luy obéir, il demoura jusques au xiiie janvier qu'Elle luy envoya ses passeports, et commanda à son admiral d'accomoder et faire tenir prest, au lieu de Douvres, ung de ses navires pour le passage de mon dict seigneur à son retour. Après avoir passé à Rochester et Quantorbery, deux principalles villes et éveschés du Royaulme, nous arrivasmes au dict Douvres le samedy, xviie jour de janvier, et le dimanche matin, sur les neuf heures, nous fut le vent sy à propos, qu'après nous estre embarquez, nous nous trouvasmes heureusement arrivez à bon port à la rade de Calais, le dict jour, à une heure après-midy, sans avoir, Dieu mercy, supporté aulcune incommodité du mal commung de la marine, comme il nous estoit arrivé à tous, en allant du dict Calais en Angleterre.

Ce qui est advenu depuis, et le mesme jour de nostre partement d'Angleterre, et le jour mesme commença une tragédie estrange, se présenta ung gentilhomme anglois, nommé le sieur Staffort, frère de l'ambassadeur qui réside en France auprès de la dicte Royne, qui s'adressa à Monsieur de *Drapper* (1), luy disant qu'il y avoit certain prisonnier dans Londres, seullement pour debtes, qui avoit désir de communicquer avec Monsieur de Chasteauneuf chose d'importance pour le service du Roy, et qui touche aussy la Royne d'Escosse, lequel advis mon dict seigneur ne voullut mépriser; estimant qu'il n'y avoit aulcun mal caché, se résolut d'envoyer le sieur Destrappes vers le dict prisonnier, en la compagnie du sieur de Staffort, pour entendre ce qu'il avoit à dire. Le dict sieur Destrappes estant arrivé vers le dict prisonnier, il commença à dire qu'il détenoit à dire pour cent ou six-vingtz escus, et que s'il plaisoit à Monsieur de Chasteauneuf les luy prester, il délibéroit la façon de faire ung service signalé à la Royne d'Escosse pour la résolution qu'il avoit prinse de tuer la Royne d'Angleterre. Le dict sieur Destrappes, ayant ouy ces propos, s'estonna, et dict au dict prisonnier et au dict Staffort, qui l'avoit là accompagné, qu'il estoit ung très-mauvais homme, s'il estoit résolu à ung sy malheureux acte, et qu'il s'asseuroit que mon dict sieur de Chasteauneuf trouveroit très-mauvaises toutes ces entreprinses esquelles ilz le voulloient faire participer et mesler. Il le laissa sans luy tenir plus long propos, et estant retourné le dict Destrappes vers Monsieur de Chasteauneuf, il luy fit le discours qu'il avoit entendu du dict prisonnier, et Monsieur de Chasteauneuf dict à Staffort qu'il trouvoit infiniment estrange ceste façon de praticque, et qu'il congnoissoit bien que c'estoit ung artiffice, et qu'on luy avoit dressé ce piège pour le mettre en peyne, et luy demanda la cause pour laquelle il s'estoit adressé à luy pour une sy meschante et sy malheureuse occasion, luy remonstrant tout ce qui se pouvoit sur cela, et pria dès lors le dict Staffort de sortir de sa maison et de ne plus y retourner, luy conseillant de s'absenter, et qu'il voyoit bien qu'il estoit perdu, s'en alla tout esbahy. Le lendemain, le dict Staffort alla trouver le dict sieur Destrappes, qui estoit prest pour s'en venir

---

(1) Ce nom a été évidemment défiguré par le copiste primitif de l'original ; plus loin, il est écrit : *Trappers,* tandis que le prince Labanoff, dans son « Recueil des Lettres de Marie Stuart », l'indique avec raison comme étant *Destrappes,* nom exact du secrétaire de M. de Châteauneuf.

en France, et qui s'estoit préparé pour faire le voyage avec nous, priant, le dict Staffort, le dict sieur Destrappes de luy voulloir faire ceste faveur de luy ayder à passer la mer, ce que le dict sieur Destrappes fit entendre à Monsieur de Chasteauneuf, lequel dict au dict Destrappes : « Allez dire au dict Staffort que
» je luy ay défendu mon logis, et que je le prie d'en voulloir
» soudainement sortir, et que, sy ce n'estoit le respect de ses
» parens, j'advertirois dès à présent la Royne de ses pour-
» suittes ». Il sortit du dict logis, et le dict jour il fut prins prisonnier. Le dict Destrappes, s'aschemanant le dict jour par les postes pour nous venir attendre au passage de Douvres pour passer la mer avecq mon dict seigneur, et aussy seullement qu'il fut à deux postes, il fut arresté et ramené prisonnier au dict lieu en la Tour, le faict ayant passé ainsy que dessus. Néantmoings, ayant le dict Destrappes esté ouy et interrogé par le Conseil de la Royne, il s'est trouvé que le dict interrogatoire et responces estoient toutes contraires et différentes à la vérité, et avoient, de beaux Conseillers d'Angleterre, forgé, falsifié et composé toutes telles escriptures qu'ils avoient voullu sur ce faict par eulx inventé et proiecté ; car il faut notter qu'ilz ne produisent pas les originaux des proceddures signées des parties, mais seullement des copies èsquelles ilz adioutent et diminuent ce qui leur plaist et leur va en leurs inventions ordinaires. Le lendemain ou deux jours après l'emprisonnement des dicts Destrappes et Staffort, mon dict seigneur de Chasteauneuf fut mandé au Conseil de la Royne, auquel luy fut amené et confronté le dict Staffort, qui luy soubtint choses estranges, disant que luy et le dict Chasteauneuf avoient traicté sur la mort de la Royne d'Angleterre ; sur quoy le dict sieur de Chasteauneuf seust très-bien respondre et se deffendre de telle et sy dangereuse invention, dont les Anglois sont tout pleins, et en uzent sur tous ceulx qui leur desplaisent comme Monsieur de Chasteauneuf, d'aultant qu'il est trop homme de bien, et qu'il fait le service de son Maistre comme très-bon et fidel serviteur. Ayant cette belle Royne d'Angleterre, pour collorer toutes ces praticques et poursuittes, envoyé en France ung ambassadeur, qui arriva huit ou dix jours après nous, par lequel j'avois opinion que le Roy recepvroit quelque bonne responce sur les affaires de la Royne d'Escosse, qu'Elle avoit remise, lorsque mon dict seigneur la laissa pour luy faire entendre sa dernière volonté sur icelle, mais, au lieu de luy

8

donner ce contentement, luy porta de nouvelles plaintes de son ambassadeur, qui estoit près de la dicte Royne, qu'Elle disoit participer au conseil de ceulx qui la voulloient tuer sans l'en advertir, et plusieurs propos pleins de calomnies, de faulcetez et artiffices. Ce prétexte, estant mallicieusement consceu et semé par toute l'Angleterre, a tellement esmeu et esgry leur peuple du dict Royaulme contre Monsieur de Chasteauneuf et contre ceste pauvre Royne d'Escosse, qu'enfin la dicte Royne d'Angleterre, pour conserver et couronner sa cauteleuse poursuitte et artiffice, a pris sur ce nouvelle occasion de se monstrer fort offencée de cest accident, franchement survenu par Elle et proiecté aussy par son ayde et pure mallice, que le tout en est tombé sur le col de ceste pauvre et misérable Princesse, qu'Elle a, par art et par ruses, conduite en une mort sy viollente, ainsy que vous pourrez veoir par ung petit discours que j'ay recueilly de ceulx qui en ont parlé à peu près de vérité.

Le procez de la Royne d'Escosse a esté faict, formé et instruit sur ce que la Royne d'Angleterre a prétendu et prétend avoir suffisamment prouvé et vériffié que la dicte Royne d'Escosse avoit conspiré contre sa personne, contre l'estat du Royaulme, et juré sa mort, qu'Elle avoit voullu faire attempter par ceulx qu'Elle avoit fait exécuter à mort. Le chef de quatorze gentilshommes, qui furent exécutez à Londres, s'appeloit le sieur de Babinton.

La Royne d'Angleterre, pour toutes les preuves de ce que dessus, advise avecq son Conseil que la dicte Royne d'Escosse pourroit ouyr et respondroit par sa bouche sur les faicts et articles tirez et résultant du procez des exécutez, à quoy Elle fut contrainte à cause des instantes poursuittes et menaces qu'on luy faisoit, d'aultant qu'Elle avoit différé quelques jours, et s'estoit résolue de ne respondre et présenter en aulcune sorte. Toutesfois, affin qu'à l'occasion de ce silence on n'estimast plustost qu'Elle devoit estre coupable de ce qui luy estoit imposé, se résolut enfin de comparoir par-devant les dicts Commissaires députez de la dicte Royne d'Angleterre, et dict ces propos que j'ay recueilliz de bon lieu :

Estant la dicte Dame assise au bout de la table de la salle, et les dicts Commissaires autour d'Elle, la Royne d'Escosse commença à parler en ces termes :

« Je n'estime poinct qu'aulcun de vous qui estes icy assemblez

» soit mon esgal, ny juge pour m'examiner sur aulcuns faicts;
» aussy, ce que je vous faict à présent et vous diz est de mon
» propre et volontaire voulloir, prenant Dieu à tesmoing que je
» suis innocente, claire et nette en ma conscience des suppo-
» sitions et calomnies dont l'on me veult accuser », et commença
à parler, premièrement par voyes de protestations, disant qu'Elle
estoit Princesse libre et native Royne, non subiecte à aulcun,
sinon à Dieu, auquel Elle devoit rendre compte de ses actions,
et partant protestoit derechef que sa comparution devant les dicts
Commissaires ne luy feust préiudiciable, ny aux Roys, princes et
potentats, ses alliez, ny à son filz, et requist que ses protestations
fussent enregistrées, et en demanda acte.

Le Chancelier, l'ung des Commissaires, commença et protesta
au contraire à ce que la protestation de la dicte Royne ne peut
nuyre, ne préiudicier à la Majesté de la Royne d'Angleterre, ne
à sa couronne.

Le dict Chancelier commanda que leur commission feust leue
en la présence de la Royne d'Escosse, comme estant fondée sur
la loy dès statuts du Royaulme.

La dicte Royne d'Escosse respond qu'Elle protestoit derechef
que les dicts statuts et loy luy estoient insuffisants et suspects,
et ne se pouvoit soubmettre à iceulx, n'y estant aulcunement
subiecte, et que la loy, ny les dicts statuts, n'estoient poinct
faicts pour Elle.

Le dict Chancelier ayant justiffié que la loy estoit suffisante
pour procedder contre Elle, Elle réplicqua et dict au dict Chancelier que ceste loy et statuts n'estoient poinct pour gens de sa
qualité.

Desclara le dict Chancelier que sa commission portoit de procedder contre Elle, encore qu'Elle ne voullût poinct respondre,
et qu'il passeroit oultre à la proceddure, et remonstra à la Royne
qu'Elle avoit offencé contre deux branches des statuts et de la
loy, tant à la conspiration contre la Royne, que à l'occasion
d'icelle qu'Elle-mesme auroit praticquée et forgée. La dicte
Dame Royne d'Escosse respond qu'Elle n'y avoit seullement
jamais pensé.

Sur ce luy furent leues les lettres qu'ils disoient avoir esté
escriptes par Elle au sieur Babinton, et la responce du sieur
Babinton à Elle.

La dicte Dame respond qu'Elle n'a jamais veu Babinton, et

n'avoit eu aulcune conférence avecq luy, n'avoit reçeu aussy de luy aulcune lettre, et qu'Elle ne pouvoit pas empescher mil hommes d'aller delà la mer, mais qu'il n'y a aulcune personne qui puisse dire et soustenir, avecq la vérité, que jamais Elle ait faict chose que ce soit au préiudice et contre la Royne d'Angleterre; et estant sy estroitement gardée, et estant hors de toute intelligence, esloignée et privée de tous ses amis, environnée d'ennemis, et destournée de tout conseil, Elle n'a peu avoir consenty, ny participé aux praticques qu'on luy impose, et qu'il y a beaucoup de prisonniers qui luy escrivent qu'Elle ne congnoist, et luy sont envoyées plusieurs lettres qu'Elle ne sçait d'où elles viennent.

Sur la confession de Babinton qui luy feust leue, Elle respond derechef qu'Elle n'avoit jamais veu telle lettre.

Sa lettre vers Babinton (lue), a dict que sy Babinton et aultres avoient dict contre Elle quelque chose, que ilz estoient hommes menteurs : « Aussy, dict-Elle, faictes-moy maintenant apparoir » et me monstrez ma propre lettre et ma propre escripture et » signature que, vous dict-on, j'ay escripte à Babinton. Vous » ne me monstrez que des déclarations fabriquées que vous avez » remplies de tel langage que vous avez voullu », et dict jamais n'avoir veu telle lettre.

La lettre de Babinton vers Elle (lue), dict derechef ne l'avoir oncques veue; luy fut monstré qu'Elle l'avoit veue, aussy qui luy fut prouvé par sa responce. Elle dict : « Je ne recongnois » aulcunementc este responce, sy vous ne me monstrez ma lettre » et signature. Contre ce que vous dictes, alors j'acquiesceray à » tout ce que vous voudrez, mais jusques à présent vous ne » m'avez rien produit digne de foy, sinon coppies que vous avez » inventées et augmentées de ce qu'il vous a semblé », et dict lors en pleurant : « Si oncques j'ay disposé, ny penseray à telle » praticque qui touche la mort de ma sœur, je prie Dieu qu'il ne » me fasse jamais mercy.

» Je confesse bien avoir escript à plusieurs personnes que j'ay » priées pour ayder à ma dellivrance de ces misérables prisons, » comme Princesse captive et mal traictée depuis dix-neuf ans et » tant de mois, mais il ne m'est jamais advenu d'avoir aspiré et » escript telles choses contre la Royne. Bien ay-je escript pour » la dellivrance de plusieurs catholiques persécuttez, et sy j'eusse » peu et pouvois encore avecq mon propre sang les garantir et

» sauver de plusieurs peynes, je l'eusse faict et feray tousiours
» pour eux de tout mon pouvoir, pour empescher leur des-
» truction. »

La dicte Dame s'adresse au secrétaire Walsingham comme en colère, luy disant qu'il avoit esté tousiours son grand ennemy et de son filz, et sollicité avecq certains personnages contre Elle à son préiudice. Le dict Walsingham luy respondit : « Madame,
» je proteste devant Dieu, qui m'est tesmoing, que je n'ay jamais
» rien faict contre vous comme homme particulier, indigne
» d'homme de bien, ny comme personne publicque, indigne de
» mon estat, et le diz devant Dieu et sa justice : que comme
» homme, soigneux du salut de ma Maistresse, j'y ay esté
» curieux. »

C'est tout ce que, pour ce jour-là, il fut faict en ceste poursuitte jusques au lendemain, qu'Elle fut encore contrainte de se présenter aux dicts Commissaires, et estant assise au bout de la table de la salle, et les dicts Commissaires à l'entour, Elle commença à leur dire tout haultement :

« Vous n'ignorez pas que je suis Royne souveraine, oincte et
» sacrée en l'Église de Dieu, et ne puis et ne doibz, pour
» quelque occasion que ce soit, estre appelée en vos auditoires
» pour estre jugée par la loy, ny vos statuts que vous mettez en
» avant, car je suis Princesse libre, et ne doibz à nul Prince non
» plus qu'il me doibt; et de tout ce qui m'est imposé et chargé
» contre ma sœur, je ne vous y peus respondre, sy vous ne
» permettez que je sois assistée de mon Conseil; et, sy vous y
» voullez passer oultre, faictes ce que vous vouldrez, mais de
» toutes vos proceddures, y continuant mes précédentes protes-
» tations, j'appelle envers Dieu, qui est le vray et juste juge, et
» aux Roys et Princes, mes alliez, amis et confédérez ».

Sa protestation fut derechef enregistrée, comme Elle avoit requis.

Qui fut dict qu'Elle avoit encore escript plusieurs lettres mauvaises aux Princes de la chrestienté, faisant contre la Royne d'Angleterre et son Estat?

Elle respondit : « Je ne le nye pas, et s'il estoit encore à
» faire, je le ferois comme j'ay faict; pour chercher ma liberté,
» pensois et estimois qu'il n'y a homme, ny femme au monde,
» de moindre qualité que je ne le suis, qui ne le fassent et qui
» n'implorassent l'ayde et le secours de leurs amis, pour sortir

» d'une captivité telle que la mienne. Vous me chargez par
» certaines lettres de Babinton, je ne le nye pas, mais monstrez-
» moy si vous trouvez, par icelles lettres, une seule parolle qui
» fasse mention de la Royne, ma sœur, alors il y aura occasion
» de me poursuivre. J'ay escript à celuy qui m'a escript qu'il me
» mettra en liberté, que s'il le pouvoit faire, sans intéresser
» l'Estat, qu'il le mist en avant, et n'en est-ce. »

Oultre, la dicte Dame dict : « Là où vous me chargez de mes
» serviteurs et mesme de mon secrétaire, vous ne les avez traictez
» que bien rudement : aussy ne peuvent-ils, et ne sçauroient
» estre faicts, ny produits tesmoings contre moy; et, quant aux
» parolles des traistres, ce n'est pas pour en faire estat à ceste
» heure qu'ils sont morts. Vous pouvez dire ce que bon vous
» semble : le croye qui voudra ».

Plusieurs choses furent obiectées contre Elle, mais nulles preuves suffisantes.

C'est ce qui s'est peu recueillir des proceddures contre la dicte Royne d'Escosse, ayant esté prins sur ung translat faict d'anglois en françois.

PROPOSITIONS

FAICTES A LA DICTE ROYNE D'ANGLETERRE PAR LE DICT SIEUR DE BELLIÈVRE SUR LE SUBIECT DE LA DICTE ROYNE D'ESCOSSE.

SY la Royne d'Escosse est tombée en ce malheur qu'il luy soit imputé d'avoir participé aux conseils d'aulcuns de vos subiects qui ont conspiré contre Vostre Majesté, la callamité d'une sy noble Princesse est d'aultant plus déplorable, que celluy qui parle contre Elle avecq violence et animosité, estime par là et semble à plusieurs estre tenu pour [un de] vos meilleurs serviteurs et plus affectionnez à la conservation de vostre Estat et de vostre vye. Ce néantmoings, Madame, la bonté naturelle de Vostre Majesté m'a donné telle espérance, qu'il vous plaira prendre bénignement ce que le Roy, mon Maistre, vostre bon frère et vray amy, m'a commandé de vous dire de sa part sur le subiect de ce nouveau accident survenu en vostre Royaulme.

Je vous diray en premier lieu, Madame, que Sa Majesté très-chrestienne ne déteste pas moings que vous la mallice de vos ennemiz, qu'il veut estimer les siens; et comme tout mal qui adviendroit à Vostre Majesté luy seroit commung, aussy luy estoit ung infini contentement d'entendre le bon ordre qu'avez icy donné à tout ce qui peut concerner la conservation de vos affaires, lesquelles ayant esté asseurées, aultant presque que faire se peut, par le moyen de vos forces et auctorité, nous attendons maintenant que Vostre Majesté les restablisse à tousiours par une trop plus forte et durable puissance, que j'espère de vostre clémence, bonté et modération. Je n'entreray pas au mérite du faict qu'on a voullu imposer à la Royne d'Escosse, pour ce que c'est chose dont je ne puis sçavoir la vérité, mais principallement parce qu'il m'est du tout impossible de comprendre qui peut estre en telle affaire l'accusateur, qui peut estre l'accusé, qui peut estre le juge. Nul jugement ne peut subsister sans trois personnes : au faict qui se présente, je n'en trouve une seulle. Vostre procureur-général, Madame, est personne légitime, fondé en pouvoir suffisant à luy donné par Vostre Majesté pour requérir ce qui concerne vostre intérest contre tous ceulx qui vous sont justiciables, mais je ne puis en façon du monde me persuader que Vostre Majesté, ordonnée de Dieu Princesse souveraine en ce beau et grand Royaulme d'Angleterre, aye voullu réduire au rang des privées et desclarer vostre justiciable la Royne d'Escosse et Royne douairière de France, belle-sœur du Roy, vostre bon frère, et vostre cousine germaine. Me remettant doncques devant les yeux les grandes et dignes quallitez de ceste Princesse, je diz, Madame, et le diz avec asseurance que mon dire ne vous sera désagréable, que Vostre Majesté n'approuvera jamais ung jugement qui seroit plustost donné au préiudice de la dignité des Roys, que contre la personne de la Royne d'Escosse. Les Roys ne sont pas tousiours pareils en grandeur et puissance, mais, en ce qui est de la dignité royalle, les plus grands n'ont pas voullu jusques à présent qu'on leur ayt attribué davantage qu'à ceulx qui leur sont inférieurs en pouvoir, et se sont contentez d'uzer entre eulx du nom et des loix de fraternité, sans présumer qu'ilz ayent pouvoir d'ordonner l'ung sur l'aultre, comme le pourroit faire le subiect d'un Roy, qui est personne privée, et aultant esloignée et inférieure à la dignité royale, que la terre est esloignée du ciel. Il n'y a que Dieu qui puisse juger les Roys et nous deffend de toucher à son oinct. Le poëtte Callimachus a soustenu (?) et Jupiter dict que les aultres Dieux ont besoing, l'ung de la musique, l'aultre de la chasse, de la guerre et aultres choses semblables, mais que Jupiter a réservé à luy seul d'avoir esgard sur les Roys, pour ce qu'il n'y a rien de plus divin que les Roys, auxquels il a commis la garde des cittez et la conduite des peuples : « Regum timendorum in proprias greges, reges in ipsos, impe- » rium est Jovis » (1). Sy ceulx qui font profession de voulloir changer et renverser les Royaulmes en confusion populaire, conseilloient qu'il faut profaner les dignitez des Roys, il seroit moins insupportable de les escouter; mais qu'il puisse entrer dans l'oppinion de sages et vertueulx Conseillers, comme ceulx

---

(1) Horace, livre 3, ode 1.

de Vostre Majesté en ont acquis la réputation, de consentir à chose sy préiudiciable à la grandeur et dignité de leur Royne et Maistresse, il m'est impossible de le croire. Vos Conseillers, Madame, selon qu'ilz sont informez en leurs consciences, peuvent avoir dict : « La Royne d'Escosse a commis tel acte », mais qu'ilz vous conseillent de faire exécuter les peynes de vos ordinaires contre la dicte Royne, c'est chose que je ne puys comprendre. Je n'ignore pas, Madame, ce qui se dict au contraire, que l'estranger entrant en ung Royaulme, s'il y commet quelque crime, s'oblige aux loix du Royaulme. Considérant en moymesme la majesté que je vois empreinte et qui reluit sur la doulceur de vostre face vrayement royale, je me promets, Madame, que vostre prudence ne permettra jamais que l'histoire d'une vye pleine de tant d'exemples de vertu, de bonté et de sagesse, comme est et sera recommandée à la postérité celle de la Royne Élizabeth d'Angleterre, soit louée d'ung sy estrange changement et renoncement de la dignité royale, que de son lieu et en son Royaulme, là où Elle avoit pouvoir et commandement, il a esté résollu et trouvé bon qu'il n'y ayt poinct de différence entre les Roys et les particulliers, qu'ilz sont tenuz comme les ungs avecq les aultres. C'est chose, Madame, que je soustiens du tout insupportable à ouyr et monstrueuse à dire, et qui ne peut estre approuvée par une sy sage et sy royalle Princesse, telle qu'il a pleu à Dieu vous faire naistre.

Platon dict que la ceinture des hommes bas et commungs est de plomb et de fer, [et que] celle des Roys est d'or. Nous, qui sommes nés subiects des Roys, ne poursuivons pas de leur oster ce dont les plus sages philosophes et villes libres, pour la pluspart ennemies des Roys, ont estimé de les debvoir honnorer; et pour toute responce à ceulx qui soustiennent que l'estranger est subiect aux loix du Royaulme où il se trouve avoir failly, sans despartir aulcunement à ceste mienne résollution que telles loix ne furent oncques escriptes pour les Princes souverains, je diray donc que [si] la Royne d'Escosse avoit eslevé son ambition en Angleterre, on luy pourroit opposer que Socrate se voullut [soumettre] à l'observation des loix d'Athènes, d'aultant qu'auparavant que d'estre prévenu en justice, il luy avoit esté loysible de choisir et transporter ailleurs son domicile. Mais, Madame, vostre bonté me permettra, s'il luy plaist, que je soustienne de vous dire qu'estant la Royne d'Escosse, vostre plus proche parente, entrée en cestuy vostre Royaulme avec toute asseurance et bonne volonté, que laquelle portoit avec soy, comme suppliante, le sauf-conduit de Dieu, le plus rigoureux traictement qu'il sembloit qu'Elle peut attendre estoit qu'on luy remémorast comme Elle estoit venue très-humblement, [ce que] dict Homère que tout suppliant est envoyé de Jupiter, [et ce que] nous lisons dans ung aultre poëtte : « Sed jura fidem » qz supplici erubuit meque in mea regna remisit ». Ung passereau, poursuivy par ung espervier, se sauva dans le sein du philosophe Xénocrate, qui le conserva soigneusement de la violence de l'espervier, et quant et quant le laissa aller en pleine liberté, disant qu'il n'estoit pas besoing d'offencer les supplians.

La chrestienté est assez informée des choses depuis advenues, et combien Vostre Majesté a voullu sa clémence surpasser la mauvaise volonté de ceulx qui ont troublé vos affaires. Je ne voys pas que la Royne d'Escosse soit de tant d'oubly que de leur avoir adhéré, mais quand ainsy seroit que l'ennuy, la rage et le désespoir d'une prison de dix-neuf ans l'auroient précippitée à suivre quelque imprudent conseil, il vous plaira, Madame, de vous remettre en mémoire et devant les yeux la générosité de ce grand Alexandre, lequel, ayant deffait les Perses, trouva en leurs armées plusieurs Grecs qui avoient combattu contre luy. Il fit punir rigoureusement les Athéniens et les Thessaliens, d'aultant qu'il avoit favorisé leur nation, mais quant aux Thébains qui se trouvoient en la dicte armée, il leur pardonna, pour ce, dict-il, que nous leur avons osté leurs villes et leurs terres et que nous ne leur avons rien laissé. Rufficienne, femme de Boëtius et sœur de Simarchus, [que] Théodoric avoit faict mourir, accusée de crime devant Fotillus (?), fut absoute, parce qu'il sembla à ce Roy qu'elle avoit esté esmeüe de juste douleur, vengeant, comme elle pouvoit, la mort de son frère et de son mary. Par là, je diz qu'encore que la Royne d'Escosse feust née personne privée, les occasions qui l'ont peu pousser au désespoir sont dignes de commisération, et les raisons qui se disent pour sa défense peuvent trouver lieu près de la clémence de Vostre Majesté, laquelle, se souvenant de son ancienne affliction, dira avec Didon : « Non ignora malis, miseris succurere disco ».

Dieu commande à son peuple d'avoir souvenance et compassion des pellerins, parce que luy aussy l'a esté. Sy depuis la prison de la Royne d'Escosse, il est advenu quelque chose qui ayt despleu à Vostre Majesté, les théologiens et les historiographes nous enseignent que les maux qui se commettent durant une guerre se doibvent principallement imputer à celluy qui est la cause de la guerre, (Tout estant tout puissant souverain, l'on advisera en ce faict qui a commencé l'offence de nostre mémoire) *(sic)*. Nous avons sçeu que plusieurs prisonniers de guerre destenuz et gardez en des places fortes ont faict entreprinses pour les surprendre, dont, oultre la perte de la place, pouvoit advenir la mort du maistre des prisonniers et de tous les hommes, avecq le sac et bruslement de la ville. Pour ceste occasion, on n'a poinct veu que jusques à présent on ayt trouvé raisonnable de procedder contre les prisonniers de guerre par les voies ordinaires de la justice, estant chose qu'on ne pourroit faire sans estre appelée justice trop expresse, qui seroit contre le droict des gens, auquel les loix qui seroient faictes en cestuy vostre Royaulme, ou aultre quel qu'il soit, ne peuvent rien changer, ny altérer, au préiudice de soy-mesme, car c'est le consentement des peuples et des siècles, qui est tenu comme une aultre loy de nature, que la condition de la Royne d'Escosse ne doibve estre plus dure que celle d'un prisonnier de guerre. Je n'ignore pas, Madame, qu'avecq raison il se puisse soustenir, sy l'on vous dira que Conradin (1), qui fut dernier prince de Franconie (?), a esté condamné et exécuté à mort par sentence du Roy Charles, frère du Roy S*t* Loys, pour avoir troublé la paix de l'Église, usurpé le nom du Roy, attempté contre la vye du Roy Charles? Je respondray que sy jamais chose a esté blasmée, et par ceulx qui vécurent en ce temps-là et par toutes les histoires, ce a esté le jugement donné et exécuté contre le dict Conradin. Les François, qui accompagnèrent le Roy Charles, eurent ce jugement en exécration, et principallement son gendre, le comte de Flandres, qui depuis tua de sa main le juge qui avoit prononcé sy inique sentence. Il fut reproché au Roy Charles qu'il estoit plus Néron que Néron, plus cruel que les Sarrazins, [qui], lorsque l'ayant prins prisonnier avecq le Roy S*t* Loys, son frère, auroient monstré plus de bonté et d'humanité que les Chrestiens, où ilz les traictoient honorablement l'ung et l'aultre durant leur prison, et les mirent en liberté avecq conditions honnestes et tollérables. Les historiens attribuent les malheurs qui depuis sont advenuz aux François

---

(1) Conrad V.

èz guerres de Naples à la callamité de ce jugement, que l'on tient avoir esté donné contre le droict des gens, « at non in » victo ludibria tanta iniquitas ñrnoz cadans ferus hambas ica » membra tamen stigras tulit Junio lata sub umbras » (?).

Que nul donc, Madame, ne vous allègue l'exemple d'ung sy funeste jugement sans la licence de vostre naturel, et qui a esté très-malheureux à la postérité et à la mémoire de celluy qui en a esté l'auteur; et quand il faudroit comparer le faict de la Royne d'Escosse avecq celluy du dict Conradin, je diz, Madame, que le dict Conradin a peu estre condamné avecq plus d'apparence de justice que l'on condamneroit la dicte Dame Royne. Conradin a esté accusé d'avoir troublé la paix de l'Église, usurpé le nom du Roy, attempté contre la vye du dict Roy Charles. Admettons que l'on impute toute telle chose à la dicte Dame Royne. Il demoure que ce qu'a faict le dict Conradin n'a poinct esté pour sauver sa vye et se mettre en liberté, qui est la seulle cause de la charge qui peut demourer sur ceste noble Princesse destenue sy longuement en vos prisons. (Conradin est entré au Royaulme de Naples pour oster la vye et Royaulme au Roy Charles.) La Royne d'Escosse n'est pas venue au vostre pour offencer, mais seullement pour l'espoir qu'Elle avoit qu'en sa grande affliction, la veue de Vostre Majesté seroit son port de salut, et pour ne s'en pas mocquer, promettre que d'y trouver la seureté de quelque peu de jours, qu'Elle eust prins à seul dessein retourner en son Royaulme d'Escosse ou se sauver en France, pour se mettre du tout entre les mains et en la protection de feu très-hault et de très-louable mémoire le Roy Charles, son beau-frère. L'avènement de la Royne d'Escosse faict ouyr parmy vos peuples une voix funeste, que la vye de la dicte Dame Royne est vostre ruyne, et que vos deux vyes ne peuvent plus subsister en ce mesme Royaulme? Nous disons communément que ce qui a esté peut estre. Il semble que les auteurs de ce langage veullent tout attribuer aux conseils des hommes et ne laisser rien à la providence de Dieu. David, esleu de Dieu pour estre Roy sur le peuple d'Israël, et ayant esté oinct par le prophète Samüel, fut cruellement persécuté par Saül, qui s'essaya par plusieurs fois de le faire mourir. Saül tomba enfin en la puissance de David, qui toutesfois ne le voullut offencer en aulcune sorte, et se contenta de couper son vestement. Ceulx qui assistoient David le reprindrent de ce que, puisque Dieu luy avoit donné le moyen, il n'avoit mis fin aulx entreprinses que Saül ne cessoit de faire contre sa vye. La responce de ce bon Roy fut : « Ha! à Dieu » ne plaise que je veuille toucher à son oinct. Je laisse à Dieu à » juger des œuvres de son ennemy et des miens! » Au lieu d'attempter contre Saül, il fit mourir les satellites qui le tuèrent, et fit les plus grandes imprécations contre le mont Sibbré, où Saül fut tué, comme, dict-il, s'il ne feust pas oinct de Dieu. Telle fut l'oppinion de ce bon Roy, bien que plusieurs estimassent que de la mort de Saül despendoit la conservation de sa vye et la seureté et repos de son Royaulme; mais il voulloit monstrer qu'il avoit sa principalle confiance en Dieu, et qu'ayant à régner, il ne peut trouver bon ou consentir à chose qui feust au préiudice de la dignité et seureté des Roys. Ceulx, Madame, qui vous donnent ces conseils sy sanglans et inhumains vous remesttent en avant ce malheureux et tant blasmable conseil qui fut donné au Roy Charles : « Vita Conradini, mors Caroli; mors Conra- » dini, vita Caroli » (1). Confions à Dieu nostre conduite, sçachant qu'il ne tombera pas un seul poil de nostre teste sans sa volonté. (Ceulx qui veullent esviter ung danger tombent bien souvent en ung plus grand.) Sy quelques-ungs Princes catholiques se résolvent d'entreprendre contre vostre Royaulme, ce ne sera poinct pour sauver la Royne d'Escosse, ce sera pour le faict de la religion; et estant la dicte Dame morte et ostée de ce Royaulme, la cause de la guerre ne cessera poinct, mais plustost l'occasion en sera redoublée, et le prétexte de la dicte guerre reçeu plus spécieux qu'il n'estoit auparavant, pour la juste vengeance d'ung acte sy estrange et sy extraordinaire, qui auroit esté commis contre toutes les loix du monde en la personne d'une Princesse souveraine, Royne sacrée et oincte de l'Église de Dieu; je diz, Madame, qu'au lieu d'arrester la guerre et le mal dont il semble à plusieurs que ce Royaulme est menacé, vous le hastiez et précippitiez, ce qu'à mon advis il vous est trop plus qu'aysé de prévenir, en conservant en vye la Royne d'Escosse. Car, s'il y a eu cy-devant apparence en ce conseil qu'il estoit à propos de vous prévalloir d'icelle comme d'un bouclier pour opposer aux flèches qui se lascheroient contre vostre personne, vous ne debvez pas perdre le bouclier dont

(1) Paroles attribuées au Légat du Pape, lors de la mise en jugement et de l'exécution de Conrad V.

vous vous estes sy longtemps servye. Elle vous est comme une pierre que vous tenez en la main : sy vous la laschez une fois et jectez contre vostre ennemy, vous ne le pourrez plus menacer, ny frapper; au contraire, elle est plustost en sa puissance pour s'en ayder contre vous. Sy vous faictes mourir la Royne d'Escosse, comme aulcuns vous conseillent, sa mort armera vos ennemiz de désespoir et d'un honneste prétexte d'attempter contre vous tout le pis qu'ilz pourront et les tiendra en volonté; et la juste douleur des parens et amys de la dicte Dame fera que plusieurs trouveront juste toute telle vengeance qu'ilz pourront et vouldront faire de l'iniure que leur parente aura receue. Je diray doncques davantage que celluy qui poursuivra de faire la vengeance d'une iniure que l'on prétendra avoir esté faicte au général de tous les Royaulmes, espèrera d'avoir beaucoup de Roys et de Princes favorables, et se pourra asseurer que peu luy seront contraires. Nous sçavons que ceulx qui ont juré en leur cœur la ruyne de la Royne d'Escosse, voyant qu'ilz ne peuvent soustenir, avecq aulcune raison apparente, qu'il soit honneste d'uzer de rigueur, recourent à subtilité et disent que, estant héritière et parente de Vostre Majesté, Elle ne vous peut estre que grandement suspecte. Je déteste, avecq Cicéron, l'oppinion de ceulx qui ont voullu séparer l'utile d'avecq l'honneste. Plusieurs disent qu'il estoit utile à Régulus de ne retourner poinct à Carthage, prévoyant assez les tourmens qu'on luy feroit souffrir sytost qu'il y seroit arrivé; mais il jugea qu'il ne luy estoit pas honneste de vivre, après qu'il avoit contrevenu à la foy. Actius Verus (?), adverty de se garder d'aulcuns qu'on prétendoit luy debvoir succéder, s'en mocqua : « S'il estoit ordonné, » dict-il, qu'ilz seroient mes successeurs, je n'ay garde de les » tuer, car nul ne tua jamais son successeur ». Andronicus Comenus, voullant faire tuer Isaacius Angelus (?), qu'on avoit prédict luy debvoir succéder, donna occasion au peuple de s'esmouvoir, qui s'indigna de sa cruaulté et le tua luy-mesme. Nous avons creu en France, après dix-neuf ans en ça, que Vostre Majesté, très-sage et très-prudente, qui juge mieulx l'intérieur de ses affaires que nul aultre, tenoit, par ung conseil fondamental, qu'il n'y avoit rien qui seroit plus convenable pour empescher beaucoup de mauvaises manœuvres qui se pourroient susciter contre vostre service, que l'obiect du droit que la Royne d'Escosse pourroit, le cas advenant, prétendre à vostre succession. Or, nous disons que celluy qui change les principes fondamentaulx se met en chemin de changer l'Estat. Sy l'on vous dict que vos subiects catholiques vous sont moings obéissans pour l'appuy qu'ilz tiennent à la Royne d'Escosse, vostre prudence juge trop mieulx qu'il ne s'en fault pas donner grand'peyne d'ung sy faible appuy. Et sur ce subiect, je vous diray, Madame, ce qui m'a esté asseuré véritable par ung personnage d'honneur, que ung certain ministre d'ung Prince qui vous peut estre subiect, dict ouvertement qu'il désiroit, pour la grandeur de son Maistre, que la Royne d'Escosse feust desià perdue, pour ce qu'il est bien asseuré que le party des Catholiques anglois se rangeroit entièrement du costé de son Maistre. En ceste dellibération de ce qui est utile ou dommageable, je vous supplieray, Madame, de voulloir considérer, sy l'on uzera de rigueur contre la dicte Dame Royne d'Escosse, le désespoir où l'on mettroit ceulx qui luy appartiennent de sang, d'amitié et de confédération, auxquels l'iniure qu'on luy fera sera commune et du tout impossible à supporter. Le nombre, la grandeur et la dignité des Princes, qui se desclarent voulloir contraintre leur fortune à la sienne, méritent estre mis en vostre sage considération. Nous n'ignorons pas, Madame, les grands moyens et dons qu'il a pleu à Dieu vous eslargir, et de fortune, et de prudence, mais ceste dernière nous conseille de ne chercher poinct le hazard qui se peut louablement esviter. En faict d'Estat, ce qu'il n'est pas nécessaire, il ne le fault pas remuer. Vostre Majesté a régné longuement et heureusement pour avoir tousiours prefféré les conseils modérez à la viollence, qui me faict croire que ceulx qui penseroient maintenant pouvoir, par leurs artiffices, altérer vostre clémence et doulceur, descouvriront plustost leur mauvais naturel qu'ilz ne pourront faire changer le vostre. On dict que pour pourvoir à une bonne résolution des choses qui sont mises en dellibération, il fault que celluy qui conseille tende à mesme fin et aye un mesme but. Le Roy, mon Maistre, vous prie et coniure, par tous les debvoirs d'amitié, de voulloir coniurer ceste adversité survenue à la Royne d'Escosse. Vostre doulceur et modération ne peut avoir aultre but, en ce conseil qu'il vous donne, que de vous asseurer vostre Règne en toute prudence, repos et tranquillité. Avecq cela, il désire ung honneste relasche à tant de misères et d'afflictions que souffre continuellement une sy noble Princesse, qui est sa belle-sœur et vostre cousine germaine, car quel aultre fruict peut-il attendre que de la prière et justice, que je vous en faicts maintenant par son très-exprès commandement? Mais pour le regard de ceulx qui vous conseillent l'aigreur, je me remettray à la prudence de Vostre Majesté, s'ilz ne peuvent poinct estre pollutz de quelque aultre passion qui regarde plustost le bien et intérest particulier de vostre service. Sur quoy, je ne m'estendray plus longuement bien voulloir penser à la conséquence de la résollution qui sera prinse en affaire de sy grande importance, non-seullement pour nous qui vous en prions avecq tant d'affection, mais aussy pour vous à qui le faict touche plus qu'à ung aultre, et vous asseure, Madame, que le Roy, vostre bon frère et vray amy, n'a en cecy aultre but que le bien et intérest qui luy est commung à Vostre Majesté : nous parlons pour la cause qui est sans doubte tenue pour la plus honneste, et que nous croiions et iugeons fermement estre la plus utile; les aultres allèguent seullement l'utillité. S'il demoure doubteux en nostre esprit lequel conseil des deux nous debvons tenir, il est trop meilleur et trop plus seur en ceste incertitude de se résouldre à celluy, auquel, avecq l'apparence de l'utillité, l'honnesteté est conioincte. Je ne craindray doncques, Madame, tenir contre la clémence, sans offencer les oreilles de Vostre Majesté, puisque je luy conseille chose qui est conforme à son bon naturel, et sy quelqu'un s'en offence, j'auray recours à vostre favorable protection et diray librement qu'uzant de bonté, non-seullement envers la Royne d'Escosse, mais aussy envers tous vos subiects catholiques, que vous donnerez ung grand accroissement à la louange de vostre honneste mémoire au temps advenir, et présentement à l'asseurance et conservation de vos affaires. Comme dict ung sage escripvin : « Ceste domination est très-ferme et durable, en » laquelle ceulx qui obéissent vivent contans ». Qu'il plaise donc, Madame, à vostre bonté oster la crainte en laquelle vivent plusieurs vos pauvres subiects catholiques, ce qu'en faisant uzera du conseil qu'Elle nous a tousiours donné, et par ses lettres et par ses ambassadeurs. Marcus Antonius, ayant descouvert la coniuration de Cassius, en fit mourir quelques-ungs à la chaulde (?), mais voullant les juges faire le surplus, il leur fit tenir harangue en public, par laquelle il les exorta de ne venger poinct plus avant sa douleur, pour ce que en cela, encore qu'il y ayt de la justice, le faict estoit d'amertume et de haine.

Prenons le sage conseil que Livia donna à son mary Auguste César, lorsque la coniuration de Cneus Cornellius, petit-filz de Pompée le Grand, fut descouverte : « Plus de choses, dict-elle, » se peuvent remettre par la doulceur et bienveillance que par » cruaulté. Ceulx qui uzent de miséricorde n'obligent pas seul-» lement ceulx auxquels ilz ont pardonné, mais aussy sont » grandement aymez et estimez par toutes aultres personnes » qui ont congnoissance de leur bonté. Ceulx qui sont durs et » desraisonnables sont haïz de Dieu et du monde, et l'on est » ordinairement bien ayse de leur faire mal quand le moyen » s'en présente, par crainte qu'ilz ne préviennent avoir faire » iniure sytost qu'ilz en avoient le moyen ». Auguste, jusques alors, avoit puny fort rigoureusement ceulx qui l'avoient offencé, mais il congnut par expérience que la rigueur des punitions ne luy apportoit aulcune seureté; se réveslant tous les jours quelque nouvelle conspiration contre luy, faisoit qu'il ne trouvoit ne nuict, ne jour, aulcun repos en son esprit, ainsy qu'il eust prins Livia pour femme, laquelle, estant très-sage et très-advisée, print occasion de dire sur ce subiect librement son oppinion, luy donnant conseil de changer sa rigueur en doulceur, dont il avoit uzé auparavant; et voullant plustost essayer ce que sa bonté et sa clémence luy apporteroient à l'advenir, il creut à ce bon conseil, et se contenta de remonstrer aulx coniurez la faulte qu'ilz avoient faicte, les mit en liberté, et par exprès esleut Cneus Cornellius à la dignité consullaire, ce qui luy succéda sy heureusement, que ses plus grands ennemiz, perdant dès lors le cœur de le plus offencer, servirent aulx aultres d'exemples d'obéissance, et de ce temps-là le règne de ce grand Empereur fut sy heureux et tranquille, que l'on faisoit les prières pour les successeurs à l'Empire, en leur souhaitant en premier lieu et sur toutes choses la félicité d'Auguste, laquelle, Madame, vous accompagnera durant et sur vostre vye, et vos louanges en seront perpétuellement en histoire, sy vous suyvez le mesme conseil et proiectiez l'exemple de ce bon et vertueux Empereur. Encore, Madame, que le Roy, mon Maistre, vostre bon frère et bon amy, se promette de trouver en vous la mesme et sage résollution, sy a-t-il estimé de vous debvoir faire ceste très-instante et très-affectionnée prière, à ce qu'il vous plaise des-livrer la Royne d'Escosse de l'affliction et extresmité où Elle se trouve réduite, ayant Sa Majesté très-chrestienne ung désir extresme et obligation de la secourir en ce grand besoing, estant sa belle-sœur, sa parente et confédérée, qu'il ne peut et ne doibt en aulcune sorte abandonner. Il désire, sur toutes les choses de ce monde, vous avoir une perpétuelle obligation du plaisir et de l'amitié que vous luy ferez en l'occasion qui se présente et luy touche sy fort au cœur et à l'honneur, vous priant, Madame, de vous asseurer qu'il n'en aura jamais la mémoire ingratte et qu'il mettra peyne tout le temps de sa vye de recongnoistre ceste obligation, et par tous les offices de vraye et parfaicte amitié que vous pouvez attendre d'ung bon frère, vray et parfaict amy. La Royne, mère de Sa Majesté, vostre bonne sœur, particippant à l'ennuy et à l'affliction de la Royne d'Escosse, sa belle-fille, aussy vous prie de sa délivrance avecq l'affection et passion qui se peut trouver en une bonne mère qui ayme tendrement sa fille, à quoy j'adiouteray les prières très-affectionnées de la Royne régnante, vostre bonne sœur, qui porte ung deuil perpétuel de la callamité de sa parente. Tout ce grand Royaulme de France, qui a recongneu et révéré la Royne d'Escosse pour sa Royne, implore à ceste occasion vostre bonté. Vous nous pouvez, Madame, grandement obliger ou affliger par la résollution qu'il vous plaira prendre en l'affaire de ceste noble Princesse, et qui a esté nostre Royne, laquelle recepvant de bons et gracieux traictements au lieu du mal dont ses ennemiz la menacent, Vostre Majesté acquerra sur nous une immortelle obligation.

PROPOSITIONS

FAICTES A GRENICHE (1) DU VIᵉ JANVIER MDLXXXVII

MADAME, nous avons faict entendre au Roy, nostre bon Maistre, vostre bon frère, la responce qu'il vous pleust nous faire sur ce que de sa part nous avons prié et remonstré touchant la Royne d'Escosse en deux audiances que Vostre Majesté nous a données. Sa Majesté très-chrestienne s'est trouvée en une peyne extresme, ayant veu ce que luy avois escript, non-seullement pour le respect de la Royne d'Escosse, qui est sa parente, conféderée et sa belle-sœur, mais aussy pour le vostre, Madame, de l'amitié de laquelle le dict seigneur faict et veult faire toute sa vye beaucoup de compte, tout estat et estime. Je vous prie derechef, Madame, de voulloir mettre en vostre sage considération la prière qu'il vous a faicte, qu'il estime pleine de justice et d'honneur et seureté, pas moings pour vostre bien que pour celluy de la personne en faveur de laquelle il retourne à vous prier de ne la poinct voulloir refuzer. Quand le Roy, vostre bon frère, parle pour conserver la vye de la Royne d'Escosse, sa belle-sœur, quand Sa Majesté parle pour la cause qui est commune entre les Roys, elle n'estime poinct que vous preniez par là oppinion que l'on veuille parler à vostre préiudice. Le dict seigneur Roy vous congnoist pour Royne et Princesse souveraine, qui avez en ce faict commung intérest avecq les aultres Roys et Princes souverains, et particullièrement aussy pour estre, la dicte dame Royne d'Escosse, vostre plus proche parente; et quant à l'offence que Vostre Majesté prétend luy avoir esté faicte en partroublant vostre bonté à plusieurs fois, de cela qu'Elle ne cherche aulcune vengeance, et aussy nous le croyons, mais sur le doubte qui vous demoure

(1) Grenwich.

qu'en sauvant la vye de la Royne d'Escosse la vostre ne soyt en danger, à quoy désirez seullement qu'il y soyt pourveu, le Roy, vostre bon frère, entre en ce pensement que Vostre Majesté, comme il est très-raisonnable, d'où il vous peut venir plus de mal, danger ou repos, seureté ou contentement, tant pour le respect de vostre personne que de vos affaires, juge que sans aulcun doubte la mort de la Royne d'Escosse advenant, ainsy qu'aulcuns vous le conseillent, vous seroit infiniment plus préiudiciable que sa vye ne vous seroit incommode. Je ne veulx m'arrester à ce qu'aulcuns disent qu'il fault craindre que la dicte Dame ne fasse de nouveau attempter contre la personne de Vostre Majesté, mais estimons qu'il y a trop moings à craindre pour Vostre Majesté ce pendant qu'Elle est en vye et entre vos mains, que sy Elle estoit morte. Dieu a donné tant de moyens et d'entendement à Vostre Majesté, que quand la dicte Dame seroit libre parmy vostre Royaulme ou ailleurs, vous vous en pouvez bien garder; mais Elle est destenue sy estroitement, qu'Elle ne sçauroit nuyre au moindre de vos serviteurs. A peyne avoit-Elle l'aige de vingt-ung ans, quand Elle a esté destenue vostre prisonnière et privée de la communication de personne de conseil, qui faict qu'il a esté plus aysé de la tromper à ceulx qui mallicieusement luy ont voullu moyenner et fabriquer quelques impudens conseils. Sy, commandant en Escosse et y estant obéye comme Royne, Elle feust entrée en cestuy vostre Royaulme pour vous oster l'Estat et la vye, et qu'il luy feust advenu de tomber en vostre puissance, Elle ne pourroit, par raison de guerre, attendre plus rude traictement que de payer une bonne ranson, car jusques à présent je n'ay ouy, ne peu comprendre raison quelle qu'elle soyt, par laquelle on puisse soustenir qu'Elle soyt vostre justiciable. La dicte Dame est entrée en vostre Royaulme, suppliante et persécutée d'une très-grande affliction; Princesse souveraine et vostre plus proche parente, Elle a esté longuement en espérance d'estre remise en son Royaulme par vostre bonté et faveur, et de toutes ces grandes espérances Elle n'a rapporté jusques à présent que une prison perpétuelle.

Or, Madame, ayant pleu à Vostre Majesté de dire que vous désireriez seullement de veoir les moyens comment il se pourroit faire qu'en sauvant la vye de la Royne d'Escosse, vous ne metterez la vostre en danger, nous l'avons faict entendre au Roy, nostre bon Maistre et vostre bon frère, pour [agir] sur son commandement, Sa Majesté désirant, sur toutes les choses du monde, de pouvoir, en icelle, apporter quelque bon moyen et qui feust à vostre contentement, bien que la chose luy semble estre entièrement en vos mains, qui destenez la Royne d'Escosse prisonnière et la tenez en vostre puissance. Ceste pauvre Princesse est maintenant sy abaissée et humiliée, que ses plus grands ennemiz en peuvent avoir compassion, qui me faict [d'aultant] mieulx espérer de la clémence et générosité de Vostre Majesté, qu'il ne reste plus à la Royne d'Escosse que une vye très-misérable de bien peu de jours, [et que] jamais il ne nous a peu entrer en l'oppinion que Vostre Majesté se puisse résouldre à une sy rigoureuse exécution. Cicéron dict à Julius César, parlant pour le Roy Dejotarus (?) : « Est ità in sitatem regem » capitis immesce, et autè hoc tempus non sit auditum » (?). Sy la Royne d'Escosse est innocente, il est juste qu'Elle soyt deschargée de ceste accusation. Sy vous l'estimez coupable, il vous est honnorable de luy pardonner. Quand vous le ferez, vous ferez ce que les bons Princes ont accoustumé de faire. Le Roy Porsenna osta la main de dessus le feu et pardonna à Scævola, qui confessoit et se vantoit d'estre entré en son armée pour le tuer et assassiner. Le plus grand précepte de bien et heureusement régner est de s'abstenir du sang (ung sang amène l'aultre), et telles exécutions ont ordinairement suitte. Nous sommes maintenant aux festes de Noël, qu'il a pleu à Dieu, au lieu de se venger de l'iniquité et ingratitude des hommes, envoyer en ce monde son filz unique, Nostre-Seigneur Jésus-Christ, pour servir de victime et de propiciation pour nos péchez, puis il fault à nous hommes, aux festes de la Nativité de nostre Dieu, esloigner de nos yeux et de nos pensées toutes choses funestes, odieuses et sanguinaires. Sy Vostre Majesté se résoult contre la Royne d'Escosse à [des] conseils extresmes, ceulx qui luy appartiennent, et de sang, et d'amitié, se pourront aussy résouldre à mesmes conseils. Au contraire, s'il vous plaist d'uzer de bonté envers la dicte Dame, tous les Princes chrestiens s'estimeront comme obligez à veiller pour vostre conservation, ce que, en premier lieu, vous offre pour son regard et vous prouver qu'il empeschera de son pouvoir que les attemptats, que ceulx que l'on prétend avoir cy-devant faicts contre Vostre Majesté, ne se fassent, et en oultre, ordonnera aux parens de la Royne d'Escosse, qui sont en son Royaulme, et fera qu'ilz s'obligeront et signeront par leur foy et honneur, et se feront fortz pour la dicte Dame Royne qu'Elle, ny aultre pour Elle, n'entreprendra rien contre Vostre Majesté; en quoy Sa dicte Majesté très-chrestienne vous fera, en son Royaulme et par tous aultres, les bons offices d'un bon frère et parfaict amy. En ce, Vostre Majesté, très-prudente et très-advisée, trouvera bon de mettre en avant quelques aultres moyens qu'Elle jugera propres pour sa seureté et satisfaction; se daignant de nous les faire entendre, nous nous y emploierons de nos pouvoirs très-fidellement, et nous y servirons de très-bon cœur envers Sa dicte Majesté, vous suppliant à ces causes, Madame, de voulloir prendre en la meilleure part et considération ce que nous avons remonstré par le commandement exprez du Roy, nostre Maistre, vostre bon frère, et n'estimer poinct que ce soyt le moyen de vous asseurer, sy vous faictes mourir la Royne d'Escosse. Vostre fortune est très-heureuse en cestuy vostre Royaulme, vostre renommée très-belle parmy les potentats du monde, qui me faict nous promettre que l'on ne vous persuaddera poinct de vous résouldre à chose sy contraire à vostre vye prudente. Vostre Majesté vivra en plus grande seureté, demourant en vye la Royne d'Escosse, que s'il advient qu'on la fasse mourir, dont je ne m'estendray à desduire les raisons, pour ce que Vostre Majesté les peut mieulx comprendre que nul aultre. Les remèdes sanglans qui se proposent seront plustost le commencement de beaucoup de maulx, que la fin de ceulx auxquels on dict de voulloir remédier. Le dormir est chose très-nécessaire aulx mallades, et n'y a rien qui les fasse plus dormir que le pavot, mais il n'y a que les folz et mauvais médecins qui l'ordonnent à leurs mallades. Sa Majesté très-chrestienne espère que vostre bonté remettra ung conseil sy funeste qui est donné contre la Royne d'Escosse, mais quand ce ne seroit le bon plaisir de Vostre Majesté d'avoir esgard à tant de sy grandes considérations pour lesquelles nous vous faisons ceste très-instante et très-affectionnée prière de la part du dict seigneur Roy, nostre Maistre, ains faire procedder à ung sy rigoureux et extraordinaire jugement, il nous a donné charge de vous dire, Madame, qu'il ne pourra qu'il ne s'en ressente certaine chose contre l'intérest commung de tous les Roys, qui particullièrement l'aura fort offencé.

LES DERNIERS PROPOS

TENUS PAR LA DICTE DAME ROYNE D'ESCOSSE, DEPUIS QU'ELLE FUT ADMINISTRÉE A LA MORT JUSQU'A L'HEURE D'ICELLE.

LE lundy, quinziesme (1) jour de febvrier MDLXXXVII, Milort Beale, l'ung des seigneurs qui sont près de la Royne d'Angleterre, fut envoyé par Elle à Fotheringay, où la Royne d'Escosse estoit prisonnière, avecq charge et commission de la Royne d'Angleterre de faire procedder diligemment à l'entière exécution de la sentence donnée et prononcée à la dicte Royne d'Escosse, et fut commandé au comte de Shrewsbury de se trouver présent à ceste exécution, et aussy quelques aultres sieurs des plus voisins et proches du dict chasteau de Fotheringay, lequel sieur Beale, à son arrivée, voullut visiter le dict jour la dicte Dame Royne, comme il fit sur les huict ou neuf heures du soir, se présenta à la porte de sa chambre, qui fut soudainement ouverte par une des filles de chambre, à laquelle il demanda sy la dicte Dame estoit preste de se coucher. Elle luy respondit qu'Elle s'y estoit apprestée, et avoit là laissé son manteau. Elle rentre incontinent dans la chambre de la dicte Dame, et luy dict que le dict sieur Beale estoit là entré dans son antichambre et désiroit de luy parler. La dicte Dame demanda son manteau, qu'Elle avoit laissé, et fit ouvrir la porte de sa chambre où il entra, et l'ayant saluée luy dict : « Madame, j'eusse
» bien désiré qu'aultre que moy vous eust annoncé une sy
» mauvaise nouvelle que celle que j'ay maintenant à vous dire
» de la part de la Royne d'Angleterre; mais luy estant serviteur
» fidel comme je suis, je n'ay peu moings faire que d'obéir au
» commandement qu'Elle m'a faict : c'est, Madame, de vous

---

(1) Il y a là, de la part du copiste auquel on doit ce manuscrit, une erreur manifeste de date. Au lieu de : *le quinziesme*, on doit lire : *le dix-septiesme* jour de febvrier, veille du 18 février (nouveau style) ou 8 février (ancien style), jour réel de la mort de Marie Stuart.

» admonester, comme je faicts, de vous disposer et tenir preste
» demain, à dix heures du matin, pour souffrir l'exécution de
» sentence de mort qui vous a esté prononcée depuis peu de
» jours en çà ».

La dicte Dame luy respond avecq une bien grande asseurance, et sans s'effrayer aulcunement, disant : « Je loue et remercie
» mon Dieu de ce qu'il luy plaist mettre fin à tant de misères et
» callamitez que l'on m'a contraincte supporter dix-neuf ans et
» jusques à présent que j'ay esté destenue prisonnière, et sy mal
» traictée par la volonté de la Royne d'Angleterre, ma sœur, et
» sans l'avoir offencée, comme Dieu m'en est principal tesmoing
» que je m'en vais rendre mon esprit en ses mains, innocente et
» le cœur clair, avecq la conscience nette devant Sa Majesté
» divine des crimes dont Elle ma faict accuser, et porteray ce
» jourd'huy ceste mienne innocence hardiment devant sa face,
» comme celluy qui est le seul juge de nos actions passées ; et,
» puisqu'il me convient mourir d'une mort sy viollente, advancée
» par ung sy injuste et inicque jugement des hommes (auxquels
» je ne suis et ne puis estre aulcunement justiciable), je m'y
» exposeray néantmoings et m'y présenteray, qui me sera plus
» agréable que de vivre davantage en la mesme callamité et au
» martire auquel on m'a faict trop longtemps languir, n'ayant
» pas moings espéré du mauvais naturel de la Royne que ce j'en
» voys devant mes yeux, attendant l'entier assouvissement de sa
» haine mortelle et contentement de sa cruaulté envers moy,
» et pour complaire à ses conseillers et aultres, mes anciens
» ennemiz, dont Elle s'est voullu servir pour l'advancement de
» ma ruyne et de ma mort, que je m'en vais patiemment endurer,
» pour estre dellivrée de leurs continuelles poursuites, pour
» régner perpétuellement, s'il plaist à Dieu, en ung plus heureux
» séjour que celluy que j'ay faict la meilleure partye de mon
» âge près d'une sy dure et cruelle parente. Mais puisqu'Elle s'y
» est ainsy résollue, et avecq tant de rigueur, la volonté de Dieu
» soit faicte ! »

Ayant les damoiselles et aultres personnes qui se trouvoient près la dicte Dame ouy et entendu ceste triste nouvelle, commencèrent à s'escrier et jecter larmes jusques à entrer presque en désespoir, sans la doulce consolation que ceste pauvre Princesse leur fit, les exortant sur tous les poincts de la patience qui nous est représentée par la mort et passion de Nostre-Seigneur

Jésus-Christ, sur lequel Elle prenoit et appuyoit le fondement de son salut, priant les dictes damoiselles de veiller et prier Dieu continuellement avec Elle, comme elles firent jusqu'à l'heure de deux heures après minuict, qu'Elle se voullut mettre sur son lict, où Elle demoura seullement demye-heure; puis entra dans ung cabinet qui luy servoit d'oratoire accoustumé à faire ses oraisons particullières, priant ce pendant tous ceulx qui estoient dans sa chambre de continuer en leurs prières durant qu'Elle feroit les siennes, comme Elle fit jusques au jour, qu'Elle sortit de ses dévotions, et dict à ses damoiselles ces mots : « Mes
» bonnes amies, il me demoure ung infiny regret que je n'aye peu
» recongnoistre par effect, comme j'en ay eu la volonté bonne,
» les bons et fidelz services que chacune de vous m'avez faicts en
» mes nécessitez. Je n'ay plus qu'une chose à faire, c'est d'ad-
» iouster une clause au testament que j'ay laissé et ordonné à
» mon filz, le Roy d'Escosse, que de me faire cest office de vous
» recongnoistre et faire à chacune de vous satisfaction et conten-
» tement après ma mort, et luy en veulx escrire ce que j'ay
» particullièrement à luy dire. » Elle rentre dans son cabinet pour rescrire, ayant la plume à la main deux heures durant, et comme Elle estoit sur la fin de ses lettres, on vint heurter à la porte, qu'Elle voullut Elle-mesme ouvrir au sieur Beale, qui estoit lors accompagné du sieur Pawlet, qui estoit celluy qui avoit la dicte Dame en sa garde, qui la venoit prendre pour la conduire en lieu préparé pour son dernier jour. Leur fit prier de donner encore demye-heure de relâche de temps, pour parachever quelque chose qu'Elle avoit commencé, ce qui luy fut octroyé, demeurant tousiours, les dicts sieurs Beale et Pawlet, dans l'antichambre. La dicte Dame sortit peu après de son cabinet où Elle avoit laissé ce qu'Elle avoit escript, et dict à deux de ses damoiselles : « Je
» vous prie, mes bonnes amies, ne m'abandonnez poinct et soyez
» près de moy à l'heure de ma mort ». Sortant de sa chambre, trouva les dicts sieurs Beale et Pawlet devant Elle; Elle leur dict : « Si c'est maintenant l'heure que je doibz mourir, dictes-le-
» moy, car je suis toute préparée, avec aultant de patience qu'il
» plaira à Dieu m'en donner; mais cependant je vous prieray de
» dire et rapporter à la Royne d'Angleterre, ma sœur, qu'Elle
» et ceulx de son Conseil ont jecté sur moy le plus inicque et
» injuste jugement qu'il en fut oncques donné en ce Royaulme
» et en toute la chrestienté, faict sans aulcune preuve asseurée,

» forme, ny ordre de justice quelconque, et me tiens pour toute
» certaine que les jugemens de Dieu la contraindront sy estroi-
» tement et de sy près, que sa propre conscience l'accusera toute
» sa vye, et Dieu après sa mort, de l'innocence sur laquelle je
» luy veulx constamment rendre mon esprit en ses mains ».

Sur ce, pria qu'on luy laissast approcher ses damoiselles et son maistre d'hostel, qui la prindrent sous les bras, en descendant de la chambre dans une grande salle basse du dict chasteau de Fotheringay, pleine de peuple, laquelle avoit esté apprestée et tendue de noir, pour voir ung sy piteux spectacle. Au milieu d'iceulx il y avoit ung lieu hault, eslevé de cinq ou six marches à monter, où Elle fut aydée par le dict maistre d'hostel et les dictes damoiselles. Le peuple, qui estoit attentif à remarquer ses gestes et sa contenance, et à bien retenir toutes les parolles qui luy sortiroient de la bouche, jecta la veue sur ceste pauvre Princesse, le visage de laquelle apparoissoit d'une sy grande beaulté, que chacun s'en esmerveilloit. Estant la dicte Dame à genoux, les mains joinctes et les yeux eslevez au ciel, parla en telle asseurance, qu'Elle sembloit n'estre poinct poulcée à la mort, commença, sur le signal qui luy fut donné, à faire ceste oraison :

« Mon Dieu, mon père, mon créateur, et son seul filz, Mon
» Seigneur Jésus-Christ et Rédempteur, qui estes l'espérance de
» tous les vivans et de tous ceulx qui meurent en vous, puisque
» vous avez ordonné que mon âme soit séparée de ce corps
» mortel, je supplye très-humblement vostre bonté et clémence
» de ne m'abandonner poinct en ceste extremsité, mais la voulloir
» couvrir de vostre saincte grâce et miséricorde, me faisant pardon
» des délits et faultes que j'ay commises contre vos sainctes
» ordonnances et commandemens. Encore qu'il vous ayt pleu me
» faire ceste grâce spéciale de me faire naistre Royne, sacrée et
» oincte de vostre saincte Église, j'ay bien tousiours néantmoings
» considéré et estimé, comme je faicts encore, que toutes ces
» grandeurs ne me tiendront excusable de mes faultes envers
» vous. Estimez de mesme condition que les aultres humains,
» sincères à vos jugemens, plus certains que n'estoient pas ceulx
» qui sont aulx cœurs et aulx pensées des hommes inconstans et
» variables, lesquels sont bien souvent, et de leur propre mou-
» vement, oubliez et desvoyez par l'exemple mesme du malheur,
» que leur pure ambition et envye m'ont produit devant la
» Royne d'Angleterre jusques à la mort sanglante qu'ilz avoient

» dès longtemps préméditée et jurée sur moy (1); ne voullant
» pas aussy ignorer, mon Dieu, mais librement dire et confesser
» que je me suis bien souvent esloignée de vos sainctes ordon-
» nances, dont et de la faulte que j'y peux avoir commise, en
» quelque sorte que ce soit, je vous supplye très-humblement,
» mon Dieu, de m'en voulloir faire rémission, tout ainsy comme
» de bon cœur je pardonne à tous ceulx qui m'ont offencée et
» jugée, par leur inicque sentence, à ceste cruelle mort. Permettez-
» moy, mon Dieu, que, pour ma justification, je die encore sans
» vous offencer et informe en peu de parolles, et ceulx en la pré-
» sence desquels je vous rends mon esprit, le reste du Royaulme
» et toute la chrestienté, de la protestation que je faicts que je
» n'ay oncques consenty, voullu aspirer, ny en aulcune sorte
» aspiré, ny donné conseil, ny aydé en toutes les conspirations de
» mort, pour l'occasion desquelles je suis icy sy faulsement
» accusée et sy inhumainement traictée, mais bien ay-je souvent
» recherché, avec l'ayde de mes amiz, alliez et confédérez catho-
» liques de ce Royaulme et d'ailleurs, les moyens les plus doux
» et honnestes, concernant à ma quallité, que j'ay peu adviser
» pour eschapper et sortir de ces misérables prisons pour entrer
» en quelque liberté, sans néantmoings offencer Vostre Majesté di-
» vine et l'Estat de ce Royaulme; et, sy j'ay eu aultre intention à
» cest endroict, je luy supplye que mon âme soit perpétuellement
» privée de la particippation de vostre miséricorde et grâce, et du
» fruict qu'elle espère de la mort et Passion de Vostre très-cher
» filz, Nostre-Seigneur Jésus-Christ; et comme innocente de
» toutes ces impostures, je remects toutes mes aultres faultes et
« offences soulz vostre sacrée et divine justice, par l'invocation
» que je faicts à la glorieuse Vierge Marie et à tous les saincts,
» anges et bienheureux qui sont en paradis, qu'il leur plaise inter-
» cedder maintenant pour moy envers Dieu à ce que je puisse par-
» venir et régner perpétuellement avec eux en la gloire céleste. »

Ayant fini ceste oraison, Elle tira ung linge blanc qu'Elle avoit mis dans son manteau, et le bailla à l'une des dictes damoiselles qui estoient près d'Elle, disant : « Tenez, bandez-moy la veue
» de ce linge, et n'abandonnez poinct mon corps, je vous prie,

---

(1) Tout ce dernier passage, que nous avons, du reste, textuellement transcrit, est à peu près inintelligible, sans doute par suite de quelque erreur ou de quelque omission du premier copiste.

» en mon extresmité, pendant que j'auray le soing de mon âme ». Ayant les yeux bandez, se sont approchez ung ministre et l'exécuteur de justice, vestu d'ung habit de velours noir. Le ministre commença de la voulloir consoler, luy disant : « Madame, il ne » fault plus penser aulx choses de ce monde, mais à Dieu seul ». Soudain, la dicte Dame demanda à l'une de ses damoiselles : « Dictes-moy, n'est-ce pas ung ministre qui me parle ? Ne me le » célez poinct ». L'une luy respondit : « Ouy, Madame ». Elle dict lors : « Hélas ! mon Dieu, il me souvient que on m'auroit » dict que nous serions traictez et assailliz des ennemiz de nos » âmes à l'heure mesme de la mort ! » Et sur cela, prononça ce que disoit le prophète David èz pseaulmes VIe et XVIIe : « Retirez-» vous de moy, vous tous qui faictes inicquité, car mon Dieu a » ouy la voix de mon gémissement et a reçeu mon oraison. Mon » Dieu, ne me deslaissez poinct et ne vous retirez pas loing de » moy. Entendez à mon ayde, mon Dieu, qui estes auteur de » mon sallut ».

Ceulx qui estoient là présens s'esmerveilloient de veoir la grande beaulté et constance de ceste pauvre Princesse et de la patience qu'Elle supportoit. L'exécuteur s'approcha pour faire son office, ce qu'il fit à la façon du pays, assez soudainement. Luy ayant tranché la teste, la print en sa main, disant à haulte voix : « Voilà la teste de Marie Stuart ! » Puis, la remet près du corps, qui fut incontinent couvert par les dictes damoiselles de drap noir qui estoit envyron, et leur fut permis de le faire enlever et porter à la chambre où la dicte Royne d'Escosse avoit accoustumé de coucher.

La pluspart du peuple, qui avoit entendu tout ce que la dicte Dame avoit desclaré à sa mort, la révère comme innocente de tout ce que on luy avoit imposé et chargé, et sy la dicte exécution se feust faicte en public, l'on a oppinion qu'il y eust eu de la rumeur bien grande, et que la dicte Dame eust esté secourue et dellivrée de cest injuste jugement.

La nouvelle de ceste exécution estant venue à Londres, furent sonnées les cloches vingt-quatre heures durant, et sur le soir furent faicts feux de joye par les rues de la ville, et en chacun coing et carrefour d'icelle, en signe de réjouissance pour prédiction du malheur advenu en ce Royaulme.

La dicte Dame Royne d'Escosse dict ce que dessus en langage anglois, qui a esté mis et translaté en françois.

LA DESCRIPTION

DE LA ROYNE D'ESCOSSE, ENSEMBLE DE SA PERSONNE ET DE LA FAÇON DE SES HABILLEMENS LORSQU'ELLE VINT SOUFFRIR LA MORT, LE VIIIe DE FEBVRIER 1587.

PREMIÈREMENT, Elle estoit d'une assez haute stature, et ung peu voustée sur ses épaules, sa face pleine et grasse, ung double menton, ses yeux noiselés ; une faulse perruque dessus sa teste, et une coëffure de fin lin avec du passement blanc ; une chaisne de pastilles et ung *Agnus Dei* autour du col avec ung crucifix d'or, et en sa main ung crucifix d'or avec une croix de bois ; ung chaspellet à sa ceincture avec une médaille au bout ; ung voile de fin lin attaché à sa coëffe, recourbé avec du fil de richard, passementé tout à l'entour ; une robe de satin noir imprimé avec des manches pendantes à terre, entourées de boutons de get, ageancée de perles, et de petites manches de satin découpé, avec une aultre paire de manches de velours violet dessoulz ; sa ceincture de satin noir figuré ; son cotillon de dessus et son corps de coste de satin rouge, et ung aultre de velours cramoysi ; des brassières de fustaine blanche ; ses bas de chausse d'estame de couleur azurée, accordés avec de l'argent à l'entour du pied, des souliers à double semelle de maroquin, et le dedans noir.

LA MANIÈRE

DE L'EXÉCUTION DE LA ROYNE D'ESCOSSE, FAICTE LE VIIIe DE FEBVRIER 1587, EN LA GRANDE SALLE DU CHASTEAU DE FOTHERINGAY.

La dicte Royne d'Escosse, accompagnée du prévost, et supportée par deux gentilshommes de Monsieur Amyas Pawlet, descendit de sa chambre en une allée près de la salle, là où le comte de Shrewsbury et le comte de Kent, commis pour l'exécution, avecq les deux gouverneurs de sa personne, et autres chevalliers gentilshommes, justiciers de paix de la comté de North, sortant de la salle, la rencontrèrent avecq ung de ses serviteurs, nommé Melvyn, agenouillé, prononçant ces parolles : « Madame, ce sera le plus douloureux message que jamais j'aye » faict, quand je rapporteray que ma Royne et ma Maistresse » est morte ». Alors la Reyne d'Escosse, pleurant, luy respondit : « Vous devez plustost vous resjouir que vous lamenter, parce » que la fin de tous les tourmens de Marie Steward est main- » tenant venue. Tu sçays bien, Melvyn, que tout ce monde n'est » rien que vanité et plein de peines et de tourmens; mais porte » ce message à mon filz, et luy dis, mon amy, que je meurs » femme fidelle à ma religion, comme vraye escossoise et vraye » françoise. Dieu pardonne à ceux qui ont longuement désiré » ma fin! Mais Dieu, le vray juge de toutes les secrettes pensées, » congnoist mon cœur et comment ç'a esté tousjours mon désir » d'unir l'Escosse et l'Angleterre ensemble, mais recommande- » moy encore une fois à mon filz, et luy dis que je n'ay faict » aucune chose préjudiciable à son Estat, et ainsy adieu, bon » Melvyn! » et le baisant, luy commanda de prier pour Elle. Puis tournant sa face vers Messieurs les Commissaires, leur dict qu'Elle avoit certaines requestes à leur faire. La première estoit en quelque somme d'argent pour estre payée à Carle, son ser- viteur; la seconde, que tous ses pauvres serviteurs pussent jouir paisiblement de ce qu'Elle leur avoit donné par son testament;

et la troisiesme, qu'ilz fussent tous bien traictez et renvoyez seurement et honnestement en leur patrie, « et ainsy que je vous « requiers icy, aussy vous conjurai-je de le faire ». La responce fut faicte par A. Pawlet : « Vostre Grâce n'a pas besoin de » doubter de l'accomplissement de vos requestes, car je suis » certain qu'ilz seront bien traictez ». — « J'ay, dict la Royne » d'Escosse, une autre requeste à vous faire, Messieurs, que » vous permettiez à mes pauvres serviteurs estre présens à l'en- » tour de moy à ma mort, affin qu'ilz rapportent, quand ilz » seront en leur païs, comme je meurs fidelle à ma religion ». Alors Monsieur de Kent, ung des Commissaires, respondit : « Madame, l'on ne peut pas le permettre, de peur que quelqu'un » d'iceulx ne tourmente et n'afflige Vostre Grâce avecq ses » parolles et ne destourne la compaignie, dont nous avons eu » déjà quelque expérience, ou ne cherche de tremper leurs » nappes dans vostre sang, ce qui ne convient pas ». — « Mon- » sieur, dict la Royne d'Escosse, je veux donner ma parolle et » ma promesse pour eulx, qu'ilz ne feront rien de tout ce que » vous avez dict. Hélas! pauvres âmes! cela leur fera quelque » bien de me dire le dernier adieu. J'espère que vostre Maistresse, » n'estant qu'une fille Royne au regard d'une femme, me per- » mettra d'avoir quelques-ungs de mon propre peuple présens à » ma mort. Et je sçays bien que vostre Maistresse ne vous a pas » donné une commission sy estroicte, que vous ne puissiez m'ac- » corder davantage que cecy, sy je vous demandois plus que je » ne fais. » Et alors, semblant d'estre grandement faschée, pro- nonça ces parolles avecq pleurs : « Vous sçavez que je suis cousine » de vostre Royne, et descendue du sang d'Henry septiesme, et » que j'ay esté mariée Royne de France, et Royne oincte d'Es- » cosse ».

Là-dessus, après quelque consultation, ilz luy accordèrent sa requeste, et partant la prièrent de faire choix d'une demy-dou-zaine d'hommes et de femmes, laquelle dict aussytost que de ses hommes Elle voulloit avoir Melvyn, son apoticaire et son médecin et ung vieillard davantage, et de ses femmes, les deux qui couchoient dans sa chambre.

Après cela, estant supportée par les deux gentilshommes, et accompagnée des seigneurs, chevalliers et gentilshommes cy-dessus nommez, le prévost marchant devant Elle, Elle passa de l'allée en la grande salle, sa contenance curieuse, plustost gaye que triste, et ainsy Elle monta avecq silence sur l'eschaffaut qui estoit préparé pour Elle en la salle, eslevé de deux pieds de terre et large de douze, avecq des barrières tout à l'entour, tendu et couvert de cotton noir, avecq ung escabeau, ung carreau et ung billot couvertz aussy de cotton noir. Alors, l'escabeau luy estant donné, Elle s'assit, les comtes de Kent et de Shrewsbury, commissaires de Sa Majesté, estant assiz à sa main droite, et Monsieur Th. Andrews, prévost, demeurant debout à sa main gauche, et devant Elle les deux exécuteurs. Tout à l'entour des barrières, il y avoit plusieurs chevalliers, gentilshommes et hallebardiers, et directement devant Elle, Monsieur Fletcher, doyen de Peterburghe, estoit debout. Alors, silence estant faict, la commission de la Majesté de la Royne feust leue ouvertement par Monsieur Beale, clerc du Conseil, pour l'exécution de la dicte Royne d'Escosse, et après, ces parolles furent prononcées par toute l'assemblée : « Dieu sauve la Royne! » durant la lecture de laquelle commission la dicte Royne d'Escosse ne dict aucun mot, et la regardoit peu à peu avecq une joyeuse contenance, comme sy elle ne l'eust poinct concernée en façon du monde, uzant aussy estrangement en parolles et en actions, comme sy Elle n'eust poinct congneu personne de l'assemblée, ou qu'Elle eust ignoré la langue angloyse.

Alors, le doyen de Peterburghe, s'humiliant avecq une profonde révérence, commença son exhortation de telle sorte :

« Madame, la très-excellente Majesté de la Royne (comme il » est escrit cy-devant)......, etc..... »; et réitérant ses parolles troys ou quatre fois, Elle dict : « Monsieur le Doyen, ne me tour- » mentez poinct; je suis résolue et persuadée en la foy catholique » et romaine, et j'ay envie de respandre mon sang pour la des- » fense d'icelle ». — Monsieur le Doyen : « Madame, ostez ce » sale limon de superstition que vous avez à l'entour de vous, » et vous repentez de vos péchez, et mettez toute vostre fiance » seule en Jésus-Christ, affin d'estre sauvée par luy ». Puis Elle luy respondit : « Derechef et derechef, je suis résolue en » la foy catholique et romaine, et me suis proposée de mourir » en icelle! »

Les comtes de Kent et de Shrewsbury l'appercevant sy obstinée, luy dirent que puisqu'Elle ne voulloit pas ouyr l'exhortation commencée par Monsieur le Doyen, nous voullons prier pour Vostre Grâce, affin que sy c'est la volonté de Dieu, vous puissiez avoir vostre cœur illuminé de la vraye congnoissance de Dieu en la dernière heure, et ainsy mourir en icelle. Puis Elle respondit : « Sy vous priez pour moy, Messieurs, je vous remercieray, mais » de joindre mes prières, je ne le veux pas. Vos prières ne me » feront aucun bien, pour ce que vous et moy ne sommes pas » d'une mesme religion. »

L'on appela Monsieur le Doyen, qui, s'agenouillant sur les degrez de l'eschaffaut, commença ceste prière :

« O Dieu très-débonnaire et Père très-miséricordieux, qui, » selon la multitude de tes miséricordes, oste de sorte les péchez » de ceux qui vrayement se repentent, que tu ne t'en souviens » pas davantage, nous te supplions d'ouvrir tes yeux de miséri- » corde et de regarder ceste personne condamnée à la mort, de » laquelle encore que tu ayes fermé les yeux de l'entendement et » de la lumière spirituelle jusqu'à maintenant, affin que les » rayons glorieux de la faveur de Jésus-Christ ne luisent pas sur » elle, mais est possédée de l'aveuglement et de l'ignorance des » choses célestes (marque très-certaine de ton grand déplaisir, sy » ta miséricorde inexprimable ne triomphe contre ton jugement), » toutesfois, ô Seigneur, nostre Dieu, ne luy impute pas, nous te » supplions, ses offenses qui la séparent de ta miséricorde, et s'il » se peut faire avecq ton dessein esternel et bon plaisir, ô Sei- » gneur, accorde-nous, nous te supplions très-humbles serviteurs, » ceste miséricorde qui est à l'entour de ton throsne, affin que » les yeux de son cœur soient illuminez et se convertisse à toy, » et luy accorde aussy, si c'est ton bon plaisir, le comfort céleste » de ton Saint Esprit, affin qu'elle gouste et voye combien est » clément le Seigneur. Tu ne prens point de plaisir, Seigneur, » de la mort d'un pécheur, et personne ne louera ton nom en la » fosse. Renouvelle en elle, ô Seigneur, nous supplions ta Ma- » jesté, tout ce qui est corrompu en elle, tant par sa fragilité que » par la malice de l'ennemy spirituel. Visite-la, ô Seigneur, sy » c'est ton bon plaisir, de ta bonté salutaire, comme tu fis au » bon larron au costé de la croix avecq ceste consolation : « Au- » jourd'huy, tu seras en paradis avecq moy ». Dis à son âme » comme tu dis à ton serviteur David : « Je suis ton salut », et » ainsy ta miséricorde sera davantage magnifiée. Accorde-nous, » tes serviteurs, ô Seigneur, ceste miséricorde pour l'accrois- » sement de ton Royaulme et de ta gloire en ce temps. Et » davantage, ô Père très-miséricordieux, nous supplions très-

» humblement ta Majesté de préserver longuement Élizabeth, ta
» servante, nostre naturelle Dame et très-souveraine Royne, en
» paix honnorable et santé. Que ceux-là, ô Seigneur, soient con-
» fondus, qui cherchent son âme ! Qu'ilz soient rejettés en arrière,
» et mis en confusion autant qu'il y en a qui désirent son
» malheur ! Renforce tousjours, nous te supplions, ô Seigneur,
» la main et la ballance de la justice entre nous par son gracieux
» gouvernement. Ainsy nous demeurerons tousjours soulz ta
» fidélité et vérité comme soulz nostre estendart et soulz nostre
» bouclier, et bénirons ton nom et magniffierons ta miséricorde
» qui vis et règne, Dieu très-glorieux, à jamais. Amen. »

Toulte l'assemblée, excepté la Royne d'Escosse et ses serviteurs, répétoient après luy ses parolles, durant le temps de
laquelle prière, la Royne d'Escosse, assise sur son escabeau,
ayant à l'entour de son col ung *Agnus Dei*, en sa main ung
crucifix, et à sa ceinture ung chappellet avecq une médaille, et
des heures latines en sa main, commença, avecq larmes et d'une
voix haulte et viste, de prier en latin. Et, au milieu de sa prière,
Elle se glissa de son escabeau, et s'agenouillant, dict diverses
prières latines ; et après la fin de la prière de Monsieur le
Doyen, Elle pria en angloys de ceste sorte : pour l'Église de
Dieu affligée et pour la fin de ses tourmens ; pour son filz, affin
qu'il prospérast et craignist Dieu ; et pour la Royne, affin qu'Elle
peust prospérer et servir Dieu directement. Elle confessa qu'Elle
espéroit d'estre sauvée par le sang de Jésus-Christ, aux pieds du
crucifix duquel Elle voulloit respandre son sang. Alors, Monsieur
de Kent : « Madame, mettez Jésus-Christ en vostre cœur et
» laissez ces tromperies..... » Elle pria encore que Dieu voullust
destourner son ire de ceste isle, et qu'il luy pleust luy donner
le pardon et la contrition de ses péchez. Elle fit ces prières icy
en angloys, avecq d'autres, disant qu'Elle pardonnoit à ses
ennemiz de tout son cœur, qui avoient, il y a longtemps,
cherché son sang, et pria Dieu de les convertir à la vérité, et à
la fin de sa prière, Elle pria toulte la compagnie du Ciel d'in-
tercéder pour Elle, et ainsy baisant le crucifix, et faisant le
signe de la croix, Elle dict ces parolles : « Ainsy que tes armes,
» ô doux Jésus, sont icy estendues dessus la croix, ainsy reçoys-
» moy en ta miséricorde, et me pardonne tous mes péchez ! »
Sa prière estant finie, les deux exécuteurs, s'agenouillant, sup-
plièrent Sa Grâce de leur pardonner. Elle respondit : « Je vous

» pardonne de tout mon cœur, car j'espère que maintenant vous
» mettrez fin à tous mes tourmens ». Alors, la levant en hault
avecq ses deux femmes, commencèrent à la deshabiller. Puis,
laissant tomber son crucifix, ung des bourreaux osta de son col
l'*Agnus Dei,* laquelle mettant la main dessus, le donna à une de
ses femmes, et dict à l'ung des exécuteurs qu'Elle luy respondoit
de l'argent qu'il valloit. Elle souffrit après que ses deux femmes
luy ostèrent sa chaisne de pastilles, son chappellet et ses autres
appareils très-volontiers, et, plustost avec joye que fascherie,
s'ayda à se deshabiller Elle-mesme, remettant une paire de
manches qu'ilz luy avoient arrachées avecq trop de haste, pensant
qu'Elle feust trop longtemps à s'en aller. Tout le temps qu'ilz
furent à la deshabiller, Elle ne changea jamais sa contenance,
mais en soubzriant doulcement uza de ces parolles : « qu'Elle
» n'avoit jamais eu de telz pages pour la deshabiller, et qu'Elle
» n'avoit jamais osté ses habitz devant une telle compaignie ».
Alors, estant deschargée de tous ses habillemens, excepté son
cotillon et sa ceinture, ses deux damoiselles commencèrent de
pleurer et de se lamenter, se tournant vers elles et les embrassant, leur dict en françois : « Ne criez poinct pour moy,
» j'ay prié pour vous ». Ainsy faisant le signe de la croix et les
baisant toultes deux, Elle leur dict qu'elles avoient plus de
cause de se resjoüir que de pleurer, parce qu'elles verroient
maintenant la fin des tourmens de leur Maistresse. Puis, d'ung
regard soubzriant, tournant sa face vers ses serviteurs comme à
Melvyn et autres debout sur ung banc près de l'eschaffaut, leur
faisant le signe de la croix de sa main, leur donna le dernier
adieu, et les pria de prier pour Elle en ceste dernière heure.
Cela faict, Elle s'en alla toulte seule au billot et s'agenouilla.
L'une de ses femmes ayant ung linceul, le plia en trois coings,
et le baisant le mist sur la face de la Royne d'Escosse, et
l'attacha à la coëffe de sa teste. Alors, les deux damoiselles se
départirent. Ainsy donc s'agenouillant fort résolument sur le
carreau, sans aucune marque de la crainte de la mort, Elle
prononça haultement quelques parolles du pseaulme en latin :
« *In te, Domine, confido, non confunden in æternum* ». Puis, tastonnant
le billot avecq ses deux mains dessoulz sa teste, Elle mist son
menton avecq ses deux mains, lesquelles eussent esté couppées,
sy on n'y eust pourveu. Ainsy donc gisante, et estendant son
corps, Elle s'escria : « *In manus tuas, Domine, comendo spiritum*

» *meum* » par troys ou quatre fois. Alors, ung des exécuteurs, s'agenouillant, la tint par le milieu du corps, et l'autre donna un coup, laissant le col, couppa l'oz du derrière de la teste, mais Elle ne remua poinct, et au second coup il luy couppa la teste, excepté seullement ung nerf qui, estant couppé, soudainement il esleva sa teste à la veue de tous les assistans, disant : « Dieu sauve la Royne ! » et le ministre respondit : « Ainsy » périssent tous ses ennemiz ! »

Sa teste estoit aussy grise qu'une de soixante-dix ans. Sa face estoit tellement changée immédiatement de la forme qu'elle avoit quand elle vivoit, que peu de personnes la pouvoient recongnoistre par sa face morte. Elle débastit, après que sa teste fut couppée, l'espace d'un quart d'heure. Et après que son corps gisant là cessa de saigner, Monsieur de Kent, estant auprès, dict à haulte voix : « Telle soit la fin et la récompense de » tous ceux qui haïssent l'Évangile et le gouvernement de Sa » Majesté ! » En après, ung des exécuteurs ostant son billot, son petit chien fut trouvé soulz ses habitz, qui ne put estre ramené dehors que par force. Il revinst aussytost après, se coucha entre sa teste et ses espaules, et estant tout teinct de son sang, fut emmené et lavé, comme toutes les autres choses, qui estoient teinctes de son sang, furent, ou bruslées, ou lavées. En après, les exécuteurs s'en allèrent avecq de l'argent pour leur peyne, n'emportant rien de ce qui luy appartenoit, non pas mesme de ses habillemens. Et puis après, le corps mort et la teste furent emportez par le prévost et par ses gens en la grande chambre, et donnez aux chirurgiens pour les embaulmer.

Immédiatement après l'exécution de la Royne d'Escosse, le Doyen de Peterburghe vint à Londres, et prescha devant la Royne, prenant pour son texte : « L'ange du Seigneur apparut » en songe à Joseph en Égypte », disant : « Lève-toy, et prens » l'enfant et sa mère, et retourne en la terre d'Israël, car ceux » qui cherchoient la vie de l'enfant son mortz ».

LA MANIÈRE

DE LA SOLENNITÉ DES FUNÉRAILLES DE LA ROYNE D'ESCOSSE, FAICTE A PETERBURGHE LE PREMIER D'AOUST 1587.

LE mardy, premier jour d'aoust, les funérailles furent ordonnées d'estre célébrées pour la Royne d'Escosse en l'église cathédralle de Peterburghe, et à cest effect furent envoyez de la Cour les officiers de la Royne pour faire la préparation : Messieurs Dorell et Mosee pour l'office funèbre, Monsieur Fortescute, maistre de la grande garde-robe. Les héraultz vindrent troys ou quatre jours devant et ordonnèrent ensemble avecq l'evesque et le doyen le lieu pour enterrer le corps, qui fut vis-à-vis de la sépulture de la Royne Katheryn, au costé droict du chœur, près de la tombe de Jehan Dover, dernier abbé et premier evesque de la dicte église. Il y avoit ung riche autel dressé sur le premier degré du chœur, auprès de la place du tombeau, et tout le chœur et la nef entièrement tendus de noir. La nuict du lundy, trentiesme de juillet, le corps fut emmené avecq des torches allumées du chasteau de Fotheringay (où il avoit demouré depuis le temps de l'exécution) par Garter, roy d'armes, et autres héraultz avecq quelque nombre de chevaux dans ung chariot faict expressément, couvert de velours noir et orné de ses enseignes, entre une et deux heures de la nuict. L'evesque de Peterburghe l'attendoit devant l'église avecq le doyen de l'église cathédralle, le maistre de la garde-robe, Clarentius, roy d'armes, et autres diverses personnes serviteurs de Sa Majesté. Six du train escossois vindrent là avecq le corps, assavoir Melvyn, le maistre de sa maison, le médecin et autres. Le corps avecq son encloz pesoit 900 livres. Puis après, estant emmené et conduict par les dictes personnes, fut mis en terre dans la fosse préparée, et immédiatement après la fosse fut couverte, excepté ung petit trou pour y rompre les bastons. L'on ne fit pour lors aucun office du service de l'Église, l'evesque estant prest de ce faire ; mais il fut trouvé bon et accordé par tous ceux qui y estoient présens, tant Escossois qu'autres, que l'on le feroit au jour et au temps de la solennité.

Le lundy après-disner, tous les seigneurs et dames, et autres assistances ordonnez vindrent à Peterburghe. L'on prépara, au pallays de l'evesque, ung grand souper pour eux, là où ils soupèrent tous en une table en la grande chambre tendue de noir. Il y avoit au costé droict ung siège de veloux cramoisy.

Le mardy matin, les principaux seigneurs et dames du deuil et autres assistances, estant prests environ les dix heures, marchèrent comme il s'ensuit du pallays de l'evesque :

La comtesse de Bedford.
Le comte de Rutland.
Le comte de Lincolne.
La comtesse de Rutland.
La comtesse de Lincolne.
L'evesque de Peterburghe.
L'evesque de Lincolne.
Le seigneur Dudley, chambellan.
St-John de Basing, maistre d'hostel.
Messieurs Willoughby, de Parhan, Compton, Mordant.
Le Doyen de Peterburghe.
Monsieur Jehan Manners, comme chancelier.
Mesdames Cécil, Montacute, Manners, Nowell.
Mademoiselle Alington, comme dame.

Huit damoiselles escossoises :
Mesdames Mordant, Talbot, Dudley, St-John de Basing, St-John de Bletsoe, Marie Savell.

Les chevalliers :
Tho. Cécil, Tho. Manners, Edw. Montague, Georges Hastings, Richard Knightlie, And. Nowell, Ge. Savell, Jacque Harrington.

Deux roys d'armes :
Garter et Clarentius.

Cinq hérauts d'armes.

Huit gentilshommes escossois et bon nombre d'autres gentilshommes et autres, et cent pauvres femmes.

La solennité estant commencée, les chanoines et chantres du chœur, qui les reçeurent à la porte de l'église, chantèrent une antienne. Tous les escossois (M. Melvyn excepté) s'en allèrent et ne voullurent pas demourer au sermon, ny aux cérémonies. L'evesque de Lincolne prescha sur le xxxixᵉ pseaulme : « Seigneur, » que je sçache ma fin, affin que je sois certain combien je vivray ; » voilà que tu as mesuré mes jours, et mon âge n'est rien au » respect de toy ; et véritablement tout homme vivant n'est rien » que vanité, car l'homme se promène en une ombre vaine, et

» se trouble luy-mesme. Il amoncelle des richesses et ne sçait
» pas qui les recueillera ».

Quand il rendoit grâces, en sa prière pour ceux qui estoient transportez de ce voile de mystère, il uza de ces parolles : « Rendons grâces à Dieu pour l'heureuse dissolution de la très-
» haulte et très-puissante princesse Marie, dernière Royne d'Es-
» cosse et douairière de France, de la vie et de la mort de
» laquelle je n'ay rien à dire maintenant, d'aultant que je ne
» sçavois rien de l'une, ny n'estois présent à l'autre. Je ne veux
» pas entrer en jugement, mais pour ce que l'on m'a signiffié
» qu'elle croyoit estre sauvée par le sang du Christ, nous debvons
» bien espérer de son salut, car, comme le père Luther avoit
» coustume de dire que plusieurs qui vivoient papistes mour-
» roient protestans ».

Dans le discours de son texte, il traicta seullement de la doctrine génóralle de la vanité de la chair. Le sermon finy, l'offrande des principaux du deuil fut reçeue par l'evesque de Peterburghe, et l'offrande du reste par le doyen. Ces choses estant finies, les pleureux s'en allèrent. Après que la cérémonie de l'enterrement fut faicte par le doyen, les officiers rompirent leurs bastons, et les jettèrent dedans la fosse sur le cercueil; et après s'en allèrent en la maison de l'evesque, où il y avoit ung grand bancquet préparé. Il y avoit une fort grande affluence de peuple. Après disner, les seigneurs s'en retournèrent chez eux.

XVIᵉ ET XVIIᵉ SIÈCLES

HENRI IV

SOMMAIRE

	Pages
Note	157

1º Histoire des amours de Henry quatriesme, escrite par Louise de Lorraine, princesse de Conti (?), et suivie de la *Clef du Grand Alcandre*............ 161

Clef du Grand Alcandre 194

2º Procez de François Ravaillac, praticien de la ville d'Angoulême, convaincu du crime de lèze-majesté par luy commis en la personne du Roy Henry IV, contenant ce qui s'est passé depuis sa détention en la Conciergerie jusqu'au jour de son supplice, sous la Régence de la Reyne mère de Louis XIII...... 197

3º Procez et mort du maréchal duc de Biron (1602) :

Procez criminel à la requeste du procureur général du Roy à l'encontre de Monsieur Charles de Gontault de Biron, chevallier des deux ordres du Roy, duc de Biron, pair et mareschal de France, gouverneur de Bourgongne, arresté prisonnier à Fontaine-Belleau le XIIIᵉ juing MDCII, et le XVIᵉ du dict mois, conduit prisonnier au chasteau de la Bastille, à Paris, accusé de crime de lèze-majesté, et avec luy le comte d'Auvergne, bastard du feu Roy Charles neufviesme............ 225

Poinctz d'accusation 225

Responce............ 226

Requeste et supplications faictes au Roy par les sieurs de La Force, de Chasteauneuf, de St-Blancard, de Roussy et de St-Cyr, tous parens et alliez du sieur de Biron............ 231

Lettre de Monsieur le mareschal de Biron, escripte et envoyée du chasteau de la Bastille, où il estoit prisonnier, au Roy............ 233

Extrait des registres du Parlement du lundy XXIXᵉ juillet MDCII............ 236

Équivocque sur la mort de Monsieur le duc de Biron, alludant au nom du dict sieur de La Fin............ 241

Du père Biron et [de] son filz............ 243

NOTE

L'HISTOIRE DES AMOURS DE HENRY IV, que nous publions aujourd'hui d'après le manuscrit de la Bibliothèque impériale de Saint-Pétersbourg (1), n'est point, il est vrai, une œuvre inédite, mais les exemplaires en sont devenus tellement rares, et elle peint si bien cette singulière époque où l'héroïsme marchait de pair avec la galanterie la plus effrénée, que nous n'avons pas hésité à lui faire les honneurs d'une nouvelle édition.

« Cet ouvrage, ainsi que le dit Brunet (2), est le même que
» celui qui avait déjà paru sous ce titre : *Histoire des Amours du*
» *Grand Alcandre, en laquelle, sous des noms empruntez, se lisent les adven-*
» *tures amoureuses d'un grand prince du dernier siècle*. Paris, 1652, de
» l'imprimerie de la veuve Jean Guillemot, in-4°. Il fut réimprimé
» ensuite dans le *Recueil de diverses pièces pour servir à l'histoire de*
» *Henri IV*, Cologne, Pierre du Marteau, 1660, petit in-12, après
» avoir substitué, avec plus ou moins de bonheur, les noms
» propres aux noms supposés, et en lui donnant pour titre :
» *L'Alcandre ou les Amours du Roy Henry le Grand, par M. L.* »

Quérard en fait ainsi mention dans son *Dictionnaire bibliographique* (3), en lui donnant Louise-Marguerite de Lorraine pour auteur : « *Les Amours du Grand Alcandre (Henry IV)*. Nouvelle
» édition publiée par M. de La Borde, avec des pièces inté-
» ressantes pour servir à l'histoire de Henri IV. Paris, Didot
» aîné, 1786, 2 vol. petit in-12. Cet ouvrage parut pour la pre-
» mière fois, en 1652, sous ce titre : *L'Histoire des Amours du Grand*
» *Alcandre* ».

En l'attribuant à Mademoiselle de Guise, nous n'avons fait

---

(1) *Catalogue G. Bertrand*, p. 147, al. 160 Z.
(2) *Manuel du Libraire*, par J.-G. Brunet, éd. de 1862, t. III, p. 192, 193.
(3) *La France littéraire ou Dictionnaire bibliographique*, par J.-M. Quérard. Paris, Firmin Didot, 1828, t. II, p. 277.

que transcrire le manuscrit de Saint-Pétersbourg, mais tout semble démontrer que cette assertion n'est rien moins qu'exacte.

En effet, dans son édition de 1862, Brunet, qui avait antérieurement indiqué Louise-Marguerite de Lorraine comme en étant l'auteur, modifie son opinion dans les termes suivants :

« Les lettres initiales (M. L.) désignaient Madame la princesse
» de Conti (Louise-Marguerite de Lorraine, d'abord damoiselle
» de Guise), parce qu'alors on attribuait, sans trop de preuves,
» *les Amours du Grand Alcandre* à cette princesse, comme on l'a fait
» depuis. Cependant, M. Paulin Paris, qui a donné dans le
» *Bulletin du Bibliophile* (x^e série, juin 1852, p. 215) une notice fort
» curieuse sur ce roman anecdotique, n'admet pas qu'il puisse
» être de la princesse de Conti, et il serait porté à l'attribuer au
» duc de Bellegarde, qui y joue un des principaux rôles. »

M. Tamizey de Laroque, dont le jugement fait loi en matière bibliographique, s'est prononcé dans le même sens, dans son compte rendu de *Marie de Médicis dans les Pays-Bas*, par M. Paul Henrard (1) : « Dans une note de la page 16, écrit notre savant
» compatriote, M. Henrard s'exprime ainsi : « Louise-Marguerite
» de Guise, si célèbre par sa beauté, son esprit et sa galanterie,
» est l'auteur des *Amours du Grand Alcandre*. Elle était la maîtresse
» de Bassompierre, qui lui dut probablement ses treize années
» de Bastille. »

« ..... Caractère turbulent, esprit frondeur, le colonel général
» des Suisses dut autant à lui-même qu'à la princesse de Conti
» son long séjour à la Bastille. C'est, du reste, ce que déclare
» formellement Tallemant des Réaux (*Historiettes*. Édition de 1854,
» t. III, p. 337). Quant aux *Amours du Grand Alcandre,* on sait que
» si beaucoup d'écrivains les donnent sans hésitation à la fille du
» Balafré, un petit bataillon d'érudits, qui a M. Paulin Paris à
» sa tête, regarde cette opinion comme insoutenable. J'ai trouvé
» dans une copie de *l'Histoire des Amours du Grand Alcandre* que
» possède la Bibliothèque nationale (fonds français, n° 23,802), à
» la fin du volume, qui n'a pas de pagination, cette note sur
» laquelle j'appelle toute l'attention des chercheurs : « Aucuns
» attribuent cet escrit à la princesse de Conty, les autres à la

---

(1) *Revue critique d'histoire et de littérature*, n° 47, 18 novembre 1876, p. 333, 334. Compte rendu de *Marie de Médicis dans les Pays-Bas* par Paul Henrard, par M. Tamizey de Laroque.

» marquise de Mosny des Ursins, dont il y a plus d'apparence,
» n'estant pas vraysemblable que la princesse de Conty eût parlé
» d'elle-mesme de la manière qu'il se trouve en iceluy ».

Cette opinion a été reproduite par M. Tamizey de Laroque dans une note du premier volume de la remarquable édition qu'il a publiée, en 1880, des Lettres de Jean Chapelain (p. 222), et à laquelle l'Académie française vient tout récemment de décerner un de ses premiers prix.

Nous sommes d'autant plus disposé à donner raison sur ce point délicat à ces éminents bibliographes, que si Mademoiselle de Guise avait été l'auteur de *l'Histoire des Amours de Henri IV*, ainsi que le fait si judicieusement remarquer l'annotateur anonyme du manuscrit de la Bibliothèque nationale, elle avait trop d'esprit et une trop haute idée de sa valeur personnelle, pour se mettre en scène dans les conditions et dans les termes où son nom se trouve mêlé aux aventures et aux intrigues de ce récit. (*Voir entre autres les pages 172, 173, 174, 175 et 178.*)

C'est donc au duc de Bellegarde, ou plutôt à la marquise de Mosny des Ursins, qui, au dire de Chapelain (1), avait déjà écrit, à cette époque, le roman de *Mellusine*, et non à la princesse de Conti, qu'il y a lieu, jusqu'à preuve certaine du contraire, de faire remonter la responsabilité littéraire des *Amours du Grand Alcandre*.

Quant à *La Clef du Grand Alcandre*, nous la donnons telle qu'elle existe à la fin du manuscrit de Saint-Pétersbourg.

Procez de François Ravaillac.

Procez et mort du maréchal duc de Biron.

Ces deux relations du temps, qui forment un si douloureux contraste avec la précédente histoire et qui donnent les détails les plus circonstanciés sur le procès et le supplice de ces deux

---

(1) *Lettres de Jean Chapelain*, de l'Académie française (1880). Imprimerie nationale. Lettre CLII à M. de Balzac, t. I, p. 222.

grands coupables, ont été également transcrites par nous à Saint-Pétersbourg sur deux manuscrits faisant primitivement partie de la collection des comtes Zaluski, et appartenant aujourd'hui à la Bibliothèque impériale.

Le premier est mentionné dans le catalogue de G. Bertrand, à la page 88, sous le n° 96 Z; le second, à la page 127, sous le n° 131 Z.

HISTOIRE

DES

AMOURS DE HENRY QUATRIESME

LE Roy Henry le Grand, venu à son tour à la succession du Royaume de ses ancestres, ne trouva pas peu de difficulté à s'en mettre en possession, tant pour ce qu'il estoit de la nouvelle religion, que pour la résistance qu'il rencontra en plusieurs des plus grands de ses sujets, qui ne le vouloient point reconnoistre. La pluspart des grandes villes tenoient leur party, sy bien que ce fut à luy à travailler à bon escient pour un sy honorable intérest. Les premières armes qu'il entreprit furent en Normandie. Ce qui se passa à Arques et à Dieppe est escrit par tous les historiens du temps. Pour moy, je me contenteray de dire ce que j'ay appris et ce que j'ay veu arriver dans sa Cour. Je diray qu'estant venu trouver le Roy Henry III, son prédécesseur, il y avoit dans la Guyenne une comtesse dont il estoit très-amoureux. C'estoit la comtesse de Guiche (1), et cette Dame avoit acquis beaucoup d'empire sur ses volontez. Il aymoit tous ceux qu'elle luy avoit recommandez, et entre autres le marquis de Parabère (2), qui avoit sa sœur auprès de cette Dame.

---

(1) Diane Daudoins, vicomtesse de Louvigny, comtesse de Guiche..., etc..., femme et plus tard veuve de Philibert d'Ancre, comte de Grammont. Elle envoyait à Henri IV des levées de vingt-trois et vingt-quatre mille Gascons, qu'elle faisait à ses dépens. Elle en eut un fils, nommé *Antonin*, que le Roi lui offrit de reconnaître pour le sien, mais ce jeune homme répondit « qu'il aimait mieux être gentilhomme que bâtard du Roy ». (*Journal du règne de Henri III*, p. 270.)

(2) Jean de Beaudéan, marquis de Parabère. Officier calviniste, qui prit Corbie en l'absence du Roi et le servit utilement en plusieurs occasions.

Se promenant depuis près des frontières de Normandie, il passa par la maison d'une Dame veufve, qui tenoit grand rang. Elle estoit très-belle et encore jeune, et parut sy aymable aux yeux de ce grand Roy, qu'il oublia facilement celle à laquelle il avoit fait tant de protestations contraires. Aussy véritablement celle-cy avoit des appas qui ne se trouvoient point chez la première. Toutes deux estoient de condition bien esgale, mais la marquise de Guercheville (1) (c'est le nom de la dernière) avoit esté nourrie dans la plus belle Cour et la plus polie de ce temps, c'estoit celle du feu Roy Henry III, le prince du monde qui sçavoit le mieux faire le Roy et régler les honneurs et toutes les choses qui appartiennent à la Majesté.

Le nouveau conquérant, servant à toute heure de conqueste à l'Amour, se donna entièrement à la marquise de Guercheville, et oublia de telle sorte la comtesse de Guiche, qu'il ne luy estoit resté que la seule mémoire de son nom, et le marquis de Parabère, qui avoit esté le confident de cette amour, ne put faire autre chose que de luy dire qu'au moins il luy devoit conserver de l'amitié, ce qu'il a fait toute sa vie. Mais sa nouvelle affection le porta sy avant, qu'il parla de mariage à la marquise de Guercheville, voyant qu'elle ne vouloit point l'escouter autrement. Estant en cet estat, il fit plusieurs progrès sur ses ennemis, et tant de bons succez luy firent entreprendre le siège de la grande ville de Paris. Ce siège dura assez pour luy faire voir une jeune et belle abbesse de Montmartre (2), qui estoit de la maison de Clermont. Celle-cy luy fit oublier les deux premières, et il se donna de telle sorte à cette nouvelle beauté, que n'ayant pas réussy à l'entreprise de Paris, il tira sa maistresse de Montmartre, et l'ayant fait conduire à Senlis, ville de son obéissance, elle demeura maistresse de son cœur pour un peu de temps. Cependant, il pratiqua le mariage de la marquise de Guercheville avec un Seigneur qui avoit une grande charge à sa Cour, et il luy escrivit en faveur de ce nouvel amant, comme peu auparavant il avoit fait pour luy-mesme. Cette vertueuse Dame, qui l'avoit escouté sans rien hazarder qui luy pût estre honteux, accorda bientost ce mariage et demeura en fort bonne estime

---

(1) Antoinette de Pons, marquise de Guercheville, femme en premières noces de Henri de Silly, et en deuxièmes de Charles du Plessis, seigneur de Liancourt.

(2) Soit de la maison de Clermont, soit Marie Beauvilliers.

auprès du Roy, ce qu'il luy témoigna, comme je le diray en son lieu. Ce grand Prince, allant partout establir son authorité, vint enfin en la ville de Mante, où toutes les Dames de la province s'estoient retirées et faisoient une espèce de Cour. Il prit très-grand plaisir à voir cette belle compagnie de Dames, et particulièrement celles de qualité, dont il avoit connu les maris et les frères, qui avoient mesme esté à son service. Les autres, il les avoit connues à la Cour des Roys ses prédécesseurs et à la sienne, n'estant que Prince de la Couronne. Il les traita toutes avec une grande civilité et reçeut aussy de leur part le respect qui luy estoit deu.

Un peu avant son arrivée à Mante, le duc de Bellegarde (1), qui avoit esté favory du feu Roy et dont celui-cy faisoit grand cas, luy avoit parlé de la beauté d'une fille dont il estoit extrêmement amoureux, et comme elle estoit admirablement belle, il ne se pouvoit empescher de la loüer. Elle n'estoit point à cette heure-là à Mante, et il fit naistre au Roy la curiosité de la voir. Ses affaires, pourtant, ne le luy permirent pas pour cette fois; mais bientost après, comme il partit pour Senlis, où il trouva la belle abbesse de Montmartre, il se passa l'envie qu'il avoit eue de voir Mademoiselle d'Estrées (2). Tel estoit le nom de la maistresse du duc de Bellegarde. Il fit à Senlis toutes les galanteries dont le temps luy donna le loisir, pour plaire à celle qu'il voyoit, et en estant party, après beaucoup d'autres voyages, il revint à Mante, où le duc de Bellegarde luy ayant demandé congé pour aller voir sa maistresse, le Roy voulut estre de la partie. Ce pauvre amant fut à ce coup l'ouvrier de son malheur, puisqu'il perdit par cette venue la liberté de voir sa maistresse et hazarda l'amitié de son Maistre et le bonheur de sa fortune. En vérité, nous avons plus à nous garder de nous-mesmes que de tous les autres. Il avoit fait un long séjour à Mante quelque temps auparavant, où il avoit esté extrêmement malade. Les Dames, qui y estoient, luy avoient rendu toutes les assistances et toutes les civilitez qu'elles avoient peu, et entre elles Madame de Humières,

---

(1) Roger de Saint-Larry, duc de Bellegarde, grand écuyer de France, lieutenant pour le Dauphin en Bourgogne, surintendant des Mines.

(2) Gabrielle d'Estrées, fille de Jean-Antoine d'Estrées et de Françoise Babou de la Bourdaisière. Elle porta successivement les noms de la Belle Gabrielle, de Mme de Liancourt, de marquise de Monceaux et de duchesse de Beaufort.

belle et fort jeune, s'estoit résolue d'en estre servie, tant pour la réputation qu'il avoit d'estre un des plus galans de son siècle, que pour estre fort bien fait de sa personne. Cela luy avoit réussy, et il avoit esté heureux de rencontrer une sy bonne occasion et qu'il auroit cherchée longtemps. Il la trouva d'abord, et Madame de Humières (1), de son costé, estoit fort contente que son désir luy eût sy bien réussy. Mais cette douceur ne luy dura guère, car Bellegarde estant allé voir le seigneur d'Estrées (2), fut pris à la veüe de sa fille.

Elle eut de la peine à se résoudre de souffrir sa recherche, aymant et estant aymée de l'amiral de Villars (3), chevalier de grand mérite et fort aymable. Cette Belle, pourtant, ne fut pas longtemps cruelle, car elle ayma passionnément ce nouvel amant. L'amiral, qui voyoit fort clair, mesme à ses despens, luy en fit mille reproches, qui ne servirent qu'à avancer les affaires de son rival, qui, de son costé, commença à tellement négliger Madame de Humières, qu'elle en estoit au désespoir.

Comme les choses estoient en cet estat, le Roy devint amoureux de la maistresse de son confident, mais il ne la peut voir dans ce voyage qu'une seule fois, l'importance de ses affaires l'appelant ailleurs.

Il emporta néanmoins dans le cœur le feu que cette beauté y avoit allumé, et ne se soucia plus que d'elle durant son voyage, qui fut assez long. Le duc de Longueville (4) vint à Mante, où il trouva Mademoiselle d'Estrées et perdit sa liberté, cette belle n'en laissant point à ceux qu'elle regardoit. Ce Prince avoit auparavant aymé Madame de Humières, qui, ayant perdu son premier amant, s'estoit rembarquée avec luy, mais il ne laissa pas, pour cette nouvelle amour, de la conserver. Aussy, il estoit sy peu asseuré dans son choix, qu'il aymoit toujours celle qui luy estoit présente, et Madame de Humières, qui ne vouloit pas estre sans party, aidoit à se satisfaire elle-mesme. Cette pratique dura autant que le voyage du Roy, mais à son retour il se piqua sy fort, qu'il devint furieusement jaloux. Ce fut alors qu'il com-

(1) Femme du sieur Charles de Humières, qui, lors de la bataille de Dreux, amena, en compagnie de MM. de Mouy et de la Boissière, deux cents Picards au duc de Mayenne.
(2) Jean-Antoine d'Estrées, marquis de Cœuvres, père de la Belle Gabrielle, devenu plus tard grand maître de l'artillerie.
(3) André de Brancas, amiral de Villars.
(4) Henri d'Orléans, duc de Longueville, tué à Dourlans.

mença à ne plus faire de cas de Bellegarde et qu'il luy témoigna qu'il ne vouloit plus de compagnon en son amour, disant qu'il ne plaignoit aucun travail pour n'en point avoir dans la Royauté, et que sa passion luy estoit plus chère que toutes choses. Bellegarde fut fort troublé de ce langage et de l'action avec laquelle il estoit proféré, et il promit à son Maistre tout ce qui luy plut; mais Mademoiselle d'Estrées, qui n'aymoit point le Roy et qui avoit donné toutes ses affections à l'autre, se courrouça mortellement contre ce Prince, protesta de ne l'aymer jamais, et luy reprocha qu'il vouloit luy faire perdre sa fortune, en la voulant empescher d'espouser Bellegarde, dont la recherche avoit cette fin.

Là-dessus elle partit de Mante, et se retira à la maison de son père. Le Roy, à qui ses ennemis n'avoient jamais donné d'estonnement, en receut un sy grand par la colère de sa maistresse, qu'il ne sçavoit à quoy se résoudre. Il creut qu'en la voyant le lendemain, il la pourroit au moins adoucir. Mais ce voyage ne luy plaisoit pas en compagnie : d'y aller seul, la guerre, qui estoit allumée de toutes parts, et deux garnisons des ennemis qui estoient sur son chemin, qu'il falloit prendre au travers d'une grande forest, formoient de merveilleuses difficultez qu'il ne pouvoit résoudre avec personne, n'estant pas là un conseil qu'on luy pût donner. Mais son amour, passant par-dessus tout, luy fit entreprendre ce chemin de sept lieues, dont il en fit quatre à cheval, accompagné de cinq de ses plus confidens serviteurs, et estant arrivé à trois lieues du séjour de sa Dame, il prit les habits d'un paysan, mit un sac plein de paille sur sa teste, et à pied se rendit à la maison où elle estoit.

Il l'avoit fait avertir le jour de devant qu'il la verroit, et il la trouva dans une galerie, seule avec sa sœur, mariée au marquis de Balagny (1). A l'arrivée, elle se trouva sy surprise de voir ce grand Roy en cet équipage et fut sy mal satisfaite de ce changement, qui luy sembla ridicule, qu'elle le reçeut très-mal, et plustost comme son habit le figuroit que selon ce qu'il estoit. Elle ne voulut demeurer qu'un moment avec luy, et encore ce fut pour luy dire *qu'il estoit sy mal qu'elle ne le pouvoit regarder,* et elle se retira là-dessus. Sa sœur, plus civile, luy fit excuse de cette

---

(1) Damin de Montluc, seigneur et marquis de Balagny, fils de Jean, prince de Cambrai, et de Renée de Clermont de Bussy d'Amboise.

froideur, luy voulut persuader que la crainte de leur père l'avoit fait retirer, et fit tout ce qu'elle put pour adoucir ce grand mescontentement, ce qui luy fut aisé, ce Prince estant sy bien pris, que rien ne pouvoit rompre ses chaînes. Voilà comme ce périlleux voyage fut peu utile et mit en peine tout le monde, qui ne pouvoit sçavoir ce que le Roy estoit devenu.

A son retour, il rassura tous les esprits, et pour n'estre plus en cette peine, il pratiqua le père de sa maistresse, et sous ombre de s'en servir dans son Conseil, parce que ce vieillard avoit charge dans la province, il le fit venir à Mante. Là, il eût esté assez satisfait, ayant moyen de voir sa maistresse tous les jours, sy la nécessité de ses affaires ne l'eût appelé ailleurs.

Cependant, je ne puis passer sous silence l'aventure qui arriva au marquis de Humières (d'autres disent que ce fut au marquis d'Armentières (1), vicomte d'Ochy). C'est celuy qui, à l'âge de vingt ans, avoit défendu la ville de Senlis pendant la rigueur d'un grand siège. Il s'y estoit jeté hazardeusement et y avoit soustenu deux assauts contre l'opinion de tous ceux qui estoient dedans, et mesme du Gouverneur. Il ne voulut jamais capituler, et cette courageuse opiniastreté donna loisir aux serviteurs du Roy de secourir cette place et d'y gaigner une mémorable bataille, qui avança bien les affaires de ce Prince, qui estoit encore au-delà de la rivière de Loire. La pluspart des chefs qui s'y trouvoient estoient proches parens de Humières, et ne le voulant pas laisser perdre, cela fit haster de le secourir.

Ce brave guerrier avoit, en ce jeune âge, rendu mille preuves de sa valeur et n'avoit eu pensée jusques à cette heure que pour la gloire des armes. Mais comme il fut sorty de ce siège sy avantageusement, qu'il entraisna mesme la pluspart des canons de ses ennemis dans la ville et en encloüa le reste, il voulut ensuite donner quelque chose à son plaisir. Estant en repos, il vint à Mante, où il vit la belle dame de Simières (2), dont il devint passionnément amoureux. Cette Dame, outre sa beauté, estoit sy agréable et avoit tant d'appas, qu'elle le mit en estat de n'avoir des yeux, ny des pensées que pour elle. Cela dura quelque temps sans qu'on s'en apperçeut, et le mary de cette Dame fut le dernier à le connoistre, mais quand il l'eut des-

---

(1) Gilles de Conflans, marquis d'Armentières.
(2) Louise de l'Hôpital, dame de Simières.

couvert, il fit toutes les enrageries contre sa femme dont il se put aviser. Il l'emmena dans un chasteau plus propre à enfermer des lions que cette belle, et parmy tout cela ne disoit, ny ne faisoit chose dont le marquis de Humières se pût offenser, n'ayant nulle envie de se prendre à un sy rude joüeur.

Luy, cependant, désespéré du traitement que recevoit sa Dame, ne sçavoit quel remède y apporter. Le temps luy en fournit un qui ne le contenta pas tout à fait, mais qui, pour le moins, tira sa maistresse de sa prison. Le Roy estant revenu à Mante, assiégea et prit la ville de Dieppe, dont le gouvernement fut donné à Simières, qui se retira là avec sa femme. Ce lieu, plus beau et plus commode, donna aussy au marquis de Humières le moyen d'avoir des nouvelles de sa maistresse. Il usa de toutes les finesses imaginables pour continuer leur commerce, et mesme il fit faire un baptesme, où Simières et sa femme furent priez. Il fallut y venir, parce que c'estoit chez une personne de qualité et que leurs propres parens les en prioient. Ce fut alors que Humières et Madame de Simières, ravis de se revoir, ne purent estre assez discrets pour empescher la jalousie du mary d'esclater. Il pensa tuer sa femme, la ramena en son gouvernement, luy osta tous ses gens et l'enferma dans une chambre. Humières, averty de ce désordre, chercha tous les moyens d'y remédier, mais comme il ne le pouvoit faire ouvertement, sans justifier toutes les jalousies de Simières, qui sans doute eût tué sa femme, il n'eut recours qu'à chercher les occasions de mourir. Il se retira dans une de ses maisons, où toute la noblesse qui estoit dans le pays le vint trouver. Voyant quarante ou cinquante gentilshommes ensemble, il leur proposa d'aller en plein jour pétarder un chasteau où il y avoit garnison d'ennemis. Tous résistèrent au commencement à cette proposition, l'entreprise leur parroissant trop hazardeuse en plein jour, mais il les persuada sy fortement, que chacun s'y accorda. Il y envoya quelque infanterie, et y alla luy-mesme à une heure sy bien prise, qu'il força l'une des portes du lieu. Mais la garnison du chasteau estant sortie et les habitans reprenant cœur, ils firent une salve de mousquetades, dont une balle donna dans la teste de ce généreux guerrier, qui finit par ce coup sa gloire et son amour, à l'âge de vingt-deux ans.

Le Roy le regretta infiniment, en ayant reçeu et en attendant de très-grands services, et j'ay creu estre obligée de raconter au plus courageux des hommes l'aventure d'un des plus vaillans de son siècle.

Madame de Simières supporta cette mort impatiemment, mais comme elle se prenoit aisément, elle se consola par quelque nouvelle amour.

Cependant, Mademoiselle d'Estrées continuoit dans sa passion pour le duc de Bellegarde, et ne laissoit pas d'escouter Monsieur de Longueville, de luy escrire et d'en recevoir des lettres. Il ne vouloit pourtant pas hazarder les bonnes grâces du Roy pour conserver celles de sa maistresse, qui luy estoient assez faciles de regaigner. Voyant revenir ce Prince, il la pria de luy rendre ses lettres, l'asseurant qu'il en feroit de mesme de son costé, en luy rendant celles qu'il avoit eues d'elle, et que pour cela il ne laisseroit pas de luy conserver sa passion. Il la sceut sy bien cajoller, qu'elle promit de les luy porter en certain lieu où ils se devoient trouver avec tout ce qu'il avoit d'elle. Estant arrivez, il reçeut toutes ses lettres de la belle et fit semblant d'avoir oublié la moitié de celles qu'elle luy avoit escrites, et mesme celles qui parloient le plus clairement de leur amour, sy bien qu'ils se séparèrent ainsy, luy très-satisfait, croyant qu'il conserveroit par crainte quelque pouvoir sur elle, qui s'en alla mortellement offensée de cette fourbe, laquelle cousta ensuite la vie à ce Prince, car elle ne cessa depuis ce temps-là de luy rendre tant de mauvais offices auprès du Roy, que ne pouvant supporter tous les déplaisirs qu'il en recevoit, il entra dans le party couvert qui se fit un peu après contre luy, ce qui fit croire qu'elle avoit trouvé moyen de s'en défaire par une mousquetade qu'il reçeut dans la teste à l'entrée de la ville de Dourlans. Ainsy finit le duc de Longueville, pour avoir voulu estre trop fin.

Cependant, l'amour du Roy croissant tous les jours, et le seigneur d'Estrées s'en trouvant importuné, il voulut sortir de cette tirannie. Pour en trouver un plus raisonnable moyen, il creut qu'il falloit la marier. Il se présenta un gentilhomme du pays (le sieur d'Amerval, seigneur de Liancourt (1), près de Nesle), propre à cette alliance. Il avoit du bien et estoit d'assez bonne condition. Pour sa personne et son esprit, ils estoient presque aussy mal faits l'un que l'autre. Cette fille fit jurer au Roy que le jour de ses nopces il arriveroit et la mèneroit en un

---

(1) Seigneur d'Amerval et de Liancourt, près de Nesle.

lieu où elle ne verroit son mary que quand il luy plairoit, ayant persuadé à ce Prince qu'elle ne pouvoit consentir à luy faire une infidélité mesme en cette sorte; mais le jour s'estant passé, sans que le Roy pût abandonner une entreprise très-importante qu'il avoit faite, elle jura cent fois de s'en venger, et toutefois elle ne voulut jamais se coucher, sy bien que son mary, pensant estre plus authorisé chez luy que dans la ville où il avoit esté marié, et dont le seigneur d'Estrées estoit gouverneur, il l'emmena. Mais elle se fit sy bien et sy continuellement accompagner des Dames ses parentes, qui s'estoient trouvées à ses nopces, qu'il n'osa vouloir que ce qui luy plut; et là-dessus le Roy estant arrivé à la plus prochaine ville, il manda le mary, qui amena sa femme, pensant en tirer au moins quelque avantage à la Cour.

Le Roy, partant de là, l'emmena avec luy, et afin qu'elle ne fût pas seule, il la fit accompagner de sa sœur Mademoiselle de Balagny et d'une Dame sa cousine, et s'en alla de ce pas attaquer la ville de Chartres. Le siège fut assez long, sy bien qu'une des tantes de Mademoiselle d'Estrées la vint trouver. Cette femme, fine et avisée s'il en fut jamais, luy donna de sy bons préceptes, que le Roy fut tout soumis aux volontez de sa niepce, et le marquis de Sourdis (1) (c'estoit le nom du mary de cette tante) eut par cette faveur le gouvernement de cette place sitost que le Roy l'eut prise. Avant que le Roy fût amoureux d'elle, il poursuivoit de faire trouver bon à la Reyne Marguerite de se démarier d'avec luy. C'estoit une très-grande Princesse, fille et sœur de Roys, mais qui estoit un peu moins chaste que Lucrèce. Aussy estoient-ils séparez il y avoit longtemps. L'ayant quitté sans autre forme, elle s'estoit fait conduire dans un chasteau extrêmement fort (le chasteau de Usson, en Auvergne), pour estre situé sur une montagne bien haute et dans un pays très-aspre, où elle l'avoit fait fortifier le mieux qu'il avoit esté possible. La Reyne avoit témoigné vouloir consentir à cette séparation sous certaines conditions, et ils en estoient comme d'accord. Mais cette nouvelle amour esloigna fort ce traité, d'autant que le Roy avoit peur qu'estant libre, ses plus affectionnez serviteurs le pressassent de se marier, ce qu'il n'eût fait pour rien au monde, ne voulant, ny ne pouvant aymer que sa

---

(1) François d'Escoubleau, marquis de Sourdis et d'Alluye, marié avec Isabelle Babou, cousine de la Belle Gabrielle.

maistresse, qu'il eût faschée en parlant de ce changement. Elle estoit aussy mariée de son costé, sy bien qu'ils ne se parloient que d'amour sans nopces.

Cependant, Madame, sœur du Roy, vouloit se marier avec le comte de Soissons (1), beau et jeune Prince, et à qui le Roy l'avoit fait cy-devant espérer; mais ayant changé d'opinion, il manda à la Princesse de le venir trouver et alla au-devant d'elle par-delà la rivière de Loire, ayant résolu de la donner au duc de Montpensier, autre jeune Prince, mais à la vérité moins aymable que le comte de Soissons. Aussy, dès que Madame le vit, il luy fut sy désagréable, qu'elle dit tout haut qu'elle n'en vouloit point. Le Duc, pourtant, voyant le Roy de son costé, ne laissoit pas de luy rendre tous les offices imaginables et continua sa poursuite. De l'autre costé, le comte de Soissons, offensé de cette recherche où le Roy avoit embarqué son rival, se retira dans sa maison. Cependant, Madame arriva à Dieppe, où elle trouva Madame Gabrielle (car ce fut ainsy qu'on l'appela depuis son mariage). Elle luy sembla digne de l'amour du Roy, son frère, pour son extrême beauté, ce qui luy donnoit cependant une envie contre elle sy forte, que sy elle luy faisoit bonne mine, elle estoit sy contrainte, que cela estoit fort aisé à voir.

Madame Gabrielle, de sa part, ne pouvoit souffrir la grandeur de cette Princesse, à qui il falloit qu'elle déférât en tout, et reprochoit souvent au Roy son arrivée. Mais il n'y avoit d'autre remède que de s'esloigner souvent, ses affaires l'appelant en plusieurs lieux où il menoit toujours sa maistresse, qui commençoit à se mesler d'affaires à bon escient. Cela luy fut facilité par Madame de Sourdis, sa tante, dont le chancelier de Chiverny (2) devint furieusement amoureux, tant l'exemple du Maistre a de pouvoir.

Cet homme, dans une charge sy sérieuse et sy éminente, ne cachoit point sa passion, et le Roy, qui eût voulu que tout le monde eût esté aussy amoureux que luy, estoit bien aise qu'un tel personnage se trouvât embarrassé du mesme mal que le sien.

En ce temps-là mourut fort tragiquement Madame d'Estrées; aussy elle avoit mené une vie assez terrible, il estoit juste qu'elle en souffrît quelque punition. Madame Gabrielle continuoit tou-

---

(1) Charles de Bourbon, comte de Soissons.
(2) Philippe Hurault, comte de Chiverny, chancelier de France.

jours à aymer Bellegarde; le Roy en avoit quelque soupçon; mais à la moindre carresse qu'elle luy faisoit, il accusoit ses pensées comme criminelles et s'en repentoit à ses genoux. Il arriva un petit accident qui faillit à luy en apprendre davantage : ce fut qu'estant dans une de ses maisons, pour quelque entreprise qu'il avoit de ce costé-là, et estant allé à trois ou quatre lieues pour cet effet, Madame Gabrielle estoit demeurée au lict, disant qu'elle se trouvoit mal.

Bellegarde avoit feint d'aller à Mante, qui n'estoit pas fort esloignée. Sitost que le Roy fut party, Arphure (1), la plus confidente des dames de Madame Gabrielle, et en qui elle se fioit de toutes choses, fit entrer Bellegarde dans un petit cabinet dont elle avoit seule la clef, et comme sa maistresse se fut défaite de tout ce qui estoit dans sa chambre, son amant y fut reçeu en secret. Comme ils estoient ensemble, le Roy, qui n'avoit pas trouvé ce qu'il avoit cherché, revint plustost que l'on ne pensoit, et pensa trouver ce qu'il ne cherchoit pas. Tout ce que l'on put faire, c'est que Bellegarde passa vistement dans le cabinet d'Arphure, dont la porte se trouvoit au chevet du lict de Madame Gabrielle, et une fenestre avoit veüe sur un jardin. Sitost que le Roy fut entré, il demanda Arphure pour avoir des confitures qu'elle gardoit dans ce cabinet. Madame Gabrielle dit qu'elle n'y estoit pas et qu'elle luy avoit demandé congé pour aller visiter quelque parente dans la ville. « Sy est-ce, dit le Roy, que je veux » manger des confitures, et sy Arphure ne se trouve, que quelqu'un » vienne ouvrir cette porte ou qu'on la rompe ». Luy-mesme il commença à y donner des coups de pied. Dieu sçait en quelles alarmes estoient ces deux personnes, sy proches d'estre descouvertes! Madame Gabrielle, feignant un extrême mal de teste, se plaignoit que ce bruit l'incommodoit fort, mais pour cette fois, le Roy fut sourd et continuoit toujours à vouloir rompre cette porte. Bellegarde, voyant qu'il n'y avoit pas d'autre remède, se jeta par la fenestre et fut sy heureux, qu'il se fit fort peu de mal, bien que la fenestre fût assez haute, et aussitost Arphure, qui s'estoit seulement cachée pour n'ouvrir point cette porte, entra, bien eschauffée, s'excusant sur ce qu'elle ne pensoit pas que l'on deut avoir affaire d'elle. Arphure alla donc quérir ce que le Roy

---

(1) Dame d'honneur de la Belle Gabrielle, surnommée *la Rousse*, femme de chambre de Gabrielle d'Estrées. Fut mise à la Bastille, après sa mort, par ordre de Sully.

avoit sy impatiemment demandé, et Madame Gabrielle, voyant qu'elle n'estoit pas descouverte, reprocha mille fois au Roy cette façon : « Je voys bien, luy dit-elle, que vous me voulez traiter
» comme les autres que vous avez aymées, et que votre humeur
» changeante veut chercher quelque sujet pour rompre avec moy,
» qui vous préviendray, me retirant avec mon mary, que vous
» m'avez fait laisser d'authorité. Je confesse que depuis, l'extrême
» passion que j'ay eue pour vous m'a fait oublier mon devoir et
» mon honneur, que vous payez d'inconstance, sous ombre de
» soupçon dont je ne vous ay jamais donné de sujet par la
» pensée mesme ». Là-dessus les larmes ne manquèrent pas, ce qui mit le Roy en tel désordre, qu'il luy demanda mille fois pardon, en confessant qu'il avoit failli. Il fut longtemps depuis sans témoigner aucune jalousie.

Cependant, la grande ville de Paris estoit toujours occupée par les ennemis du Roy. Comme il y avoit grande quantité de Princes et de Princesses, et force personnes de qualité, cela faisoit une Cour où il se passoit plusieurs choses. La duchesse de Montpensier (1), qui estoit veufve d'un des Princes du sang et sœur du duc de Mayenne (2), chef de ce party, y tenoit le premier rang, et n'oublioit rien de ce qu'elle pouvoit mettre en pratique pour avancer les affaires de son frère, et plus encore celles de son neveu, fils de son frère aisné, jeune Prince de qui l'on avoit fort bonne opinion. Cette femme aymoit un cavalier du party du Roy, en réputation de très-galant homme et qui l'estoit en effet, et il luy témoignoit tout l'amour qu'il luy estoit possible, quoyqu'il ne l'aymât point, mais bien sa niepce, Mademoiselle de Guise (3), fille aussy de son frère aisné, belle, de bonne grâce et une des plus aymables de ce temps-là. Cette jeune Princesse, à qui le Roy avoit donné quelque espérance qu'il la pourroit espouser lorsqu'il seroit libre, et cela avant qu'il aymât Madame Gabrielle, desdaignoit tout le reste, et Givry (4) (c'estoit le nom de ce cavalier) s'en apperçeut à la

---

(1) Henriette-Catherine de Joyeuse, duchesse de Montpensier, puis de Guise.
(2) Charles de Lorraine, duc de Mayenne.
(3) Louise-Marguerite de Lorraine, demoiselle de Guise, puis princesse de Conti.
(4) Anne d'Anglure, baron de Givry. Cet officier avait la réputation d'être également versé dans la guerre et les belles-lettres. C'était le brave de son temps et un des hommes de confiance du Roi, qui ne l'appelait que *Curé*. Il fit des merveilles à la bataille d'Ivry, et mourut dans une rencontre au siège de Montauban.

première veüe : car ayant favorisé, autant qu'il avoit peu, tout ce qu'il pensoit estre agréable à Mademoiselle de Guise, jusques à faire passer des vivres dans Paris, qui en estoit souvent en nécessité, il receut d'elle un sy mauvais visage et un sy apparent mespris, que cela rabattit beaucoup de sa vanité naturelle. Tous les honnestes gens du party du duc de Mayenne avoient de la passion pour cette Princesse, et elle se conservoit fort libre parmy tout cela. Sa mère, Madame de Guise, tenoit sa Maison à part avec cette belle fille, et cet hostel pouvoit se dire la véritable Cour de ce party, tant la beauté de la fille y attiroit de monde. Elle portoit une extrême envie à Madame Gabrielle, tant parce que véritablement celle-cy estoit plus belle qu'elle, que parce qu'elle croyoit qu'elle luy avoit osté le Roy, ce qui luy faisoit chercher avec soin le moyen de s'en venger. Auparavant, le Roy avoit assiégé Paris, où il se faisoit tous les jours, de part et d'autre, des entreprises, les assiégez faisant plusieurs sorties, et estant bien souvent repoussez par les assiégeans. Mademoiselle de Guise se trouvoit souvent sur le rempart, d'où Givry luy disoit ou luy faisoit toujours dire quelque chose qui se ressentoit de la passion qu'il avoit pour elle, à quoy elle faisoit semblant de ne rien entendre, voulant parroistre très-desdaigneuse. Mesme en ce temps-là, le Roy, qui n'estoit pas tout à fait embarqué avec Mademoiselle d'Estrées, avoit envoyé demander son portraict, et il sembloit que ce mariage se pouvoit traiter, la paix se faisant sy bien, que cette Princesse, toute glorieuse de cette espérance, mesprisoit Givry et tous les autres.

Or, un jour que pour quelque occasion l'on avoit accordé une petite trefve de six heures, la dame de Guise et sa fille, accompagnées de plusieurs Dames, vinrent sur le rempart. Aussitost tous les galans de l'armée royale furent au pied de la muraille pour parler à quelques-unes de leur connoissance, et quasy tous pour voir Mademoiselle de Guise. Bellegarde s'y trouva aussy, qui arresta sa veüe de telle sorte sur la beauté de cette jeune Princesse, qu'oubliant Mademoiselle d'Estrées et tous les sermens qu'il luy avoit faits de n'aymer jamais qu'elle, il se donna à ce nouvel objet. Elle, qui faisoit profession de mespriser tout le monde, sentit aussy, à la veüe de ce chevalier, qu'elle pouvoit aymer autre chose qu'un Roy, et dès cette heure-là, ces deux personnes eurent de l'amour l'une pour l'autre : estrange effet des fortes inclinations auxquelles on ne peut pas résister !

Bellegarde estoit allé là pour s'excuser d'avoir, comme l'on disoit, trempé à la mort du duc de Guise (1), père de cette Princesse. Sa mère l'en avoit creu coupable et avoit protesté de s'en venger, et ce chevalier s'y estant trouvé pour s'en justifier à toutes les deux, la mère devint amoureuse de luy, et il devint amoureux de la fille, qui, de son costé, ne fut pas insensible. Ils tinrent ce feu assez secret, la Princesse pour n'en point donner de soupçon à sa mère, ce chevalier pour ne point fascher Madame Gabrielle, qu'il ne vouloit pas perdre, comme estant alors l'appuy de sa fortune. Tout ce qu'il put faire dans ce peu de temps, ce fut d'employer ses amis, pour dire de sa part à cette Dame qu'il estoit entièrement innocent de la mort du duc de Guise, et sa justification fut sy bien receüe, que la veufve respondit qu'elle n'en croyoit plus rien, et dit à sa fille qu'il ne l'en falloit plus accuser et qu'elle ajoutoit foy à sa parole et aux sermens qu'il avoit faits pour leur faire perdre cette opinion : voilà comme l'amour est capable de justifier les plus grands crimes !

Mademoiselle de Guise fut fort aisée à persuader là-dessus, sentant bien que s'il estoit coupable d'avoir fait mal à son père, elle n'estoit pas assez libre pour le haÿr et qu'il estoit plus doux, pour cette fois, d'estre crédule.

Chacun se retira après que la trefve fut expirée, et Bellegarde remporta mille pensées, tantost plaisantes, tantost fascheuses. Il ne vouloit, ny ne pouvoit quitter Madame Gabrielle ; sa nouvelle amour luy donnoit d'estranges inquiétudes, et il ne vouloit pas y résister. Enfin, il se résolut d'aymer cette Princesse, de conserver Gabrielle et de les servir toutes deux. Il commença de cette heure à chercher les moyens de plaire à la duchesse de Guise (2), qui recevoit sy bien ses messages et ses lettres, qu'en moins de rien il y eut beaucoup d'intelligence entre eux, et le jeune duc de Guise estant en ce temps-là sorty de la prison où il avoit esté toujours depuis la mort de son père, Bellegarde prit l'occasion de luy envoyer un trompette pour le visiter. Il avoit des lettres pour la duchesse de Guise qui furent très-bien receües, et il fut assez adroit pour en donner une à la Princesse, sans estre veu de personne. Elle ne luy put parler pour cette fois, mais elle luy fit signe que les lettres de ce chevalier ne luy estoient pas désa-

---

(1) Henri de Lorraine, duc de Guise, tué à Blois en 1588.
(2) Catherine de Clèves, duchesse de Guise.

gréables, ce dont Bellegarde fut extrêmement satisfait en l'apprenant. Cependant, la guerre continuoit, et la duchesse de Guise recherchant d'avoir un passeport pour aller à l'une de ses maisons, le Roy le luy accorda aisément, et de passer mesme par le lieu où il estoit avec toute sa Cour. Mademoiselle de Guise estoit très-aise de ce voyage, tant parce qu'elle espéroit que Bellegarde auroit moyen de luy parler que pour voir sy sa rivale estoit aussy belle qu'on le disoit. Il ne fut pas malaisé à Bellegarde de persuader au Roy, très-courtois de son naturel, d'envoyer au-devant de ces Princesses, et luy-mesme, pour le rang qu'il tenoit à la Cour, en eut la commission. A leur arrivée, la duchesse de Guise et sa fille reçeurent mille carresses du Roy, et la première ne se pouvoit lasser de loüer la beauté de Madame Gabrielle, qui trouva Mademoiselle de Guise trop aymable à son gré, comme celle-cy fut aussy surprise de tant de beauté qu'elle trouva en sa rivale; mais toutes deux, sans faire semblant du jugement qu'elles faisoient l'une de l'autre, demeurèrent dans toute la froideur que la civilité peut souffrir. Sitost que Mademoiselle de Guise l'eut veüe, elle se tourna vers Bellegarde et luy dit : *Je la croyois plus belle;* à quoy il ne respondit point, pour estre déjà trop près de cette Dame. Le Roy, qui se connoissoit fort bien aux passions, et qui sçavoit celle de la duchesse de Guise, ne douta point que ce chevalier ne l'amusât, afin d'avoir moyen de voir sa fille, de laquelle il jugea qu'il estoit amoureux.

Cette opinion fit deux effets dans l'esprit du Roy : l'un d'assoupir le soupçon qu'il avoit eu que Bellegarde estoit toujours amoureux de sa maistresse, et l'autre de luy faire perdre tout le reste du dessein qu'il avoit eu autrefois pour Mademoiselle de Guise.

Madame Gabrielle, qui estimoit plus l'affection de ce chevalier que tous ses interests, prit garde de sy près à toutes les actions de son amant, qu'elle comprit qu'il aymoit Mademoiselle de Guise et qu'il n'en estoit pas haÿ, ce dont elle eut un tel despit et une sy forte jalousie, qu'elle eut bien de la peine de la cacher. Cette jeune Princesse, qui estoit bien aise de luy donner martel en teste, et qui croyoit avoir beaucoup gaigné de rendre cette belle jalouse, faisoit tout ce qu'elle pouvoit pour augmenter son soupçon, luy semblant que sy elle partoit de la Cour sans rien gaigner sur le Roy, au moins elle triompheroit de la beauté de sa maistresse.

Le lendemain, la duchesse de Guise partit, ayant obtenu neutralité du Roy pour la maison où elle alloit, à quoy Bellegarde avoit contribué en tout ce qu'il avoit peu, estant fort enflammé des attraits de Mademoiselle de Guise, et le Roy luy accorda tout ce qu'il voulut pour luy faire abandonner sa maistresse, qui, outrée de colère, ne voulut dire adieu, ny à la mère, ny à la fille, feignant de se trouver fort mal et ne se laissant voir de tout le jour à personne.

Bellegarde et toute la Cour conduisirent ces Dames assez loin, et revenant le lendemain, Madame Gabrielle fit sy mauvaise mine à Bellegarde, que cela commença à l'inquiéter estrangement, car, ne voyant plus la Princesse, l'objet présent le reprenoit, et il avoit sy peur de la perdre pour les interests de sa fortune, qu'il maudissoit et son inconstance et son indiscrétion. Cependant, la duchesse de Guise, qui ne pouvoit vivre sans estre aymée de ce chevalier, trouva moyen d'embarquer son fils à quelque traité avec le Roy, et pour l'acheminer elle envoya à la Cour pour en donner avis au Roy. Ne désirant que de ramener tous ses sujets à leur devoir, et particulièrement ce jeune Prince, l'un des premiers du party contraire et de qui il avoit fort bonne opinion, il despêcha aussitost Bellegarde vers elle, à quoy Madame Gabrielle s'opposa tant qu'elle put, disant *qu'il n'estoit point homme d'affaires et que peut-estre le duc de Guise n'auroit pas son entremise sy agréable que sa mère.* Enfin, le duc de Nevers (1), lors le premier dans les bonnes grâces du Roy, l'emporta sur elle pour faire plaisir à Bellegarde, qu'il aymoit extrêmement, et fit mesme qu'il porta force bonnes espérances pour le duc de Guise. Ce traité pourtant ne se conclut pas sitost, et la grande ville de Paris s'estant rendüe au Roy, cela affaiblissoit ses ennemis de telle sorte, que l'amour que Bellegarde portoit à Mademoiselle de Guise fut très-utile à son frère, qui n'eût jamais reçeu les avantages qu'il trouva sans le soin du duc de Nevers, qui faisoit tout ce que ce chevalier désiroit, et avec tant de chaleur, que tout le monde s'estonna de ce qu'une affaire sy importante fût sitost et sy avantageusement accommodée. Voilà comme les affaires de la Cour se font souvent par les biais à quoy l'on pense le moins, et que peu de personnes les sçavent, quoyque beaucoup en discourent!

---

(1) Charles de Gonzague de Clèves, duc de Nevers et de Mantoue.

Le duc de Guise reçeut du Roy, à son arrivée, toute la bonne chère qu'il eût peu désirer, et un sy bon visage de Madame, sa sœur, que dès ce jour elle l'embarqua à la servir.

En ce temps-là, le Roy estant allé assiéger une ville, qui tenoit encore le party du duc de Mayenne, Madame Gabrielle accoucha d'un fils, dont le Roy reçeut une telle joye, qu'il luy fit à l'instant quitter son nom, luy bailla le tiltre de marquise Monceaux de Beaufort, et commença non pas à l'aymer davantage, car son amour estoit sy extrême qu'il ne pouvoit recevoir d'augmentation, mais à en faire beaucoup plus de cas et à l'honorer et la faire respecter davantage. Se voyant en cet estat, elle commença à chercher tous les moyens de se démarier et à prendre de plus hautes espérances, le conseil de sa tante de Sourdis luy inspirant qu'elle pouvoit arriver à une plus haute fortune. Le vieil amoureux de cette tante, très-habile homme, fors en cela seul qu'il l'aymoit, luy donnoit des avis très-utiles pour ce dessein, auquel elle commença à bon escient à travailler, pratiquant du support (sic), se faisant des amis, et establissant ceux qui dépendoient d'elle.

La marquise de Beaufort, cy-devant Madame Gabrielle, avoit aussy gaigné des gens pour persuader à la Reyne de rompre leur mariage, qui ne leur pouvoit jamais apporter qu'une fortune malheureuse et pleine de méfiances, mais pour l'heure elle ne put rien obtenir sur son esprit. Cependant, Bellegarde s'estoit un peu remis avec elle, qui avoit une sy forte inclination à l'aymer, qu'elle l'aidoit fort à se tromper quand il la flattoit, à quoy il apportoit plus d'industrie qu'auparavant, la voyant plus puissante que jamais.

Madame (1) et le duc de Guise ne cachoient plus leur amour, et celui-cy commençoit à trouver mauvaises les visites trop ordinaires de Bellegarde en son logis, sy bien que Mademoiselle de Guise, qui craignoit que son frère ne fît quelque rumeur, en avertit ce chevalier, qui, ayant bien pensé à la chose, consulta le duc de Nevers, qui luy promit de faire en sorte que l'on donneroit le gouvernement de Provence au duc de Guise, pourveu que la marquise de Beaufort ne s'y opposât point. Bellegarde, estant asseuré qu'il feroit faire à son amie ce qu'il voudroit, prit son sujet sur l'amour que Madame portoit à ce Prince, qu'il

(1) Catherine de Bourbon, femme de Henri, prince de Lorraine, duc de Bar.

disoit estre sy public que cela estoit honteux au Roy, et qu'elle luy devoit persuader de l'esloigner, qu'il le falloit envoyer bien loin, où il serviroit fort bien, estant homme de courage. Bref, il conduisit sy bien cette affaire, que ce Prince fut fort promptement despêché en Provence. Ce qui s'y passa est pour les historiens.

Madame, sœur du Roy, s'en prit à tout le monde et ne s'appaisa que par un autre objet. Ce fut le duc d'Espernon (1) (d'autres disent le duc de Bouillon) (2), qui estoit desjà âgé, mais très-galant homme, et qui avoit acquis, par les bonnes grâces du dernier Roy, de grandes dignitez et de belles charges. Cela dura jusques à ce que Madame fût mariée, peu de temps après, avec le duc de Bar (3), et alors Madame de Beaufort demeura seule maistresse de la Cour.

Bellegarde, craignant qu'à la fin l'amour qu'il avoit pour Mademoiselle de Guise ne luy fît perdre sa première maistresse, se résolut de les mettre bien ensemble toutes deux, et voyant qu'il pouvoit ce qu'il vouloit sur son esprit, il luy persuada que puisqu'elle estoit dans le chemin d'estre Reyne, il auroit plus d'establissement et de moyen de la servir, sy, de son consentement, il pouvoit espouser Mademoiselle de Guise, que sy elle l'en empeschoit; que ce prétexte leur seroit fort plausible vers le Roy, et le destourneroit des soupçons qu'il pourroit encore avoir d'eux, et où il sembloit qu'il pouvoit retomber souvent, connoissant desjà quelque chose; que cela nuiroit extrêmement à sa grandeur, et qu'elle sçavoit bien que quoy qu'il témoignât en apparence, en effet son cœur seroit toujours à elle. Bref, il la sçeut sy bien cajoller, qu'elle luy promit de faire bonne mine à la Princesse, qui depuis fut très-aise d'estre bien avec cette puissance, et la sçeut sy bien entretenir, qu'elle la favorisa plus que nulle autre, et furent en telle intelligence, qu'elles estoient presque toujours habillées l'une comme l'autre et ne bougeoient plus d'ensemble. Cela esbloüit pour un temps le Roy sur le soupçon qu'il recommençoit d'avoir, mais un de ses valets de chambre luy ayant fait voir une lettre que Bellegarde escrivoit à la marquise de Beaufort, qu'il avoit trouvée, un matin qu'elle faisoit la malade, sur sa toilette, où Arphure l'avoit laissée, ne

---

(1) Jean-Louis de Nogaret de La Valette, duc d'Épernon.
(2) Henri de La Tour-d'Auvergne, vicomte de Turenne, duc de Bouillon.
(3) Henri de Lorraine, duc de Bar.

croyant pas que l'on deut venir de sy bonne heure chez elle, il commanda à cet homme d'avoir l'œil sur eux, et luy, qui craignoit, comme bon serviteur, que son Maistre espousât cette femme, les espia de sy près, qu'il creut un soir avoir veu entrer Bellegarde chez sa Dame. Il s'en alla aussitost donner avis au Roy, qui commanda au capitaine de ses gardes d'aller tüer ce chevalier jusques dans la chambre de sa maistresse. Praslin (1), c'estoit le nom de ce capitaine, depuis mareschal de France, fut très-surpris de ce commandement, aymant fort ces deux personnes, et toutefois il fallut marcher. Il prit des archers en passant dans la salle, et un détour sy long et accompagné de tant de bruit, qu'il ne trouva personne quand il entra, que Madame de Beaufort seule, à qui il dit sa commission. Elle, voyant qu'il ne l'avoit pas voulu surprendre, luy promit de n'oublier jamais ce bon office, et aussy fit-elle depuis tout ce qu'elle put pour luy.

Mademoiselle de Guise, qui sçeut l'affaire, luy en sçeut aussy sy bon gré, qu'elle luy aida bien à parvenir aux grandes dignitez qu'il eut après.

Madame de Beaufort se plaignit fort au Roy des ombrages qu'il prenoit d'elle, et il fit semblant alors d'avoir tort et ne voulut pour cela estre mal avec elle, mais la lettre qu'il avoit veüe que Bellegarde luy escrivoit, luy fut un peu reprochée. Elle jura ne l'avoir point leüe et se justifia assez bien, tout luy estant facile avec le Roy, mais Bellegarde en fut sy mal, qu'il fallut qu'il s'en allât, avec défense de ne point revenir qu'il ne fût marié et qu'il n'amenât sa femme. Le duc de Nevers estoit mort, qui le maintenoit, et Madame de Beaufort eût esté mal reçeüe à parler pour luy, de façon que ce fut le plus court de partir et de faire ce qui luy avoit esté commandé, bien que ce fût avec grand regret. Pendant son voyage, la femme du connestable de Montmorency (2) arriva à la Cour. Ce vieux Seigneur s'estoit marié depuis peu à cette belle Dame, qui attira, à son arrivée, les yeux et les cœurs de tous les hommes, et l'envie et la haine de toutes les Dames. Mais son naturel hautain et le rang où elle se trouvoit luy ostoient tout soucy et luy faisoient mespriser toujours la haine des Dames, et souvent l'amour des hommes.

Le Roy en fut un peu touché, et Dieu sçait sy Madame de

---

(1) Charles de Choiseul, marquis de Praslin, et depuis maréchal de France.
(2) Henri, duc de Montmorency.

Beaufort le luy pardonna. Mais cela n'empescha pas qu'en toutes les occasions il ne témoignât de l'amour à Madame la Connestable, qui le souffroit plus pour faire despit à l'autre que pour le plaisir qu'elle y prenoit, estant non-seulement aymée, mais adorée du mareschal de Biron (1), qui avoit acquis plus de réputation dans les armes que nul autre de son temps. Cette belle Dame ne fit que se montrer au monde, car elle mourut incontinent d'une couche. Elle laissa un fils et une fille, le fils sy bien fait et la fille sy belle, que c'estoient deux miracles. J'en parleray davantage ailleurs, voulant achever icy l'histoire de Madame de Beaufort, qui eut une fille durant que tout cela se passoit, et bientost après un fils, dont elle accoucha, après estre démariée. Cela luy haussa de telle sorte le courage, qu'elle commença à bon escient d'employer tous les moyens dont elle se put aviser pour parvenir au mariage du Roy, qui, plus amoureux que jamais, depuis la naissance de ce second fils, se résolut à ce qu'elle désiroit, et chassa Monsieur de Sancy (2), un des principaux de son Conseil, qui luy avoit donné un avis contraire à ce dessein. Il sçavoit qu'il auroit le consentement de la Reyne, sa femme, quand il voudroit, et il ne restoit plus sinon que le Pape voulût la dissolution de ce mariage. Pour cet effet, il envoya à Rome Sillery (3). C'estoit un des plus habiles hommes de son Conseil, qui ne désiroit que luy complaire et obliger sa maistresse. Le Roy l'avoit faite duchesse quelque temps auparavant, et comme elle se vit en cette dignité et dans de sy hautes espérances, elle se rendit sy courtoise et sy officieuse, que ceux qui ne la vouloient pas aymer ne la pouvoient haÿr; elle commandoit à toute la Cour, mais avec grande douceur, et obligeoit le plus de personnes qu'elle pouvoit.

En ce temps-là elle devint grosse, et cela fit résoudre tout à fait le Roy à l'espouser. Elle vivoit avec tant de gravité et de retenue, qu'il sembloit qu'elle n'eût jamais eu autre compagnie que celle des Vestales, son habillement et ses actions ne représentant qu'une parfaite modestie, de façon que le Roy avoit regret d'en avoir jamais eu nul soupçon.

(1) Armand de Gontaut, maréchal de Biron, tué d'un coup de canon au siège d'Épernay, en 1592.
(2) Nicolas du Harlay de Sancy, l'un des chefs du parti calviniste.
(3) Nicolas Brulart de Sillery, chancelier de France.

Bussy-Lamet, qui estoit, il y avoit longtemps, à la Cour, s'y maria alors avec une femme dont il avoit de grands enfants, et à dessein d'obliger la duchesse de Beaufort, parce que cet homme estoit fort bien avec le Roy, à qui il parloit fort librement, luy donnant le conseil qu'il avoit pris pour luy et qui servit en quelque sorte, pour ce que l'on est bien aise d'avoir en autrui des exemples principalement pour les choses qu'en soy-mesme l'on n'estime pas trop raisonnables.

Le commandement fut donc donné à l'ambassadeur de Rome de poursuivre la dissolution du mariage du Roy et de la Reyne, sa femme, qui fut sollicitée d'y consentir. Tout cela pourtant tiroit en longueur, et la Duchesse, près d'accoucher, pressoit fort, afin qu'il n'y eût rien à redire à la naissance de l'enfant dont elle estoit grosse. Elle vint à Paris, pour y faire ses Pasques en public, afin de se faire voir bonne catholique au peuple qui ne la croyoit pas telle. Pour cela, elle se logea au cloître de Saint-Germain-l'Auxerrois, et le mercredy saint estant arrivé, elle alla à une église qui estoit au bout de la ville pour ouïr les Ténèbres, qui s'y chantoient en grande musique. Elle y alla en litière, toutes les Princesses en carrosse, et un des capitaines des gardes du corps à costé de sa litière. On luy avoit gardé une chapelle où elle entra, pour estre ny trop pressée, ny trop en veüe. Mademoiselle de Guise estoit avec elle, et, tout le long de l'office, elle luy montra des lettres de Rome, par lesquelles on l'asseuroit que ce qu'elle désiroit seroit bientost achevé. Elle luy fit aussy voir deux lettres qu'elle avoit reçeües ce mesme jour du Roy, sy passionnées et sy pleines d'impatience de la voir Reyne, qu'il luy mandoit qu'il despêcheroit Du Fresne (1), un de ses secrétaires d'Estat et qui estoit tout à elle pour avoir espousé une de ses parentes, afin de presser Sa Sainteté de luy permettre ce qu'il estoit aussy bien résolu de faire sans cela.

Toute l'heure de la dévotion se passa en semblables prières. Quand le service fut achevé, elle dit à Mademoiselle de Guise qu'elle s'alloit mettre au lict, et que puisqu'elle estoit là, elle la prioit de la venir entretenir, et là-dessus elle monta en litière et Mademoiselle de Guise en carrosse. Elle se fit descendre chez la Duchesse, où, estant arrivée, elle la trouva qui se faisoit déshabiller, se plaignant d'un grand mal de teste. Aussitost il luy vint

---

(1) Pierre Forget, sieur de Fresne, secrétaire d'État.

une convulsion, dont elle revint à force de remèdes. Elle voulut escrire au Roy, mais une autre convulsion l'en empescha, et recevant une lettre de Sa Majesté, comme elle fut revenue de cette seconde convulsion, la voulant lire, il luy en reprit une autre, qui, augmentant toujours, luy dura jusques à la mort.

Ce mal luy prit le mercredy au soir, elle accoucha le vendredy par la force des remèdes que l'on luy fit, et mourut le samedy, veille de Pasques, sans avoir eu aucune connoissance, au moins à ce que l'on en put juger.

Le Roy, qui estoit dans l'une de ses maisons, fut aussitost averty de son mal, et estimant que c'estoit un accident de sa grossesse, il ne se hasta point de partir; mais le troisième courrier, qui luy apprit que ce mal continuoit, le fit partir, et il vint jusques à six lieues de Paris, où il trouva tous les Seigneurs de la Cour, qui luy firent connoistre, par la tristesse qu'il remarqua sur leurs visages, que sa maistresse estoit morte. Il pleura fort et renvoya tout le monde, disant qu'il vouloit estre seul. Il retint seulement celuy que j'ay dit qui s'estoit marié pour luy en donner envie, et le duc de Retz, qui estoit de très-bonne compagnie. Après luy avoir laissé faire quelques plaintes, il luy dit, quasy en riant, qu'il estoit bien heureux, et que s'il songeoit un peu à ce qu'il alloit faire sans cette mort, il jugeroit que Dieu luy avoit fait une grande grâce. Après avoir un peu resvé, il l'avoüa, et, levant les yeux au ciel, il rendit grâces à Celuy qui luy en avoit fait tant d'autres et se consola sy bien que, trois semaines après, il devint amoureux d'une fort belle fille et de bon lieu, Mademoiselle d'Entragues (1), qui fut depuis la marquise de Verneuil.

Celle-cy luy fit tout à fait oublier l'autre, bien qu'elle ne fût pas sy belle, mais elle estoit plus jeune et beaucoup plus gaye. Les Ministres de son Estat, voyant de quel malheur Dieu l'avoit délivré, et connoissant l'esprit hardy de cette damoiselle, qui n'avoit pas moins d'ambition que l'autre, l'embarquèrent le plus viste qu'ils purent à se marier, et celuy qui estoit allé à Rome pour faire agréer le mariage de Madame de Beaufort en traita un autre avec la Princesse de Florence (2). Le Pape donna tout le consentement nécessaire, et la Reyne Marguerite celuy qui

---

(1) Catherine-Henriette de Balzac d'Entragues, plus tard marquise de Verneuil.
(2) Marie de Médicis.

dépendoit d'elle, de façon que la chose fut conclue plustost mesme que le Roy ne pensoit, et sans que la marquise de Verneuil en eût avis. Elle estoit grosse et alla faire ses couches à une des maisons du Roy, qui l'y mena avec force belles espérances. Elle se blessa et accoucha d'un fils mort. Elle fut trèsmalade, mais estant assistée du Roy mesme et de tout ce que l'on put d'ailleurs, elle reprit sa santé. Ce fut à cette heure-là qu'elle apprit l'accord du mariage de son amant, dont elle fit tant de vacarme et gourmanda tant ce Roy amoureux, qu'il eut bien de la peine à la remettre en bonne humeur. Elle s'en prit à Bellegarde, qui l'avoit voulu cajoller et qu'elle n'avoit guère escouté, sy bien qu'elle trouva moyen de faire que le prince de Joinville, depuis duc de Cheuvreuse, beau et de bonne grâce, et qui estoit amoureux d'elle, entreprît sur la vie de ce chevalier un soir que le Roy soupoit à la ville et qu'ils se rencontrèrent à la porte du logis où estoit Sa Majesté. Bellegarde fut blessé, mais ses gens, voyant cela, poursuivirent le prince de Joinville de sy près, qu'ils l'auroient tüé sans le secours de Rambouillet, jeune chevalier de bonne maison, qui fut tellement blessé dans cette rencontre, que l'on croyoit qu'il en deut mourir. Le Roy fut sy outré de colère de cette action, qu'il vouloit faire punir le Prince et ne vouloit en nulle façon du monde que l'on prît soin de Rambouillet, qui toutefois fut sy bien pansé qu'il en reschappa.

Depuis, la duchesse de Guise, mère du prince de Joinville, et Mademoiselle de Guise, sa sœur, firent son accommodement avec le Roy, bien que toutes deux fussent fort faschées contre ce Prince, n'estant pas croyable qu'il eût traité Bellegarde de cette façon, seulement à cause de l'amour qu'il avoit pour la Marquise. Tout cela s'appaisa à la fin, et il fut question après d'aller faire la guerre au Duc de Savoye. Ce Prince estoit venu trouver le Roy pour s'accommoder avec luy du marquisat de Saluces, qu'il avoit pris sur le feu Roy durant les grandes affaires de ce Prince infortuné. Henry IV, son successeur, qui avoit presque recouvré tout son Royaume à coups d'espée, ne pouvoit souffrir que ce voisin, petit Prince auprès de luy, eût entrepris de garder sa proye; c'est pourquoy il l'avoit fait souvent avertir qu'il vouloit ravoir Saluces. Le Duc, croyant qu'il gaigneroit quelque chose en venant en personne, vint trouver le Roy, qui le reçeut fort bien, mais sa principale espérance avoit esté en l'intelligence qu'il avoit eue avec la duchesse de Beaufort, du temps de laquelle il avoit asseuré le Roy de le venir trouver, de façon que quand il sçeut sa mort, il estoit sy engagé de paroles et par lettres à faire ce voyage, qu'il ne s'en put dédire. A son arrivée, ce ne fut que festins et galanteries. Il fit des présens à toutes les plus belles Dames et aux principaux de la Cour, et peut-estre trop, pour le profit de quelques-uns. Les disputes pour la préséance entre les Dames ne manquèrent pas. Le Roy, y prenant plaisir, ne les terminoit point, et la Marquise, sa maistresse, s'en divertissoit. Le Duc s'en retourna sans rien faire, sy bien que le Roy se résolut à la guerre, et c'estoit aussy son chemin pour aller recevoir la Princesse de Florence, qui fut la Reyne Marie de Médicis.

Il avoit envoyé sa procuration au Duc son oncle pour l'espouser, et Bellegarde en fut le porteur, ce qui augmenta fort la haine que la Marquise avoit pour luy.

Le Roy conquit en moins de rien l'Estat du Duc de Savoye, et la paix s'estant faite par l'entremise du Pape, le Roy eut son compte. Cependant, la Reyne Marie arriva à Marseille, conduite par une Duchesse (1), femme de son oncle, de la maison des Ursins, et par la duchesse de Mantoüe (2), sa sœur, par Paul Jourdain des Ursins (3), son cousin germain, qui fut fort estimé à la Cour de France, et qui avoit esté fort amoureux de cette Princesse avant qu'elle fût Reyne. Elle fut reçeüe par deux Cardinaux, par le Connestable, par le Chancelier, par le duc de Guise, gouverneur de cette province, par les princesses douairières de Nemours et de Guise, par Mademoiselle de Guise et par plusieurs Dames, et entre autres par la marquise de Guercheville, que le Roy avoit aymée, comme nous l'avons remarqué. L'ayant trouvée plus vertueuse qu'il n'eût voulu, il luy dit « que » puisqu'elle estoit véritablement Dame d'honneur, elle la seroit » de la Reyne, sa femme », et il luy tint parole au bout de dix ans, car il y avoit alors autant de temps qu'il l'avoit aymée.

La Reyne fut conduite avec toutes sortes de magnificences jusqu'à la ville, où le Roy la vint trouver, et les cérémonies des nopces s'y achevèrent. Deux des filles du Connestable, la du-

---

(1) Femme de don Joan, oncle de Marie de Médicis, bâtard de la maison de Médicis.
(2) Éléonore de Médicis, femme du duc Vincent, sœur de Marie de Médicis, marraine du Dauphin.
(3) Virgile Ursin de Braciane, cousin de Marie de Médicis.

chesse de Ventadour (1) et la comtesse d'Auvergne (2), depuis duchesse d'Angoulesme, furent de cette cérémonie. Elles estoient toutes deux fort belles, et la duchesse de Ventadour, la plus jeune, donna de l'amour à ce Paul Jourdain des Ursins, estimé sy galant homme, mais cela passa comme luy, qui ne séjourna pas longtemps à la Cour. Le duc de Guise n'en fit pas de mesme, ny le duc d'Espernon. Ils en eurent une querelle qui partagea toute la Cour. Enfin, le Roy les accorda, luy qui n'estoit pas tout à fait sans dessein pour la duchesse de Ventadour. Elle avoit eu une grande dispute, à la cérémonie du mariage, pour la préséance avec Mademoiselle de Guise, mais on avoit trouvé quelque expédient, non pas pour les rendre amies, car elles ne le pouvoient pas, ayant le plus grand intérest des Dames à desmesler, toutes les deux estant fort belles.

Le Roy, cependant, ne laissoit pas d'aymer la marquise de Verneuil et de luy envoyer tous les jours des courriers. Elle s'émancipoit de parler à sa fantaisie de la Reyne, à qui on ne manquoit pas de le rapporter, et cela fit dès l'heure une brouillerie dans la Cour, où tout le monde fut embarrassé, les uns rapportant tout à la Reyne et gaignant par ce moyen, sinon sa bonne grâce, au moins sa familiarité, les autres obligeant la Marquise et l'avertissant de tout, et Dieu sçait combien il y en avoit qui joüoient les deux. Ces embarras ne parurent point sitost, et durant tout le voyage que fit la Reyne pour venir à Paris, une autre intrigue fut l'amusement de la Cour.

Le Roy avoit envoyé à la Reyne, avec Madame de Nemours (3), surintendante de sa maison, la marquise de Guercheville pour estre Dame d'honneur, et Madame de Richelieu (4) pour estre Dame d'atour. La Reyne ne voulut point cette dernière, disant qu'elle vouloit Léonora Galligaï (5), qui l'avoit toujours servie et qu'elle avoit amenée pour faire cette charge. Le Roy disoit que l'ayant donnée à Madame de Richelieu, il vouloit qu'elle servit,

(1) Marguerite de Ventadour, femme de Anne Lévis, duc de Ventadour.
(2) Charlotte de Montmorency, duchesse d'Angoulême, femme de Charles de Valois, comte d'Auvergne.
(3) Femme de Charles-Emmanuel de Savoie, duc de Nemours, surintendante de la maison de la Reine.
(4) Femme de François du Plessis de Richelieu.
(5) Elle faisait partie, ainsi que Conchini, de la suite d'italiens et d'italiennes que Marie de Médicis avait amenée avec elle en France; elle devint plus tard marquise d'Ancre.

sy bien que cela esloigna la Reyne de la Marquise et de tout le train qu'on luy avoit envoyé, à qui elle ne faisoit point bonne mine. Mademoiselle de Guise, très-adroite, sçeut sy bien profiter de cette occasion, prenant incontinent le party que vouloit la Reyne, qu'elle gaigna ses bonnes grâces et eut plus de privauté avec elle que toutes les autres.

Le mesme jour qu'elle arriva à Paris, le Roy commanda à la duchesse de Nemours d'aller quérir la marquise de Verneuil et de la présenter à la Reyne. Cette vieille Princesse s'en voulut excuser, disant que cela luy osteroit toute créance auprès de sa Maistresse, mais le Roy le voulut d'authorité et le luy commanda assez rudement, contre sa coutume, parce qu'il estoit fort courtois. Elle la mena donc à la Reyne, qui, extrêmement surprise de cette veüe, se trouva fort estonnée et la reçeut assez froidement. Mais la Marquise, fort hardie de son naturel, luy parla tant et fit sy fort la familière, qu'enfin elle s'en fit entretenir. Cependant, la vieille Duchesse eut peu de satisfaction du Roy de cette conduite, et un très-mauvais visage de la Reyne, qui luy dura toujours depuis.

Léonora Galligaï, voyant que la Reyne ne pouvoit faire que le Roy voulût qu'elle la servît en la charge de Dame d'atour, eut recours à la Marquise et luy fit parler, luy promettant que sy elle faisoit son affaire, elle la mettroit en tel pouvoir qu'elle voudroit auprès de la Reyne. Elle entreprit donc cette affaire et en vint à bout, sy bien que la Reyne commença à luy faire très-bonne mine. Le Roy, lassé d'aller deux ou trois fois par jour chez la Marquise à la ville, quand il vit que la Reyne estoit radoucie, la fit venir loger dans le Louvre et y faire sa chambre. Au bout de quelques jours, cela ralluma la jalousie de la Reyne, qui d'ailleurs estoit entretenue par plusieurs personnes des discours de la marquise de Verneuil, qui, à la vérité, parloit assez librement et avec peu de respect d'elle, sy bien que la bonne intelligence qui estoit entre elles commençoit à se détruire. Elles estoient toutes deux grosses, et le Roy bien empesché d'estre bien avec l'une et avec l'autre. Il portoit le respect à la Reyne, à quoy son rang l'obligeoit, mais il se plaisoit davantage en la compagnie de la Marquise. Chacun luy voulant plaire, on alloit visiter celle-cy, et la Reyne le trouvoit fort mauvais. Elles estoient logées sy près l'une de l'autre, que l'on ne s'en pouvoit cacher, et c'estoit une brouillerie perpétuelle.

Cependant, Léonora Galligaï se maintenoit avec la Marquise à force de présens, estant bien asseurée que sa Maistresse trouvoit tout bon d'elle. Il estoit venu avec le train de la Reyne un gentilhomme florentin, qui faisoit l'amour à Léonora : je ne dis pas qu'il en fût amoureux, estant tellement faite qu'elle ne pouvoit estre seulement regardée sans un extrême dégoût, mais la faveur qu'elle avoit tout entière auprès de la Reyne la faisoit désirer de plusieurs. Celuy-cy, nommé Conchini, fut en cela plus heureux, pour ce qu'il luy plut davantage et qu'elle se le choisit pour mary, croyant que ce luy estoit un grand avantage, estant née quasy de la lie du peuple, d'espouser ce Conchini, qui estoit véritablement gentilhomme; mais de parvenir à ces nopces, il y avoit véritablement bien de la difficulté. Le Roy n'aymoit point Conchini; tous ceux de la Maison de la Reyne le haÿssoient, et la Reyne ne vouloit point se hazarder d'en parler, de peur d'estre refusée. Conchini donc et Léonora, ayant consulté ensemble cette affaire, ils résolurent que Conchini feroit la cour à la marquise de Verneuil (car le Roy luy avoit donné cette qualité dès sa première grossesse), et cela luy réussit sy bien, qu'il pouvoit aller chez elle quand bon luy sembloit. Elle luy faisoit bonne mine, et en effet elle n'estoit pas marrie d'obliger Léonora, afin d'empescher la Reyne d'esclater contre elle. Après qu'il eut pris assez d'accès auprès d'elle, il la supplia de faire trouver bon au Roy qu'il espousât Léonora. Elle y fit quelque difficulté au commencement, connoissant l'aversion que le Roy avoit contre ces deux personnes, mais enfin Léonora l'en ayant priée et promis que la Reyne luy en parleroit, elle se résolut à faire réussir ce mariage. Alors, tous les jours la Reyne envoyoit en sa chambre sçavoir de ses nouvelles, et elle luy faisoit part de tous les présens qu'elle recevoit. Elle la traitoit mieux que pas une des Princesses, et tout cela alloit fort bien au gré du Roy, mais il falloit que la Reyne et la Marquise fussent accouchées avant que faire les nopces.

La Reyne accoucha la première de ce grand et heureux Prince que nous voyons, et la Marquise un mois après du prince Henry, qui est aujourd'huy Monsieur de Metz.

Après ces couches, il fut question de se resjouir l'hiver. La Reyne fit un ballet, qu'elle estudia deux ou trois mois. La Marquise en estoit, ce dont le Roy fut sy aise, qu'il accorda le mariage de Conchini et permit que la Reyne luy donnât beaucoup. Cette bonne intelligence dura tout l'hiver et une partie de l'esté, mais les gens de la Cour ne peuvent souffrir sy longtemps le calme, chacun croyant toujours profiter du changement et du trouble. Le Roy avoit auparavant un peu regardé une sœur de la duchesse de Beaufort, qui n'avoit pourtant d'autre beauté que la jeunesse et les cheveux. Celle-cy, nommée Madame de Villars (1), portoit une extrême envie à la marquise de Verneuil, qui luy avoit, à son opinion, osté la faveur du Roy. Elle se résolut de la ruyner, et comme elle estoit fort malicieuse, elle commença à mettre en pratique tout ce qu'elle put pour parvenir à son dessein, et en parla à la Reyne, qui estoit lasse de voir vivre la Marquise aussy audacieusement auprès d'elle.

La Reyne fut bien aise d'entretenir Madame de Villars en cette humeur. La femme de Conchini, qui n'estoit pas toujours auprès de la Reyne, ne descouvroit rien de toute cette intrigue, et son mary ne se vouloit point mesler parmy tout cela, se contentant de sa fortune présente.

J'ay dit ailleurs que le prince de Joinville estoit, il y avoit longtemps, amoureux de la Marquise, et lors il le devint de Madame de Villars, qui le sçeut sy bien cajoller, qu'elle tira de luy des lettres que la Marquise luy avoit escrites, où elle se moquoit fort du Roy et de la Reyne, et traitoit fort favorablement ce Prince. Quand Madame de Villars eut ces lettres en sa puissance, elle les montra à la Reyne, qui en fut sy aise, qu'elle ne le pouvoit dissimuler. Elle fit des présens à cette Dame et luy persuada de faire voir ces lettres au Roy. Au commencement elle n'y pouvoit consentir, voyant le grand crédit de la Marquise et craignant fort son esprit. Mais enfin les persuasions de la Reyne l'y firent résoudre. Mademoiselle de Guise, qui avoit introduit Madame de Villars chez la Reyne, ne pouvoit descouvrir au commencement, quoyqu'elle eût beaucoup d'esprit, d'où venoit la bonne chère que la Reyne luy faisoit, elle qui estoit assez froide pour tout le monde : aussy se cachoit-on d'elle, parce que cela ruynoit fort son frère. Après que cette affaire eut traîné quelques jours, Madame de Villars trouvant le Roy à propos, le supplia qu'elle pût luy parler en particulier. Il le trouva bon, et prenant sujet de luy parler d'affaires, elle le fut trouver dans une église, et entrant dans la chapelle où il estoit,

---

(1) Juliette-Hippolyte d'Estrées, sœur de la Belle Gabrielle.

le Roy fit sortir tout le monde. Là, elle luy monstra ce qu'il n'auroit pas voulu voir : c'estoient ces lettres qui luy témoignoient l'infidélité et le mespris de la Marquise. Madame de Villars luy dit ensuite que les obligations qu'elle avoit à sa bonté et l'amour qu'elle avoit toujours eu pour sa personne n'avoient pu permettre qu'elle luy célât plus longtemps l'outrage qu'on luy faisoit, à luy qui estoit le Maistre de tous, et le plus honneste homme du monde. Ce bon Prince, qui se laissoit aisément flatter sur son mérite, remercia cette Dame de son bon avis, et impatient de faire esclater sa colère, envoya un de ses confidens dire des injures à la Marquise, luy reprochant sa perfidie et protestant de ne la voir jamais. Elle n'estoit pas à cette heure-là logée dans le Louvre, mais dans la ville, où elle fut fort surprise de cette nouveauté. Néanmoins, conservant assez d'esprit et de respect dans ce désordre, elle respondit assez froidement : « Comme je suis asseurée de n'avoir jamais rien fait qui puisse » offenser le Roy, aussy ne puis-je deviner pourquoy il me traite » sy mal. J'espère que la vérité me vengera de ceux qui luy ont » donné de fausses impressions contre moy. » Et sans dire autre chose, elle se retira dans son cabinet, beaucoup plus troublée qu'elle ne l'avoit fait parroistre.

Cependant, Bellegarde, ayant appris toute cette affaire, en avertit aussitost Mademoiselle de Guise, et bien qu'il n'aymât point le prince de Joinville (1), il prévoyoit et plaignoit fort le desplaisir de sa sœur, sy l'on ne remédioit à ce désordre. Ils en trouvèrent le moyen, qui fut tel : le duc de Guise avoit un secrétaire, qui contrefaisoit en perfection toutes sortes d'escritures, et on résolut que le prince de Joinville soustiendroit que cet homme, ayant recouvré de l'escriture de la Marquise, il l'avoit sy bien contrefaite, que le prince de Joinville, amoureux de Madame de Villars, qui haÿssoit mortellement la Marquise, avoit résolu de faire avec elle ces mesmes lettres qu'elle avoit montrées au Roy. La Marquise, ayant sçeu cet expédient, envoya supplier le Roy de permettre qu'elle se justifiât. Il y fit un peu de difficulté au commencement, mais ne pouvant tenir sa colère, ny quitter son amour, il alla luy-mesme entendre ses raisons, qu'elle sçeut sy bien déduire, qu'il s'appaisa entièrement pour elle, mais le prince de Joinville fut contraint d'aller

---

(1) Claude de Lorraine, duc de Chevreuse, prince de Joinville.

en Hongrie, où le Turc faisoit la guerre, Madame de Villars chez elle, et le secrétaire en prison. Voilà comme il est fort dangereux de donner des avis à son Maistre, quand il n'en demande pas!

Madame de Villars se priva de son amant, qu'elle aymoit fort, et fut renvoyée chez elle avec honte, lorsqu'elle y vouloit le moins aller, et se fit une mauvaise et très-puissante ennemie.

Durant ce tracas, la haine que la Reyne portoit à la Marquise avoit fort paru, car, la tenant presque ruynée, elle n'avoit manqué de travailler pour l'achever. Aussy furent-elles toujours très-mal depuis, et la Marquise luy rendoit tous les mauvais offices dont elle se pouvoit aviser, ce qui, bien souvent, faisoit tant de rumeur dans la Cour, que cela rendoit la Reyne fascheuse. Mais il survint encore un autre désordre.

Le Roy eut avis que la Marquise avoit quelque intelligence avec le Roy d'Espagne, et la chose passa sy avant, qu'elle fut arrestée, ainsy que le comte d'Auvergne (1), son frère, mais, pour ce que cela est de l'histoire, je n'en diray autre chose, sinon que Madame de Villars fut rappelée et que le prince de Joinville revint.

Ce fut en ce temps-là que le Roy devint amoureux d'une jeune fille qu'il maria aussitost après, et puis d'une autre bien plus belle (la comtesse de Moret, mariée à M. de Cézy), qu'il maria aussy, pour la retirer d'un lieu où elle estoit, estant d'accord avec le mary qu'il la quitteroit dès le soir de ses nopces, comme il fit.

Cependant, la marquise de Verneuil eut sa grâce. Cette nouvelle maistresse amusoit le Roy, et la Cour estoit fort calme. Le Roy maria Mademoiselle de Guise avec un prince de la Maison royale, et la Reyne contribua beaucoup à ce mariage.

Le Roy avoit reveu la Marquise, pour qui il avoit une grande inclination, et cela s'estoit passé sans que la Reyne le sceut; mais sitost qu'elle l'apprit, ce fut un estrange trouble, et tel qu'elle défendoit tout haut à toutes celles qui voudroient entrer dans son cabinet, de voir la Marquise, sur peine d'en estre chassées avec affront. Le Roy ne le trouva pas bon, mais il le fallut souffrir. Quelque temps après, le Roy devint amoureux de la duchesse de Nevers, princesse de grande vertu, et qui honoroit fort sa personne, mais qui faisoit peu de cas de sa passion. La

---

(1) Charles de Valois, comte d'Auvergne.

saison fut assez commode aux désirs du Roy, parce qu'il vouloit faire baptiser les Princes ses enfants et faisoit venir la duchesse de Mantoüe pour estre marraine de l'aisné. Cette Princesse estoit sœur de la Reyne, et le Duc son mary proche parent du duc de Nevers, sy bien que cela obligea la Duchesse de demeurer plus qu'elle n'avoit accoustumé à la Cour. Le Roy cherchoit toujours l'occasion de luy parler, et elle l'évitoit autant qu'il luy estoit possible, mais souvent elle ne pouvoit l'empescher pour le respect qui luy estoit deu. Enfin, les cérémonies estant achevées, dès le lendemain, le duc de Nevers et sa femme se retirèrent, sans quasy dire adieu, et elle ne voulut plus revenir à la Cour. Il se présenta un voyage à faire à Rome, où ce Duc fut envoyé et sa femme le suivit, sy bien qu'il fallut que le Roy oubliât cette passion, qui luy avoit esté très-inutile et très-fascheuse, n'ayant pas accoustumé de trouver tant de résistance. Le voyage du Duc et de la Duchesse dura plus d'un an, et au retour elle vint faire la révérence à la Reyne, chez qui estoit le Roy. Il luy fit mauvaise mine et dit assez haut « qu'il estoit vengé et qu'elle » estoit extrêmement changée ». Elle n'en fit aucun semblant et vescut le reste de sa vie de mesme façon et avec toute la modestie d'une très-honneste femme.

Le Roy estoit pour lors raccommodé avec la Marquise, et la Reyne le souffroit sy impatiemment, qu'ils avoient souvent de grandes querelles, quelque peine que les plus puissans du Conseil peussent prendre de remonstrer que ces façons n'estoient pas séantes à la dignité de leurs personnes.

Il se présenta une occasion qui causa bien du bruit, et qui véritablement fut estrange. Ce fut que le Roy et la Reyne, allant à une de leurs maisons, proche de Paris et séparée par la rivière, il falloit passer en bac, et comme le carrosse où ils estoient tous deux, accompagnez seulement de la princesse de Conty et du duc de Montpensier, voulut passer, il versa dans la rivière. Le Roy et le Duc n'en furent point mouillez, mais ces Dames burent un peu et coururent fortune de la vie. Quelques jours après, le Roy estant allé voir la marquise de Verneuil, elle luy dit qu'elle avoit esté en peine pour luy en cette cheutte, et que sy elle y eût esté, le voyant sauvé; pour le reste elle eût crié : « La Reyne boit ». La Reyne ayant appris cela, se mit en une telle colère, que le Roy et elle furent quinze jours sans se parler, et il fallut que ceux qui avoient le plus de crédit auprès du Roy l'appaisassent. Enfin, cet accord fut fait, et il fallut faire un ballet pour se resjouir, dont la Reyne voulut se donner le plaisir, estant elle-mesme de la feste. Pendant qu'on le proposoit, le Roy, qui faisoit bonne mine à Jacqueline de Beuil, comtesse de Moret (1) (c'estoit cette Dame qu'il avoit fait quitter à son mary, comme j'ay desjà dit), vouloit qu'elle fût du ballet, et la Reyne ne le voulant pas, il fut rompu. La Comtesse estoit cependant aymée du prince de Joinville, qu'elle ne traitoit pas mal, et leur malheur fut tel, que l'avis en vint au Roy, qui alla aussitost chez elle pour luy reprocher sa perfidie. Elle, qui ne sçavoit comment s'excuser, luy dit que ce Prince luy avoit promis mariage. Il retourna tout aussitost au Louvre, où il manda la mère de ce Prince, se plaignit de luy et le menaça de le faire punir, s'il ne tenoit tout ce qu'il avoit promis à la Comtesse, qui estoit de l'espouser, disant » qu'il pouvoit bien consentir que l'on espousât ses maistresses, » mais que d'en faire les galans, c'estoit ce qu'il ne souffroit » point, et pourtant qu'à la seule considération de sa mère, » qui estoit sa parente, il pardonnoit à son fils ». Cette vieille Princesse, glorieuse et colère, luy respondit tant de choses, que cela acheva de l'irriter, de sorte qu'il envoya des gardes pour prendre ce Prince, qui s'estoit heureusement retiré. La chose alla sy avant, que tout ce qu'obtinrent ses parens, ce fut qu'il sortiroit du Royaume, pour n'y revenir jamais. Aussy ne fut-il rappelé qu'après la mort de ce grand Roy.

Le duc de Montpensier (2) estant mort un peu auparavant toutes ces choses, le Roy se résolut de faire les doux yeux à la veufve, ayant opinion que s'il estoit aymé d'une Princesse, cela luy seroit plus avantageux que de se donner à toute heure à des femmes qui n'estoient pas de sy grande condition et qui le trompoient toujours. Il se voulut servir en cette occasion d'un seigneur de la Cour, aussy accomply que nul autre de son temps, et dont l'esprit et le courage surpassoient tous ceux de son siècle : c'estoit le comte de Cramail (3). Il descouvrit donc la chose à ce chevalier, qui la trouva assez difficile, et toutefois promit au Roy de luy en dire des nouvelles. Le voisinage

---

(1) Jacqueline de Beuil, comtesse de Moret, mariée par Henry IV à Philippe de Harlay, comte de Céry. Elle eut de Henri IV un enfant, Antoine, comte de Moret, tué à la bataille de Castelnaudary, en 1632.

(2) Henri de Bourbon, duc de Montpensier.

(3) Adrien de Montluc, comte de Cramail.

de sa maison, près de celle où demeuroit la Duchesse, et son adresse, firent que le Roy luy donna cette commission, et il la prit, pour s'en prévaloir luy-mesme, sy la Duchesse vouloit l'escouter, ce qu'il ne croyoit pourtant pas. Il fit néanmoins sy bien, que contre le dessein qu'elle avoit fait, il la fit venir à la Cour, où le Roy apprit luy-mesme que cette entreprise n'estoit pas facile, aussy ne la poursuivit-il pas davantage.

Le duc de Guise estoit alors sy amoureux de la Marquise, qu'il luy promit de l'espouser, et elle voulant se prévaloir de sa passion pour renflammer le Roy, qui la négligeoit un peu, ou pour parvenir en effet à ce mariage, fit proclamer des bans entre le Duc et elle, en changeant un peu les noms. Cela estant venu aux oreilles du Roy, il en fut en grande colère contre les deux, mais plus contre le Duc, de qui les parens firent tant de bruit, accusant la Marquise d'avoir fait cette action d'elle-mesme sans son consentement, et pour le brouiller avec le Roy, que la chose n'alla pas plus loin, et le Duc, se retirant en son gouvernement, assoupit cette rumeur. Mais comme le Roy ne pouvoit vivre sans quelque amour nouvelle, la Reyne ayant repris la volonté de faire le ballet desjà proposé, entre les Dames nommées pour en estre, l'incomparable Mademoiselle de Montmorency fut l'une d'elles. Elle estoit sy jeune alors, qu'elle ne faisoit quasy que de sortir de l'enfance. Sa beauté estoit miraculeuse, et toutes ses actions sy agréables, qu'il y avoit de la merveille partout. Le Roy, la voyant danser, un dard à la main, se sentit percer le cœur sy violemment, que cette blessure luy dura aussy longtemps que la vie. Il faudroit un volume entier pour raconter tous les incidens de cette amour, que la mort de ce grand Prince termina, ayant esté tüé misérablement parmy les siens, dont il estoit aymé jusques à l'adoration.

CLEF DU GRAND ALCANDRE

Alcandre. Henry le Grand.
Alcmène. Jacqueline, comtesse de Moret, mariée par Henry à Philippe de Harlay, comte de Céry.
Almidor. Anne Danglure, baron de Givry, le brave de son temps.
Anténor. Philippe Hurault, comte de Chiverny, chancelier.
Arfure. La Rousse.
Argie. Léonora Galligaï, marquise d'Ancre.
Armisse. Charlotte de Montmorency, duchesse d'Angoulesme.
Arnède. Henry de Bourbon, duc de Verneuil, cy-devant évesque de Metz.
Cléandre. Henry de Lorraine, duc de Guise, tué à Blois (1588).
Corisande. La comtesse de Guiche, veufve de Philibert d'Ancre de Grammont.
Chrisante. Gabrielle d'Estrées, marquise de Monceaux, duchesse de Beaufort, dite cy-devant la dame de Liancourt.
Dalinde. Juliette-Hypolite d'Estrées, duchesse de Villars.
Diane. Marquise de Balagny.
Damon. Jean-Louis de Nogaret, duc d'Espernon, ou, selon d'autres, le duc de Bouillon.
Dioclée. De l'Hospital, dame de Simiers.
Dorlas et Doulas. Adrian de Montluc, comte de Cramail.
Dorinde. Catherine de Clèves, douairière de Guise, veufve du Duc tué.
Duc des Alobroges. Charles-Emmanuel, duc de Savoye.
Duc de Médor. Le feu duc d'Espernon.
Duc de Micène. Henry de Bourbon, duc de Montpensier, mort (1658).
Duc de Moravie. Henry, duc de Montmorency, connestable.
Duc de Ponti. Albert de Gondy, duc de Retz.
Duc de Silésie. Charles de Gonzagues de Clèves, duc de Nevers et de Mantoüe.

Duc de Belitre. Virgile Ursin de Braciane.

Duchesse d'Achaye et d'Athènes. Éléonor de Médicis, duchesse de Mantoüe, femme du duc Vincent et sœur de la Reyne Marie.

Duchesse des Armoriques. Anne d'Este, duchesse de Nemours et de Guise.

Duchesse d'Estrurie. Christine de Lorraine, grande-duchesse de Toscane, femme de Ferdinand, oncle de la Reyne.

Eliane. Madame de Humières.

Elise. Senlis.

Etéocle. Le mareschal de Biron.

Filizel. Claude de Lorraine, duc de Chevreuse, lors prince de Joinville.

Florian. Le duc de Bellegarde.

Floridor. Charles de Lorraine, duc de Guise.

Florise. Charlotte-Marguerite de Montmorency, princesse de Condé.

Grassinde. Catherine de Bourbon, sœur unique de Henry et grande-duchesse de Bar.

Ismène. Henriette de Balzac d'Entragues, marquise de Verneuil, sœur utérine de Charles, duc d'Angoulesme.

Larisse. Dieppe.

Léonide. Louise de Budos de Portes, en secondes nopces deuxième femme du connestable de Montmorency, mère du Duc qui fut décapité et de la princesse de Condé.

Leziane. Madame de Richelieu.

Licidan. Le marquis de Praslin, capitaine des gardes, et depuis mareschal de France.

Licine. Marguerite de Montmorency, duchesse de Ventadour.

Lindaman. Henry d'Orléans, duc de Longueville, tué à Dourlans.

Lucile. Nicolas d'Angenne, marquis de Rambouillet.

Lidie. Isabelle Babou, marquise de Sourdis et d'Alluye.

Massiliens. Marseille.

Melisse. La Reyne Marguerite.

Milagarde. Louise-Marguerite de Lorraine, damoiselle de Guise, puis princesse de Conty.

Mirtille ou Dalinde. La duchesse de Villars-Brancas.

Mont de Mars. Montmartre.

Napoléon. Gilles de Conflans, marquis d'Armentières, ou, selon d'autres, le marquis de Humières.

Neustrie. Normandie, après la bataille d'Ivry.
Olimpe. La Reyne Marie de Médicis.
Periandre. Henry III.
Père de Chrisante. Antoine d'Estrées, marquis de Cœuvre.
Philémon. Jean de Beaudéan, marquis de Parabère.
Pisandre. Le marquis d'Ancre.
Polidor. Le baron de Simiers.
Polinisse. La vieille duchesse de Montpensier, Catherine de Lorraine.
Prestresse du Mont de Mars. L'Abbesse de Montmartre, soit de la maison de Clermont, soit Marie de Beauvilliers.
Palamède. Charles de Bourbon, comte de Soissons.
Pedippe. Dieppe.
Prince de la Susianne. Henry, duc de Guise, tué à Blois, nommé aussy Cléandre.
Chef de party, autre prince de la Susianne. Henry, prince de Lorraine, duc de Bar.
Princesse de la Susianne. Duchesse de Guise, douairière.
Princesse d'Estrurie. Marie de Médicis.
Province des Romains. Provence.
Riole. Loire.
Roy des Asturies. Philippe III, Roy d'Espagne.
Silinde. Antoinette de Pons, marquise de Guercheville, femme en premières nopces d'Henry de Silly, comte de La Roche-Guyon, et en deuxièmes de Charles du Plessis, seigneur de Liancourt.
Serquas. Arques.
Sestorius. Charles de Lorraine, duc de Mayenne.
Stevole. André de Brancas, admiral de Villars.
Tiane. Mante.
Veufve de Micène. Henriette-Catherine de Joyeuse, duchesse de Montpensier, puis de Guise.
Vigenne. Guyenne.

PROCEZ

DE

FRANÇOIS RAVAILLAC

PRATICIEN DE LA VILLE D'ANGOULÊME
CONVAINCU DU CRIME DE LÈZE-MAJESTÉ PAR LUY COMMIS EN LA PERSONNE
DU ROY HENRY IV

Contenant ce qui s'est passé depuis sa détention en la Conciergerie jusqu'au jour de son supplice, sous la régence de la Reyne mère de Louis XIII.

LE 14 may 1610, François Ravaillac (1), praticien de la ville d'Angoulême, assassina le Roy Henry IV, qui passoit dans son carrosse avec Monsieur le duc d'Espernon au carrefour de la rue de la Ferronerie, qui a esté eslargie depuis de deux fois autant qu'elle estoit. Ce malheureux luy donna deux coups de couteau dans le cœur, dont il mourut. Après ce coup funeste, l'un des gentilshommes du Roy, nommé St-Michel (2), tira son espée pour le tüer, mais Monsieur le duc d'Espernon luy dit qu'il y alloit de sa teste s'il le touchoit, et que le Roy n'estoit point blessé à mort. Il luy arracha seulement le couteau des mains. Monsieur le comte de Curson luy donna du pommeau de son espée dans la gorge, et un autre, dont on ne sçait pas le nom, luy porta un autre coup sur le milieu du col. L'un des capitaines exempt des gardes, nommé La Pierre, se saisit de luy, et le fit [remettre] par les valets de pied entre les

---

(1) Ravaillac (François), né à Angoulême, où, d'après les *Mémoires de Sully* (t. V, p. 125, n.), il exerçait la profession de maître d'école. Il était âgé, au moment de son crime, de 31 à 32 ans.

(2) Gentilhomme ordinaire du Roi.

mains de Monsigny, qui le mena ensuite à l'hostel de Retz, près le Louvre, où il le fit lier sur une chaise avec une table devant luy.

Le mesme jour, le sieur de Vitry, capitaine des gardes, et plusieurs de ses officiers allèrent promptement au Louvre, pour veiller à la seureté du fils [du Roy] et de ses frères. La ville de Paris, qui ne devoit estre que triomphe le dimanche suivant (1), changea bientost sa joye en deuil et en affliction. Les portes et les boutiques furent fermées, et l'on n'entendoit dans tous les quartiers que plaintes et gémissemens. La Reyne, qui reçeut dans son cabinet la triste nouvelle de cet accident, en sortit toute émue pour voir le corps du Roy, qu'elle aymoit tendrement. Monsieur le Chancelier, qui tenoit alors le Conseil, ayant reçeu la mesme nouvelle, se leva aussitost pour aller trouver la Reyne ; il la rencontra comme elle sortoit, qui luy dit avec une vive douleur : « Hélas ! le Roy est mort ! » Monsieur le Chancelier luy respondit néanmoins devant elle, sans affecter aucune émotion, que les Roys ne mouroient point en France, et la supplia de rentrer dans son cabinet. Il luy conseilla de retenir ses larmes, de crainte de donner lieu à quelque changement aux affaires de l'Estat, que Sa Majesté devoit travailler pour le bien de tous ses sujets et pour elle-mesme, et que Paris et son Royaume avoient plus besoin de secours que de pleurs.

Les gardes furent tous mandez et vinrent en diligence se rendre devant le Louvre pour recevoir les ordres de leurs capitaines. Les avenues estoient gardées de tous costés, on ne laissoit passer que les personnes distinguées. Les gardes du corps se rendirent aussy au dedans du Louvre, pour veiller à la conservation et à l'établissement du Roy successeur. Messieurs les ducs de Guise et d'Espernon, accompagnez de la noblesse et de plusieurs autres seigneurs, marchèrent dans la ville pour calmer l'émotion du peuple et le remettre dans sa première tranquillité. Monsieur le Lieutenant civil et Monsieur le Prévost des marchands donnèrent leurs ordres dans tous les quartiers pour empescher les séditions populaires : ils firent fermer les portes de la ville, et par un conseil aussy sage que prudent, ils firent entendre au peuple à haute voix que la blessure du Roy estoit légère et qu'il n'en

---

(1) La principale cérémonie du couronnement de la Reine devait avoir lieu le dimanche 16 mai. (*Mémoires de Sully*, t. V, p. 90.)

mourroit point, afin d'arrester la consternation publique qui commençoit déjà à s'emparer des esprits.

Monsieur de Harlay, premier président du Parlement, fit assembler en mesme temps toutes les Chambres, et rendit un arrest authentique qui déclara la Reyne-mère régente du Royaume, pendant le cours de la minorité du jeune Roy son fils. Le sujet est assez important par luy-mesme pour que chacun en connoisse la teneur ; je l'explique en ces termes, et on n'y a rien changé :

« Sur ce que le Procureur général du Roy a remontré à la
» Cour, toutes les Chambres assemblées, que le Roy estant pré-
» sentement décédé par un très-cruel, très-inhumain et très-
» détestable parricide commis en sa personne sacrée, il estoit
» nécessaire de pourvoir aux affaires du dit Roy régnant et de
» son Estat, requéroit qu'il fût promptement donné ordre à ce
» qui concernoit son service et le bien de son Estat, qui ne
» pouvoit estre régi et gouverné que par la Reyne pendant le
» bas âge du dit Seigneur son fils, et qu'il plût à la dite Cour
» la déclarer régente, pour estre pourveu par elle aux affaires
» du Royaume. La matière mise en délibération, la dite Cour
» a déclaré et déclare la dite Reyne, mère du Roy, régente de
» France, pour avoir l'administration du Royaume pendant le
» bas âge du dit Seigneur son fils avec toute puissance et autho-
» rité. Fait en Parlement, le 14 may 1610. »

Monsieur le Procureur général, quoyque indisposé, porta les nouvelles de cet arrest à la Reyne, et suivant l'ancienne coutume du Royaume, Sa Majesté, et le Roy, son fils, allèrent le lendemain prendre séance en leur lit de justice. Les bourgeois furent toute la nuit sous les armes, chacun dans leur quartier, et l'appareil du Parlement fut dressé dans l'église des Augustins, où on l'avoit transféré. Les Présidens s'y rendirent le samedy 15e de may, sur les huit heures du matin, couverts de leurs manteaux et de leurs mortiers, et les Conseillers de leurs robes d'écarlatte et de leurs chaperons fourrez d'hermine. Monsieur le Chancelier y vint peu de temps après, vêtu d'une robe de velours noir ; Messieurs les Cardinaux et Prélats, Messieurs le duc du Maine et le Connestable s'y trouvèrent aussy successivement les uns après les autres.

Sur les dix heures du matin, le Roy partit du Louvre, en habit de deuil d'écarlatte violette, le chapeau de taffetas de mesme couleur, monté sur une petite haquenée blanche, couverte d'une housse d'écarlatte, précédé des Suisses de sa garde et suivy des

Princes, Ducs, Seigneurs, et des principaux Officiers de la Couronne, tous à pied. La Reyne estoit dans son carrosse, couverte d'un grand crespe noir, accompagnée des Princesses et des Dames de la Cour. Leurs Majestez passèrent au milieu du régiment des gardes, qui estoient rangez en haye depuis le Louvre et le long du Pont-Neuf jusques en l'église des Augustins. Les Présidens Pottier de Blancménil (1) et Forget (2), et les Conseillers Jean Levoix, Jean Courtin, Prosper Boin et Jean Scaron, tous Conseillers de la Grand'Chambre, allèrent au-devant de Leurs Majestez de la part du Parlement, pour les recevoir à la porte du cloître qui donne vers le Pont-Neuf. Ils eurent beaucoup de peine à passer jusques en la Grand'Chambre, à cause de la multitude du peuple qui affluoit de toutes parts. Lorsqu'ils y furent arrivez, on conduisit le Roy Louis XIII sur le trosne placé sous un riche dais, avec la Reyne, sa mère, à sa droite et une place vuide entre leurs Majestez.

Dans les hauts sièges, plus bas que le lit de justice, estoient assis à costé du Roy Messieurs le prince de Conty (3), le comte d'Anguien, fils du comte de Soissons (4), absent, les ducs de Guise, de Montmorency, connestable d'Espernon, de Monbazon (5) et de Sully (6), pairs de France, avec Messieurs les mareschaux de Brissac (7), de Lavardin (8) et de Bois-Dauphin (9).

Dans les hauts sièges, sur la gauche, Messieurs les cardinaux de Joyeuse (10), de Gondy (11), de Sourdis (12), Dupéron (13), l'archevesque duc de Rheims et les évesques de Beauvais, Chalons et de Noyon-Comte, et les autres pairs ecclésiastiques,

---

(1) Pottier de Blancmesnil, deuxième président de la Grand'Chambre.
(2) Forget, président.
(3) François de Bourbon.
(4) Charles de Bourbon.
(5) Hercule de Rohan, duc de Montbazon.
(6) Maximilien de Béthune, marquis de Rosny, puis duc de Sully.
(7) Charles de Cossé, comte de Brissac, gouverneur du château d'Angers.
(8) Jean de Beaumanoir de Lavardin.
(9) L'un des quatre maréchaux faits par la Ligue.
(10) Henri de Joyeuse, comte du Bouchage, capucin et cardinal.
(11) Pierre de Retz, évêque de Paris.
(12) François d'Escoubleau, marquis de Sourdis, opposé, dans le principe, à Henri IV.
(13) Jacques Davy du Perron, un des promoteurs et auteurs du tiers-parti.

et près d'eux l'évesque de Paris, non pair, mais conseiller né du Parlement.

Aux bas sièges du parquet et du barreau des advocats, à main droite, estoient l'évesque de Béziers, grand aumônier de la Reyne, de Laubépine (1) et Le Camus, conseillers d'Estat, et plusieurs Maistres des requestes; à la gauche, de l'autre costé, estoient les Conseillers de la Cour, au nombre de cent vingt-quatre.

Sur la première marche du trosne du Roy, Monsieur de Souvré, son gouverneur, estoit à genoux, et sur la seconde, Monsieur le duc d'Elbœuf, représentant le grand Chambellan; à ses pieds, le baron de Chappes, prévost de Paris; plus bas, un fauteüil où Monsieur le Chancelier prit sa place.

Aux bas sièges du greffier de la Cour et des gens du Roy, quand l'audience tient, estoient les sept présidens de la Cour, Messieurs de Harlay (2), Pottier, Forget, de Thou (3), de Villiers, Séguier, Molé et Camus, et dedans le parquet, Monsieur le duc de Mayenne, pair de France.

La Reyne fit l'ouverture de l'Assemblée par une harangue pathétique, entrecoupée de larmes et de soupirs, et leur dit : « Messieurs, puisqu'il a pleu à Dieu, par un sy misérable accident,
» retirer à soy notre bon Roy, mon Seigneur, je vous ay amené
» le Roy, mon fils, pour vous prier d'en avoir le soin que vous
» estes obligez pour ce que vous devez à la mémoire du père; à
» vous-meŝmes et à votre pays. Je désire qu'en la conduite de ses
» affaires, il suive vos bons avis et conseils. Je vous prie de les
» luy donner tels que vous aviserez en vos consciences pour le
» mieux. »

Après que la Reyne eut prononcé ce discours, le Roy parla ensuite et dit avec une gravité majestueuse :

« Messieurs,

» Dieu ayant retiré à soy le feu Roy, mon Seigneur et père,
» par l'avis et conseil de la Reyne, ma mère, je suis venu en ce
» lieu pour vous dire à tous qu'en la conduite de mes affaires, je
» désire suivre vos bons conseils, espérant que Dieu me fera la
» grâce de faire profit de vos bons exemples et des instructions

---

(1) Charles de Laubespine, marquis de Châteauneuf.
(2) Achille de Harlay, premier président.
(3) Jacques-Auguste de Thou.

» que j'ay reçeües de mon Seigneur et père. Je vous prie de
» m'assister de vos bons avis et délibérer présentement sur ce
» que j'ay commandé à mon Chancelier de vous présenter. »

Monsieur le Chancelier se leva aussitost, et après avoir fait deux profondes révérences au Roy, il fit sa harangue à l'Assemblée et dit d'un ton plein d'éloquence : « Que ne pouvons-
» nous point augurer, Messieurs, du règne d'un Prince formé
» par des mains sages, en qui l'on a reconnu dès son enfance un
» naturel heureux, un esprit de douceur, de discrétion, de dis-
» cernement, qualitez sy nécessaires pour un bon gouvernement,
» mais surtout un profond respect pour les sacrés mistères et
» pour tout ce qui a rapport à la religion, dans un âge où les
» Princes ne sont ordinairement occupez que de leurs plaisirs, [et
» qui apporte] la consolation à son Royaume de nous annoncer
» luy-mesme qu'il veut suivre des sages conseils et se donner
» tout entier aux soins de son Estat, et qu'il n'a point d'autre
» veüe que celle d'assurer le bonheur de ses sujets. Que l'amour
» de la Reyne pour ses peuples et le désir de les rendre heureux
» dont Sa Majesté vous donne un gage sy précieux, que les veües
» de sagesse et de religion dont elle est animée redoublent donc
» l'ardeur de vos vœux pour sa conservation, votre fidélité et
» votre zèle pour son service ! »

Monsieur le premier Président fit ensuite sa harangue et représenta « qu'il y avoit un terrible changement dans la joye que le
» couronnement de la Reyne avoit causé au fond du cœur du
» peuple ; que la ville de Paris n'estoit plus cette belle Noémy,
» dont parle l'Écriture ; que la perte qu'elle avoit faite de son
» cher Prince l'avoit plongée dans une triste consternation, mais
» que le Parlement trouvoit une douce consolation dans sa
» douleur par la présence du jeune Roy, qui semble déjà marcher
» sur les traces du défunt Roy, son père, et se proposer son
» exemple comme le modèle qu'il veut imiter, établir dans ses
» Conseils le mesme ordre que cet auguste Prince a toujours
» suivy, et vouloir mettre en pratique les instructions sy sages et
» sy chrétiennes, dignes d'une expérience et d'une vertu con-
» sommées qu'il a reçeües de cette grande Reyne, sa mère, et qui
» ont esté depuis gravées dans son cœur ; qu'il n'y avoit que Sa
» Majesté qui pouvoit arrester les larmes et relever le courage
» abattu de ses sujets ; et qu'à l'exemple des Roys Philippe-
» Auguste et Saint-Louis, qui avoient esté secondez des conseils

» salutaires des Reynes Alix et Blanche, leurs mères, Elle devoit
» également confier l'administration de toutes ses affaires à la
» Reyne, sa mère, à qui la régence du Royaume estoit légiti-
» mement deüe, et que comme sa Cour du Parlement avoit esté
» instituée pour rendre la justice à ses sujets, il la supplioit très-
» respectueusement de l'honorer de sa bienveillance et avoir
» pour agréable leur premier hommage et le serment qu'elle luy
» fait de leur fidélité inviolable pour son service ».

Les portes de l'Assemblée jusques-là estoient fermées, et sitost qu'on les eut ouvertes, Monsieur Servin, advocat du Roy, se leva pour Monsieur le Procureur général, et dit d'un ton assez pathétique « qu'il ne pouvoit assez dignement rendre au Roy et à la
» Reyne, sa très-honorée mère, ce qui leur estoit deu pour leur
» première séance dans leur lit de justice; que le grand nom du
» feu Roy, père de Sa Majesté, sa valeur, sa clémence et ses
» rares qualitez se représentoient à ses yeux comme dans un
» tableau pour exciter en luy le désir d'en estre l'imitateur; que
» Dieu n'avoit point laissé la France sans ressource, puisqu'il
» l'avoit choisy pour la gouverner selon les règles de la justice,
» pour la faire exactement observer, et pour maintenir dans toute
» leur pureté le culte et la foy de ses pères; que sy la régence de
» la Reyne Blanche, mère de Saint-Louis, avoit rendu le Roy,
» son fils, et ses sujets heureux par une sage administration,
» aussy la France ne devoit pas moins attendre de félicité de la
» conduite et de la prudence de la Reyne, sa mère.

» Que sur la remontrance qui avoit esté faite au Parlement
» que l'Estat ne pouvoit estre gouverné que par elle pendant sa
» minorité, il rendit le jour précédent un arrest par lequel elle
» avoit esté déclarée Régente du Royaume, et le supplioit très-
» humblement, en présence des Princes, Prélats, Ducs et Pairs,
» et des principaux Officiers de la Couronne, ordonner que cet
» arrest seroit publié dans tous les bailliages, sénéchaussées et
» sièges royaux du ressort de cette Cour, et dans toutes les autres
» Cours souveraines du Royaume. »

Monsieur Servin ayant fait sa harangue, Monsieur le Chancelier monta au lit de justice pour recevoir les ordres de Sa Majesté; ensuite, il descendit aux sièges des Présidens pour prendre leur avis, qui fut de recueillir celuy des Princes, Ducs et Pairs, Prélats, Officiers de la Couronne, Conseillers d'Estat, Maistres des requestes et Conseillers de la Cour, et estant retourné à sa place, il prononça l'arrest dont voicy la teneur :

« Le Roy, séant en son lit de justice, par l'avis des Princes de
» son sang, autres Princes, Prélats, Ducs et Pairs et Officiers de
» sa Couronne, ouy et ce requérant, son Procureur général, a
» déclaré et déclare, conformément à l'arrest donné en sa Cour
» du Parlement le jour d'hier, la Reyne, sa mère, régente de
» France, pour avoir soin de l'éducation et nourriture de sa
» personne et l'administration des affaires de son Royaume
» pendant son bas âge. Sera le présent arrest publié et enregistré
» en tous les bailliages et sénéchaussées, et autres sièges royaux
» du ressort de ladite Cour, et en toutes les autres Cours de
» Parlement de son dit Royaume. Fait en Parlement, le 15e jour
» de may, l'an 1610. »

Cet arrest fut prononcé solennellement, mais comme il estoit déjà tard, le Roy et la Reyne, accompagnez des Seigneurs et Princes du sang, se retirèrent au Louvre au milieu des cris de joye et acclamations publiques d'une multitude de peuple, qui les environnoient de toutes parts. Leurs Majestez, depuis, formèrent le dessein de pourvoir à trois choses utiles et importantes, sçavoir : à la seureté de l'Estat, à la vengeance du feu Roy et aux honneurs qui estoient deus à sa mémoire.

Pour la seureté de l'Estat, il fut décidé au Conseil que les gouverneurs des provinces et villes frontières, qui estoient venus prester serment à Leurs Majestez au Louvre, se retireroient sans différer chacun en leur gouvernement, pour empescher les troubles que la nouvelle de l'accident arrivé au feu Roy pourroit y exciter. La Reyne manda à quelques Princes du sang, qui estoient absents de la Cour, de se rendre au plus tost auprès du Roy, son fils. Elle envoya Monsieur de La Varenne (1) auprès de Monsieur le comte de Soissons (2), qui estoit party du Louvre avant le couronnement, pour luy annoncer la mort du Roy, son Seigneur, et le prier de se rendre auprès d'elle le plus promptement qu'il pourroit. La douleur qu'il conçeut de cette triste nouvelle ne luy permit pas d'arriver plus tost que le 16 du mois ; Monsieur le duc d'Espernon et plusieurs autres Seigneurs furent envoyez au-devant de luy par ordre exprès de Sa Majesté.

Le feu Roy, qui avoit procuré la paix au dehors de son

---

(1) Guillaume Fouquet de La Varenne.
(2) Charles de Bourbon.

Royaume, employa tous ses soins pour la procurer au dedans à ses sujets. Il fit rendre un Édit signé de sa main, qui permit aux prétendus réformez la liberté d'exercer leur religion dans toute l'étendue de ses Estats, et il rétablit ensuite la religion catholique dans tous les lieux où elle avoit cessé d'estre exercée par les guerres durant plusieurs années. La Reyne, qui prévoyoit que cette paix générale estoit absolument nécessaire pour le bien de l'Estat, voulut que le Roy son fils, à l'exemple du père, affermît tous ses sujets sous une mesme concorde et dans une mesme liberté de conscience pour la tranquillité publique et empescher la division de ses sujets, et en conséquence confirmer le susdit Édit de pacification par sa déclaration du 22 may, rendue en sa Cour de Parlement; elle s'exprima en ces termes :

« Louis, par la grâce de Dieu Roy de France et de Navarre, à
» tous ceux qui ses présentes verront, salut. Depuis le malheureux
» et détestable assassinat de notre très-honoré Seigneur et père,
» dernièrement décédé, que Dieu absolve, la Reyne Régente,
» notre très-honorée Dame et mère, ayant toujours les larmes
» aux yeux et la tristesse au cœur, n'a toutefois laissé de travailler
» incontinent et avec très-grande magnanimité et prudence, pour
» empescher que cet accident sy funeste ne fût d'aucun préjudice
» à notre personne et dignité, ny à ce Royaume et à nos sujets,
» se tenant obligée à ce devoir, non-seulement pour l'affection
» naturelle qu'elle nous porte, mais pour avoir esté déclarée
» Régente, et en cette qualité chargée du soin de l'administration
» des affaires du Royaume par les vœux et suffrages des Princes
» de notre sang et autres Princes, Prélats, principaux Officiers
» de la Couronne et gens de notre Parlement, assemblez tous en
» iceluy (nous y tenant notre lit de justice). En quoy son travail
» a esté sy heureux, et l'affection de tous nos sujets qui estoient
» lors près de nous-mesme, et des habitans de notre bonne ville
» de Paris, sy grande et sincère envers nous, que nous n'avons
» rien à désirer en leur obéissance et fidélité, non plus qu'en la
» bonne et sage conduite de la Reyne Régente, notre dite très-
» honorée Dame et mère; ayant aussy esté averty par les avis
» qui nous viennent chacun jour, qu'en tous les autres lieux de
» notre dit Royaume, tous nos sujets, tant catholiques que de la
» religion prétendue réformée, de toutes qualitez, essayent par
» une émulation louable à se surmonter l'un et l'autre en promp-
» titude d'obéissance, en actions et déportemens, qui peuvent

» rendre quelque témoignage de leur fidélité et devoir, dont nous
» avons très-grande occasion de loüer Dieu et d'espérer, comme
» il luy a pleu du passé, garantir ce Royaume de très-grands
» périls, pour le faire fleurir par tant de siècles ; qu'il veut encore
» par sa bonté prendre en sa protection nos jeunes ans et nous
» donner loisir de croître en piété et vertu, pour employer quelque
» jour, à son honneur et à sa gloire, la grandeur à laquelle il nous
» a élevé, et que nous le prions de bon cœur vouloir faire et nous
» inspirer toujours les conseils qui sont requis et nécessaires pour
» bien régir nos sujets en sa crainte, et les faire vivre en paix,
» union et amitié les uns avec les autres, comme estant le vray
» fondement duquel après Dieu doit dépendre la seureté et con-
» servation du Royaume ; l'expérience ayant appris aux prédé-
» cesseurs Roys que la fureur et violence des armes n'avoient
» pas seulement esté inutiles pour faire retourner à l'Église
» catholique, apostolique et romaine leurs sujets qui s'en estoient
» séparez, mais plustost dommageables, qui fut cause qu'ils
» eurent recours, par un conseil plus heureux, à la douceur, en
» leur accordant l'exercice de la dite religion prétendue réformée
» dont ils faisoient profession, à l'incitation desquels le défunt
» Roy, notre dit très-honoré Seigneur et père, auroit fait l'Édit
» de Nantes, pour réconcilier tous ses sujets ensemble, l'obser-
» vation duquel Édit avec les règlemens faits en conséquence
» d'iceluy ont mis un repos assuré entre eux, qui a toujours
» duré depuis sans aucune interruption, au moyen de quoy,
» encore que cet Édit soit perpétuel et irrévocable, et par ce
» moyen n'ait besoin d'estre confirmé par nouvelle déclaration,
» néanmoins, afin que nos dits sujets soient assurez de notre
» bienveillance et que notre intention et volonté est de faire
» garder inviolablement iceluy Édit pour le bien et repos de
» nos sujets, tant catholiques que de la religion prétendue
» réformée, sçavoir faisons :
» Qu'ayant cette affaire esté mise en délibération en notre
» présence par la Reyne régente, notre très-honorée Dame et
» mère, et nous avons sur l'avis d'icelle, des Princes de notre
» sang, autres Princes, Ducs et Pairs, Officiers de notre Cou-
» ronne, et plusieurs personnes notables de notre Conseil, dit et
» ordonné, disons et ordonnons, voulons et nous plaît que le dit
» Édit de Nantes soit exécuté en tous ses points et articles,
» ensemble les autres articles accordez, et les règlemens faits et

» arrests donnez sur interprétation en exécution de l'Édit, en
» conséquence soient entretenus et gardez inviolablement, et les
» contrevenans punis avec sévérité comme perturbateurs du repos
» public; enjoignons, à cet effet, à tous nos officiers d'y tenir
» soigneusement la main, à peine d'estre responsables et de faire
» punir leur négligence avec la mesme rigueur que la déso-
» béissance d'iceux qui y contreviendront.

» Sy donnons en mandement à nos amez et féaux les gens
» tenant notre Cour de Parlement à Paris que ces présentes ils
» ayent à faire lire, publier et enregistrer, le contenu d'icelles
» garder, entretenir et observer de point en point selon leur
» forme et teneur, sans souffrir ny permettre y estre contrevenu
» en aucune manière que ce soit. Car tel est notre plaisir. En
» témoin de quoy, nous avons fait mettre notre scel aux dites
» présentes, données à Paris le 22 may, l'an de grâce 1610, et
» de notre règne le premier. Signé Louis. Et sur le reply est
» escrit par le Roy, la Reyne régente, sa mère, présente, signé
» DE LOMÉNIE (1), et scellé du grand scel du dit Seigneur, de cire
» jaune sur double queue. »

Le Parlement, qui avoit vérifié l'Édit de Nantes, fit lire, publier et enregistrer cette déclaration, ouy et ce requérant le Procureur général du Roy, ordonna le 3 juin en suivant que copies collationnées en seroient envoyées à tous les bailliages et sénéchaussées, pour y estre pareillement leües, publiées et enregistrées à la diligence des substituts du dit Procureur général, auxquels il fut enjoint d'en certifier la Cour dans le mois.

Heureuses et louables prémices d'un jeune Roy qui veut affermir le commencement de son règne par une ferme et durable paix! Mais comme, dans la nouvelle consternation, plusieurs personnes prenoient les armes et se répandoient dans les places et dans les villes du Royaume, les unes pour leur propre conservation, et les autres avec de pernicieuses intentions d'inspirer à ceux-cy beaucoup de crainte et d'appréhension et à ceux-là un esprit de troubles et divisions, Sa Majesté fit de très-expresses défenses à toutes personnes, de quelque qualité que puissent estre, de prendre les armes ny de faire aucunes assemblées de gens de guerre à pied ou à cheval, de se saisir ou s'accommoder

---

(1) Antoine de Brienne de Loménie, secrétaire d'État.

d'aucunes villes, places ou maisons fortes, ny d'y mettre des garnisons, les fortifier, ny faire aucuns amas d'armes, provisions de poudre, vivres et autres munitions, sans l'ordre exprès de Sa Majesté, ordonnant à tous ceux qui s'en seroient emparez d'en sortir et de les rétablir dans leur premier estat, sous peine d'estre punis comme infracteurs aux Édits de pacification et comme criminels de lèze-majesté ; voicy la teneur de cette déclaration :

« Comme l'étonnement s'est trouvé grand par tout notre
» Royaume au premier rapport qui s'est fait en chacune des
» parties d'iceluy d'un sy funeste et déplorable accident que
» celuy du détestable parricide commis en la personne du feu
» Roy, notre très-honoré Seigneur et père, que Dieu absolve,
» nous ne faisons qu'aucuns de nos serviteurs et sujets, pour
» leur conservation sans aucune autre mauvaise intention, mais
» aussy d'autres avec de pernicieux desseins, n'ayent pris les
» armes, se soyent jettez dans les villes et places et ayent fait
» d'autres actes procédant, en ceux-là de la crainte et appré-
» hension, et aux autres du désir du trouble et de la division
» qui leur sembloient pouvoir naître de ce forfait, mais Dieu en
» ayant autrement disposé et continuant envers nous le repos de
» cet Estat, sa bénigne et favorable assistance a tellement uny
» les cœurs de tous nos bons serviteurs et sujets sous notre
» authorité et obéissance, qu'aucun d'eux n'a occasion main-
» tenant de douter de sa seureté, tellement que ceux d'entre eux
» qui, pour leur conservation, comme dit est, ont pris les armes
» ou se sont assurez de quelques places, ne doivent, en quelque
» sorte que ce soit, retarder à se réduire en leur première
» condition, et ne doit non plus estre permis aux autres, plus
» portez au mal, de continuer en leurs mauvais desseins ; pour
» ces causes et à ce que chacun sçache ce qui est en cela de
» notre volonté et fasse son devoir d'y obéir, nous avons fait et
» faisons très-expresses inhibitions et défenses à toutes personnes,
» de quelque estat, condition et profession qu'elles soient, de
» prendre les armes, faire assemblées de gens de guerre de pied
» ou de cheval, ou autres illicites prohibées et défendues par nos
» ordonnances, comme aussy d'entrer en aucunes villes, châteaux
» ou autres places ou maisons fortes à nous appartenant ou à
» nos sujets ecclésiastiques, nobles ou autres, se saisir, emparer
» ou accommoder d'icelles, y loger garnisons, faire fortifications

» ou défenses, amas d'armes, poudres, vivres ou autres mu-
» nitions, sans commandement et ordre exprès de nous ou des
» gouverneurs et de nos lieutenans-généraux aux gouvernemens
» de nos provinces de notre part et pour notre seul service; et
» pour le regard de ceux qui, comme dit est cy-dessus, auroient
» pris les armes, fait amas et assemblées de gens de guerre à
» pied ou à cheval, ou qui se seroient emparez d'aucunes des
» dites places, châteaux ou maisons fortes, nous leur com-
» mandons aussy très-expressément d'en vuider et sortir et les
» rétablir et restituer en l'estat auquel elles estoient quand ils y
» sont entrez, incontinent après l'avis qu'ils auront ou leur sera
» donné de ces présentes, à peine d'estre punis comme criminels
» de lèze-majesté, infracteurs des Édits de pacification et per-
» turbateurs du repos public : avons ordonné et ordonnons à
» cette fin estre informé des contraventions qui seront cy-après
» faites à nos dites défenses par le premier de nos juges trouvé
» sur les lieux, et procéder contre les autheurs et complices
» d'iceux incessamment à l'instruction, perfection et jugement
» de leur procez, en sorte que punition exemplaire en soit faite
» qui puisse donner l'horreur à tous et retenir chacun en son
» devoir. Sy donnons en mandement à nos amez et féaux con-
» seillers les gens tenant Cours de Parlement, baillifs, sénes-
» chaux, prévosts, leurs lieutenans et autres nos justiciers et
» officiers qu'il appartiendra, que ces présentes ils ayent à faire
» lire, enregistrer et publier chacun en l'étendue de leurs
» ressorts, sièges et juridictions, et le contenu faire sçavoir et
» de mesme signifier incontinent et sans délay à tous ceux qui
» ont entrepris ou commis aucunes choses concernant nos dites
» défenses et commandement, à ce qu'ils n'en puissent prétendre
» cause d'ignorance ou autre excuse d'y satisfaire, les con-
» traignant et tous autres à les garder et exécuter par les voyes
» susdites, cessant et faisant cesser tous troubles et empes-
» chemens à ce contraires; mandons à cet effet aux gouverneurs
» de nos provinces et villes pour ce que dessus faire souffrir et
» y obéir tous ceux qu'il appartiendra et besoin sera, donner
» main-forte et assistance qui dépendront et seront requis du
» devoir et authorité de leurs charges; mandons aussy très-
» expressément à mesme fin à tous prévosts généraux et pro-
» vinciaux ou autres prévosts de nos très-chers cousins les
» mareschaux de France, baillifs, séneschaux et leurs lieutenans

» monter à cheval avec leurs compagnies, et vacquer inces-
» samment, chacun à l'exécution des présentes, tenir la cam-
» pagne libre, assurer les chemins et courir sus à toutes sortes
» de personnes entreprenant quelque chose que ce soit contre et
» au préjudice des Édits de pacification et de la liberté et de
» tranquillité publique, et leur enjoignant de quartier en quartier
» d'envoyer les procez-verbaux de leurs diligences ès mains de
» notre sénéschal et féal le sieur de Sillery, à peine de sus-
» pension, et, sy besoin est, de privation de leurs gages, car tel
» est notre plaisir. En témoin de quoy, nous avons fait mettre
» notre scel à ces dites présentes, données à Paris le 27 may
» 1610. Signé Louis. Sur le reply est escrit par le Roy, la Reyne
» Régente, sa mère, présente. Signé de Loménie. »

Après que l'on eut pris toutes les mesures convenables pour assurer la couronne au jeune Roy successeur et arrester les troubles, qui commençoient déjà à se former dans toutes les villes et places fortes du Royaume, la Reyne-mère ordonna qu'il seroit procédé à l'instruction du procez de Ravaillac, et pour cet effet, elle envoya à l'hostel de Retz les sieurs président Jannin de Loménie, secrétaire d'Estat, et de Bullion, conseiller d'Estat, pour interroger ce malheureux coupable. Ils feignirent d'abord de luy dire que le coup qu'il avoit donné au Roy n'estoit pas mortel, et que s'il estoit vray qu'il fût mort de cette blessure et ce qu'il pensoit devenir; il respondit assez fièrement qu'il sçavoit bien qu'il estoit mort, et que sy le coup estoit à faire, il le feroit encore.

Interrogé qui luy avoit inspiré un sy abominable conseil,

A respondu qu'il ne le déclareroit qu'à son confesseur et non à ceux à qui la connoissance n'en appartenoit point; qu'il n'avoit pas de regret de mourir puisqu'il avoit exécuté son dessein, qu'il avoit mesme esté poursuivy pour un autre meurtre, dont Monsieur Sanguin, conseiller au Parlement, avoit esté rapporteur de son procez. Un autre Conseiller luy dit sur ce sujet que c'eût esté un grand bien pour la France et pour luy-mesme, s'il eût esté puny dès ce moment-là, parce qu'il n'auroit pas attenté sur les loix du Seigneur et donné la mort à un Roy très-chrétien. En riant, il respondit que c'estoit la question de sçavoir s'il estoit véritablement Roy très-chrétien, car s'il eût esté, dit-il, tel comme on le supposoit, il eût fait la guerre aux sectateurs de la religion prétendue réformée qu'il protégeoit. Les archevesques d'Aix, d'Embrun et quelques autres évesques furent ensuite députez au dit hostel pour tâcher de tirer de luy la confession de son crime, mais ils perdirent leur temps. Il leur déclara seulement qu'il avoit esté Feuillant à Paris, et que pour avoir composé quelques escrits sur les jugemens du Très-Haut, le Prieur du monastère l'avoit chassé de leur compagnie comme un visionnaire et incapable de soutenir la pureté de leur règle; que néanmoins, il s'estoit attaché depuis à la contemplation des secrets de la Providence éternelle, dont il avoit eu de fréquentes révélations, tant en veillant qu'en dormant. On connut bien alors que son esprit estoit entièrement brouillé et que ses rêveries chimériques et ridicules l'avoient rendu susceptible de toutes les impressions du prince des ténèbres. Plusieurs personnes éclairées qui estoient présentes, réfléchissant judicieusement sur ses manières de parler et ses différens mouvemens, crurent que ces visions qui l'agitoient jour et nuit, l'air impérieux qu'il prenoit sur tous les autres, la présomption qu'il avoit de participer aux conseils de Dieu, d'entendre ses volontez, et enfin d'estre choisy pour les exécuter, devoient estre des preuves certaines que son esprit estoit absolument obsédé du démon. Il s'estoit fait dans son imagination une créance toute opposée à la justice et à la piété du défunt Roy, et sur ce principe il déclare avec brutalité contre sa souveraine puissance, disant qu'il estoit nécessaire qu'elle fût punie; que l'on pouvoit sans scrupule tüer un tyran, et que ce grand Monarque estoit réputé tel, parce qu'il ne vouloit point en aucune manière déclarer la guerre aux huguenots, ny les contraindre, sur peine de la vie, de croire aux véritez de la religion catholique. Il est vray qu'entre toutes les invectives qu'il proféra contre le Roy, sa conscience ne luy pût permettre de luy donner le titre de tyran, mais il avoua que tout ce qu'il avoit déclaré sur les louables actions de ce Prince luy avoit esté malheureusement inspiré dans son âme par le mesme conseil qui luy avoit fait méditer le dessein d'attenter à sa vie (1).

Le sieur Bellangreville (2), grand prévost de l'hostel du Roy, voulant vaincre son obstination, luy fit [mettre] les poulies de près avec un rouet d'arquebuse. Le scélérat luy demanda s'il estoit plus

---

(1) La dernière partie de cette phrase, exactement reproduite du manuscrit, est à peu près inintelligible.
(2) Joachim de Bellangreville, qui avait été antérieurement gouverneur de Meulan.

habile que ceux qui l'avoient interrogé avant luy, et l'appela huguenot, ce qu'il répéta depuis en l'un de ses interrogatoires. Il fut fouillé partout et on ne trouva sur luy que trois quarts d'escus d'argent avec quatre ou cinq sols de monnoye. Il confessa ensuite que s'il n'eût point fait son coup ce jour-là, il se seroit déterminé à retourner le lendemain en sa province. On le trouva saisy de plusieurs papiers, entre autres d'une pièce de poésie que l'on avoit composée pour une personne que l'on conduit au supplice, qu'il dit estre de la composition d'un apothicaire de la ville d'Angoulême, et il dit qu'il la luy avoit communiquée pour en juger, parce qu'il se mêloit quelquefois de faire des vers; d'un autre papier sur lequel estoient peintes les armes de France, colorées et soutenues par deux lyons, l'un tenant une clef et l'autre une espée, qu'il dit avoir apporté d'Angoulême avec la ferme résolution de tüer le Roy. L'on luy trouva encore un autre papier dans lequel estoit escrit le nom de Jésus en trois différens endroits, un chapelet et un cœur de coton, dans lequel il se persuadoit y avoir de la vraye Croix, qu'un chanoine d'Angoulême luy avoit donné pour présent; mais quelques couleurs qu'il donnât à toutes ses prétendues inspirations, on n'eut pas de peine à s'imaginer qu'un coup sy abominable n'eût esté produit par d'autres mouvemens que celuy du démon, qui l'obsédoit entièrement. Comme chacun désiroit ardemment que ce malheureux fût puny de son parricide, on le mit aussitost entre les mains du Parlement, et l'on se saisit de ses parens et alliez, mesme de tous ceux avec lesquels il avoit eu quelques relations d'affaires.

La nuict du samedy, 15e jour de may, il fut mené à la Conciergerie du Palais. Messieurs Achille de Harlay, Nicolas Pottier de Blancménil, premier et second présidens, et Messieurs Boin et Courtin, conseillers, commissaires députez pour luy faire son procez, travaillèrent diligemment et avec de sérieuses réflexions. La Reyne envoya plusieurs fois le marquis d'Ancre pour leur faire connoistre plus particulièrement ses intentions et le désir qu'elle avoit que la vérité fût descouverte. Plusieurs Docteurs et Religieux allèrent, par ordre de Sa Majesté, le visiter dans la prison, pour tâcher à le mettre par leurs sages conseils dans la voye du salut, et de connoistre adroitement ceux qui l'auroient conseillé à commettre un sy exécrable parricide. Les sieurs Servin et Lebret, advocats du Roy, et Duret, premier substitut du Procureur général, employèrent auprès de luy toute la force de leurs jugemens et de leurs capacités pour le persuader, mais ce malheureux leur respondit la mesme chose qu'il avoit déjà dite à plusieurs particuliers qui l'avoient interrogé avant eux dans la Conciergerie, qui est qu'il n'avoit esté inspiré ny conseillé de personne que de luy-mesme.

Les advocats du Roy firent ensuite venir ceux auxquels ils avoient appris qu'il avoit parlé : on luy amena entre autres deux Jacobins, à qui il disoit avoir proposé cette question, sçavoir sy un confesseur estoit obligé de révéler la confession qu'un particulier luy auroit faite, qui luy auroit déclaré avoir esté tenté de tüer le Roy, mais ayant connu leur simplicité et leur ingénuité, ils les laissèrent aller, parce qu'ils dirent qu'ils l'avoient renvoyé au Père Daubigny, jésuite, homme fort expert dans la résolution des cas de conscience. Ils le mandèrent aussitost et l'examinèrent sérieusement sur ce sujet. Il leur respondit, particulièrement à Monsieur Servin, que depuis qu'il avoit quitté la prédication pour s'attacher entièrement aux confessions, suivant les ordres de ses supérieurs, Dieu luy avoit fait la grâce d'oublier dans le mesme moment ce qu'on luy révéloit sous le sceau de la confession. On leur amena ensuite un jeune Cordelier, à qui il avoit proposé la mesme question, mais comme il n'y avoit rien respondu, soit à cause de son incapacité ou autrement, ils le traitèrent avec la mesme douceur, et mandèrent à ses supérieurs sy, par une discipline régulière, on ne pourroit pas en tirer plus d'éclaircissement.

Les 17, 18 et 19 de may, le criminel respondit aux interrogations à luy faites par les Commissaires, et protesta hautement que personne que luy ne l'avoit conseillé à commettre ce parricide, et qu'il n'avoit jamais déclaré son dessein à son directeur, dans la crainte qu'il avoit qu'on ne le révélât, et qu'il ne fût également puny pour la volonté que le fait. Il dit que la résolution qu'il avoit formée de ce noir attentat ne procédoit uniquement : 1° que de certaines méditations et visions qu'il avoit eues en veillant, au sujet que le Roy n'avoit point voulu soumettre par son authorité les prétendus réformez sous l'étendart de la religion catholique, apostolique et romaine; 2° qu'on luy avoit fait croire que le Roy vouloit prendre les armes contre le Pape, et que faire la guerre au Pape seroit la faire à Dieu; 3° que le Roy n'avoit point fait périr, suivant la rigueur des loix, les huguenots qui avoient entrepris, aux festes de Noël dernier, le dessein de tüer les catholiques; 4° que dans cette opinion il avoit souvent souhaité parler à Sa Majesté, mais qu'il avoit esté renvoyé par les officiers auxquels il s'estoit adressé, et repoussé par les gardes qui luy en avoient défendu l'entrée; 5° qu'il avoit parlé de ses révélations au Père Daubigny, jésuite, et luy avoit montré un couteau rompu où il y avoit un cœur et une croix gravez, luy disant qu'il croyoit que le Roy devoit réduire les huguenots à l'Église catholique; 6° que dans cette conjoncture, le Père Daubigny l'avoit exhorté d'avoir recours à Dieu et de prendre quelques bouillons pour rétablir son cerveau blessé; mais le Père Daubigny, après avoir esté ouy et le criminel luy estant représenté, dit que tout ce qu'il avoit allégué estoit faux et dépouillé de preuves.

Comme chacun désiroit passionnément sçavoir les noms de ceux qui avoient conseillé ce malheureux à commettre un crime sy énorme, on imagina plusieurs genres de supplices pour les luy faire déclarer. La Reyne-mère dit aux Commissaires qu'il y avoit un boucher qui se présentoit pour l'écorcher tout vif, et se promettoit de le faire encore vivre longtemps, et de luy laisser suffisamment de force, après qu'il seroit dépouillé de sa peau, pour luy faire endurer le plus cruel tourment. La Cour, loüant l'affection d'une Princesse pénétrée de douleur qui vouloit avoir vengeance de la mort de son époux, et le soin d'une pieuse et tendre mère qui craignoit tout pour le Roy, son fils, accorda cette proposition au zèle et à la ferveur de Sa Majesté. Balbany, inventeur des nouvelles cyternes, fit faire un artifice en forme d'obélisque renversé, pour presser ce misérable avec de vives douleurs, sans luy faire rien diminuer de ses forces. Il le montra à Monsieur Servin, mais la Cour ne jugea pas à propos d'user d'autres tourmens que de ceux qu'on exerce pour l'ordinaire en pareil cas. On fut quelque temps à se déterminer sy on luy donneroit la question ou non avant de le condamner à mort, parce que les formalitez des procédures accoutumées sembloient ne le permettre pas, attendu que la question ne s'applique au criminel avant son dernier jugement que pour tirer de luy la preuve de la vérité de son crime, ce qui fit conclure à la Cour qu'il n'estoit point absolument nécessaire de l'y appliquer, puisqu'il avoit esté pris en flagrant délit et qu'il avoit confessé son parricide publiquement. Cependant, on trouva un arrest qui condamnoit un malheureux, qui avoit attenté par le poison à la vie du Roy Louis XI, à subir la question par trois différens jours avant d'estre condamné au supplice, et la Cour ordonna en conséquence que Ravaillac y seroit aussy appliqué par trois diverses fois, mais comme il soutint constamment la première sans rien déclarer et qu'on appréhendoit que ses forces ne s'affoiblissent trop pour supporter les tourmens qu'on luy préparoit, elle fut discontinuée.

Monsieur de La Gueste, procureur général du Roy, quoyqu'il fût indisposé, se fit porter au Parquet pour rendre ses conclusions avec les advocats du Roy. Ensuite, Monsieur le premier Président supplia la Reyne d'avoir pour agréable qu'on l'expédiât promptement, et Sa Majesté l'ayant remis à la prudence du Parlement, la Grand'Chambre de la Tournelle et celle de l'Édit assemblées, il fut procédé au jugement définitif du procez. L'assassinat estoit évident, le criminel estoit convaincu, et il ne restoit plus qu'à ordonner un supplice proportionné à l'énormité de son crime. Après plusieurs délibérations, la Cour jugea que, sans avoir recours à de nouveaux supplices, on s'en tiendroit à l'ordinaire, attendu que ceux qui avoient attenté à la vie des Roys, sans en venir aux effets, avoient esté condamnez d'estre tirez à quatre chevaux, et comme dans la conjoncture présente l'exécution avoit suivy l'attentat, il devoit en estre usé de mesme en pareil cas. Elle y ajouta le plomb, la cire, l'huile, la poix et le soufre bouillis ensemble, et voulut mesme que la peine passât jusques à ses parens. Son père, sa mère, à cet effet, furent bannis du Royaume, et il fut ordonné que sa maison seroit rasée et que ses parens changeroient de nom. Voicy l'arrest de sa condamnation dans les mesmes termes qu'il a esté prononcé contre luy :

« Veu la Cour, les Grand'Chambres de la Tournelle et de
» l'Édit assemblées, le procez criminel fait à la requeste du
» Procureur général du Roy à l'encontre de François Ravaillac,
» praticien de la ville d'Angoulême, prisonnier en la Conciergerie
» du Palais, informations, interrogations, confessions, déné-
» gations, confrontations de témoins, conclusions du Procureur
» général du Roy, ouy et interrogé par la dite Cour sur les cas
» à luy proposez, procez-verbal des interrogatoires à luy faits à
» la question à laquelle, de l'ordonnance de ladite Cour, il auroit
» esté appliqué le 25 may pour la révélation de ses complices, et
» tout considéré,

» Dit a esté que la dite Cour a déclaré et déclare le dit Ra-
» vaillac deument atteint et convaincu du crime de lèze-majesté
» divine et humaine au premier chef, pour le très-méchant et
» très-abominable et très-détestable parricide commis en la très-
» sacrée personne du feu Roy Henry IV, de très-bonne et très-
» louable mémoire, pour la réparation duquel l'a condamné et
» le condamne faire amende honorable devant la principale porte
» de l'Église de Paris, où il sera conduit et mené dedans un
» tombereau, et là, nud, en chemise, tenant une torche ardente
» du poids de deux livres, dire et déclarer que malheureusement
» et préjudicieusement il a commis le dit très-méchant, très-abo-
» minable et très-détestable parricide, et tüé le dit Seigneur Roy
» de deux coups de couteau dans le corps, dont il se repent,
» demande pardon à Dieu, au Roy et à la Justice. De là, conduit
» à la place de Grève, et sur un échaffaut qui sera dressé, tenaillé
» aux mamelles, bras, cuisses et gras des jambes; sa main dextre
» y tenant le couteau duquel il a commis le dit parricide arsée
» et brûlée du feu de soufre, et sur les endroits où il sera
» tenaillé, jetté du plomb fondu, de l'huile bouillante, de la poix-
» résine brûlante, de la cire et soufre fondus ensemble. Ce fait,
» son corps tiré et démembré à quatre chevaux, ses membres et
» corps consumez, enfin, réduits en cendres et jettez au vent; a
» déclaré et déclare à tous échevins ses biens acquis et confisquez
» au Roy; ordonne que la maison où il est né sera démolie, celuy
» à qui elle appartient préalablement indemnisé, sans que sur
» le fonds puisse à l'avenir estre fait autre bâtiment, et que dans
» quinzaine après la publication du présent arrest à son de
» trompe et cry public en la ville d'Angoulême, son père et sa
» mère vuideront le Royaume, avec défense d'y revenir jamais,
» à peine d'estre pendus et étranglez sans autre forme ny figure
» de procez; a fait et fait défense à ses frères et sœurs, oncles
» et autres, de porter cy-après le dit surnom de Ravaillac et
» leur enjoint de le changer en un autre sur les mesmes peines,
» et au substitut du Procureur général du Roy de faire publier
» et exécuter le présent arrest à peine de s'en prendre à luy, et,
» auparavant l'exécution d'iceluy Ravaillac, ordonne qu'il sera
» derechef appliqué à la question pour la révélation de ses com-
» plices. »

Cet arrest fut prononcé au criminel condamné le 27 may, et
exécuté le mesme jour. On luy donna les brodequins avant de le

conduire au supplice, qui luy firent faire des cris plus aigus que ceux qu'il fit à la première torture, mais on ne put encore tirer aucune déclaration de sa bouche. Au premier coin qui fut frappé, il dit, avec de hauts cris, que Dieu eût pitié de son âme et luy fit pardon de sa faute. Le second fit cesser le tourment, parce qu'il tomba en sincope. et le bourreau, un moment après, se saisit de luy. Il fut assisté de deux docteurs de la Sorbonne à la chapelle, de Filezac et Gamaches, pour se disposer à mettre sa conscience en règle et recevoir les secours de la miséricorde de Dieu. Il leur dit qu'il entendoit que sa confession fût révélée et rendue publique, afin que chacun sçeut que nulle personne que luy ne l'avoit sollicité à faire ce parricide. Les deux Docteurs en firent hautement la déclaration. Le greffier la porta ensuite sur son registre.

Il sortit sur les trois heures de la chapelle à la veüe de tous les prisonniers, qui sans doute l'auroient étranglé, sy l'on n'y avoit mis ordre, attendu que son assassinat avoit empesché qu'ils ne fussent tous délivrez des fers au jour de l'entrée de la Reyne.

Ce malheureux croyoit que le peuple devoit encore luy sçavoir bon gré du coup fatal qu'il avoit porté au Roy, et quand on donna ordre aux archers d'empescher qu'il ne fût offensé dans les rues par la populace, il respondit avec orgueil qu'on n'auroit garde de le toucher, mais il fut bien surpris lorsqu'au sortir de la Conciergerie, dedans la cour du Palais, le long des chemins où il passoit, il entendit vomir feux et flammes contre luy avec des imprécations et des blasphèmes exécrables.

On le mena ensuite devant la grande porte de Notre-Dame, où il fit amende honorable, les genoux prosternez contre terre. Il baisa le bout de la torche en signe de repentance ; de là, il fut conduit en la place de Grève, où il trouva presque toute la ville de Paris, qui estoit accourue pour voir l'exécution de son supplice. Il y vit aussy les Princes, Seigneurs, et Officiers de la Couronne et du Conseil, qui estoient dans les grandes salles pour le voir.

Quand il fut monté sur l'échaffaut, il eut quelque horreur de son crime, et le docteur Filezac luy commanda, avant de luy donner l'absolution, de lever les yeux au ciel : il luy respondit, pressé du remords de sa conscience, qu'il ne le feroit point, parce qu'il estoit indigne de le regarder, et consentit au contraire que son absolution fût convertie en une damnation éternelle, s'il estoit vray qu'il eût recélé et caché quelque chose de la vérité. Il vit d'un autre costé le peuple courroucé contre luy qui, loin de joindre ses souffrances aux prières qui se disent ordinairement pour les patiens, maudissoit sa naissance et sa vie hautement, et souhaitoit que son âme fût précipitée, au sortir de son corps, dans le fond des enfers. Il n'y eut que les deux Docteurs qui l'assistoient qui chantèrent à voix haute les prières ordinaires pour le consoler dans ses souffrances. Ceux qui sembloient avoir le cœur le plus touché de son supplice ne purent s'empescher de murmurer de ce qu'on luy donnoit l'absolution. Enfin, après qu'il l'eut reçeüe, il fut couché sur l'échaffaut, les chevaux attachez aux mains et aux pieds, et sa main droite percée de part en part d'un couteau rougi au feu de soufre; ensuite, on luy déchira les mamelles et le gras des jambes avec des tenailles rouges qui luy firent faire des cris à faire trembler, et on jetta dans tous ces endroits tenaillez du plomb fondu, de l'huile bouillante, de la poix brûlante, de la cire et du soufre mêlez ensemble. Toutes ces douleurs vives et pénétrantes, qu'il souffroit assez constamment, ne purent néanmoins attendrir le cœur du peuple. Les uns ne proféroient contre luy que des paroles d'exécration, et les autres le regardoient comme un criminel condamné au tribunal de la justice de Dieu, en horreur aux anges et aux hommes et sans aucune espérance de salut.

Le bourreau fit une pause seulement pour respirer, et quelques momens après il continua le supplice. Il fit tirer les chevaux chacun de leur costé. Il y eut des gens parmy la populace qui, voyant que les chevaux n'alloient pas à leur gré avec assez de vigueur, se mirent eux-mesmes à tirer les cordes pour leur donner plus de force, et personne pour lors ne tint à déshonneur d'exercer le mesme office que le bourreau sur ce malheureux, parce qu'il avoit tüé son Roy et le père commun de la patrie. Il se trouva un maquignon, entre autres, qui s'apperçeut que l'un des chevaux commençoit à s'affaiblir; il descendit du sien promptement, osta la selle et le mit en sa place. Il l'excita sy fort, qu'en une ou deux secousses qu'on luy donna, il eut emporté l'épaule gauche. Il y en eut d'autres qui s'offrirent de le faire encore souffrir un nombre de jours en mourant après plusieurs dislocations et froissures. L'exécuteur, le voyant à l'agonie, se préparoit à le diviser en quatre quartiers, mais il fut bien étonné de voir au premier coup le corps de ce malheureux violemment arraché de ses mains par le peuple, et qu'il ne luy restoit seulement que sa chemise pour achever l'exécution, et l'arrest qui portoit qu'il seroit réduit en cendres au mesme lieu de son supplice. Chacun de son costé en arracha un peu et le traîna par toute la ville, et ayant mesme percé de coups d'espée sa chair parricide, et une femme, qui se trouva là, emporta aussy de rage et les ongles et les dents. Enfin, après avoir esté divisé en autant de morceaux qu'il y avoit de rues à Paris, on en fit plusieurs feux en différents endroits, et particulièrement au lieu où il avoit commis ce cruel assassinat. Les Suisses en brûlèrent une pièce devant le Louvre, et d'autres en amassèrent des lambeaux, qu'ils portèrent ensuite à la place de Grève, pour achever entièrement le supplice par les flammes.

« La Cour, les Grand'Chambres de la Tournelle et de l'Édit
» assemblées pour procéder au jugement du procez criminel
» extraordinairement fait à la requeste du Procureur général du
» Roy à l'occasion du détestable parricide commis en la per-
» sonne sacrée du Roy Henry IV, ouy sur ce le Procureur
» général du Roy, a ordonné et ordonne qu'à la diligence du
» Doyen et Sindic de la Faculté de théologie, la dite Faculté
» sera assemblée au premier jour, pour y délibérer sur la confir-
» mation du décret d'icelle, en date du 13 décembre 1413, résolu
» par la censure de cent un Docteurs de la dite Faculté et autho-
» risé depuis par le Concile de Constance, qu'il n'est loisible à
» aucun, pour quelque cause et occasion que ce puisse estre,
» d'attenter aux personnes sacrées des Roys et Princes souverains,
» et que le décret, qui interviendra en ladite Assemblée, sera
» signé de tous les Docteurs de ladite Faculté qui auront esté
» présens à la dite délibération, ensemble par tous les Bacheliers
» qui sont au cours de théologie, pour estre le dit décret com-
» muniqué au dit Procureur général et veu par la dite Cour,
» estre par elle ordonné ce que de raison. Fait en Parlement, le
» 27e jour de may 1610. »

Pour obéir aux ordres de cet arrest, la Faculté de théologie s'assembla le 4 juin au Collège de Sorbonne, et rendit sa censure contre les parricides des Roys et des Princes. Elle est conçue en ces termes :

« L'an de Notre-Seigneur 1610, la sacrée Faculté de théologie
» ne put pas tenir sa congrégation générale extraordinaire dans

» le premier ny le second jour de juin, à cause des festes de la
» Pentecôte, et que ses députez, qui s'estoient assemblez pour
» donner leur avis sur l'affaire qui se présentoit, la remirent au
» 4 juin en suivant, jour auquel elle fit assembler tous les Docteurs,
» en conséquence de l'obéissance qu'ils avoient jurée à la dite
» Faculté, et après avoir célébré la messe du Saint-Esprit suivant
» la coutume ordinaire, ils délibérèrent entre eux sur l'exécution
» dudit arrest.

» Cette affaire ayant esté mise en mouvement, la Faculté fit
» assembler de nouveau ses députez, et proposèrent ensuite en la
» congrégation générale, où il fut résolu : 1° qu'elle estoit obligée
» de donner son avis et sa censure doctrinale à tous ceux qui la
» demandoient; que l'Université de Paris avoit toujours esté la
» mère et la protectrice d'une très-salutaire doctrine que le bien
» et le repos provenoient de l'ordre, et que cet ordre, après Dieu,
» dépendoit du salut des Roys et de celuy des Princes; 2° qu'il
» n'appartient qu'au Prince et à la puissance politique de se
» servir du glaive, ainsy qu'il est dit en celle aux Romains,
» verset 13; que depuis quelques années, certaines opinions
» dangereuses et impies avoient tellement corrompu l'esprit des
» hommes, qu'ils croyoient estre en droit d'attribuer aux Roys
» et aux Princes le titre exécrable de tiran, sous prétexte de
» soutenir les droits de la religion; qu'ils croyoient qu'il leur
» estoit permis de conspirer contre leurs personnes sacrées et
» de tremper leurs mains parricides dans un sang sy cher et sy
» précieux à l'Estat, ce qui donnoit lieu à des troubles et à des
» guerres civiles dans le Royaume, mesme à ceux qui estoient
» séparez de l'Église catholique, apostolique et romaine, de
» prendre de là occasion de persister dans leurs erreurs, et de
» fuir les religieux et docteurs et prélats catholiques, quoyque
» innocens, comme s'ils avoient enseigné une doctrine sy détes-
» table. La dite Faculté, après avoir mûrement délibéré sur
» l'affaire dont il estoit question, elle déclara qu'elle détestoit et
» condamnoit absolument les Docteurs étrangers comme impies
» et entièrement opposez à l'esprit de l'Église, à la société
» humaine et aux maximes de la religion catholique. En foy de
» quoy, elle a cru devoir renouveler son ancien décret, qui avoit
» esté conçeu et résolu il y a deux cens ans en présence de cent
» quarante et un Théologiens sur la condamnation d'une pro-
» position sy dangereuse : — « Un tiran quel qu'il soit peut et

» doit licitement et méritoirement estre occis par un sien vassal
» ou sujet quel qu'il soit, par tous moyens, principalement par
» secrètes embûches, trahisons, flatteries et autres telles menées,
» nonobstant quelque foy ou serment que le sujet puisse avoir
» avec le tiran, sans aussy que sur ce fait le sujet doive attendre
» la sentence ou le mandement d'un juge quelconque » —).

» Cette proposition, prise généralement dans la signification
» de ce mot tiran, est une erreur injurieuse à la foy catholique,
» contraire à la doctrine des bonnes mœurs mesmes, au com-
» mandement de Dieu : « Tu ne tueras point, comme dit la
» glose, de ta propre authorité », c'est-à-dire sans les ordres
» exprès du Magistrat. Elle est pareillement opposée à ce que
» dit le Sauveur : « Tous ceux qui auront pris le glaive périront
» par le glaive ». En effet, cette proposition tend non-seulement
» à la ruine entière de tous les Estats du monde, mais elle
» ouvre encore un chemin aux perfidies, à la trahison, à la
» désobéissance d'un sujet envers son Roy, et à la damnation
» éternelle, en sorte que celuy qui soutient avec opiniâtreté une
» telle proposition doit estre regardé comme hérétique et mérite
» d'estre puny suivant la rigueur des loix, conformément au
» décret, cause 21, question 5. Fait l'an 1413, le mercredy 13 dé-
» cembre.

» Confirmation de la censure de la Faculté de Sorbonne par
» le Concile de Constance :

» Le saint Concile, voulant travailler avec soin à l'extirpation
» des erreurs et des hérésies que des esprits tumultueux ont
» répandues dans le monde, fit convoquer exprès son Assemblée
» sur les informations qui luy avoient esté faites que depuis
» quelque temps on dogmatisoit et on publioit certaines propo-
» sitions scandaleuses, erronées et contraires aux règles de la
» foy, qui ne tendoient qu'à renverser le bon ordre dans l'Estat
» des républiques, entre autres particulièrement celle qui vient
» d'estre rapportée cy-dessus : « Un tiran quel qu'il soit......,
» etc..... » Comme le saint Concile a toujours eu un désir
» singulier d'étouffer les racines d'une erreur sy pernicieuse, il
» déclare, par un décret solennel, qu'il la condamnoit comme
» hérétique et attentatoire aux loix divines et humaines, que
» ceux qui s'obstineroient à la défendre seroient réputez héré-
» tiques et ennemis jurez de l'Église catholique, et comme tels
» punis suivant la sévérité des saints Canons.

» Sur quoy, la dite Faculté, ayant examiné sérieusement les
» opinions de tous les Docteurs chacun en particulier, a délibéré
» et conclu : 1° que son ancienne censure, confirmée par le
» Concile de Constance, seroit renouvelée et rendue publique,
» pour estre ensuite gravée dans les esprits de tous les hommes ;
» 2° que cette proposition qu'il est permis d'attenter et mettre
» les mains sur les personnes sacrées des Roys et des Princes
» doit estre regardée comme injurieuse, hérétique et séditieuse
» dans tous les sens qu'on luy puisse donner ; 3° que tous les
» Docteurs et Bacheliers en théologie seront obligez de protester,
» au jour qu'on a coutume de faire serment, de garder les statuts
» d'icelle, d'enseigner la vérité de ce décret, soit en théologie ou
» en prêchant en public, et que le présent acte sera imprimé et
» publié, tant en latin qu'en françois, dans toute l'étendue du
» Royaume. »

Ce décret fut signé de cent cinquante Docteurs, en exécution duquel la Cour ordonna qu'il seroit leu, par chacune année, à pareil jour 4 juin, en l'Assemblée de la Faculté de théologie et publié aux prosnes des parroisses, et que le livre de Jean Mariana, intitulé : *De Rege et Regis institutione,* où on avoit puisé cette damnable proposition, seroit brûlé publiquement par l'exécuteur de la haute justice devant la grande porte de l'église de Notre-Dame. Voicy l'arrest :

« Veu par la Cour, les Grand'Chambres de la Tournelle et
» celle de l'Édit assemblées, le décret de la Faculté de théologie,
» assemblée le 4 du présent mois de juin, suivant l'arrest du
» 27 may précédent sur le renouvellement de la censure doctri-
» nale de la dite Faculté en l'an 1413, confirmé par le saint
» Concile de Constance, que c'est une hérésie pleine d'impiété
» de soutenir qu'il est permis aux sujets et étrangers, sous
» quelque prétexte et occasion que ce puisse estre, d'attenter aux
» personnes sacrées des Roys, des Princes souverains ; le livre
» de Jean Mariana intitulé : *De Rege et Regis institutione,* imprimé
» tant à Mayence que dans les autres lieux du Royaume, con-
» tenant plusieurs blasphèmes exécrables contre le feu Roy
» Henry IV, de très-heureuse mémoire, les personnes et Estats
» des Roys et Princes souverains, et autres propositions con-
» traires au dit décret, conclusions du Procureur du Roy, la
» matière mise en délibération,

» La Cour a ordonné et ordonne que le décret du 4 du présent

» mois de juin sera enregistré en icelle, ouy et ce requérant le
» Procureur général du Roy, et leu par chacun en pareil jour
» 4 juin en l'Assemblée de la dite Faculté, et publié le premier
» jour de décembre aux prosnes des parroisses de cette ville et
» faubourgs de Paris, ordonne que le dit livre de Jean Mariana
» sera brûlé par l'exécuteur de la haute justice devant l'Église de
» Paris; fait inhibitions et défenses à toutes personnes, de
» quelques conditions et qualitez qu'elles soient, sur peine de
» crime de lèze-majesté, d'escrire ou faire imprimer aucun livre
» contraire au dit décret et contenu du présent arrest; ordonne
» que copies collationnées aux originaux du dit décret et du dit
» arrest seront envoyées aux bailliages et sénéchaussées de ce
» ressort, pour y estre leües et publiées en la forme et manière
» accoutumées et aux prosnes des parroisses des villes et fau-
» bourgs, le premier dimanche du mois de juin; enjoint aux
» baillifs et séneschaux procéder à la dite publication, et aux
» substituts du Procureur général du Roy de tenir la main à
» l'exécution et certifier la Cour de leurs diligences dans le mois.
» Fait en Parlement, le 8 juin 1610. »

Cet arrest fut exécuté le mesme jour par l'exécuteur de la haute justice, qui sortit de la Conciergerie portant le livre en main, dedans un tombereau, pour qu'il fût veu de la populace, devant la grande Église métropolitaine, où il fut brûlé publiquement après les cris accoutumés en pareilles occasions, comme estant remply d'hérésies et d'impiétez exécrables.

PROCEZ ET MORT

DU

MARESCHAL DUC DE BIRON (1602)

PROCEZ CRIMINEL

A LA REQUESTE DU PROCUREUR GÉNÉRAL DU ROY A L'ENCONTRE DE MONSIEUR CHARLES DE GONTAULT DE BIRON, CHEVALLIER DES DEUX ORDRES DU ROY, DUC DE BIRON, PAIR ET MARESCHAL DE FRANCE, GOUVERNEUR DE BOURGONGNE, ARRESTÉ PRISONNIER A FONTAINE-BELLEAU LE XIIIe JUING MDCII, ET LE XVIe DU DICT MOIS CONDUIT PRISONNIER AU CHASTEAU DE LA BASTILLE, A PARIS, ACCUSÉ DE CRIME DE LÈZE MAJESTÉ, ET AVEC LUY LE COMTE D'AUVERGNE, BASTARD DU FEU ROY CHARLES NEUFVIESME.

LE dict sieur mareschal de Biron est accusé de *cinq poinctz capitaulx* :

Le premier, d'avoir communicqué avec ung nommé Picotte, de la ville d'Orléans, réfugié en Flandres, pour prendre intelligence avec l'archiduc, et de faict d'avoir donné au dict Picotte cent cinquante escuz pour deux voyages par luy faictz à ceste fin.

Le second, d'avoir voullu traicter avec Monsieur le duc de Savoye (1), trois jours après son arrivée à Paris, sans la permission du Roy, et de luy avoir offert toute assistance et service envers et contre tous, sur l'espérance du mariage de sa troisiesme fille.

Le troisiesme, d'avoir communicqué avec le dict Duc, tant pour la prinse de Bourg-en-Bresse qu'aultres places; de luy avoir

---

(1) Charles-Emmanuel, duc de Savoie.

escript et donné advis d'entreprendre sur l'armée du Roy et sur sa personne, mesme de luy avoir escript plusieurs choses à ceste fin importantes au bien de son service.

Le quatriesme, d'avoir voullu conduire le Roy devant le fort Saincte-Catherine pour le faire tüer, et à ceste fin avoir donné advis au cappitaine qui estoit au dedans du dict lieu et du signal pour congnoistre Sa Majesté.

Le cinquiesme, d'avoir envoyé Monsieur de La Fin (1) traicter avec Monsieur le duc de Savoye et avec le comte de Fuentes contre le service du Roy.

RESPONCE

Quant au premier poinct, il respond qu'estant prisonnier entre ses mains à la Franche-Comté, il luy dict que s'il avoit agréable qu'il s'emploiast à la réduction de Seure, parce qu'il congnoissoit le cappitaine La Fortune qui estoit dedans, qui ne demandoit pour toute rescompence que sa liberté, de quoy ayant escript au Roy, Sa Majesté le trouva bon, et de faict le dict Picotte s'y employa sy bien que la place fut asseurée au service de Sa Majesté.

Que depuis il n'avoit veu le dict Picotte qu'en Flandres, lorsqu'il y alla pour la conservation de la paix; que le dict Picotte le vint trouver avec plusieurs aultres pour le supplier d'intercedder envers le Roy à ce qu'ilz peussent rentrer dans leurs biens, et que s'il leur rendoit ce bon office, qu'ilz luy feroient présent d'une couple de tentures de tapisserye, de quoy en estant offencé, ilz luy respondirent qu'ilz entendoient seullement luy en faire bon marché; depuis, n'avoit ouy parler du dict Picotte, sy qu'environ ung an après, qu'estant en son gouvernement, le dict Picotte luy [avoit] escript qu'il avoit faict plusieurs voyages pour la réduction de Seure, qu'il estoit misérable, chassé de son païs, et le supplioit d'avoir pitié de luy; qu'il avoit emprunté cent cinquante escuz qu'il avoit envoyez, lesquels ayant employez dans ung estat de quelques fraiz pour le service du Roy, [que] Sa Majesté avoit apostillé, bien que ceste partie estoit sous le nom de Vellore (?), toutesfois elle avoit esté

---

(1) Jacques de La Fin, gentilhomme bourguignon, de la maison de Beauvais-la-Nocle.

baillée au dict Picotte pour la réduction de Seure; que jamais il n'a eu aucune communicquation avec luy.

Quant au second poinct, d'avoir voullu traicter avec Monsieur le duc de Savoye sitost qu'il fut arrivé à Paris, que quinze joûrs après qu'il vit le dict Duc à Conflans, lorsque le Roy y fut disner avec luy, et que Sa Majesté s'estant promenée longtemps, il luy print envye d'aller à la garde-robe, commandant Monsieur le comte d'Auvergne et luy d'entretenir ce pendant le dict Duc; que les comtes de Soissons et de Montpensier (?) s'advançant, il leur quitta la place et alla trouver le Roy, qu'il attacha et donna à boire, et qu'incontinent après ilz partirent pour aller à Paris.

Que sur quelques discours qu'on luy tint du mariage de la troisiesme fille de Son Altesse, il en parla au Roy, [et] que Sa Majesté, ayant depuis faict entendre qu'il ne le trouvoit bon, que depuis il n'en avoit parlé.

Que tant s'en fault qu'il eust intelligence avec le dict Duc, que le Roy luy ayant commandé de l'accompagner à son retour pour le faire passer par la Bourgongne, il supplia Sa Majesté de l'en descharger, sur ce qu'il voyoit les affaires sy peu asseurées, qu'il estimoit que dans quelque temps il en fauldroit venir aulx mains avec luy, et qu'il auroit regret, après [avoir] assisté et faict bonne chère à ung Prince, de luy faire la guerre; qu'il supplioit Sa Majesté de luy en dispenser, lequel ne luy accorda; quand est de dire qu'il avoit ce desseing de le faire passer par les plus fortes villes de son gouvernement, affin de les luy faire congnoistre, au contraire il l'avoit faict passer par les plus foibles, dont tout le monde en estoit tesmoing, et du conseil qu'il donna pour ce regard.

Pour le troisiesme poinct, dont il estoit accusé, d'avoir intelligence avec le dict duc de Savoye durant la guerre dernière, il n'y a nulle apparence.

Premièrement, il avoit prins Bourg, quasy contre la vollonté du Roy, sans assistance, sinon de ceulx qui estoient ordinairement avec luy.

Qu'il avoit prins Conflans et le fort Saincte-Catherine, [et que] s'il eust eu intelligence avec le dict Duc, il ne se fust pas comporté avec tant de franchise et d'affection.

Qu'il appelloit pour tesmoignage de ceste faulce accusation les gouverneurs des places qui sont maintenant au service du Roy, pour tesmoigner de la vérité, estant octroyé que s'il eust esté ainsy qu'il eust eu intelligence avec leur Maistre, qu'ilz en eussent sçeu ou congneu quelque chose.

Que de quarante convois de vivres que l'on avoit voullu faire entrer à Bourg, il en avoit deffaict ou repoulcé trente-sept, et les trois qui y estoient entrez estoient lors qu'il n'y estoit.

Pour l'accusation faicte contre luy d'avoir donné advis au dict Duc de deffaire le régiment de Chamrault (?), il prouvera et fera veoir que le dict Chamrault n'advint poinct à l'armée d'ung mois après l'accusation qui fut contre luy pour ce regard.

Secondement, que cest advis est sans apparence et hors du sens commung, pour ce que du lieu où l'on disoit où estoit le dict sieur Mareschal, et du lieu où l'on disoit où estoit Chamrault, il y avoit cinq ou six journées, et aultant pour aller trouver Son Altesse; qu'il falloit encore aultant pour revenir, et pour le moings quelque temps pour acheminer des forces, et qu'ung régiment ne demoure pas tout logé en ung laugis, qui est une invention de La Fin, purement faulce.

Que le Roy luy a dict, et qu'il ne le sçait d'aultre que de luy, que l'on luy voulloit faire offre de deux cent mil escuz pour faire entrer du secours dans la citadelle de Bourg, mais que l'ayant recongnu sy entier au service du Roy, l'on ne luy en osa parler.

Que s'il eust eu quelque mauvais desseing contre le Roy et la France, qu'il n'eust pas rendu Bourg qu'il tenoit, et qu'il l'avoit franchement mis entre les mains de celuy à qui le Roy luy avoit commandé.

Et combien que Sa Majesté, par .... qu'il a dans une boitte, luy eust commandé, après quelque tresve avec le dict duc de Savoye, de fournir à ceulx de la citadelle de Bourg de quatre cens pains par jour, cinquante bouteilles de vin, ung demy-bœuf et six mouttons, qu'il avoit réduict le païs à cinquante bouteilles de vin et deux mouttons, par le moyen de laquelle réduction la dicte place avoit esté mise au service du Roy au temps qu'il avoit promis.

Pour le quatriesme poinct, qu'il avoit intelligence avec le gouverneur du fort Saincte-Catherine pour tüer le Roy, qu'il supplia Sa Majesté et imploroit sa mémoire pour se souvenir que luy seul l'advertit contre le desseing que Sa Majesté en avoit d'aller veoir et recongnoistre le dict fort, sur ce qu'il luy représenta qu'il y avoit dans la dicte place d'extresmement bons canonniers, et qu'il n'y pouvoit aller sans grand hazard, et que

[sur] ce qu'il luy représenta, Sa Majesté rompit ce voyage, luy offrant, s'il désiroit d'en veoir le plan, de [le] luy apporter le lendemain, et mesme proposa à Sa Majesté de prendre la place avec cinq cens harquebuziers, et qu'il yroit le premier au combat.

Pour le cinquiesme poinct, à quel desseing il avoit envoyé plusieurs fois Monsieur de La Fin en Savoye et à Milan pour visiter et veoir tant le dict duc de Savoye que le comte de Fuentes,

Qu'à la vérité, tout le mal qu'il a faict, ç'a esté en deux mois que le dict sieur de La Fin a esté auprès de luy, pendant lesquels il a ouy parler et escript, mais que de la mesme main qu'il avoit escript il avoit sy longuement servy le Roy, que cela luy peut tesmoigner qu'il n'avoit poinct de mauvais desseing.

D'ailleurs, que le Roy luy ayant pardonné à Lyon tout ce qui s'estoit passé, présens Messieurs de Villeroy (1) et de Sillery, que sy depuis ce temps il en faict quelque chose, il accuseroit ses juges d'iniustice s'ilz ne le faisoient mourir; aussy, s'il n'avoit rien faict, il estimoit que le pardon du Roy suffisoit pour sa liberté, et que s'il estoit question de [le] luy demander encore une fois, qu'il avoit les genoux aussy foibles qu'il eut jamais pour ce faire.

Que La Fin l'avoit tellement ensorcelé pendant qu'il estoit auprès, qu'il avoit mis en soubson tous ses serviteurs, et de faict que le dict de La Fin, sur tout ce qui se passoit entre eux, ne voullut jamais aultres tesmoings que ses domestiques.

Qu'il ne désadvouera jamais ce qu'il a escript, mais que Renazé, qui est (au dict mareschal de Biron) au dict sieur de La Fin, qui [le] luy avoit voullu donner, et contrefaisoit sa lettre, comme aussy le sieur Imbert, son maistre d'hostel.

Et quant à ce qu'on luy demande, puisque ainsy est qu'il n'avoit rien faict, que Sa Majesté le faisant rechercher à Fontaine-Belleau, il ne s'est ouvert davantage,

Il respond que en ayant communicqué avec ung Père Minime pour sçavoir s'il en debvoit parler au Roy, luy ayant faict entendre ces sermens et protestations inviolables qu'il luy en avoit faictes, qu'il luy avoit respondu qu'il pouvoit receller avec la seureté de sa conscience ce qui s'estoit passé entre le sieur de La Fin et luy, qu'il suffisoit qu'il n'eust plus ceste vollonté de

---

(1) Nicolas de Neufville de Villeroy, ministre d'État.

mal faire, et bien que Monsieur de Bourges luy eust rellevé ce scruppulle, toutesfois qu'il n'estimoit pas sa conscience sy bien deschargée, qu'il ne luy en restast encore quelques remors.

Que le dict sieur de La Fin luy faisoit boire de quelque eau qu'il disoit préserver du poison, luy ayant mis en oppinion que le Roy se debvoit deffaire de luy.

Que depuis encore que le dict sieur de La Fin avoit parlé au Roy, il l'estoit allé trouver, et luy avoit confirmé de n'avoir rien dict à Sa Majesté qui luy peust nuire, et qu'il ne craignist poinct.

Que sur les chemins, ung sien amy, qu'il ne congnoissoit pas, luy envoya ung valet de pied luy mander qu'il n'allast poinct trouver le Roy, s'il ne voulloit perdre la vye.

Que le dict jour, il luy arriva ung homme habillé en messager, qui luy présenta ung pacquet de lettres, luy disant que c'estoit de la part de Madame la comtesse de Roussy (1), sa sœur; que s'estant enquis de luy et de la grossesse de sa dicte sœur, ne luy ayant sceu respondre, il jugea que c'estoit quelque aultre advis, comme en effet il se trouva que ung sien amy, qu'il ne congnoist poinct, luy manda qu'il s'en retournast en dilligence, aultrement qu'il estoit perdu, ce qu'ayant monstré à ung des siens, [il luy dict] : « Je voudrois que vous fussiez dans le chasteau » de Dijon, et [moy] estre mort après que j'aurois sceu que » vous y seriez arrivé, car il ne faict pas bon icy pour vous ».

Que s'il eust eu quelque chose en la conscience, après tant d'advis, qu'il n'eust pas manqué de s'en aller, mais qu'il se sentoit sy innocent que, contre l'advis de ses plus particulliers amys, il estoit allé trouver le Roy.

Le dict sieur de Biron, pour tesmoigner que le dict sieur de La Fin n'a eu intelligence avec luy depuis le pardon du Roy, produit la lettre escripte depuis la naissance de Monsieur le Dauphin. La dicte lettre est sans date, et en laquelle il luy mande que puisqu'il a pleu à Dieu luy donner un Dauphin, qu'il ne voulloit plus songer à toutes ses menées, qu'il le prioit de revenir, et qu'il ne luy eust pas escript, s'il eust eu une mauvaise intention.

Ce sont les justiffications de Monsieur le mareschal de Biron, mais les lettres sont tenues véritables et irréprochables qui le condampnoient à la mort.

---

(1) Sœur du maréchal de Biron, et femme du comte de Roussy de Châteauneuf.

REQUESTE ET SUPPLICATIONS

FAICTES AU ROY PAR LES SIEURS DE LA FORCE (1), DE CHASTEAUNEUF (2), DE St-BLANCARD (3), DE ROUSSY (4) ET DE S^t-CYR, TOUS PARENS ET ALLIEZ DU SIEUR DE BIRON.

Sa Majesté estant à Sainct-Maur-des-Fossez, à la haulte gallerie, se vindrent tous les dessus nommez jecter aulx pieds de Sa Majesté, qui demoura debout leur ostant son chapeau, et l'ayant remiz, leur dict : « Messieurs, levez-vous ! » qui fut le XVIIe juillet du dict an mil six cent deux; lors Monsieur de La Force commença à dire :

« Sire, j'ay tousiours creu que Vostre Majesté recepvroit noz
» requestes en bonne part; c'est pourquoy nous nous sommes
» jectez aux pieds de Vostre Majesté en toute humillité, accom-
» pagnez des vœux de cent mil hommes de vos très-humbles et
» très-fidelz serviteurs, pour implorer vostre miséricorde pour ce
» pauvre misérable. Dieu veult que nous pardonnions à ceulx
» qui nous ont offensez, comme nous désirons qu'il nous par-
» donne. Les hommes ne vous ont poinct miz la couronne sur
» la teste, c'est luy seul qui vous l'a donnée. Les Roys ne peu-
» vent mieulx monstrer leur grandeur qu'en usant de clémence.
» Sire, je ne veulx poinct jecter aulx extrémitez, sinon qu'en
» suppliant Vostre Majesté de luy sauver la vye et le mettre en
» tel lieu qu'il vous plaira. Une maudite ambition l'a poulcé à
» cela, une vanité de se monstrer nécessaire à tout le monde.
» Vous avez pardonné à plusieurs qui vous ont davantage
» offencé. Sire, ne veuillez pas nous notter tous d'infamye, et
» nous mettre en proye à une honte perpétuelle, qui nous
» demourera à jamais. Je vous diray encore une fois que noz
» très-humbles requestes ne tendent qu'à vous demander pardon,
» et non justice. Nous sçavons tous qu'il est coupable d'avoir
» entreprins sur vostre Estat. Aiez esgard aulx services de son
» père et aulx siens. Que vostre clémence ne manque en son

---

(1) Jacques Nompar de Caumont, duc de La Force, maréchal de France.
(2) Charles de Laubespine, marquis de Châteauneuf.
(3) Jean de Gontaut, seigneur de Saint-Blancard, frère du maréchal de Biron.
(4) Comte de Roussy de Châteauneuf.

» endroict, qui n'a eu que le désir de vous offencer, puisqu'elle
» a commiz la faulte (sic). Les requestes de vos très-humbles et
» très-fidelz serviteurs humiliez à vos pieds, lesquelles nous
» espérons que Vostre Majesté, accompagnée de doulceur, nous
» accordera. »

Pendant que le dict sieur de La Force achevoit, le Roy fit lever les dicts sieurs, et après qu'il eut achevé, le Roy respondit ainsy :

« Monsieur, j'ay tousiours reçeu les requestes des amys de
» Monsieur de Biron en bonne part, ne faisant pas comme mes
» prédécesseurs, qui n'ont jamais voullu que non-seullement les
» amys et parens des accusez de crime de lèze-majesté parlassent à
» eux, ny mesme leurs père et frère. Jamais le Roy François n'a
» voullu que la femme de feu mon oncle, le Prince de Condé,
» luy demandast pardon. Quant à la clémence que vous désirez
» que j'aye envers Monsieur de Biron, ce ne seroit pas miséri-
» corde mais cruaulté, car s'il n'y alloit que de mon intérest
» particullier, je luy pardonnerois comme je luy pardonne de bon
» cueur; mais il y va de mon Estat auquel je doibz beaucoup
» et de mes enfans que j'ay miz au monde, car ilz me pour-
» roient reprocher, et tout mon Royaulme, que j'ay laissé un mal
» que je recongnois; sy je venois à faillir, il y va de ma vye, de
» celle de mes enfans et de la conservation de mon Royaulme.
» Je laisseray faire le cours de la justice, vous verrez le jugement
» qui en sera donné. J'apporteray tout ce que je pourray en ses
» innocences, pour lesquelles je prometz de faire tout ce que je
» pourray jusques à tems que vous ayez recongneu qu'il soit
» criminel de lèze-majesté, car, alors le père ne peult solliciter
» pour le filz, ny le filz pour le père, le mary pour la femme, le
» frère pour le frère. Ne vous rendez pas odieux à moy pour la
» grande amitié que vous luy avez portée. Quant à la notte
» d'infamye, il n'y en a que pour luy : le connestable de St-Paul,
» de qui je viens, et le duc de Nemours, de qui j'hérite, ont-
» ilz moings laissé d'honneur en leur postérité? Le Prince de
» Condé (1), mon oncle, n'eust-il pas eu la teste tranchée le
» lendemain, sy le Roy François ne fust mort? Voilà pourquoy
» vous aultres, qui estes parens de Monsieur de Biron, vous n'en
» avez aulcune honte, pourveu que vous continuiez en vos

---

(1) Henry II de Bourbon.

» charges et fidélitez comme je m'asseure, et tant s'en fault que
» je vous veuille oster vos charges, que s'il en venoit de nou-
» velles, je vous les donnerois. Monsieur de La Force me garde
» tous les jours ; voilà St-Angel, qu'il avoit esloigné de luy parce
» qu'il estoit homme de bien. J'ay plus de regret de sa faulte
» que vous-mesmes ; mais avoir entreprins contre moy, qui estois
» son bienfaiteur, cela ne se peult supporter. » Alors Monsieur
» de La Force dict au Roy : « Alors, Sire, nous aurons pour le
» moings cest advantage qu'il ne se trouve poinct qu'il ayt en-
» treprins sur vostre personne », et le Roy luy dict : « Faictes
» ce que vous pourrez pour son innocence, je feray de mesme »,
et ilz s'en allèrent.

LETTRE DE MONSIEUR LE MARESCHAL DE BIRON

ESCRIPTE ET ENVOYÉE
DU CHASTEAU DE LA BASTILLE, OU IL ESTOIT PRISONNIER, AU ROY

Sire, entre toutes les perfections qui accompagnent la grandeur de Dieu, la miséricorde, par-dessus toutes, paroist estre celle qui a réconcillié les hommes avec luy et ouvert les portes du Ciel au monde. Ceste belle partye, qui faict le tout d'une vertu excellente, vous ayant esté communicquée par ce grand Monarque par don de grâce spécialle sur les aultres Roys de la terre, comme filz aisné de son Église, et ayant icy devant mesnagé le sang de vos ennemys, se trouve réclamée en l'infortune du mareschal de Biron, qui l'oze implorer, sans crainte que l'on die qu'il se soit trouvé ung subiect que ayt offencé pour recourir à la doulceur et avoir la paix, puisque c'est la gloire de la créature qui offence son créateur de demander en souspirant la rémission de son offence. Or, Sire, Vostre Majesté, de qui la clémence a tousiours honnoré le victorieux tranchant de son espée sy signalée, et rendu mémorable sa bonté par une seulle grâce, c'est maintenant qu'elle peut paroistre, en donnant la vye et la liberté à vostre très-humble serviteur, à qui la naissance et la fortune ont promis une mort plus honnorable que celle qui le menasse : ceste promesse du destin, soit que mes jours fussent sacriffiez à vostre service, s'en va estre honteusement violée, sy vostre miséricorde ne s'y oppose, et ne continue en sa faveur les miracles qu'elle a faictz en France, lesquels à jamais honnoreront vostre règne. Vous ferez en la vye temporelle ce que Dieu fit en la vye spirituelle; en sauvant les hommes comme il a sauvé les âmes, vous vous rendrez digne de l'amour du monde et des bénédictions du Ciel. Je suis vostre créature, Sire, eslevé aux honneurs et à la gloire par vostre libéralité et sage valleur, car de mareschal de camp vous m'avez faict mareschal de France; de baron, duc; de simple soldat m'avez rendu cappitaine. Vos combatz et vos batailles ont esté mes escalles; en vous obéissant comme à mon Roy, j'ay appris aux aultres comme mes soldatz. Ne souffrez pas, Sire, que je meure en une conciergerye sy misérable, ains laissez-moy vivre pour mourir au milieu de vos armées, servant d'exemple d'homme de guerre qui combat pour son Prince, et non d'ung gentilhomme malheureux que le supplice faict mourir au milieu d'ung peuple ardent de curiosité d'ung tel spectacle, et dans l'attente à la mort des criminels. Que ma vye, Sire, finisse aux mesmes lieux où j'ay accoustumé de respandre mon sang pour vostre service et imitant vostre courage, et je promettz que celuy qui reste de trente-deux plaies que j'ay reçeües en vostre service, et imitant vostre courage, sera encore espandu pour la conservation et accroissement de vostre Empire, affin que je périsse honnorablement, Sire, [et] que de ceste mort je recongnoisse [la faveur] que vous m'avez faicte de me laisser la vye. Les plus jurez ennemys de vostre Royaulme ont esprouvé la doulceur de vostre clémence, et jamais, à l'exemple de Dieu, vous n'avez aymé la ruyne de personne. A présent, Sire, le mareschal de Biron vous demande luy-mesme ce bénéfice, et conjure vostre pitié de se monstrer en elle aussy puissante que mon malheur est grand, et de ne vous ressouvenir de ma faulte, affin qu'ayez mémoire de mes services et de ceulx de feu mon père, de qui les cendres vous adjurent de pardonner à son filz et de vous laisser esmouvoir à sa requeste. Que sy les ennemys de ma liberté gaignent la faveur de vos oreilles et vous donnent de mauvaises impressions de ma fidélité, vous faisant penser que je serois suspect à vostre Royaulme, bannissez-moy de vostre Court et me donnez pour exil là où que, privé de pouvoir servir le particullier de vostre Estat, je puisse au moings faire service au général de toute la chrestienté, et rebastir une fortune estrangère sur les ruynes de celle que j'avois en France, dont Vostre Majesté aura la disposition souveraine aussy bien que d'une personne, car, en quelque lieu qu'elle m'envoye, je seroy et paroistroy tousiours françois, et le repentir de mon offence me rendra passionné au bien de la patrye, et ne m'en diray pour ce condampné, ny que vous m'ayez despouillé de mes estatz et de mes charges, car ayant, à la place de l'espée de mareschal de France, celle que je portois au commencement que j'arrivay en vos armées, je pourray, estant retiré au service de l'Église, praticquer loing de France celle que j'ay apprise au service de Vostre Majesté, que sy elle me deffault le maniement des armes, elle lie du tout les mains à la guerre. Donnez-moy ma maison pour prison, et ne me laissez que ma foy pour gage et ce qu'il fault de moyens à ung simple gentilhomme pour vivre seullement. Je vous engage la part que je prétends au Ciel de ne sortir dans le monde que lorsque Vostre Majesté me le commandera. Laissez [vous], Sire, esmouvoir à mes soupirs, et destournez vostre rigueur du prodige de la fortune que ung mareschal de France serve d'ung funeste spectacle aux François, duquel son Roy, qui le souloit veoir combattre dans le milieu des périls de la guerre, a permis, durant la paix de son Estat, que l'on luy ayt ignominieusement ravy l'honneur et la vye. Faictes-le, Sire, et ne regardez pas tant à la conséquence du pardon qu'à la gloire d'avoir sçeu et voullu pardonner à ung crime punissable, car il est impossible que cest accident puisse advenir à d'aultres, parce qu'il n'y a personne de vos subiects qui puisse estre comme j'ay esté [trompé par celuy] qui ayme plus ma ruyne que ma grandeur, qui se sert de mon ambition pour corrompre ma fidellité, et qui m'a conduict au danger où je me trouve. Voyez ceste lettre, Sire, de l'œil que Dieu a de coustume de veoir les pescheurs repentans, surmontant vostre courage pour rendre vostre victoire (sic) à la grâce que je vous demande.

Vostre subiect et captif,

Charles DE GONTAULT.

EXTRAIT DES REGISTRES DU PARLEMENT

DU LUNDY XXIXᵉ JUILLET MDCII (1602)

Veu par la Court, les Chambres assemblées, le procez criminel extraordinairement faict par les Présidens et Commissaires commiz et desputez par lettres patentes de Sa Majesté de ces XVIIᵉ et XXIIIᵉ jours de juing, à la requeste du Procureur général du Roy, à l'encontre de Messire Charles de Gontault de Biron, chevallier des deux ordres du Roy, duc de Biron, pair et mareschal de France, gouverneur de Bourgongne, arresté prisonnier au chasteau de la Bastille, à Paris, accusé du crime de lèze-majesté, informations, interrogations, confessions, desnégations, confrontations de tesmoings, lettres missives, advis et instructions donnez aux ennemys, et par luy recongnuz, et tout ce que le dict Procureur général a produict arrest du XXVIᵉ de ce mois, par lequel a esté ordonné qu'en l'absence des pairs de France appelez, il seroit passé oultre au jugement du procez, conclusions d'icelluy Procureur général du Roy, et le dict accusé interrogé par la dicte Court sur les faictz à luy imposez, dict a esté que la dicte Court a desclaré et desclare le dict duc de Biron atteint et convaincu du dict crime de lèze-majesté, pour les conspirations par luy faictes contre la personne du Roy, entreprinses sur son Estat, productions et traictez avec les ennemys, estant mareschal de l'armée du dict Sieur, pour réparation duquel crime l'a privé et prive de tous estatz et honneurs et dignitez, et l'a condampné et le condampne à avoir la teste tranchée sur l'eschaffault qui, pour cest effect, sera dressé en place de Gresve; a desclaré et desclare tous et ung chacun ses biens meubles et immeubles généralement quelconques, en quelques lieux qu'ils soient situez et assis, acquis et confisquez au Roy, la terre de Biron privée à tout jamais du nom de Biron et tiltre de duché et pairye, et icelle terre ensemble ses aultres biens immédiatement tenuz du Roy, remis au domayne de la Couronne. Prononcé et exécuté le mercredy trente-ungniesme du mois de juillet mil six cent deux.

Le dict sieur Mareschal fut exécuté dans la Bastille le mercredy, dernier jour de juillet, sur les entre cinq et six heures du soir, Messieurs le Chancelier, premier président de la Court, le Lieutenant civil et prévost des marchands, les quatre eschevins de la ville, le chevallier du guet Rappin, six huissiers de la Court, et Voisin, greffier d'icelle Court, assistans dans le chasteau de la Bastille, lesquels estant apperçeuz par la damoiselle de Fontaines, femme du cappitaine de la Bastille, qui estoit à la fenestre de la chambre de Monsieur le mareschal de Biron, elle se mit incontinent à plorer : « Monsieur, dict-elle, je veois du » monde là-bas qui monte icy hault, et croys, Monsieur, que » debvez penser à vous ». A quoy le dict sieur Mareschal luy fit responce : « Ce n'est pas grand'chose que vous voyez ».

Il estoit desjà avec le curé de Sainct-Nicolas-des-Champs, nommé Magnan, et ung prédicateur du Roy, nommé Garnier, qui le persuadoient de penser à sa conscience et se résouldre à la mort; à quoy toutesfois il ne fut possible de le faire condescendre, car il ne pensoit, ny eust jamais pensé mourir, comme il se verra par ses desportemens cy-après.

Les dicts sieurs entrant, ilz trouvèrent le dict sieur Mareschal après deux ou trois almanachs, considérant la lune, le jour, les signes, et aultres choses appartenant à la judiciaire.

Monsieur le Chancelier dict : « Monsieur, nous sommes venuz » icy vous prononcer l'arrest qui a esté donné contre vous à la » requeste de Monsieur le Procureur général du Roy que oyerez ». Lors, Voisin, greffier, luy dict : « Monsieur, mectez-vous en estat » à deux genoux ». Ce faict, il commença à lire l'arrest, et quand il fut sur ces mots « pour avoir conspiré contre le Roy et son » Estat », il dict « qu'il n'estoit pas vray ».

Item, quand il fut sur ces mots « condampné d'avoir la teste » tranchée en place de Gresve », dict-il : « Voilà une belle res- » compence de mes services devant tout le monde, mourir igno- » minieusement! »

Monsieur le Chancelier prit la parolle et dict : « Monsieur, » le Roy a octroyé la grâce que vous avez faict demander » vous-mesme de mourir en prison; partant, vous mourrez icy » dedans ».

Le Mareschal : « Est-ce la grâce qu'il me veult faire? Ha, » ingrat! Ha, mescongnoissant, sans pitié, sans miséricorde, qui » n'en eut jamais! Que s'il en eut, ç'a esté plustost par crainte » que par miséricorde qui fust en luy! » et beaucoup d'aultres parolles injuriables à ce subiect.

Puis : « Et par quoy à moy n'use-t-il point de pardon, veu » qu'il en a usé à beaucoup d'aultres, qui l'avoient davantage

» offencé que moy en cest endroict ». Il nomma Monsieur d'Espernon, disant : « Combien de fois l'a-t-il desservy et
» trahy ! » Mesme nomma Monsieur de Mayenne, [et] adiousta que sy le comte d'Essex (1) eust voullu demander pardon à la Royne d'Angleterre, qu'elle [le] luy eust octroyé, « non à moy
» qui le luy demande fort humblement, sans mettre en ligne de
» compte les services de feu mon père, et les miens, et mes
» plaintes qui le demandent aussy d'elles-mesmes ».

Sur ce que le Roy confisquoit tous ses biens, Monsieur le Chancelier luy dict : « Le Roy a donné la confiscation des biens
» à Messieurs vos parens, hormys le duché annexé à la Cou-
» ronne ». Le Mareschal respond : « Il a regardé à peu de chose,
» tant il a de venin en luy, et c'estoit peu pour en prendre
» garde ».

« Et quoy ! on me faict donc mourir sur la depposition d'ung
» sorcier et le plus grand nécromancien du monde ? Il est vray
» qu'il s'est servy à la malheure de mon ambition, m'ayant faict
» veoir par plusieurs fois et parler au diable en particullier ». Il fault icy rapporter les parolles qu'il a confessées au procez en ses deppositions, ou quoy que ce fust, une image de cire que luy avoit faict veoir La Fin, luy avoit dict bien particullièrement : « *Hep jupu pacibis est cisit eras licuescit morieres* » (*sic*). « Qui ne veoit
» ung manifeste ombrage en ce faulx menteur et séducteur ? » et aultres parolles sur ce subiect contre le dict de La Fin.

Et après il s'adressa à Monsieur le Chancelier, l'appellant homme sans justice, sans foy, sans loy, et que c'estoit luy seul qui l'avoit condampné à la mort injustement et iniquement, estant innocent et coupable nullement, et que pour réparation qu'il luy faisoit il l'adiournoit d'huy en ung an et jour à comparoir devant Dieu, pour luy rendre compte de la justice qu'il luy faisoit, et avec parolles injuriables, l'appellant : « Statue !
» Grand nez ! Image plastrée ! »

Et après, se pourmenant par la chambre à grands pas, respétoit souvent : « Ah ! Minime, Minime ! » qu'aucuns interprètent, suyvant ce que l'on a peu apprendre du procez, que le Minime luy avoit dict que s'il ne révelloit personne, il iroit en Paradis, et s'il accusoit quelqu'un, qu'il seroit damné, et dict : « Hé bien !

---

(1) Robert d'Évreux, comte d'Essex.

» il n'a pas sçeu tout mon secret (parlant du Roy), encore ne
» le saura-t-il pas ».

Lors, demanda permission de faire ung mot de testament, ce qui luy fut accordé, et commença en ceste manière, Messieurs s'estant retirez, et en continuant d'une mine fort furieuse, et despité :

« J'ay laissé cinquante mil escuz de rente.

» Je laisse une fille grosse, au filz de laquelle je laisse cin-
» quante mil escuz de rente, auprès de Dijon, et six mil escuz,
» et nomma sur-le-champ.

» Je doibz trente mil escuz, pour le payement desquels je
» laisse cinquante mil escuz dans le chasteau de Dijon, et le
» reste à la disposition du Roy. »

Il demanda s'il n'y avoit personne à Monsieur de Rosny; lors se présenta Monsieur Arnault, son principal secrétaire, auquel il dict : « Dictes à Monsieur de Rosny que j'ay tousiours esté son
» bon amy et serviteur, et que je meurs tel, que ceulx qui luy
» ont rapporté que je l'avois voullu tüer l'ont trompé, et n'est
» pas vray amy. Au contraire, j'ay tousiours désiré de le servir.
» Dictes-luy que je luy prie d'avoir pour recommandez mes deux
» frères et tous mes parens, qu'ilz fassent en sorte qu'ilz ne
» viennent en Court pour quelque temps, et, s'il est possible,
» que mon petit frère soit donné à Monsieur le Dauphin. »

Lors, tira une bague de son doigt, et [dict] : « Je vous prie de
» bailler ceste bague à ma sœur, la comtesse de Roussy. Qu'elle la
» porte toute sa vye pour l'amour de moy », et une aultre bague qu'il donna au sieur de Fontaines, gouverneur de la Bastille.

Après toutes ces choses, le bourreau entra, qui dict qu'il estoit temps et que l'heure se passoit, et que Messieurs (sic) désiroient s'en aller. Il respondit qu'il s'en alloit, et qu'il ne sçavoit ce qu'il escripvoit; supplia de prier le Roy que son corps fust enterré à Sainct-Paul, et qu'il ne fust poinct lié, ce qui luy fut accordé. Il descend de la chambre, où il estoit assisté de Monsieur Garnier, prédicateur du Roy, et Monsieur Magnan, curé de Sainct-Nicolas-des-Champs. « Allons, allons ! » dict-il. En descendant, il trouva Monsieur le Lieutenant civil, auquel il dict : « Monsieur le
» Lieutenant, vous avez de très-meschans hostes chez vous; sy
» vous n'y prenez garde, ilz vous perdront ».

Et voyant l'eschaffault dressé en la court de la Bastille, il demanda sy c'estoit là qu'il fallust qu'il reçust la rescompence des services qu'il avoit faictz. Comme il voulloit monter sur le dict eschaffault, il vit soixante ou quatre-vingts personnes, toutes de qualité, qui estoient en la dicte court, faisant aulcunement de bruict; il dict : « Que font tant de marauds, tant de canailles, et » ces gueux-là quel bruict ilz font ! »

De là, il monte sur le dict eschaffault, accompagné de Monsieur Garnier, prédicateur du Roy, et ung valet de garde-robe du Roy, nommé Jacquins (?), et le bourreau, lequel luy voullant mettre la main dessus, luy dict : « Ne me touche pas, sinon que de » l'espée, retire-toy d'auprès de moy ! Dis-moy seullement ce » qu'il fault que je fasse ! » Le bourreau luy dict qu'il falloit descoudre le collet de son pourpoinct. Lors il despouilla son pourpoinct au dict valet de garde-robe. Le bourreau luy dict qu'il falloit coupper ses cheveux par derrière et mettre ung bandeau, et ne voullant que le dict exécuteur le touchast, il print son mouchoir et troussa luy-mesme ses cheveux, qui estoient moyennement grands, espais et crespelez, et voyant que son mouchoir estoit trop court, dict au bourreau : « Baille, baille ce bandeau » que tu tiens ! »

Voyant qu'il ne se pouvoit bander, il appela un quidam là présent, le pria de luy faire ce dernier office, ce qu'il fit avec la permission de Messieurs. Il demanda à veoir l'espée. Se voullant le bourreau approcher de luy : « Retire-toy, dict-il, et ne me metz » poinct en désespoir, car sy tu me désespères, je t'estrangleray » et plus de la moitié [de ceulx] qui sont icy ! » auxquels propos quelques-ungs de l'assistance s'estonnèrent, jugeant la faulte que l'on avoit faicte de ne l'avoir lié.

Lorsqu'il se voullut luy-mesme bander, il avoit feinct de ce faire, affin de surprendre le dict exécuteur ayant l'espée en la main, ce que ne luy ayant trouvée, il se fit bander, et en l'instant se mit à genoux, et se recommandant à Dieu, il eut la teste tranchée fort subtillement, qui fut recueillye, et puis despouillé de ses habits, [qui furent] emportez par le dict exécuteur. Sa teste et son corps furent enseveliz dans ung drap blanc, puis fut mis dans ung cercueil de bois, et le soir fut porté à Sainct-Paul, où estoit une aultre bière de plomb qui y avoit esté portée, où il fut mis et enterré dans la nef de la dicte église de Sainct-Paul, et le lendemain fut dict et célébré ung service solennel pour son âme, où plusieurs de ses serviteurs et aultres assistèrent, le tout par commandement de Sa Majesté.

Le vendredy, xxviie jour de septembre mil six cent deux, le sieur de Fontenelle de Bretagne fut, pour la mesme conspiration, condampné par arrest du grand Conseil à estre rompu vif et mis sur une roue, et sa teste couppée et portée au païs, et ung sien amy, soldat, pendu et estranglé en la place de Gresve, ce qui fut exécuté et mené depuis le petit Chastelet, où ilz estoient prisonniers, sçavoir le dict Fontenelle trayné sur une claye, et le dict soldat [en] ung tombereau par le bourreau de la Court.

La Court paracheva aussy le procez du Secrétaire du dict sieur de Biron, lequel, par arrest, fut banny hors le Royaulme de France, et eut la question ordinaire et extraordinaire.

Depuis la mort du dict sieur de Biron, le comte d'Auvergne, bastard du feu Roy Charles neufviesme, demoura prisonnier au chasteau de la Bastille jusques au mercredy second octobre au dict an qu'il en sortit par la grâce du Roy.

ÉQUIVOCQUE

SUR LA MORT DE MONSIEUR LE DUC DE BIRON, ALLUDANT AU NOM DU DICT SIEUR DE LA FIN.

Passant, arreste-toy et voys de Biron l'entreprinse
Où, se pensant du tout asseurer de la fin,
Se fiant à la foy que l'on luy avoit promise,
Se trouva toutesfois bien trompé à la fin.

La fin qu'il attendoit à son faict favorable
Se trouvant au contraire et changeant de destin,
Comme vous le voyez l'a rendu misérable,
Car ung ambitieux n'est jamais assez fin.

La peur monstre un cœur vil, mais son cœur invincible,
Crédulle, ne doubtoit nullement de la fin :
Luy toutesfois, à coup de ruyne terrible,
Aultre qu'il ne pensoit, luy a causé la fin.

Cest espoir de la fin doncques en cest affaire
Ne le faisoit ailleurs regarder que la fin,
Mais la fin se trouvant à ses désirs contraire
Luy osta le moyen de venir à la fin.

Las ! Il pensoit tenir la fin dedans sa manche,
Sans avoir recongnu par avant sa fason,
Car la fin des humains est l'oyseau sur la branche,
Qui s'en va sautillant de buisson en buisson.

Mais La Fin le flattant de sy douce espérance,
Qui le rendoit crédulle à ses charmeurs appas,
Qu'ils ont par leur abus, pour touste rescompence,
Conduict nouvel Icare à la fin du trespas.

Car La Fin avoit prins le masque d'une vye
Pleine d'heur, de trésors, d'honneur et de repoz,
Se présentant à luy, puis quand il eut envye
D'en iouir, il trouva à sa place Atropos.

Au moings s'il eust pensé que par cēs pipeurs charmes
La Fin ne faict jamais que décepvoir les gens,
On n'auroit veu Biron, despouillé de ses armes,
Laisser trancher sa teste au milieu de ses gens.

S'il eust sçeu qu'il n'est chose au monde sy trompeuse,
Plus trompeuse, sans loy, sans respect, que la fin,
Plus traîtresse et perfide, aussy plus dangereuse,
Rusée qui plustost attrappe le plus fin,

Qu'il n'est plus que la fin rien sy bien variable,
Rien de plus incertain, inconstant et léger,
Qui plus, par beau semblant, se monstre favorable
En premier, pour après le laisser en danger.

Il ne fault plus chercher que trois premières causes
Dont la mère Nature a basty ce grand Tout,
..... la force et naturel des choses,
Car maintenant la fin cause et ruyne tout.

Quoy! La fin n'est-ce pas une chose ennemye
De tout cela qui est soulz le ciel animé?
La fin consomme tout, et la fin, et la vye,
Et qui le moings s'y fie est plus sage estimé.

Donc Biron sousmettant de tes faicts la franchise,
Sur la fin, comme on veoit, on te donne le tort.
Ne soys point esbahy et n'ay [point de surprise],
Car la fin aulx humains ce n'est rien que la mort.

Ce qui te doit fascher et blesser la mémoire,
C'est que n'ayant mené ton entreprinse à fin,
Ce néantmoings La Fin en a reçeu la gloire,
Et toy le déshonneur qui a causé ta fin.

Mais sy tu veux avoir une fin glorieuse,
Faut détester La Fin qui te feist tresbucher,
Et demander à Dieu la vye bienheureuse,
Dont La Fin à jamais ne pourra approcher.

Ainsy, quoyque l'esprit d'estrange repentance,
Tout rozyer arrosé flestry reverdira,
Et armé de doux fruict de ferme iouissance,
D'une sy belle fin l'œuvre couronnera.

DU PÈRE BIRON ET [DE] SON FILZ

Biron servant son Prince entre mille gens d'armes,
Vieillard, d'ung coup d'espée eut le bras emporté;
Son filz, ung second Mars, voullant tourner ses armes,
A la fleur de ses ans se veoit descapitté.

QUATRAIN

De Biron qui pensoit esteindre le flambeau
Pour la lumière sert de lumière à la France : (?)
Riche d'ambition et pauvre de naissance,
Se croiant faire ung sceptre, [a trouvé] le tombeau.

ÉPITAPHE DU DICT SIEUR DE BIRON

Passant, que ne te preigne envye
De sçavoir sy Biron est mort,
Car ceulx qui auront sçeu sa vye
Ne pourront pas croire à sa mort.

CE QUI S'EST TROUVÉ SUR LE NOM DE CHARLES DE GONTAULT DE BIRON
(Allusion sur le dict nom.)

« CE GRAND DUC DE ROSNY T'A DÉBELLÉ. »

XVIIe SIÈCLE

HISTOIRE DE BORDEAUX

LUTTES DU PARLEMENT AVEC LES DUCS D'ÉPERNON
(1633-1669)

PRISE DU CHATEAU DE VAYRES PAR LES ÉPERNONISTES

ET

SIÈGE DE LIBOURNE PAR LES BOURDELOIS

SOMMAIRE

	Pages
Note	249
Table analytique des matières	251
Correspondance avec le chancelier Séguier : — Remontrances. — Conflits. — Affaires religieuses. — Émeutes et soulèvements. — Affaires diverses (1633-1669)	277
Prise du chateau de Vayres par les Épernonistes, et siège de Libourne par les Bourdelois (1649) Tome II.	91
Indications biographiques	99

NOTE

SI l'on voulait écrire l'histoire de la Guyenne et de ses troubles au xviie siècle, dit M. le comte Hector de La Ferrière, c'est à la Russie qu'il faudrait demander des matériaux (1).

Telle est l'opinion exprimée par M. le comte Hector de La Ferrière, tel est le motif qui nous engagea, dans le temps, à transcrire les documents qui intéressaient plus spécialement la ville de Bordeaux et la province dont elle était la capitale, et dont les circonstances nous avaient enlevé la juste et légitime possession.

Ces copies, dont nous avons donné la nomenclature dans l'avant-propos de cet ouvrage, sont aujourd'hui déposées dans les Archives municipales. Les 171 lettres que nous publions ci-après en font partie, et nous nous sommes contenté d'élaguer celles dont la teneur était absolument insignifiante.

Si les lacunes, malheureusement trop nombreuses, qui existent entre ces différentes pièces nous ont empêché de les relier par un récit d'ensemble, nous avons cherché du moins à faciliter les recherches du lecteur, en indiquant brièvement, après chaque lettre mentionnée dans la *Table analytique des matières,* son principal objet.

---

(1) *Deux années de mission à Saint-Pétersbourg,* rapports adressés au ministère de l'instruction publique par M. le comte Hector de La Ferrière, — Paris, imprimerie impériale, 1867, — p. 149.

TABLE ANALYTIQUE DES MATIÈRES

ANNÉE 1633

Tome I
Pages

Lettre de M. de Pontac a M. de Séguier, garde des sceaux de France (1). — Bordeaux, le 13 mai 1633.............. 277
(Remboursement de l'emprunt de 24,000 livres fait en 1625 à l'occasion de la descente de M. le prince de Soubise sur les côtes du Médoc.)

Lettre de M. Daffiz. — Bordeaux, le 19 juin 1633.......... 279
(Le président Daffiz demande à être exempté de faire partie de la Chambre de l'Édit.)

Lettre de M. d'Aguesseau. — Bordeaux, le 22 juin 1633.... 280
(Remplacement du président Daffiz, désigné pour faire partie de la Chambre de l'Édit, par le président Pichon. — Motifs d'empêcher le transfert de la Chambre de l'Édit à Bergerac.)

Lettre de M. d'Aguesseau. — Bordeaux, le 6 août 1633..... 281
(Translation de la Chambre de l'Édit à Agen, et son incorporation au Parlement de Bordeaux.)

Lettre de M. de Pontac. — Bordeaux, le 26 août 1633...... 282
(Demande du Parlement à l'effet d'octroyer aux Conseillers catholiques de la Chambre de l'Édit le droit de présider en l'absence ou récusation du Président, à l'exclusion des Conseillers de la Religion prétendue réformée.)

---

(1) Jusqu'à indication contraire, toutes ces lettres sont adressées à M. de Séguier, garde des sceaux de France.

ANNÉE 1634

Lettre de MM. de Malvyn, Marraud, Montaigne. — Agen, le 16 mars 1634.. 283
 (Question du partage des levées faites pour le paiement des Ministres de la Religion prétendue réformée.)

Lettre de MM. de Pontac, Richon, Relyon, Montaudon, Essenault-Tibault, Duburg, Detmaty, de Chapelar, trésoriers de France en Guyenne. — (Sans date)....... 285
 (Félicitations des Trésoriers de France à M. de Séguier. — Plaintes contre les malversations des sieurs Étienne Boutté et Bretty, liquidateurs du domaine, et réclamations à ce sujet.)

ANNÉE 1635

Lettre de M. d'Aguesseau. — Bordeaux, le 20 mai 1635...... 287
 (Soulèvement survenu à Bordeaux à l'occasion de l'établissement d'un droit annuel sur les cabaretiers.)

Lettre de M. de Verthamon. — Bordeaux, le 28 mai 1635.. 290
 (Nouveaux détails sur le soulèvement de Bordeaux, et demande de révocation du droit sur les cabaretiers et d'un autre droit, dont il serait question, sur les baptistaires, mariages et mortuaires.)

Lettre du duc de La Valette. — Bordeaux, le 16 juin 1635. 291
 (Dispense accordée aux communautés de Saint-Jean-de-Luz et de Sibour de l'interdiction générale du commerce avec l'Espagne. — Demande d'une assignation pour l'achèvement de la construction du port de Socoa et de la « barre » de Saint-Jean-de-Luz.)

Lettre de M. Bertier de Montraut. — Toulouse, le 26 juin 1635.. 292
 (Contre-coup du soulèvement de Bordeaux sur les villes du littoral de la Garonne. — Mesures à prendre pour en prévenir l'extension.)

Lettre du duc de La Valette. — Bordeaux, le 30 juillet 1635 294
(Réclamations du duc de La Valette à propos des calomnies et des accusations dont il est l'objet.)
Lettre de M. Defau (?). — Bordeaux, le 4 août 1635......... 295
(Réclamation relative à la composition de la Chambre de l'Édit.)
Lettre du duc de La Valette. — Bordeaux, le 20 août 1635. 297
(Différend entre le duc de La Valette et le sieur de Briet, conseiller au Parlement.)
Lettre du duc de La Valette. — Bordeaux, le 26 août 1635. 299
(Desséchement des marais de Lesparre.)

ANNÉE 1636

Lettre de M. d'Aguesseau a M. de Séguier, chancelier et garde des sceaux de France (1). — Bordeaux, le 6 avril 1636 299
(Enregistrement des lettres de provision de la dignité de chancelier de France accordée à M. de Séguier. — Procès et exécution de Lureau, l'un des chefs du soulèvement de Bordeaux.)
Lettre du duc de La Valette. — Plassac, le 3 mai 1636.... 300
(Différend entre le duc de La Valette et le sieur de Briet. — Nécessité de remplacer les Jurats actuels.)
Lettre du duc de La Valette. — Plassac, le 26 mai 1636.. 302
(Recommandation en faveur de M. de Verthamon.)
Lettre du duc de La Valette. — Cadillac, le 22 juin 1636. 303
(Différend entre le duc de La Valette et le sieur de Briet.)
Lettre du duc de La Valette. — Bordeaux, le 16 juillet 1636. 304
(Dispense à accorder au sieur de Boucaut, le jeune, de faire partie de la Chambre de l'Édit.)

---

(1) Sauf indication contraire, toutes les lettres suivantes sont adressées à M. de Séguier, en ajoutant à son nom son nouveau titre de « chancelier de France ».

Lettre de M. d'Aguesseau. — Bordeaux, le 20 juillet 1636.. 305
(Affaire Chassanés. — Propos téméraires et malicieux tenus par lui contre le Cardinal.)

Lettre de M. de Verthamon. — Bayonne, le 19 octobre 1636   307
(Arrivée du duc d'Épernon à Bayonne. — État des fortifications de cette ville. — Projet du vice-roi de Navarre d'entrer dans le pays de Labour à la tête de 7 à 8,000 hommes. — Arrestation d'un pirate espagnol. — Prêtre espagnol fait prisonnier. — Demande d'une commission générale pour la connaissance et le jugement des affaires criminelles en dernier ressort. — Services rendus au Roi par le duc d'Épernon.)

Lettre de M. de Verthamon. — Bayonne, le 26 octobre 1636.   310
(Entrée des ennemis (les Espagnols) dans le pays de Labour, et prise de Socoa. — Maladie du duc d'Épernon.)

Lettre du duc de La Valette. — Dax, le 6 novembre 1636.   311
(Entrée des ennemis dans le pays de Labour.)

Lettre du duc de La Valette. — Bordeaux, le 18 décembre 1636   312
(Dissentiment entre le duc d'Épernon et le Parlement à propos de son fils, le duc de La Valette.)

Lettre du P. B. Duverger, Récollet. — Bordeaux, le 18 décembre 1636   314
(Supplique d'un Père Récollet, dont le couvent, situé à Saint-Jean-de-Luz, a été pris par les Espagnols, à l'effet d'être autorisé à loger avec ses frères, soit à Angoulême, soit à Poitiers.)

ANNÉE 1637

Lettre du duc de La Valette. — Du camp d'Espolette, le 12 mai 1637...   315
(Le duc d'Épernon signale au Chancelier le retard apporté dans le paiement des prêts sur la province,

ainsi que dans la levée des rations, et demande que M. de Verthamon soit laissé auprès de lui.)

Lettre de M. de Verthamon. — Du camp d'Espolette, le 20 mai 1637.. 316

(Observations de M. de Verthamon au sujet du règlement des tailles et des emprunts des villes de la Généralité de Bordeaux.)

Lettre de M. de Verthamon. — Du camp d'Espolette, le 21 mai 1637.. 318

(Détails sur l'approvisionnement de l'armée.)

Lettre de M. de Verthamon. — Du camp d'Espolette, le 21 mai 1637.. 320

(Détails sur les taxes à prélever sur les villes du Bordelais, de l'Agenais, du Périgord et des Landes, et difficultés qui s'opposent à leur recouvrement.)

Lettre de M. de Verthamon. — Bordeaux, le 9 juin 1637... 323

(Fonds nécessaires pour l'entretien et la subsistance de l'armée.)

Lettre de MM. de Monneins et de Massip. — Bordeaux, le 13 juin 1637.. 325

(Exécution de la commission relative aux séditieux du Périgord et de l'Agenais. — Condamnation des sieurs Jean Bonmartin, dit Lescansou, Jean de Fettes, dit Lamothe-Grignols, Léonard Bonamy, Charles Lallegrand, Marcerou..., etc... — Commission donnée au Lieutenant criminel de Bergerac pour instruire la procédure des autres coupables.)

Lettre du duc de La Valette. — Cadillac, le 21 juin 1637.. 327

(Répression par le duc de La Valette des soulèvements de l'Agenais et du Périgord. — Danger de presser les emprunts des villes. — Recommandation en faveur de M. de Verthamon.)

ANNÉE 1641

Lettre de M. de Pontac. — Bordeaux, le 26 janvier 1641.. 329

(Condamnation à mort de deux Maîtres de monnaie, l'un de Bayonne et l'autre de Bordeaux. — Opposition faite par le Parlement à l'exécution de ce dernier à Bordeaux.)

ANNÉE 1643

Lettre du duc d'Épernon. — (Sans date)............................ 331
(Le duc d'Épernon demande le maintien en sa faveur des lettres d'État qui lui ont été accordées, et d'empêcher l'abolition sollicitée par ses ennemis en faveur du sieur Nadaillan.)

Lettre de M. Charreton. — Martias, le 5 avril 1643......... 332
(Exécution des auteurs de la révolte de Pardias (?) et du vol des deniers du Roi. — Difficultés dans le recouvrement, en Gascogne, des deux derniers quartiers de la taille.)

Lettre de M. Defau. — Bordeaux, le 15 avril 1643............ 333
(Remontrances du Parlement au sujet des Commissaires délégués pour la recherche de ceux qui ont rogné et altéré les monnaies.)

Lettre de M. de Lanson. — Bordeaux, le 6 mai 1643........ 334
(Dissentiment de M. de Lanson avec le Parlement relativement à l'exécution de sa commission.)

Lettre de M. de Montbrun. — Montbrun, le 10 juin 1643.. 335
(Troubles dans le Rouergue. — Rassemblements armés à Villefranche.)

Lettre de M. de Lanson. — Bordeaux, le 29 juin 1643...... 336
(Désordres à l'occasion de la levée de la taille dans la Généralité de Bordeaux.)

Lettre de M. Charreton. — Montauban, le 2 juillet 1643... 337
(Observations à propos de la répression des troubles du Rouergue.)

Lettre de M. Charreton. — Montauban, le 15 juillet 1643.. 338
(Même sujet que la précédente.)

Lettre de M. de Lauvergne. — Bazas, le 29 juillet 1643..... 339

(Troubles survenus à Bazas à l'occasion de la cérémonie des funérailles du roi Louis XIII.)

Lettre de M. Charreton. — Saint-Anthony, le 10 août 1643. 345
(Observations au sujet de l'intervention de M. de Noailles en faveur de certains séditieux du Rouergue.)

Lettre de M. Defau. — Bordeaux, le 7 septembre 1643..... 346
(Ajournement de l'enregistrement de la nomination des membres de la Chambre de l'Édit, et remontrances sur sa composition.)

Lettre de M. Burlac. — Castres, le 8 septembre 1643....... 347
(Rétablissement du prêche à Saint-Gilles et à Générac.)

Lettre de M. de Lanson. — Bordeaux, le 10 septembre 1643. 348
(Observations sur la composition de la Chambre de l'Édit.)

Lettre de M. Charreton. — Cajas, le 16 septembre 1643... 349
(Réclamation des officiers de la sénéchaussée de Villefranche sur son transfert à Saint-Anthony.)

Lettre du duc d'Épernon. — Agen, le 24 novembre 1643.... 350
(Arrêt du Conseil relatif à l'élection du sieur Thibaut comme jurat.)

Lettre de M. de Jonzac. — Jonzac, le 12 décembre 1643.... 351
(Défense d'exporter toutes sortes de grains hors des pays de Saintonge et d'Angoumois. — Permission aux marchands du Languedoc de trafiquer dans la province de Guyenne.)

ANNÉE 1644

Lettre de M. de Lanson. — Bordeaux, le 26 mai 1644....... 353
(Réponse aux accusations dont il est l'objet à propos de la levée des tailles. — Situation difficile du Bordelais, de l'Agenais, du Condomois, du Bazadais et du Périgord.)

Lettre de M. de Lanson. — Périgueux, le 20 décembre 1644. 354
(Situation particulière du Périgord.)

Lettre de MM. Dusault et de Lavie. — Bordeaux, le 27 décembre 1644 355
(Observations sur la levée de l'interdiction des parents et alliés du sieur de Lalanne. — Détails sur l'opposition du Parlement à ce sujet.)

ANNÉE 1645

Lettre du duc d'Épernon. — Bordeaux, le 9 janvier 1645.... 357
(Inconvénients du transfert de la Chambre de l'Édit à Agen.)

Lettre de M. de Lavie. — Bordeaux, le 20 février 1645 358
(Détails sur les différends des gens du Roi avec plusieurs membres du Parlement.)

Lettre de MM. Dusault et de Lavie. — Bordeaux, le 13 avril 1645.. 361
(Même sujet.)

Lettre de M. Brisson. — La Rochelle, le 19 juin 1645....... 363
(Observations du Procureur du Roi à La Rochelle sur l'autorisation donnée aux religionnaires de ne plus tendre, à leurs frais, leurs maisons, le jour de la procession du Saint-Sacrement, et leur admission dans la maîtrise des arts et métiers.)

Lettre de MM. Dusault et de Lavie. — Bordeaux, le 17 juillet 1645 365
(Différends entre les gens du Roi et les Présidents du Parlement à l'occasion de l'accomplissement de leurs fonctions.)

Lettre de MM. Dusault et de Lavie. — Bordeaux, le 12 août 1645.. 367
(Même sujet.)

Lettre de M. de Gourgues. — Bordeaux, le 14 août 1645... 368

(Plainte au sujet de l'intervention de M. de Lanson dans les procès criminels ressortissant au Parlement.)

Lettre de M. de La Margrie. — Montauban, le 18 octobre 1645 370
(Réunion à Montauban des membres du Synode provincial. — Malversations commises par les Trésoriers de France du Bureau de cette ville.)

Lettre du duc d'Épernon. — Mirande, le 21 novembre 1645. 370
(Opposition à l'établissement d'un certain nombre de contrôleurs des gabelles. — Conséquences dangereuses de cette mesure.)

ANNÉE 1646

Lettre de M. de Pontac. — Bordeaux, le 4 janvier 1646 ... 373
(Observations sur l'opposition qui lui est faite par M. de Pichon, président du Parlement, à procéder à l'ouverture de la Cour des Aides, en robes rouges.)

Lettre de M. de La Margrie. — Agen, le 13 février 1646... 374
(Arrêt du Conseil prononçant l'ajournement contre le sieur de Pébat. — Défense aux religionnaires de faire bâtir un temple à Saint-Antonin.)

Lettre de M. Delavau. — Bordeaux, le 19 mars 1646........ 375
(Demande des Jurats à l'effet d'obtenir les fonds nécessaires pour les réparations urgentes à faire à la tour de Cordouan.)

Lettre de M. de Pontac. — Bordeaux, le 21 mars 1646..... 377
(Demande par le Parlement d'un nouveau délai de trois mois pour pourvoir au remboursement de la somme allouée par le Roi au sieur de Gourgues de Vayres, par suite de la suppression de son office de huitième président.)

Lettre de M. de Charon. — Bordeaux, le 10 avril 1646..... 378
(Arrêts du Parlement portant démolition des temples de Pujols, Bergerac et Montpassier. — Nécessité d'empêcher l'exécution de ces arrêts.)

Lettre de MM. Dusault, de Pontac et de Lavie. — Bordeaux, le 26 avril 1646................................... 379
(Observations au sujet de la démolition du temple de Pujols. — Justification de la conduite, à cette occasion, du seigneur et des chanoines de l'église collégiale de Pujols.)

Lettre de MM. Dusault, de Pontac et de Lavie. — Bordeaux, le 30 avril 1646................................... 381
(Détails relatifs à un appel comme d'abus à propos de l'élection de quatre vicaires généraux par le Chapitre de l'église métropolitaine de Saint-André.)

Lettre de M. de La Margrie. — Montauban, le 27 juin 1646... 383
(Rébellion à Saint-Genis-en-Rouergue. — Arrestation des coupables.)

ANNÉE 1647

Lettre de M. Dumas. — Bordeaux, le 2 avril 1647............. 384
(Protestation de la Cour des Aides contre l'interdiction prononcée contre certains de ses membres, et réclamations à ce sujet.)

Lettre de M. de Laroche. — Bordeaux, le 28 juin 1647..... 386
(Demande du Parlement de restreindre à une seule Chambre l'exercice de la justice souveraine, par suite du développement de la maladie contagieuse qui sévit à Bordeaux.)

Lettre de M. Bordenave. — Pau, le 21 juillet 1647........... 387
(Comme quoi le domaine de Rouergue, dont Villefranche est la capitale, a toujours été du domaine de France. — Preuves à l'appui.)

ANNÉE 1648

Lettre de M. de Laroche. — Bordeaux, le 8 avril 1648...... 388
(Demande du Parlement à l'effet d'obtenir un brevet

pour la conservation des charges des officiers du dit Parlement qui viendraient à décéder dans l'exercice de leurs fonctions, tant que la peste durera à Bordeaux.)

Lettre du duc d'Épernon. — Montauban, le 21 avril 1648... 389
(Inconvénients de l'établissement d'un nouveau siège présidial à Moissac.)

Lettre du duc d'Épernon. — Agen, le 25 avril 1648............ 391
(Arrangement des différends entre le comte de Clermont et le marquis de Canillac, et entre le marquis de Rabat et l'évêque de Rieux (?). — Craintes de troubles à Bordeaux à propos d'une nouvelle imposition d'un sol par livre de sel. — Avis de la prise par les Espagnols de quelques châteaux dans la vallée d'Aran.)

Lettre de M. de Pontac. — Bordeaux, le 10 mai 1648....... 393
(Opposition faite par certains membres du Parlement à l'exécution des ordres du Roi.)

Lettre de M. de Pontac. — Bordeaux, le 28 mai 1648....... 395
(Avis de l'affichage de placards séditieux dans les carrefours de Bordeaux.)

Lettre du duc d'Épernon. — Bordeaux, le 29 mai 1648....... 396
(Différends avec le Parlement.)

Lettre de M. Dubernet. — Bordeaux, le 29 mai 1648........ 397
(Effet produit sur le Parlement de Bordeaux par la nouvelle de l'union du Parlement de Paris avec les autres Cours. — Demande d'un arrêt du Conseil qui révoque ou ajourne les mesures prises par M. de Lanson.)

Lettre du duc d'Épernon. — Bordeaux, le 15 juin 1648...... 399
(Différend entre les Jurats de La Réole et l'évêque de Bazas.)

Lettre du duc d'Épernon. — De Puipaulin, le 16 juillet 1648. 400
(Dissentiment avec le Parlement à l'occasion des commissions des Intendants ou autres.)

Lettre du duc d'Épernon. — Bordeaux, le 19 juillet 1648.... 401
(Même sujet.)

Lettre du duc d'Épernon. — Bordeaux, le 23 juillet 1648.... 402
(Difficultés au sujet de l'imposition et de la levée des tailles.)

Lettre de M. de Laroche. — Bordeaux, le 24 juillet 1648.. 403
(Observations à propos de la composition du Bureau de l'hôpital de Bordeaux.)

Lettre du duc d'Épernon. — Bordeaux, le 30 juillet 1648.... 404
(Contestations avec le Parlement au sujet de la levée des tailles.)

Lettre du duc d'Épernon. — Bordeaux, le 10 août 1648...... 406
(Contestations avec le Parlement au sujet de la déclaration du Roi relative à la révocation des Intendants. — Plaintes contre les commis de la comptablie et du convoi.)

Lettre du duc d'Épernon. — Bordeaux, le 13 août 1648...... 409
(Révocation de l'édit portant distraction du bailliage de Soule du ressort du Parlement de Bordeaux, et de l'édit relatif aux greffiers alternatifs et triennaux des consignations et saisies réelles. — Réclamations des évêques du gouvernement de Guyenne. — Réclamations des habitants de Bordeaux au sujet des droits indûment perçus par les fermiers du convoi et de la comptablie. — Affaire du sieur Rocard, receveur des tailles, accusé de concussion. — Conflit du Parlement avec la Cour des Aides. — Querelle entre les catholiques et les huguenots de Mussidan à propos de l'église de Notre-Dame du Roc. — Demande à l'effet de proroger le terme fixé pour le paiement du droit annuel des offices du Parlement. — Dissentiment avec l'évêque d'Aire.)

Lettre du duc d'Épernon. — Bordeaux, le 16 août 1648...... 414
(Affaire du convoi. — Arrêt du Parlement de Toulouse relatif à la suppression du siège présidial de Montauban et de quelques autres dans le ressort dudit Parlement.)

Lettre de M. Dubernet. — Bordeaux, le 16 août 1648....... 415
(Retard apporté par les membres de la Chambre des Enquêtes à l'enregistrement de certaines déclarations.)

Lettre du duc d'Épernon. — Bordeaux, le 18 août 1648...... 416
(Conflit avec le Parlement à propos d'une imposition de deux écus par tonneau de vin, de vingt sols sur une certaine mesure de blé, ... etc..... — Demande des députés de Villefranche-de-Rouergue à l'effet d'obtenir l'exécution de l'arrêt du Parlement de Toulouse portant suppression des présidiaux de Rodez, de Privas et de Limoux.)

Lettre du duc d'Épernon. — Bordeaux, le 24 août 1648...... 419
(Demande de ne pas poursuivre les fermiers de Mortagne.)

Lettre du duc d'Épernon. — Bordeaux, le 27 août 1648..... 420
(Arrêt du Parlement contre les présidiaux de Marennes et de Libourne. — Soulèvement à Bordeaux à l'occasion de l'exportation d'une certaine quantité de blé. — Réparations et fourniture de munitions à faire au Château-Trompette.)

Lettre du duc d'Épernon. — Bordeaux, le 5 septembre 1648. 422
(Conflit avec le sieur Grimard, ci-devant conseiller en la Grand'Chambre du Parlement.)

Lettre du duc d'Épernon. — Bordeaux, le 6 septembre 1648. 423
(Félicitations au Chancelier à propos du grave danger auquel il a échappé.)

Lettre de MM. Dusault, de Pontac et de Lavie. — Bordeaux, le 9 septembre 1648..................................... 423
(Observations sur les empiétements commis par le Parlement sur leurs fonctions.)

Lettre du duc d'Épernon. — Bordeaux, le 17 septembre 1648.. 426
(Avis à l'appui de la réclamation de MM. Dusault, de Pontac et de Lavie.)

Lettre du duc d'Épernon. — Bordeaux, le 29 octobre 1648.. 427

(Demande d'une dispense d'âge en faveur du sieur de Mons.)

Lettre du duc d'Épernon. — Bordeaux, le 29 novembre 1648.   428
(Opposition faite par le Parlement à l'imposition de deux écus par tonneau de vin.)

Lettre du duc d'Épernon. — Bordeaux, le 27 décembre 1648.   430
(Observations relatives aux parents et alliés du président Lalanne, siégeant au Parlement.)

ANNÉE 1649

Lettre du duc d'Épernon. — Bordeaux, le 16 février 1649...   431
(Contre-coup à Bordeaux des troubles survenus à Paris. — Entente du Parlement de Bordeaux avec celui de Paris. — Prétention du Parlement à examiner les passeports donnés par le Roi pour la traite d'une certaine quantité de blé. — Conflit du Parlement avec la Cour des Aides. — Arrêt du Parlement cassant l'imposition de quarante sols sur chaque tonneau de vin descendant du haut pays, de quatre livres sur chaque tonneau de vinaigre et de sept livres sur chaque tonneau d'eau-de-vie. — Manœuvres du Parlement pour soulever Bordeaux contre l'autorité du duc d'Épernon. — Avertissement aux chefs des ordres religieux d'avoir à engager leurs prédicateurs à parler dignement de l'obéissance due au Roi. — Assurances données par certaines villes huguenotes de leur soumission aux ordres du Roi.)

Procès-verbal de l'exécution de l'arrêt du Parlement relatif a l'établissement des droits nouveaux. — Bordeaux, le 3 mars 1649......   435

Copie d'une lettre du Parlement de Toulouse a la Reine. — (Sans date)......   438
(Le Parlement de Toulouse signale à la Reine les désordres survenus dans les pays voisins, par suite de l'établissement de nouvelles impositions, et les dangers qui peuvent en résulter pour l'autorité royale.)

Lettre du duc d'Épernon. — Cadillac, le 15 avril 1649....... 439
(Arrêt du Parlement défendant aux troupes du duc d'Épernon de loger et de demeurer à dix lieues autour de Bordeaux. — Avis de la nomination par le Parlement du baron de Chambret comme son général, et du prochain départ pour Paris de l'avocat général de Lavie, du président Daffiz et du conseiller aux Enquêtes Mirat. — Caractères de ces trois personnages.)

Lettre de M. de Pontac. — Toulouse, le 4 mai 1649......... 441
(Explications sur les attaques dont il est l'objet comme président de la Cour des Aides.)

Lettre de M. Duburg. — Bordeaux, le 6 mai 1649............ 442
(Arrivée de M. d'Argenson à Bordeaux. — Lutte du Parlement contre le duc d'Épernon. — Négociations entre les deux parties. — Le duc d'Épernon exige qu'on fasse entrer, au préalable, cent quarante boisseaux de farine dans le Château-Trompette. — Les Jurats finissent par y consentir.)

Lettre de M. d'Argenson. — Cadillac, le 8 mai 1649......... 445
(Il s'emploie à apaiser les différends existant entre le Parlement et le duc d'Épernon.)

Lettre du duc d'Épernon. — Cadillac, le 9 mai 1649......... 447
(Inconvénients de la translation du Bureau des finances de Montauban à Grenade.)

Lettre du duc d'Épernon. — Cadillac, le 9 mai 1649......... 448
(Demande d'une évocation générale en faveur de M. de Navaille-Pontous et de M. de Bénac, son père. — Nécessité d'un arrêt interdisant au Parlement de s'immiscer dans la nomination des juges et consuls de la Bourse.)

Lettre du duc d'Épernon. — Cadillac, le 9 mai 1649......... 449
(Détails sur les troubles de Bordeaux. — Illusions de M. d'Argenson sur les moyens à employer pour la répression de ces troubles. — Urgence de faire achever le réduit de Libourne, de punir le baron de Chambret et de transférer la Cour des Aides à Agen.)

Lettre de M. de Lalanne. — Villandraut, le 12 mai 1649... 451
(Protestations de fidélité et de soumission aux ordres du Roi.)

Tome II.

Lettre du duc d'Épernon. — Agen, le 20 mai 1649............ 5
(Confiance mal fondée de M. d'Argenson dans les paroles du Parlement. — Aggravation des troubles de Bordeaux. — Nouveaux détails. — M. d'Argenson retenu et gardé au fort du Hâ. — Il est obligé par le Parlement d'envoyer son fils à Libourne, avec ordre de faire cesser le travail du réduit. — Les lettres écrites de Paris par l'avocat général de Lavie entretiennent les Bordelais dans leur rébellion. — Arrêt du Parlement autorisant le peuple de Bordeaux à marcher en armes sur Libourne, sous la conduite du baron de Chambret. — Mauvais effets de la députation de M. de Lavie. — Mesures prises par le duc d'Épernon pour s'opposer à la marche des Bordelais sur Libourne.)

Lettre du duc d'Épernon. — La Réole, le 24 mai 1649....... 8
(Arrivée de M. d'Argenson à Agen. — Les Bordelais obligent le Parlement à donner arrêt les autorisant à aller s'emparer de Libourne. — Sortie de 1,800 hommes en armes et départ de quatre vaisseaux pour aller assiéger Libourne. — Explications mensongères de cette expédition données à M. d'Argenson par certains membres du Parlement et le baron de Chambret. — Proposition du duc d'Épernon de faire cesser le travail du réduit de Libourne dès qu'on lui aurait envoyé à Cadillac deux Conseillers du Parlement et trois bourgeois, avec assurance d'exécuter leurs promesses à M. d'Argenson. — Nouvelles de l'arrivée de l'armée bordelaise devant Libourne. — Détails sur le siège de Libourne. — Le Parlement ne tient aucun compte d'une ordonnance condamnant la marche sur Libourne.)

Lettre de M. d'Argenson. — Agen, le 24 mai 1649............ 11
(Détails sur les troubles de Bordeaux et sur la composition de l'armée sortie de cette ville pour aller assiéger Libourne.)

Lettre du duc d'Épernon. — Libourne, le 27 mai 1649....... 13
(Détails sur la défaite de l'armée bordelaise. — Bons effets de cette victoire. — Lettre de l'avocat Constant, trouvée sur le baron de Chambret. — Nécessité de confisquer les offices et les biens des membres du Parlement qui ont porté les armes.)

Lettre du duc d'Épernon. — Cadillac, le 31 mai 1649........ 14
(Urgence d'une déclaration du Roi prononçant l'interdiction du Parlement, en attendant sa complète suppression. — Dangers pour toute la province de Guyenne de la continuation de la rébellion de Bordeaux, et nécessité de transférer ailleurs la Chambre de l'Édit et la Cour des Aides.)

Lettre de M. d'Argenson. — Cadillac, le 31 mai 1649........ 16
(Preuves de l'intervention du Parlement dans l'entreprise de Libourne. — Nécessité de son interdiction, et proposition d'attribuer au Parlement de Paris tout ce qui est de son ressort jusqu'à la rive droite de la Dordogne, et au Parlement de Toulouse tout ce qui est au delà.)

Lettre de M. Augeard. — Bordeaux, le 11 juin 1649......... 18
(Empêchement apporté par une nouvelle sédition survenue à Bordeaux à l'entrée du duc d'Épernon dans cette ville.)

Lettre du duc d'Épernon. — Cadillac, le 14 juin 1649........ 19
(Effets fâcheux de mesures indulgentes à l'égard du Parlement. — Proposition d'ajourner à une autre époque l'imposition de deux écus par tonneau. — Urgence de punir les plus coupables. — Rétablissement de la Cour des Aides à Bordeaux.)

Lettre du duc d'Épernon. — Agen, le 18 juin 1649............ 21
(Inconvénients d'envoyer dans la province de Guyenne des Maîtres de requêtes comme intendants. — Défense faite par le Parlement de Toulouse au sieur de Tallemain, maître de requêtes, d'exercer sa commission d'intendant.)

Lettre de M. d'Argenson. — Agen, le 25 juin 1649........... 22

(Avis favorable à la demande faite par les consuls d'Agen de l'évocation du Parlement de Bordeaux à celui de Toulouse de toutes leurs causes. — Continuation des mauvais procédés du Parlement : il casse une ordonnance des Jurats interdisant à toutes personnes de porter des armes dans la ville, à l'exception des gentilshommes et de ceux y ayant droit, et une autre ordonnance portant défense de charger des blés à Bordeaux. — Demande d'une permission générale à cet effet. — Permission donnée par le Parlement au sieur de Lusignan de défendre sa maison, en opposant au besoin la force à la force. — Demande du Parlement d'être transféré à Saintes ou à Limoges.)

Lettre du duc d'Épernon. — Agen, le 2 juillet 1649.......... 23
(Députation auprès du Roi du sieur Ardent, avocat, par les Jurats de Bordeaux, à l'occasion des derniers troubles.)

Lettre du duc d'Épernon. — Agen, le 4 juillet 1649.......... 24
(Demande de moyens pour faire subsister l'armée et de l'autorisation de faire arrêter les membres du Parlement qui prendront part à des assemblées séditieuses. — Demande de la noblesse à l'effet d'obtenir une évocation générale. — Mesures à prendre pour le rétablissement de l'autorité royale.)

Lettre du duc d'Épernon. — Agen, le 16 juillet 1649......... 26
(Demande des habitants d'Agen à l'effet d'obtenir une évocation générale de leurs causes.)

Lettre de M. d'Argenson. — Agen, le 16 juillet 1649......... 27
(Nouvelles cabales du Parlement. — Prochaine nomination des Jurats de Bordeaux. — Mesures urgentes et indispensables à prendre pour rétablir dans cette ville l'autorité royale.)

Lettre du duc d'Épernon. — Agen, le 17 juillet 1649......... 28
(Demande du Lieutenant criminel d'être protégé contre les mauvais traitements du Parlement.)

Lettre du duc d'Épernon. — Agen, le 18 juillet 1649......... 29
(Opposition des Jurats à un arrêt du Parlement

ordonnant que le peuple soit assemblé dans l'Hôtel-de-Ville. — Remerciements pour la protection accordée au duc de Candale.)

Lettre de M. Augeard. — Agen, le 19 juillet 1649............ 31
(Même sujet.)

Lettre de M. Augeard. — Agen, le 26 juillet 1649............ 31
(Nouvelles rassurantes sur l'état des esprits.)

Lettre de M. d'Argenson. — Cadillac, le 29 juillet 1649..... 32
(Demande par le premier Président de lettres patentes pour le transfert du Parlement dans une autre ville. — Manœuvres du Parlement pour ne point déférer à l'interdiction.)

Lettre de M. de Charon. — Bordeaux, le 31 juillet 1649..... 33
(Réclamation et protestation du Président en la Chambre de Guyenne contre un arrêt du Parlement, par lequel il comprend ladite Chambre dans son interdiction.)

Lettre du duc d'Épernon. — Cadillac, le 3 août 1649......... 35
(Continuation des entreprises du Parlement contre le Conseil, la Régence et la Monarchie. — Mesures urgentes à prendre pour réduire son insolence. — Sacrifices faits par le duc d'Épernon pour l'entretien de ses troupes.)

Lettre de M. Augeard. — Cadillac, le 3 août 1649............ 36
(Arrêts injurieux à la majesté du Roi, rendus par le Parlement. — Désignation des plus séditieux comme jurats, entre autres du nommé Hugla. — Les membres les plus sages du Parlement sont obligés de sortir de la ville.)

Lettre du duc d'Épernon. — Cadillac, le 4 août 1649......... 37
(Dispositions factieuses du Parlement. — Arrêt donné par lui contre l'interdiction. — Urgence de mesures rigoureuses à son égard et de la translation de la Chambre de l'Édit dans une autre ville. — Translation à Blaye du Bureau du convoi et de la comptablie de Bordeaux. — Remerciements à l'oc-

casion de la nomination de M. Thévenin aux fonctions de conseiller d'État.)

Lettre de M. d'Argenson. — Cadillac, le 4 août 1649......... 39
(Même sujet.)

Lettre de M. d'Argenson. — Cadillac, le 10 août 1649....... 40
(Proposition faite à M. de Comminges par les deux députés du Parlement de faire sortir de la ville six des Conseillers interdits, et de rayer des registres l'arrêt contenant des termes injurieux pour la Royauté et la Régence. — Mesures à prendre pour ôter aux factieux les moyens de soulever le peuple de Bordeaux. — Maladie grave du premier Président.)

Lettre du duc d'Épernon. — Cadillac, le 18 août 1649........ 42
(Connivence du Parlement de Toulouse avec celui de Bordeaux. — Troubles dans le Rouergue. — Mesures prises pour les pacifier.)

Lettre de M. d'Argenson. — Cadillac, le 18 août 1649....... 43
(Soins qu'il apporte à l'accommodement des affaires de Bordeaux. — Nomination de son fils comme maître des requêtes.)

Lettre de M. de Pontac a l'abbé de Pichon. — Bordeaux, le 23 août 1649... 44
(Détails sur les troubles de Bordeaux.)

Lettre du duc d'Épernon. — Cadillac, le 29 août 1649....... 46
(Inutilité des moyens de douceur pour venir à bout des rebelles.)

Lettre de M. d'Argenson. — Cadillac, le 29 août 1649....... 48
(Mauvais effets de la mission de M. de Mirat. — Mesures rigoureuses à prendre sans retard.)

Lettre du duc d'Épernon. — Cadillac, le 1er septembre 1649. 49
(Observations sur la réception bienveillante faite par le Conseil aux députés du Parlement et sur le crédit accordé à leurs dires.)

Lettre du duc d'Épernon. — Cadillac, le 8 septembre 1649.. 50
(Ses doutes sur l'efficacité des moyens employés par

la Cour pour pacifier la province de Guyenne. — Arrestation à Cubzac du courrier de M. de La Vrillière. — Arrêt du Parlement portant entière décharge des tailles dans tout son ressort, à condition qu'on lui en paie immédiatement la moitié.)

Lettre du duc d'Épernon. — Cadillac, le 11 septembre 1649.   51

(Fâcheux résultats de l'arrestation du courrier de M. de La Vrillière et de l'ouverture du paquet dont il était porteur. — Siège du Château-Trompette par les troupes du Parlement. — Dispositions faites pour soutenir sa garnison.)

Lettre du duc d'Épernon. — Cadillac, le 18 septembre 1649.   52

(Propositions faites au Parlement sur les instances de MM. d'Argenson et de Comminges pour faire cesser les désordres de la province de Guyenne. — Réponse évasive du Parlement. — Arrêt du Parlement déclarant le duc d'Épernon perturbateur du repos public et demandant au Roi de pourvoir la Guyenne d'un autre gouverneur. — Retour à Paris de l'avocat général de Lavie. — Observations à propos de la nomination par le Parlement des Conseillers devant faire partie de la Chambre de l'Édit.)

Lettre du duc d'Épernon. — Cadillac, le 18 septembre 1649.   54

(Continuation des dispositions factieuses du Parlement de Bordeaux, à l'instigation de l'avocat général de Lavie.)

Lettre de M. d'Argenson. — Chevanceaux, le 21 septembre 1649...   56

(Urgence d'envoyer un lieutenant des gardes du corps du Roi ou un exempt porter au Parlement le commandement exprès de cesser le siège du Château-Trompette.)

Lettre du duc d'Épernon. — Cadillac, le 4 octobre 1649.....   57

(Demande de secours immédiats et de l'envoi de quatre vaisseaux de Sa Majesté dans la rivière de Bordeaux.)

Lettre du duc d'Épernon. — Cérons, le 21 octobre 1649.....   57

(Plainte sur le retard apporté à l'envoi des secours demandés pour soutenir la garnison du Château-Trompette.)

Lettre du duc d'Épernon. — Cadillac, le 29 octobre 1649... 58
(Renouvellement de la demande de secours.)

Lettre du duc d'Épernon. — Cadillac, le 5 novembre 1649.. 59
(Remerciements pour la promesse desdits secours.)

Lettre du duc d'Épernon. — Marmande, le 22 novembre 1649 60
(Nouvelles instances pour l'envoi le plus prochain possible des renforts nécessaires pour faire rentrer les rebelles dans l'obéissance du Roi. — Levée du siège de La Réole par les rebelles. — Recommandation en faveur de M. d'Aussone.)

Lettre du duc d'Épernon. — Marmande, le 6 décembre 1649. 62
(Combat naval entre M. le comte de Daugnon, commandant les vaisseaux du Roi, et la flotte des rebelles à La Roque-de-Tau. — Prise de deux de leurs vaisseaux. — Nécessité de punitions exemplaires. — Demande de lettres patentes pour déclarer les séditieux coupables de lèse-majesté.)

ANNÉE 1663

Lettre de M. Marmiesse. — Castres, le 7 janvier 1663....... 63
(Conflit entre les Conseillers catholiques et les Conseillers de « la Religion prétendue réformée », enjoignant aux huguenots d'enterrer leurs morts à l'entrée de la nuit et au point du jour.)

Lettre du Père Symphorien. — Milhau, le 12 mai 1663....... 64
(Réclamation au sujet des vexations dont les Pères Capucins de Milhau ont été l'objet de la part des religionnaires de cette ville.)

Lettre de M. de Villeneuve. — Milhau, le 12 mai 1663...... 66
(Relation des troubles survenus à Milhau à l'occasion de l'enterrement d'une fille mendiante et des

mauvais traitements dont les Pères Capucins furent victimes dans cette circonstance.)

Lettre de M. Pellot. — Villefranche, le 9 juillet 1663....... 67
(Renseignements sur le même sujet. — Meurtre commis par le sieur Pomerols, avec l'assistance de plusieurs de ses amis et alliés.)

ANNÉE 1665

Lettre du Frère Joseph de Salles. — Bordeaux, le 1er mai 1665.. 69
(Conflit entre les évêques de Tulle et de Sarlat avec les religionnaires de la ville d'Argentac au sujet de l'église paroissiale et du cimetière.)

Lettre de M. Suau. — Bordeaux, le 8 juillet 1665............ 71
(Remontrances du Parlement à propos des désordres causés dans l'exécution de la justice par les évocations générales.)

Lettre de M. Suau. — Bordeaux, le 12 août 1665............ 72
(Remontrances du Parlement à propos du changement apporté par les lettres patentes du Roi dans la composition de la Chambre de l'Édit.)

Lettre de M. de Pontac. — (Sans date)....................... 73
(Remontrances du Parlement à propos des désordres suscités dans la province de Guyenne par le duc d'Épernon.)

Lettre de M. Suau. — Bordeaux, le 11 décembre 1665....... 74
(Nouvelles remontrances du Parlement à l'occasion du désordre causé par les évocations générales.)

ANNÉE 1666

Lettre de M. d'Aguesseau. — Limoges, le 24 septembre 1666... 75
(Détails sur les abus d'autorité commis par un grand nombre de gentilshommes de la province de

Guyenne. — Répression de ces abus. — Procès du sieur de Cluzeaux. — Recherche des usurpateurs de noblesse.)

Mémoire présenté par les sieurs Dulong et de Burta, conseillers en la Cour des Grands-Jours. — (Sans date) .. 78

(Mémoire relatif à diverses affaires criminelles soumises à la Cour des Grands-Jours de Languedoc.)

Lettre de M. d'Aguesseau. — Limoges, le 17 décembre 1666... 81

(Arrêts du Parlement de Bordeaux rétablissant Mme de Sourdeilles en possession et jouissance de la terre et château de Brignac, indûment occupés par le sieur de Montamar, son cousin. — Opposition faite par Mme de Montamar à l'exécution de ces arrêts. — Instructions relatives à la question des parentés et des alliances dans le même siège.)

ANNÉE 1667

Lettre de M. de Pontac. — Bordeaux, le 9 septembre 1667. 83

(Enregistrement d'une nouvelle ordonnance portée au Parlement par le marquis de Saint-Luc.)

Lettre de M. de Saint-Luc. — Bordeaux, le 30 septembre 1667... 84

(Mesures à prendre pour punir la désobéissance témoignée par la Cour des Aides aux ordres du Roi.)

ANNÉE 1668

Lettre de M. d'Aguesseau. — Limoges, le 26 octobre 1668.. 85

(Crimes et violences commis à Saint-Jean-d'Angély et dans les environs. — Impunité des coupables. — Remède urgent à y apporter. — Lutte à main armée entre le sieur de St-Priest et les sieurs de Soffrenie frères.)

Lettre de M. d'Aguesseau. — Limoges, le 30 novembre 1668.. 87

(Impuissance des juges ordinaires et des officiers des maréchaussées à poursuivre et à punir les crimes, par suite des commissions en règlement de juges, délivrées à divers.)

ANNÉE 1669

Lettre de M. d'Aguesseau. — Limoges, le 11 janvier 1669.. 88

(Procès criminel du sieur de La Chaise. — Motifs qui empêchent momentanément M. d'Aguesseau de se rendre à Agen pour y instruire ce procès. — Recherches à faire sur les péages, réformation des forêts de la Généralité de Bordeaux, etc. — Suite à donner à plusieurs affaires à lui confiées.)

CORRESPONDANCE

AVEC LE CHANCELIER SÉGUIER

Remontrances. — Conflits. — Affaires religieuses. — Émeutes et soulèvements. — Affaires diverses.
(1633-1669)

ANNÉE 1633

LETTRE DE M. DE PONTAC (AU NOM DU PARLEMENT) à M. DE SÉGUIER, garde des sceaux (1).

Nostre très-honoré Seigneur,

EN l'année mil six cent vingt-cinq, le sieur de Soubize et autres rebelles, ayant faict descente au païs de Médoc, ceste Cour, qui a tousiours l'œil ouvert pour la conservation de l'authorité de Sa Majesté, et le bien de ses subietz, ordonna qu'il seroit faict ung armement de bon nombre de gens de guerre, tant de pied que de chevaux, pour repousser les dits rebelles, et emprunté, soulz les noms d'aucuns particuliers du corps et des autres ordres, la somme de vingt-quatre mil livres pour les fraiz du dit armement, ce qui réussit sy généreusement, que les dits rebelles furent chassez, et sitost estant adverty du succez du dit armement, ordonna que pour le payement de la dite somme de vingt-quatre mil livres, interests d'icelle et fraiz. mentionnez en l'estat, il seroit imposé sur la Généralité de Bour-

---

(1) Dossier n° 108 de la *Collection des manuscrits et des autographes français* de la Bibliothèque impériale de Saint-Pétersbourg, tome I, pièce 2.

deaux la somme de quarante mil livres, qui seroit reçeüe par le Receveur général des finances et par luy mise ès mains du Trésorier général et extraordinaire des guerres, en vertu des mandemens de l'espargne, et par luy employée au dit remboursement, suyvant les ordonnances des Commissaires du Parlement, sans qu'il feust tenu de rapporter autres pièces justificatives que les dits estat et ordonnances des dits Commissaires, ainsy que les quittances des parties prenantes. En conséquence duquel arrest, les enfans et héritiers de feu François Garissoles, qui avoit esté commiz pour la recepte et despense du dit armement, ayant esté longuement poursuiviz de rendre compte, ils ont enfin obéy, et leur estat a esté examiné, clos et arresté, ensemble celuy que le sieur Procureur général du Roy bailla pour d'autres fraiz concernant le dit armement, lesquels estats et pièces nous avons faict mettre, il y a huit mois, entre les mains du sieur Dezémery, intendant des finances, pour les faire accéder par Sa Majesté, et ordonner que la dite somme de quarante mil livres sera deslivrée, pour faire le remboursement de la dite somme de vingt-quatre mil livres, intérests d'icelle et autres fraiz, lequel sieur Dezémery, lors de son despart, a remis les estats et pièces par devers le sieur du Houssais, aussy intendant des finances, qui les a depuis gardées, sans en avoir faict jusques à présent rapport au Conseil. Et d'autant que les héritiers du feu sieur de Gourgues, premier président, et autres, qui sont obligez, en leur particulier, pour ceste nécessité publique, font tous les jours des plaintes au Parlement, à raison des saisies faictes pour conservation sur leurs biens, par faute du payement des dites sommes et intérests d'icelles, qui croissent tous les jours, ce qui pourroit, avecques le temps, apporter une grande confusion et désordre entre les Officiers du Parlement et ceux des autres corps qui sont tenus d'en indemniser les particuliers, nous avons jugé vous debvoir advertir de l'importance de ceste affaire, et vous supplier, comme nous faisons bien humblement, nostre très-honoré Seigneur, de vouloir employer vostre authorité pour le faire expédier le plus promptement que se pourra, affin de remédier aux inconvéniens qui en pourroient arriver, de quoy nous vous demeurerons très-estroitement obligez, et tascherons, par nos services, de vous en rendre toute la recognoissance que peuvent et doibvent,

Nostre très-honoré Seigneur,

les gens tenant la Cour de Bourdeaux, vos bien humbles et affectionnez serviteurs,

DE PONTAC.

Escrit à Bourdeaux, en Parlement, soubz le seing et scel d'iceluy, le XIIIe may 1633.

―――

LETTRE DE M. DAFFIZ (1)

Monseigneur,

Nostre Compagnie m'ayant faict ceste grâce de ne me comprendre point dans la nomination qu'elle a faicte de ceux qui doibvent servir la séance prochaine en la Chambre de l'Édit, je vous supplieray très-humblement de l'avoir agréable. Elle a considéré que j'estois mal sain, et que le séiour de ma maison m'estoit nécessaire pour me remettre en ma première santé; que pendant trois années entières, j'avois servy avecq assiduité en ma charge, sans jamais quitter Bourdeaux, nonobstant la contagion qui y estoit grandement eschaufée, avecq beaucoup de hazard et de péril; et qu'après ce service rendu au public, ma demande estoit juste. D'ailleurs, Monseigneur, j'ay l'honneur, depuis douze années, de tenir le second rang en ce Parlement, lequel estant estably à l'instar du Parlement de Paris, je doibs me promettre que vous trouverez bon que je iouisse de la mesme faveur, dont iouist celuy qui remplit ceste place au dit Parlement, de ne partir jamais de la Grand'Chambre, ny pour la Tournelle, ny pour la Chambre de l'Édit, ce que nostre Compagnie semble avoir préiugé en ma personne, m'ayant, par ceste considération, dispensé du service de la Tournelle; et ce n'est pas chose nouvelle, feu Monsieur le président Cadillac, en l'année mil six cent treize, et feu Monsieur de Lalanne, en l'année mil six cent dix-sept, ayant esté escusez, ce qui me faict espérer, Monseigneur, d'estre honoré de vostre protection en ce rencontre, authorisant et confirmant ce qui a esté résolu dans nostre Compagnie. Je tiendray ce bienfait de vous, aussy dépend-il de vous entiè-

---

(1) Dossier n° 114 de la *Collection*, tome I, pièce 11.

rement, et en auray une perpétuelle recognoissance, priant Dieu,
    Monseigneur,
qu'il vous donne, en très-parfaite santé, longue et très-heureuse vye,

DAFFIZ.

De Bourdeaux, ce 19e juin 1633.

LETTRE DE M. D'AGUESSEAU (1)

Monseigneur,

Je vous fais ceste dépesche pour accompagner celle que le Parlement vous escrit au subiet de la nomination qu'il a faicte de ceux qui doibvent aller, l'année prochaine, servir à la Chambre de l'Édit, séante à Agen, et vous supplier très-humblement de la vouloir confirmer. La Compagnie a excusé Monsieur le président Daffiz, encore qu'il feust en tour, à cause de ses incommoditez, et nommé en son lieu Monsieur le président Pichon, qui a accepté ceste commission.

Je vous ay escrit, il y a quelques jours, touchant la translation de la Chambre de l'Édit à Bergerac, dont le bruit couroit icy. Je vous adiousteray icy par occasion, Monseigneur, aux raisons que je vous ay mandées pour l'empescher, que, pendant les mouvemens derniers, il a esté jugé important au service du Roy de ruyner les murailles de la dite ville, en suitte de quoy elles ont esté démolies par commandement de Sa Majesté, et qu'il n'y auroit guères d'apparence de mettre la Chambre dans ung lieu ouvert de tous costez, et qu'il est à craindre que les huguenotz ne se servent de ce prétexte pour demander permission de les réparer, sur quoy vous ferez telle considération que vous jugerez à propos par vostre prudence. Cependant, je vous supplie très-humblement de me vouloir continuer vostre bienveillance, et de croire que je suis,

    Monseigneur,
vostre très-humble et obéissant serviteur,

AGUESSEAU.

Bourdeaux, ce 22 juin 1633.

(1) Dossier n° 114, tome I, pièce 14.

LETTRE DE M. D'AGUESSEAU (1)

Monseigneur,

Le Parlement n'a point manqué d'enregistrer la commission du Roy pour la séance de la Chambre de l'Édit à Agen en l'année prochaine, incontinent après l'avoir reçeüe; mais ayant trouvé quelques inconvéniens au changement que Sa Majesté a faict d'aucuns de ceux qui avoient esté par luy nommez, il a creu estre obligé d'en escrire à Sa Majesté et luy en donner cognoissance, pour y apporter le remède qu'Elle jugera à propos, comme aussy de la supplier très-humblement de vouloir transférer la dite Chambre en ceste ville et l'incorporer au dit Parlement, de quoy nostre Compagnie a désiré aussy vous informer particulièrement, Monseigneur, et vous demander vostre appuy et vostre protection en ceste occurence. Elle vous desduit sy amplement ses raisons par la lettre qu'elle se donne l'honneur de vous escrire sur ce subiet, que je n'ay rien à y adiouster, sinon ma supplication très-humble à celle qu'elle vous faict. L'advantage que les catholiques recepvront de ceste translation et incorporation est sy évident, que nous avons grande occasion d'espérer, par les tesmoignages que vous rendez de vostre zèle à la Religion catholique et au bien public, que vous favoriserez nostre dessein, du bon succez duquel nostre Compagnie vous sera parfaitement obligée, ainsy que moy, qui n'auray jamais de satisfaction plus grande que de vous pouvoir faire paroistre que je suis véritablement,

Monseigneur,
vostre très-humble et obéissant serviteur,

AGUESSEAU.

A Bourdeaux, ce 6 aoust 1633.

(1) Dossier n° 114, tome I, pièce 19.

LETTRE DE M. DE PONTAC (au nom du Parlement) (1)

Nostre très-honoré Seigneur,

Suyvant le commandement qu'il a pleu au Roy de nous faire, nous n'avons pas manqué d'enregistrer tout aussitost la commission pour la Chambre de l'Édit; mais d'autant qu'il se rencontre que le sieur de Malvyn, que Sa Majesté a référé pour servir la séance prochaine en la dite Chambre, se trouve retiré en sa charge après trois Conseillers de la Religion prétendue réformée, nous vous prions d'agréer que nous vous représentions que sy le Président catholique, comme celuy de la R. P. R. (2), viennent à désemparer le service qu'ils doibvent, tant par maladie ou autrement, les dits Officiers de la R. P. R., estant plus anciens en réception que le dit sieur de Malvyn, voudroient présider en la dite Chambre, au grand désadvantage des Officiers catholiques et de la dignité du Parlement; en sorte que par les contestations qui surviendroient sur ce subiet, il y auroit sans doubte des retardemens en la distribution de la justice, s'il ne plaist au Roy et à vous, nostre très-honoré Seigneur, d'y pourvoir, en octroyant aux Conseillers catholiques de présider en l'absence ou récusation du dit Président, tant à l'audience qu'à la Chambre du Conseil, et aussy de tenir la séance, à l'exclusion des dits Conseillers de la R. P. R. Sa Majesté l'a ainsy cy-devant préiugé, ayant voulu que le Président catholique, bien que dernier en réception au Président de la R. P. R., présidast en la dite Chambre. Mesme, s'estant meüe, au commencement de ceste séance, semblable contestation sur les huissiers, Sa Majesté auroit ordonné que l'huissier catholique, bien que dernier en réception à ceux de la R. P. R., audienceroit ...., l'ayant ainsy trouvé nécessaire, tant pour l'honneur de la Religion catholique et le bien de ses subietz, que pour la dignité et l'authorité de sa justice souveraine, ce qui est de tel poids, que nous vous prions, nostre très-honoré Seigneur, de considérer les mesmes raisons pour ce qui regarde la garde du sceau, qui despend absolument de ...., et parce que les Officiers de la R. P. R. n'obéissent que diffici-

---

(1) Dossier n° 108, tome I, pièce 6.
(2) Religion prétendue réformée.

lement, dans certaines rencontres, qu'après plusieurs semonces, à ce qui leur est ordonné par Sa Majesté. Les audiences ayant, en esté, séance cessé quatre mois, pour la contestation concernant les dits huissiers, nous vous prions leur faire prescrire les volontez de Sa Majesté, en sorte qu'ils y obéissent promptement. Ce sera ung effet de vostre zèle pour la Religion catholique et ung tesmoignage de vos bonnes volontez envers nous, qui tascherons de le recognoistre par tous les services que vous désirerez recepvoir du général et des particuliers de ceste Compagnie, laquelle, après vous avoir souhaitté toutes sortes de prospéritez, désire estre conservée en l'honneur de vostre souvenir, et continuer ses prières à Dieu à ce qu'il luy plaise,

Nostre très-honoré Seigneur,
vous donner, en parfaite santé, très-heureuse et longue vye.
Les gens tenant la Cour de Parlement de Bourdeaux, vos bien humbles serviteurs,

DE PONTAC.

Escrit à Bourdeaux, en Parlement, soubz le seing et scel d'iceluy, le xxvie aoust 1633.

ANNÉE 1634

LETTRE DE MM. DE MALVYN, MARRAUD ET MONTAIGNE (1)

Monseigneur,

Nous croyons que vous avez esté informé d'ung partage qui se fit, l'année passée, en ceste Chambre sur les levées qui se faisoient sur les subietz du Roy de la R. P. R. pour le payement de leurs Ministres, lequel est encore indécis au Conseil. Néantmoins, Monsieur le président Pichon mit sur le bureau, le treiziesme de ce mois, une lettre du Roy à luy adressée, par laquelle le

---

(1) Dossier n° 108, tome I, pièce 10.

Roy luy commandoit de luy envoyer les motifs du dit partage, voulant néantmoins que ses subietz de la dite R. P. R. iouissent cependant du bénéfice du 44ᵉ des articles secrets de Nantes. Le dit sieur président Pichon ayant demandé l'enregistrement de la dite lettre, nous ne peusmes l'empescher par nostre insistance, jugeant bien que vostre authorité estoit blessée en ce rencontre. Nous avons pourtant, pour satisfaire aux commandemens de Sa Majesté, mis au registre les raisons de l'advis des Conseillers catholiques, et croyons bien que le dit sieur président Pichon ne manquera pas de l'envoyer. Nous avons creu aussy, Monseigneur, que nous estions obligez, par l'honneur et le respect que nous vous debvons, de vous donner advis de ce procédé, et vous envoyer aussy les motifs et les raisons de nostre advis sur le dit partage, affin qu'au jugement d'iceluy il vous plaise vouloir protéger nostre cause, qui est, en ce rencontre, celle de la Religion, pour laquelle vous avez ung zèle sy ardent, vous suppliant, Monseigneur, nous vouloir faire l'honneur de nous faire sçavoir l'ordre qu'il vous plaist que nous tenions pour le jugement, lorsque semblables questions que celle sur laquelle le partage est intervenu se présenteront, ce dont les Officiers de la R. P. R. ne manqueront pas de nous faire naistre les occasions. Jusques à ce qu'il ayt pleu au Roy juger le dit partage, ou que nous ayons reçeu vostre ordre, nous en esluderons les délibérations, par la crainte que nous avons que vostre authorité ne feust blessée en ce procédé, les loix fondamentales de l'Estat violées et la cause de Dieu opprimée. Nous attendons ce bienfait de vostre piété éminente, et de ce grand zèle que vous avez au bien de la Religion et de l'Estat, et l'ordre que vous nous prescrirez, que nous garderons inviolablement, priant Dieu pour vostre prospérité,

Monseigneur,
vos très-humbles et très-obéissans serviteurs,

DE MALVYN, MARRAUD, MONTAIGNE.

A Agen, le 16 mars 1634.

LETTRE DE MM. DE PONTAC, RICHON, RELYON, MONTAUDON, ESSENAULT-TIBAULT, DUBURG, DETMATY (?), DE CHAPELAR,

PRÉSIDENS TRÉSORIERS DE FRANCE EN GUYENNE (1)

Monseigneur,

Vostre vertu et les éminentes qualitez qui sont en vous ayant obligé Sa Majesté à vous appeler à la plus importante charge de son Royaume, nous porte à nous esjouir du commun bonheur de la France, et à vous tesmoigner la part que nostre Compagnie prend aux joyes publiques que cause ceste agréable nouvelle, vous offrant avecq respect les vœux de nostre obéissance. Le zèle que vous avez tousiours tesmoigné au service du Roy nous faict prendre une espérance certaine que vous nous favoriserez de l'honneur de vostre protection dans l'exercice de nos charges, et que vous escouterez volontiers les justes plaintes que nous vous faisons contre Messieurs Estienne Boutté et Bretty, sur les malversations par eux commises, soulz prétexte de la liquidation du domaine. Ces partisans, au lieu de liquider les droits usurpez sur le Roy, ont diminué les plus liquides, vendu des portions du domaine, appliqué les deniers à leurs usages, sans avoir rendu compte de leur maniement, ny remis ung sol dans l'espargne, bref, réduit les affaires du Roy en un point, qu'il n'y a pas assez de fonds dans les estats du domaine pour payer les charges locales, de quoy ayant donné advis et faict plainte à Messieurs du Conseil, et leur ayant pleinement justifié les dites malversations par diverses informations, que nous leur envoyasmes par le sieur Procureur du Roy de nostre Bureau, il fut donné arrest au Conseil, le vingt-septiesme d'octobre mil six cent trente-deux, par lequel inhibitions et deffenses furent faictes au dit Boutté et ses associés en commun, de s'immiscer en la levée des droits deubs au Roy, à peine de la vye, jusques à ce qu'il eust faict estat et compte au Conseil de son maniement, et que pour cest effet il remettroit son estat par devers le sieur de Verthamon, conseiller du Roy et maistre des requestes ordinaire de son hostel, pour le voir examiner et en faire le rapport, duquel sy nous avons

---

(1) Dossier n° 108, tome I, pièce 12.

communication, il nous sera bien facile de justifier les suppositions et obmissions de receptes qui sont en iceluy, comme estant pleinement informez de ce qui s'est faict dans nostre Généralité. Nous avons creu estre obligez, par les debvoirs de nos charges, de vous donner advis de ces désordres, pour vous prier d'y apporter les remèdes convenables. L'assiduité que nous apportons à la liquidation du domaine, réception des foy et hommages et refformation du papier terrier du Roy, nous oblige à voir que le sieur Dupleix, historiograffe du Roy, a obtenu par surprinse une commission du Conseil pour travailler à la dite liquidation dans une partie de nostre Généralité. Nous vous supplions d'en surseoir l'exécution, et, considérant le grand nombre d'Officiers que nous sommes, nous maintenir dans la fonction de nos charges, et conserver dans la jurisdiction contentieuse du domaine, qu'il a pleu au Roy, par son Édit, bailler à tous les Bureaux des Trésoriers de France des Généralitez du Royaume, pour ...... les desdommager du préjudice qu'a apporté à leurs charges la venüe de six Trésoriers de France, un Advocat et Procureur du Roy en chasque Bureau, veu mesme que de tout temps et dès l'establissement de la Monarchie, ils ont tousiours esté, comme ils sont, les vrays directeurs et conservateurs du domaine. Vous agréerez, Monseigneur, que nous implorions vostre protection, espérant qu'estant fondez en justice, nous ne pouvons attendre de vous que des responses favorables, puisque nous n'avons d'autre dessein que de tesmoigner le zèle que nous avons à servir le Roy, et que nous sommes véritablement,

    Monseigneur,
vos très-humbles et très-obéissans serviteurs,

Les Présidens Trésoriers de France en Guyenne,

De Pontac, Richon, Relyon, Montaudon, Essenault-Tibault, Duburg, Detmaty (?), de Chapelar.

(*Sans date.*)

ANNÉE 1635

LETTRE DE M. D'AGUESSEAU (1)

Monseigneur,

J'ay ung extresme desplaisir de n'avoir sçeu plustost vous donner cognoissance de la sédition qui est arrivée en ceste ville lundy dernier sur le faict de l'establissement d'ung droit que le Roy a ordonné estre levé, par chacun an, sur les cabaretiers. Le désordre a esté sy extraordinaire en ceste occurence, qu'il estoit impossible de pouvoir prendre le temps, ny le loisir de l'escrire. Vous apprendrez toutes les particularitez de ceste sédition par les divers procez-verbaux qui en seront envoyez, tant de la part de nostre Compagnie que du costé des Jurats. Je vous rapporteray seulement, Monseigneur, quelques circonstances, après vous avoir marqué en gros que l'archer qui faisoit le dit establissement, et ung nommé Désaigues, faisant profession de porter l'espée, qui s'est ingéré de luy-mesme dans ceste affaire, sans avoir aucune charge dans la Maison de ville, y ont esté tuez tous deux, à diverses heures et en divers endroits, estant sortis de la dite Maison de ville en habits déguisez pour se sauver. Deux ou trois autres y ont encore esté tuez, ayant esté pris pour des gabeleurs, comme aussy ung nommé Emery, commiz à la recepte du droit; et il est remarquable que ceux qui ont faict la sédition n'ont rien pillé, ny volé, et que mesme, après avoir tué le dit Emery en son logis, ils ont rendu jusques à une cuillier d'argent. Ceste tourbe séditieuse, quoyqu'elle feust de plus de trois mil personnes, n'estoit pourtant composée que de la plus basse partie du peuple. Après qu'ils se furent emparez de l'Hostel de ville, ils firent venir devant eux les prisonniers et leur prononcèrent leur eslargissement, avecq deffenses à eux de se plus laisser emprisonner. Ils firent aussy demander la vye aux deux Jurats qui estoient dans le dit Hostel de ville, et ung d'eux ayant son chapeau sur la teste, ils luy dirent que la vye ne se

---

(1) Dossier nº 114 de la *Collection des manuscrits et des autographes français* de la Bibliothèque impériale de Saint-Pétersbourg, tome I, pièce 33.

demandoit point de ceste sorte, et luy firent oster son chapeau. Ils leur firent ensuite mettre leurs chaperons sur leurs espaules, et les menèrent en leurs logis, où, les ayant mis, ils crièrent plusieurs fois : Vive le Roy ! On m'a rapporté qu'ils crioient de mesme : Vive le Roy ! après qu'ils avoient tué quelqu'un de ceux qu'ils estimoient estre gabeleurs. Le lendemain, qui estoit mardy, ils furent par la ville, armez comme le jour précédent, et crièrent aussy diverses fois, selon les occasions : Vive le Roy ! et plusieurs d'entre eux disoient qu'ils payeroient à Sa Majesté ce qui luy plairoit leur imposer, pourveu que ce ne feust pas sur le vin. Ce malheur public procède de ce que les Jurats n'ont point esté secourus des bourgeois, comme ils prétendent ; ils l'ont ainsy rapporté au Parlement, sur quoy nostre Compagnie ayant député aucuns de Messieurs les Présidens et Conseillers pour aller par la ville assembler quelques bourgeois, les dits députez ont confirmé la mesme chose et rapporté qu'ils n'avoient trouvé aucuns bourgeois ; le lendemain, mesmes allans par la ville, attroupez comme le jour précédent, demandant un arrest d'abolition générale et qu'on fist ouvrir les portes de la ville, ou qu'on mettroit le feu partout ; les Jurats et capitaines me rapportèrent au chasteau du Hâ, où je m'estois retiré, qu'ils n'avoient peu trouver aucuns bourgeois pour s'opposer aux dits séditieux, ce que mesmes aucuns de Messieurs du Parlement me confirmèrent, lesquels s'estoient mis en debvoir d'en assembler. Nostre Compagnie, ayant esté advertie que les dits séditieux tenoient la Maison de ville assiégée, pensant par ce moyen arrester la sédition, donna arrest par lequel il estoit ordonné qu'il seroit sursis pour ung mois, soulz le bon plaisir de Sa Majesté, à l'establissement du dit droit, et que l'arrest seroit présentement publié à son de trompe. Le premier huissier estant allé vers la dite Maison de ville pour faire publier le dit arrest, il fut environné par plusieurs des dits séditieux, lesquels le descendirent de son cheval et luy arrachèrent le dit arrest, et ne l'ayant point trouvé à leur goust, le déchirèrent et tuèrent un jeune homme qui tenoit le chapeau du premier huissier, disant qu'il aydoit aux gabeleurs. Je demeuray au Palais, le dit jour de lundy, jusques à cinq heures du soir, avecq quelques-ungs de Messieurs du Parlement, affin de donner les ordres qui seroient jugez nécessaires sur les advis qui nous seroient apportez ; mais ayant esté adverty, à la dite heure de cinq heures, que les dits séditieux estoient dans l'Hostel de ville, et qu'ils disoient vouloir venir au Palais pour se saisir de moy et de Constans, jurat, comme favorisant le dit establissement, je quittay le Palais, et m'estant mis dans ung carrosse, je me fis conduire au dit chasteau du Hâ, où je suis demeuré jusques au mercredy matin que je suis rentré, avecq Messieurs du Parlement, au dit Palais, où, ayant rapporté que j'avois escrit à Monsieur d'Espernon, et luy avois donné advis, dès le lundy après-disné, de la dite sédition, et qu'il m'avoit envoyé une response par son capitaine des gardes, par laquelle il me mandoit ne pouvoir venir sy promptement, tant à cause de son indisposition que pour ce qu'il estoit peu accompagné, il fut à l'instant délibéré, les Chambres assemblées, d'envoyer deux députez vers le duc d'Espernon pour le prier de vouloir venir promptement, par l'espérance que sa présence arresteroit le désordre. Suyvant ceste prière, le dit sieur d'Espernon estant venu jeudy dernier, il est descendu dans la Maison de ville, où, à son entrée, il a destitué les Jurats et leur a faict deffenses de se plus immiscer en la fonction de leurs charges, jusques à ce que par Sa Majesté en ayt esté autrement ordonné, et après a donné tel ordre à la ville, que depuis son arrivée les séditieux sont restez renfermez dans leurs maisons, de sorte que la ville paroist maintenant en repos. Quand les choses seront complètement asseurées, et qu'il n'y aura plus rien à craindre, le Parlement ne manquera point de faire informer et de procéder au chastiment des coupables, suyvant les ordres qui luy en seront donnez par Sa Majesté. Je contribueray soigneusement, en ce rencontre, tout ce qui despendra de moy, nonobstant le péril que j'ay couru, et vous feray paroistre, dans les occasions où vous m'honorerez de vos commandemens, que je suis,

    Monseigneur,
vostre très-humble et très-obéissant serviteur,

AGUESSEAU.

Bourdeaux, ce xx may 1635.

LETTRE DE M. DE VERTHAMON (1)

Monseigneur,

Depuis m'estre donné l'honneur de vous escrire le 24 de ce mois, il a esté advisé entre Monsieur le duc d'Espernon et Messieurs les Députez du Parlement de faire le plus prompt et exemplaire chastiment des chefs de la sédition de ceste ville qu'il se pourra avecq seureté; mais parce que ceste ville est au pouvoir des habitans, de l'affection desquels on ne se peut entièrement asseurer, et que la populace y menace, et dans la campagne, de se soublever lorsque l'on entreprendra d'en arrester quelqu'un, il a esté trouvé bon, pour ne point hazarder l'authorité du Roy et soulz son bon plaisir, de prier Monsieur le duc d'Espernon d'appeler en ce voysinage sa compagnie de gensdarmes, et dans la ville le plus grand nombre qu'il se pourra de gentilshommes, ou mesme des soldats de ses troupes dans le chasteau, à quoy il auroit esté désià travaillé plus efficacement, sans ce que, depuis deux jours, Monsieur d'Espernon a eu une petite rechute de fiebvre, de laquelle néantmoins il se porte mieux aujourd'huy. J'ay creu, Monseigneur, ne vous pouvoir donner une meilleure relation des choses qui se sont passées icy avant mon arrivée, que par la copie que je vous envoye du registre de la Maison de ville, dont j'en ay adressé aussy l'extrait, signé du greffier, à Monsieur de La Vrillière. Je joins aussy, Monseigneur, ung Mémoire de ce que je puis juger sur les choses différentes qui se disent par les ungs et par les autres, duquel Mémoire pourtant je seray très-marry que nul d'entre eux eust cognoissance, oultre que par ce qu'ils en auront peu représenter par delà, ou ce qui s'en recognoistra cy-après, il pourra y avoir lieu d'en juger autrement. Monsieur d'Espernon envoye au Roy la dépesche du courrier de Flandres, qu'on n'a pas estimé debvoir ouvrir, pour n'entreprendre d'entrer dans le secret, oultre que l'adresse a faict croire qu'il ne pourroit pas y avoir rien qui regardast la seureté de ceste province; il seroit à désirer néantmoins que, pour l'advenir, on eust ordre pour s'y régler. J'estime, Monseigneur, qu'on aura le loisir de le recepvoir

(1) Dossier n° 114, tome I, pièce 34.

avant qu'estre en estat de rien exécuter pour le chastiment de ceste sédition, lequel, par nécessité, doit estre faict rigoureusement; mais il importe qu'en mesme temps les esprits de ceux qui restent soient asseurez par une abolition et .... révocation de ce droit des cabaretiers, et encore d'ung autre, dont on parle, sur les baptistaires, mariages et mortuaires, ce qui est icy trèsmal veu. Je suis très-fidèlement,

Monseigneur,

vostre très-humble, très-obéissant et très-obligé serviteur,

VERTHAMON.

A Bourdeaux, ce 28 may 1635.

※——※——※——※——※

LETTRE DU DUC DE LA VALETTE (1)

Monsieur,

Les communautez de Saint-Jean-de-Luz et de Sybour, dans l'interdiction générale du commerce qui fut publiée, il y a quelques années, en ce Royaume avecq l'Espagne, furent dispensées de la dite interdiction. Les dites [communautez] ne pouvoient subsister sans commerce, à cause de la stérilité de leur terroir, et pour n'avoir aucuns ports, ny havres dans leur païs où elles puissent débiter, ny descharger leurs marchandises. Elles envoyent ce député maintenant à la Cour pour demander la continuation de la mesme grâce, qui leur est beaucoup plus nécessaire que jamais, pour avoir soin de dix ou douze vaisseaux en mer aux Terres-Neufves, lesquels estant partis avant nostre rupture avecq l'Espagne, et n'en pouvant recepvoir les advis, s'en iront à l'ordinaire descharger aux ports de nos ennemys, ce qui fera leur ruyne entière et l'advantage de nos dits ennemys. Les mesmes communautez, pour se libérer de la nécessité qu'ont leurs vaisseaux d'aller descharger aux ports estrangers, entreprirent, il y a quelques années, de construire le port de Socoa et la barre de Saint-Jean-de-Luz, qui asseureroient entièrement leur commerce, s'ils estoient à leur perfection. Elles y ont lon-

---

(1) Dossier n° 107, tome I, pièce 85.

guement et heureusement travaillé, et l'ouvrage ne demeure imparfait que par le manque du fonds qui leur estoit accordé par Sa Majesté. Ce mesme porteur a charge d'en poursuivre l'assignation, qui n'est pas d'une somme fort considérable. Je vous supplie très-humblement, Monsieur, soit en l'une, soit en l'autre de ces deux affaires, de leur despartir vostre faveur et vostre protection. Ce sont deux communautez sy affectionnées au service de Sa Majesté, et qui en ont donné de sy bonnes marques, qu'elles sont très-dignes de ses grâces. En mon particulier, ces mesmes considérations m'obligent d'affectionner bien fort leurs intérests. Je prendray la meilleure part à la faveur qu'il vous plaira de leur despartir, et tascheray de vous en tesmoigner mon ressentiment dans toutes les occasions qui me donneront moyen de vous faire paroistre que je suis,

Monsieur,
vostre très-humble et très-affectionné serviteur,

Louis DE LA VALETTE.

A Bourdeaux, le XVIe juin 1635.

LETTRE DE M. BERTIER DE MONTRAUT (1)

Monseigneur,

La sédition qui arriva à Bourdeaux le 14e may frappa presque en mesme temps les esprits du peuple qui habite le long de la rivière de Garonne jusques aux portes de ceste ville, comme par ung mesme coup de tonnerre. Le Parlement députa, quand et quand, des Commissaires par toutes les villes, à Auvillar, à Montesch, à Castelsarrazin, à Moyssac, à Lectoure, à Beaumont, à Auch, où partout il y avoit grand désordre. Par le dernier courrier et par celuy-cy, j'ay envoyé à Monsieur de La Vrillière la pluspart des procédures qui en ont esté faictes, et elles ont réussy sy heureusement, que tout s'est appaisé, et le peuple n'a ny tué, ny bruslé dans nostre ressort, comme dans celuy du Parlement de Bourdeaux, qui est dans nostre voysinage. En mesme temps, la nouvelle vint qu'il y avoit eu quelque esmeute

(1) Dossier n° 114, tome I, pièce 39.

à Narbonne : les esprits sont bien aussy malades en ce païs-là. Monsieur de Long, conseiller (la procédure duquel j'envoye aussy à Monsieur de La Vrillière par ce courrier), y fut député, et le plus souverain remède que l'on ayt peu trouver pour guérir tous ces peuples et prévenir le mal qui menaçoit ceste ville, a esté ung arrest que le Parlement fut contraint de donner le 21ᵉ may, par lequel il ordonne très-humbles remonstrances estre faictes à Sa Majesté, et cependant soubz son bon plaisir, qu'il sera sursis à quelques commissions extraordinaires, qui ne sont pas de grande importance.

J'ay appris, Monseigneur, que cest arrest avoit esté reçeu à la Cour avecq indignation, ce qui me faict vous supplier très-humblement qu'après avoir considéré la nécessité qui nous l'a faict faire et le bien qu'il a apporté, mesme à ceste ville, l'exemple de laquelle tout le Languedoc, le Dauphiné et la Provence suyvent, que l'ordonné de cest arrest, qu'on blasme, est aux termes les plus respectueux qu'on puisse trouver et suyvant l'usage du Parlement. Sy la requeste des gens du Roy contenant les plaintes des peuples a quelque deffault, il suffit de dire qu'elle est signée par tous trois, et que leurs seings doibvent servir de garants à celuy qui dresse les arrests.

Les gens du Roy vous diront que les peuples ne voient point qu'on fasse entendre, comme ils désirent, leurs plainctes au Roy et aux Ministres de l'Estat, sy elles ne sont couchées dans ung arrest, et on avoit lors grand besoin de leur persuader que Sa Majesté les verroit et que sa bonté leur donneroit quelques soulagemens, s'ils s'en rendoient dignes, et cest arrest n'a point esté imprimé, et a esté suivy d'ung autre du 9ᵉ juin, qui l'a esté et envoyé partout, et lequel efface toutes les mauvaises impressions que pourroit avoir données celuy dont on se plaint, duquel arrest, qui n'a point encore esté mis dans les registres, le Parlement envoye l'original à Monsieur le président de Caminade, avecq l'original de la requeste des gens du Roy, signée par les deux advocats et par le Procureur général, affin que Sa Majesté en fasse ce qu'il luy plaira. Et nous la supplions très-humblement de voir qu'il n'a esté donné que par le zèle que nous avons au bien de son service, lequel nous sera tousiours plus cher que la vye. Que s'il plaist à Sa Majesté que nous luy allions rendre raison de bouche de cest arrest et luy porter nos très-humbles soubmissions, nous serons tousiours prests d'obéir au premier commandement qu'il vous plaira nous en faire par une de vos lettres, sans qu'il soit nécessaire de donner d'adiournement personnel, qui désauthorise le Parlement et luy faict perdre la créance qu'il doit avoir envers les peuples, laquelle ne luy fut jamais sy nécessaire pour le service du Roy qu'elle est maintenant; faictes-moy, s'il vous plaist, Monseigneur, l'honneur de me croire vostre très-humble et très-obéissant serviteur,

Bertier de Montraut.

A Tholouse, ce 26 juin 1635.

LETTRE DU DUC DE LA VALETTE (1)

Monsieur,

Je ne vous entretiendray point de l'estat particulier des affaires de ceste ville et de la province, non plus que des sentimens de mon fils, le duc de La Valette, et des miens sur ces fascheuses occurences, remettant à la créance de mon cousin de Magnas à vous en faire part, sy vous l'avez agréable. Je me contenteray de vous rendre grâces bien humbles d'une lettre qu'il vous avoit pleu mettre entre les mains de Monsieur Lancier pour me donner. Les bons advis qu'il vous plaisoit de me despartir sont autant d'effets de la bonne volonté dont vous me favorisez depuis tant d'années. Croyez, s'il vous plaist, Monsieur, que je les reçoys comme d'une personne de qui j'estime au dernier point l'amitié, et que j'y défereray tousiours entièrement. Je suis très-marry que Monsieur de Morit et le dit sieur Lancier n'ayent peu se rendre icy, et y faire avecq sécurité ce qui leur estoit prescrit par Sa Majesté, car j'eusse peu par ce moyen convaincre les calomnies qui m'ont esté imposées, et eusse faict cognoistre que j'ay servy en ceste occasion peut-estre aussy utilement qu'aucun autre que moy eust sçeu faire en l'estat où je suis. Après cela, néantmoins, il faut que je aye encore le desplaisir d'apprendre de toutes parts que pour ce que la malignité des meschans n'a peu

---

(1) Dossier nº 107, tome I, pièce 87.

me faire périr dans les séditions qu'ils ont tramées, ils m'ont noircy de mille calomnies à la Cour, non-seulement pour me priver du fruict que je debvois espérer de mes services, mais encore pour me faire perdre l'honneur et la vye. Dieu, qui est protecteur de l'innocence, m'a faict miraculeusement descouvrir leurs trahisons et trouver moyen de les justifier par des tesmoignages sy authentiques, que j'ay subiet d'espérer que la justice m'en sera rendue. Les informations que mon cousin de Magnas vous mettra entre les mains vous informeront plus particulièrement du subiet de ma juste douleur. Je vous supplie très-humblement, Monsieur, de me faire en ce subiet rendre la justice qui ne seroit pas desniée aux moindres subietz du Roy. Vous verrez sy j'ay raison de la demander et de l'espérer, et s'il n'importe pas à tous les gens de bien qu'ung chastiment exemplaire rende les meschans moins hardis à se porter au mal.

Je ne vous en diray pas davantage, Monsieur, de crainte de vous ennuyer. Je vous supplie bien humblement de prendre part à mon intérest, et de croire que n'en pouvant jamais en avoir ung plus sensible, je ne puis aussy recepvoir aucun tesmoignage de la faveur de vostre amitié en une plus importante occasion, ny qui m'oblige davantage à demeurer,

Monsieur,
vostre très-humble et très-affectionné serviteur,

Louis DE LA VALETTE.

A Bourdeaux, le xxx juillet 1635.

LETTRE DE M. DEFAU (?) (AU NOM DU PARLEMENT) (1)

Nostre très-honoré Seigneur,

Nous avons enregistré la Commission pour la Chambre de l'Édit sitost que nous l'avons reçeüe, mais nous avons creu estre obligez, par le debvoir de nos charges, de faire entendre au Roy que, par l'ordre inviolablement observé depuis l'establis-

(1) Dossier n° 108, tome I, pièce 14.

sement des Chambres, la nomination que le Parlement a faicte des six Conseillers pour servir en la dite Chambre n'a point esté changée, et lorsque Sa Majesté obligea ceste Compagnie, par l'importunité des religionnaires, d'en adiouster ung supernuméraire de chasque Chambre pour faire le nombre de neuf, ce fut avecq asseurance qui nous fut donnée de la part de Sa Majesté que les trois Conseillers supernuméraires ne seroient point employez en la Commission, ains seulement les six premiers. Aussy, quelque instance qu'on eust peu faire au contraire, il n'y avoit pourtant point esté faict aucune innovation, sinon depuis cinq ou six années, et particulièrement encore en la présente, ayant esté employez en la dite Commission deux des supernuméraires et ung qui n'estoit point dans la nomination faicte par le Parlement, lequel, comme il a une entière cognoissance de la suffisance et expérience des Officiers d'iceluy et de leurs parentez et alliances, avoit avecq grande circonspection marqué les six qui debvoient y servir, d'où il est arrivé ung inconvénient notable, qui est que les deux supernuméraires et celuy qui n'avoit point esté nommé par le Parlement, compris en la dite Commission, sont proches parens du sieur président de Lalanne, tellement que lorsque l'ung d'eux sera récusé, les trois autres seront nécessitez de s'abstenir, et en ce faisant, quatre Officiers de la R. P. R. seront aussy contraints de se retirer, ce qui apportera beaucoup de retardement en la distribution de la justice et de préiudice aux catholiques, ne restant point nombre de juges suffisant pour juger les récusations qui seront proposées. Nous vous marquerons encore que dans la dite Commission, il y a trois Conseillers de la première des Enquestes et ung seulement de la seconde, ce qui met division et désordre parmy les Chambres, de quoy nous avons voulu vous donner advis, affin d'y faire remédier par Sa Majesté, selon que vous jugerez à propos par vostre prudence; et d'autant qu'il se rencontre tousiours beaucoup de difficulté aux nominations que le Parlement faict de ceux qui doibvent aller servir à la Chambre, au moyen de ce que les anciens Conseillers, s'excusant sur leur âge et incommodité qu'ils reçoivent hors leurs maisons, l'on est contraint de nommer des jeunes, lesquels ne peuvent encore avoir l'expérience, ny la suffisance nécessaires pour bien servir, nous supplions très-humblement Sa Majesté, affin d'arrester tous ces désordres qui arrivent tous les ans, vouloir transférer la dite Chambre dans la ville de Bourdeaux, suyvant l'Édit de Nantes, et icelle incorporer dans le Parlement. La justice sera rendue par ce moyen avecq plus d'authorité et de dignité qu'elle n'est dans la ville d'Agen ; les Officiers seront soulagez des incommoditez qu'ils reçoivent en quittant leurs maisons et familles, et Sa Majesté deschargée des fraiz de l'ameublement et despense des Officiers catholiques. Ces raisons sont sy considérables et advantageuses au service du Roy, que nous espérons que vous employerez favorablement près de Sa Majesté vostre protection et assistance pour faire réussir ceste proposition. C'est de quoy nous vous supplions très-humblement, et prions Dieu,

Nostre très-honoré Seigneur,
vous continuer ses grâces et donner, en parfaite santé, très-heureuse et longue vye.

Les gens tenant la Cour de Parlement de Bourdeaux, vos bien humbles serviteurs,

DEFAU (?).

Escrit à Bourdeaux, en Parlement, soubz le seing et scel d'iceluy, le 4 aoust 1635.

LETTRE DU DUC DE LA VALETTE (1)

Monsieur,

Après vous avoir envoyé, par mon cousin de Magnas, l'information contenant les pratiques que Briet a faictes pour corrompre le petit Morr (?), je m'estois résolu d'attendre les volontez du Roy, sans vous importuner davantage sur ce subiet, mais le dit Briet et quelques autres qui se sont mis avecq luy ont faict sy grande rumeur dans le Parlement pour tascher de rendre la dite information inutile, que je suis contraint d'avoir recours à vous, Monsieur, pour vous supplier bien humblement de me donner moyen de faire cognoistre sa meschanceté et mon innocence, en m'envoyant, s'il vous plaist, une commission du Conseil adressée au Lieutenant criminel de ceste ville ou au premier Conseiller

(1) Dossier nº 107, tome I, pièce 93.

du Sénéchal, qui en sera requis, affin qu'il fasse, par ordre du Conseil, la dite information, qui ne pourra après cela estre desbattue par personne. Le dessein du dit Briet et de ceux qui luy adhèrent est d'intéresser tout le Parlement avecq luy, en voulant persuader à la Compagnie qu'on a entreprins sur leurs privilèges par la liberté que le dit sieur Lieutenant criminel s'est donnée d'informer contre ung de leur corps. A cest effet, ils l'ont appelé dans la Chambre pour sçavoir l'estat de l'affaire. Il leur a réparty, comme il est vray, qu'il n'a point faict d'information contre aucun de leur corps, mais qu'ayant ouy ung prisonnier et des tesmoings sur une plainte qui luy avoit esté faicte par le Substitut du Procureur général du Roy, il n'a pu, ny dû supprimer ce que les dits tesmoings ont déposé dans le cours de leur audition. Cela ne les satisfaisant pas, ceux qui favorisent les intérests de Briet voulant contraindre le dit Lieutenant criminel et le greffier de remettre ceste procédure, et moy, Monsieur, qui ay l'intérest que vous sçavez à la confirmer, j'ay donné ordre pour faire présenter une requeste en mon nom au Conseil, affin d'obtenir pour le dit sieur Lieutenant criminel la commission nécessaire pour procéder à la dite information. Je pense la debvoir espérer en justice, puisque mon nom paroissant en cela, et le Parlement ne pouvant cognoistre de mes intérests, il semble qu'il y a toutes sortes de raisons à m'accorder ce que je demande. En une affaire qui n'est que dans les termes ordinaires de la justice, je n'ay pas creu debvoir importuner Monsieur le Cardinal. Obligez-moy, Monsieur, en cas qu'il veuille estre informé de ces particularitez, de prendre la peyne de les luy faire entendre. Je ne demande vos offices que pour l'appuy de l'innocence et de la vérité, et sçachant l'inclination que vous avez pour l'une et pour l'autre, jointe à la faveur que vous m'avez tousiours faicte d'avoir mes intérests en considération, je me promets que vous ne me desnierez pas en cecy des effets de vostre justice accoustumée, comme je vous en supplie bien humblement, et je seray obligé à demeurer de plus en plus,

  Monsieur,
vostre très-humble et très-affectionné serviteur,

Louis DE LA VALETTE.

A Bourdeaux, le xx aoust 1635.

LETTRE DU DUC DE LA VALETTE (1)

Monsieur,

Le sieur de Giac poursuit quelques expéditions au Conseil nécessaires pour l'accomplissement d'ung travail très-utile pour le bien du service du Roy et de la province, qui est le desséchement des marays de Lesparre, qu'on a désià bien advancé. Je crois, Monsieur, que vous sçavez l'intérest qu'a Monsieur le duc d'Espernon en ceste affaire, qui me regarde aussy en particulier. C'est ce qui me faict prendre la liberté de joindre mes supplications très-humbles aux siennes, affin qu'il vous plaise d'ouyr le dit sieur de Giac, qui est nostre amy, et agit pour les intérests des Flamans, entrepreneurs de ce travail, et luy estre favorable dans les expéditions qu'il aura à désirer de vous pour le bien de ceste affaire. Vous m'obligerez en particulier, Monsieur, sensiblement, et dans les occasions où je pourray rencontrer les moyens de vous rendre mes services, en revanche je m'y employeray avecq autant d'affection que vous pourrez en désirer jamais,

Monsieur,
de vostre très-fidèle et très-humble serviteur,

Le duc DE LA VALETTE.

A Bourdeaux, le xxvie aoust 1635.

ANNÉE 1636

LETTRE DE M. D'AGUESSEAU
à M. DE SÉGUIER, chancelier de France (2).

Monseigneur,

Je vous renvoye vos lettres de provision de la dignité de chancelier de France, enregistrées en nostre Compagnie selon vostre

---

(1) Dossier n° 107, tome I, pièce 92.
(2) Dossier n° 114, tome I, pièce 61.

intention. Cela auroit esté plustost faict, sy l'honneur que chacun a désiré rendre à vostre personne et à vos vertus n'eust faict croire que vous ne seriez peut-estre point marry que, pour la satisfaction publique, elles fussent présentées par ung advocat et publiées en l'audience; mais ayant sçeu de Messieurs nos Gens du Roy que vous y résistiez et ne vouliez qu'ung enregistrement, nous avons faict ce que vous avez voulu et privé le public de l'espérance qu'il avoit d'entendre les louanges que vos grandes actions vous acquièrent tous les jours.

Je vous adiousteray, Monseigneur, que, par le commandement du Roy que j'en avois reçeu par Monsieur de La Vrillière, j'ay faict achever l'instruction du procez de Lureau, ung des chefs de nos séditions. Il fut, hier, jugé et condamné à estre pendu et son corps bruslé après, ce qui fut exécuté, l'après-disnée, fort paisiblement et sans apparence d'émotion, les Jurats ayant bien faict leurs charges en ceste occurence. J'espère que cest exemple achèvera d'asseurer nostre repos, et qu'il ne se parlera plus icy désormais de rébellion, à quoy je continueray d'employer tout ce qui dépend de moy pour le service du Roy, de mesme qu'à vous faire paroistre, quand vous m'honorerez de vos commandemens, que je suis,

 Monseigneur,
vostre très-humble et très-obéissant serviteur,

          AGUESSEAU.

A Bourdeaux, ce VI avril 1636.

LETTRE DU DUC DE LA VALETTE (1)

Monsieur,

Ayant esté adverty, il y a désià quelques jours, de la détention du petit Morr, j'ay attendu d'apprendre s'il se feroit contre luy quelques sortes de procédures, affin que l'on pust descouvrir la vérité des recherches qui luy ont esté faictes de la part de Briet pour m'accuser d'avoir esté l'autheur de la sédition de Bour-

---

(1) Dossier n° 107, tome I, pièce 98.

deaux; mais n'ayant pas sçeu qu'on pressast son affaire, et ne pouvant d'ailleurs demeurer sans ressentiment de l'offense et de la calomnie qui m'ont esté imposées par le dit Briet, je vous supplie très-humblement, Monsieur, de vouloir commander qu'il soit tiré lumière de ceste affaire, qui justifiera d'ung costé mon innocence, et me fera raison, par les voyes de la justice, de la plus noire et plus lasche trahison qui ayt jamais esté faicte à ung homme de bien de ma condition. Je crois, Monsieur, que ma demande est sy juste, que l'effet ne peut m'en estre desnié : je le recevray néantmoins pour une obligation signalée que vous acquerrez de nouveau sur moy, après une infinité d'autres dont je vous suis desià redevable. Je ne vous entretiens point de l'estat auquel j'ay laissé mon gouvernement, lorsque j'en suis party, avecq la permission du Roy, pour venir passer quelque peu de temps en ce lieu, affin d'affermir ma santé, s'il m'est possible, par l'usage de quelques remèdes. Les dépesches que j'escris sur ce subiet à Sa Majesté vous en rendront assez bon compte, sy vous avez agréable qu'elles vous soient présentées, Monsieur, sans qu'il soit besoin que je vous donne la peyne d'en voir le discours dans ceste lettre. Je vous rediray seulement ce que j'ay l'honneur d'escrire à Sa Majesté touchant les Jurats qui sont maintenant en charges, que sy on n'en met d'autres en leurs places, il est presque impossible que le repos de la ville soit bien asseuré, les dits Jurats ayant sy peu de créance et d'authorité envers le peuple, qu'il n'y a personne qui ne les mesprise, et de là viennent ces fréquentes insolences et ces libertez que quelques mutins se donnent, tantost de faire courir des escrits séditieux, et tantost de tenir des discours insolens en présence mesme de leurs magistrats, ce qui n'arriveroit pas s'ils avoient plus de créance dans la ville. Je vous en parle avecq beaucoup de liberté, Monsieur, parce que je m'asseure bien que vous ne croirez pas que mon intérest ou la mauvaise satisfaction que j'ay des dits Jurats me fasse parler de la sorte. Je ne le fais que par le seul intérest du service du Roy et pour le repos du public, car, du reste, il m'importe fort peu qui soit Jurat. Je vous supplie de tout mon cœur, Monsieur, de prendre la peyne de faire considération sur ce que je vous en représente, et de me faire la faveur de croire que je ne perdray jamais ny le souvenir, ny le ressentiment des tesmoignages d'amitié qu'il vous a pleu de me despartir sy souvent, et que, jusques au

dernier souspir de ma vye, je conserveray le désir de vous faire paroistre que je suis entièrement,
Monsieur,
vostre très-humble et très-affectionné serviteur,

Louis DE LA VALETTE.

A Plassac, le III may 1636.

Monsieur, vous avez l'information de la calomnie de Briet, sur laquelle vous pourrez, s'il vous plaît, faire interroger le petit Morr, pour en apprendre la vérité.

LETTRE DU DUC DE LA VALETTE (1)

Monsieur,

Sy Monsieur de Verthamon estoit moins connu de vous qu'il n'a l'honneur de l'estre, je vous raconterois une partie des signalez services qu'il a rendus au Roy en diverses occasions qui se sont présentées en ceste province depuis qu'il y est employé; mais sçachant que je ne vous en sçaurois tant dire que vous en croyez et recognoissez, il me suffira de vous asseurer qu'il est non-seulement très-nécessaire, pour le service de Sa Majesté, qu'il s'en revienne promptement, mais encore que son retour est généralement désiré de toute la province. En mon particulier, qui ressens ung grand advantage et ung grand soulagement de ses bons conseils, je vous supplie très-humblement et très-instamment, Monsieur, d'agréer qu'il vienne continuer à servir de deçà, et de luy en donner, s'il vous plaît, les ordres nécessaires, vous asseurant que ce sera ung bien où j'auray plus de part que luy-mesme, et dont je vous seray aussy redevable, à ung tel point que le mettant au rang des plus signalées obligations que vous sçauriez acquérir sur moy, je ne perdray jamais aucune occasion de vous en tesmoigner mon ressentiment, ny de vous faire paroistre que je suis autant que personne du monde,
Monsieur,
vostre très-humble et très-affectionné serviteur,

Louis DE LA VALETTE.

A Plassac, le XXVIe may 1636.

(1) Dossier n° 107, tome I, pièce 100.

LETTRE DU DUC DE LA VALETTE (1)

Monsieur,

Je reçeus, il y a quelques jours, ung commandement du Roy d'assister à l'enregistrement de l'Édit que Sa Majesté désiroit estre faict, en la Cour de Parlement de Bourdeaux, d'ung Président et douze Conseillers de Cour au dit Parlement, à quoy m'estant mis en debvoir de satisfaire, j'ay reçeu, de la part du dit Parlement, toutes les traverses qui se pouvoient imaginer, pour me destourner de rendre le service que Sa Majesté me faisoit l'honneur de désirer de moy en ceste occasion. Il y a véritablement d'honnestes gens, mais le nombre des jeunes, appuyez d'aucuns de la Grand'Chambre, l'emporte sy fort dessus les mieux sensez, qu'il ne se faut promettre rien de réglé, ny de modéré, de la violence de ces esprits. Le 17e de ce mois, quelques-ungs de mes lacquays, se promenant par la ville, furent rencontrez sur la rue du carrosse de Briet, dans lequel on dit qu'il estoit seul. Son cocher, qui avoit eu peut-estre quelque chose à démesler avecq mes dits lacquays, ou qui estoit yvre, les choqua, et, non content de cela, donna à l'ung d'eux de son fouet par le visage. Ce mauvais traitement les obligea à mettre l'espée à la main (sans qu'ils eussent apperçeu le maistre), mais ayant mis ses chevaux au galop, et les lacquays ne le pouvant joindre, ils donnèrent de l'espée dans les flancs des dits chevaux, qui tombèrent par terre et le cocher aussy, lequel n'eut point de mal, n'ayant rien que quelques coups de plat d'espée. Pour Briet, il n'eut ny mal, ny desplaisir quelconque. Ceste affaire, qui n'est rien de soy (car il s'agit d'une querelle de lacquays à cocher), a esté traitée de Messieurs du Parlement comme le plus grand crime qu'on sçauroit commettre. Dès le lendemain matin, ils assemblèrent les Chambres, extorquèrent par violence, contre l'advis de la Grande et des plus sages des Enquestes, qu'il seroit informé de ceste action, les Chambres assemblées, ne s'estant occupez qu'à instruyre une information de néant, et à décréter de prise de corps contre mes lacquays, et tout cela, Monsieur, à dessein de me destourner d'entrer en la Compagnie, pour ne se

---

(1) Dossier n° 107, tome I, pièce 105.

voir point pressez à l'enregistrement du dit Édit; mais ils n'ont rien advancé pour cela, car je n'ay pas laissé d'obéir aux volontez du Roy, ce que je continueray de faire jusques au bout, remettant le ressentiment des injures qu'ils m'ont voulu faire, lorsque j'auray rendu le service que Sa Majesté me faict l'honneur de désirer de moy. Cependant, Monsieur, affin que la violence de ces gens-là, qui ne gardent nul ordre dans la justice et principalement dans ce rencontre, n'engage point les affaires plus avant, j'estime que vous m'escrirez raisonnablement de faire expédier une interdiction pour leur oster la cognoissance de ceste affaire, affin que je puisse estre moins destourné de travailler à celles de Sa Majesté. Je vous supplie très-humblement d'en prendre la peyne, et de me faire, s'il vous plaist, la faveur de croire que je seray avecq passion toute ma vye,

    Monsieur,
vostre très-humble et très-affectionné serviteur,

Louis de La Valette.

A Cadillac, ce xxiiᵉ juin 1636.

LETTRE DU DUC DE LA VALETTE (1)

    Monsieur,

Vous m'avez désià faict la faveur de dispenser, à ma très-humble supplication, Monsieur de Boucaut, le jeune, du service de la Chambre de l'Édit, mais y ayant esté encore nommé ceste année, et ne pouvant, sans ung notable préjudice de sa santé et de ses affaires, s'esloigner l'année prochaine de ceste ville, il vous demande de tout son cœur, Monsieur, la grâce d'en estre dispensé. C'est ung très-honneste homme et très-nécessaire dans la Compagnie, vous pouvant asseurer qu'il y en a peu de sa robe plus sages et plus modérez que luy, ou mieux intentionnez pour le service du Roy et pour le bien de la justice. Le sieur Cartier, qui a ordre de moy de vous rendre ceste lettre, vous nommera

---

(1) Dossier n° 107, tome I, pièce 106.

d'autres à sa place qu'il sera plus à propos de commettre à cest employ, pour les raisons qu'il vous pourra dire. Sy vous l'avez agréable, je vous supplie très-humblement, Monsieur, de m'accorder ceste faveur, et de croire que ce surcroît d'obligation me fera tousiours rechercher avecq passion les moyens de vous faire paroistre que je suis,

Monsieur,
vostre très-humble et très-affectionné serviteur,

Louis DE LA VALETTE.

A Bourdeaux, le xvie juillet 1636.

LETTRE DE M. D'AGUESSEAU (1)

Monseigneur,

Incontinent après avoir reçeu la lettre qu'il vous a pleu m'escrire du neufviesme de ce mois, j'ay mandé le Vice-Séneschal de ceste ville, et ayant sçeu de luy que le nommé Cazaubon, mentionné en la déclaration que vous m'avez envoyée, estoit de ses archers, je me le suis faict représenter, tant pour sçavoir de luy, suyvant vostre intention, qui estoit le nommé Corne, prestre, que pour l'enquérir du contenu en la dite déclaration ; j'ay aussy depuis faict venir pour le mesme subiet Boutin, curé de Beautiran. Je vous diray que tous deux séparément m'ont dit cognoistre le dit Corne, pour avoir esté vicaire en la paroisse du dit Beautiran, comme pareillement Estienne Chassanés, qui estoit arpenteur de son mestier et demeuroit à Saucats, en Bourdelois, distant d'environ trois lieues de ceste ville, et leur ayant faict entendre qu'il m'avoit esté donné advis qu'au mois de may dernier, la veille de l'Apparition de Saint-Michel, le dit Chassanés, estant en la maison du dit Boutin, avoit proféré en leur présence plusieurs paroles téméraires et malicieuses contre Monseigneur le Cardinal, que je leur ay dites en la sorte qu'elles sont couchées en la dite déclaration, ils m'ont faict response

(1) Dossier n° 114, tome I, pièce 76.

n'avoir point ouy les dites paroles, mais que seulement ils luy avoient entendu dire que mon dit Seigneur le Cardinal estoit cause de tous les désordres qui estoient dans la province, et que c'estoit luy qui estoit autheur des droits aliénés, mais que quand il y seroit luy-mesme, il ne les pourroit lever, et que le dit Chassanés sembloit alors un peu pris de vin. Je ne vous expliqueray point, Monseigneur, plus au long ce qu'ils ont déclaré, pour ce que vous le verrez par leurs dépositions que je leur ay donné ordre de faire par-devant le dit Vice-Sénéschal, les ayant chargez l'ung et l'autre de bien penser à ce que le dit Chassanés avoit dit, et de faire tout ce qu'ils pourroient pour s'en ressouvenir. Quant au dit Cazaubon, il a depuis faict sa déposition par-devant le dit Vice-Sénéschal, laquelle ce matin il a confirmée en ma présence ; vous la recevrez avecq ceste dépesche et la déclaration du dit Corne, que je vous renvoye. Pour le regard du sieur Boutin, il m'a demandé temps jusques au lendemain de la Magdelaine, affin d'avoir plus de loisir de songer à ce qu'a dit le sieur Chassanés, m'ayant mesme adiousté qu'il y avoit une femme qui estoit présente, de laquelle il s'enquerreroit sy elle avoit entendu les dites paroles, de sorte que je ne vous sçaurois envoyer sa déclaration plus tost que par le premier ordinaire. Cependant, les dites paroles contenues en la déclaration du dit Corne m'ayant semblé de très-grande conséquence et mériter ung chastiment sévère, au cas qu'elles se trouvent véritables, j'ay creu qu'il se falloit asseurer de la personne du dit Chassanés, de peur qu'il ne s'évadast, s'il venoit à descouvrir la poursuite qui se faisoit contre luy. Je l'ay donc envoyé prendre par le Vice-Sénéschal, il y a désià trois ou quatre jours, et constituer prisonnier dans les prisons de la Maison de ville, où je l'ay faict mettre à part, sans qu'il sçache la cause de son emprisonnement. Il est âgé de quarante-cinq à cinquante ans, et paroist assez retenu, à ce que l'on m'a rapporté. Vous adviserez, Monseigneur, sur ce qu'il sera à propos d'en faire, lorsque vous aurez la déclaration du dit Boutin, que je vous envoyeray, comme je vous ay dit précédemment, par le premier ordinaire. Sy vous désirez qu'il soit amené à Paris, on pourra luy faire icy confronter auparavant les dits Boutin et Cazaubon. J'attendray les ordres qu'il vous plaira me donner sur ce subiet, pour l'exécution desquels je ne manqueray point de contribuer ce qui dépendra de moy, comme j'y suis obligé, ainsy que pour vous faire paroistre,

quand vous m'honorerez de vos commandemens, que je suis,
Monseigneur,
vostre très-humble et très-obéissant serviteur,

AGUESSEAU.

A Bourdeaux, ce xx juillet 1636.

LETTRE DE M. DE VERTHAMON (1)

Monseigneur,

J'ay joinct, le 25 de ce mois, à Dax, Monsieur le duc d'Espernon; il arriva hier en ceste ville, accompagné de Messieurs de Duras et Montferrand de Laugniac et cinquante gentilshommes ou environ. Le reste de la noblesse se rendra auprès de luy au premier advis, et beaucoup plus grand nombre d'hommes entretenus par les communautez que l'on n'auroit peu espérer, lorsqu'il jugera en estre besoin, ayant cependant voulu les espargner à ce païs, qui auroit peyne à y fournir des vivres longuement.

Chacun a trouvé les fortifications de ceste ville fort advancées, pour la garde de laquelle il faudroit 4,000 hommes, oultre 1,200 habitans qui y portent les armes : on croit y avoir des munitions de guerre et des vivres presque suffisans pour cela. On n'estime pas pourtant, Monseigneur, qu'il y aye apparence de siège en ceste saison, veu mesme que la flotte de 25 ou 26 galères, commandée par le général de la flotte des Indes, Orhendo, a faict voile de Calais (?) par le destroit en la mer Méditerranée, pour suyvre, ce dit-on, l'armée navale du Roy.

On n'est pas encore asseuré, Monseigneur, sy le vice-roy de Navarre ne se mettra point en debvoir d'entrer dans le païs de Labour, estant à deux lieues de la frontière avecq 7 ou 8,000 hommes, et d'autres disent davantage, d'infanterie et quelque cavallerie. Néantmoins, la pluspart croyent que ce n'est que pour deffendre le leur, estant extraordinairement allarmez de la venue de Monsieur le duc d'Espernon, qu'ils croyent avoir

---

(1) Dossier n° 114, tome II, pièce 50.

plus grand nombre d'hommes auprès de luy qu'il n'a, et pour les confirmer en ceste crainte, il faict faire les logemens pour 20,000 hommes.

J'ay sçeu, Monseigneur, qu'il a esté arresté ung espagnol à Tartas, lequel fut pris, il y a quelque temps, dans une pinasse, qui piratoit en la coste de Médoc. Les François qui y furent trouvez ont esté exécutez à Bourdeaux, et les estrangers y restèrent conservez comme prisonniers de guerre. Celuy-cy s'est évadé des prisons, et restera de voir sy ce n'est point une deffense d'ung espion, ou qu'il n'en aye point faict le mestier du depuis. Aussitost que Monsieur d'Espernon aura faict le petit voyage qu'il veut faire lundy en la frontière, je luy proposeray de l'amener en ceste ville.

J'ay trouvé ung autre prisonnier espagnol, Monseigneur, qui est ung prestre d'une paroisse voysine de la frontière, lequel essayoit d'induire ceux de Saint-Jean-de-Luz et de Sarhe (?) à une neutralité, en cas que l'Espagnol entrast le plus fort. Il se deffend de n'avoir négocié qu'en Espagne pour le service de son Maistre, et que par fraude il fut attiré et pris en ung ruisseau qui faict la limite et la séparation du Royaume. Bien que le procez aye entièrement esté instruit par le Lieutenant général de ceste ville, je n'ay pas laissé de commencer à interroger de nouveau l'accusé pour le convaincre davantage et apprendre de luy ce que nous pourrons pour le service du Roy, et possible encore pour l'affaire du sieur de St-Pée Damon et du baron de Spelette.

J'ay désià pris la liberté, Monseigneur, de vous donner compte de ce que par la procédure qui fut portée par delà, il ne le pouvoit juger innocent, ayant communiqué avecq l'estranger depuis la rupture, tant par lettres qu'en lieux escartez, et mesme escrit et donné advis que les 1,000 hommes de Labour ne se mettroient point sur pied. Ses excuses, que c'estoit à bon dessein pour empescher que les ennemys ne prissent eux-mesmes les armes, m'ont semblé du moins fort imprudentes, et s'il se trouve, par les nouvelles informations et interrogatoires que je feray, beaucoup d'autres particularitez que m'a dites Monsieur le comte de Grammont, il me semble que ce sera une conviction tout entière. La considération de Monsieur de Puyane, qui le croit innocent, Monseigneur, est ce qui me faict en demander ordre préalable, et sy on ne le vouloit pas juger présentement, comme possible le temps y donnera encore plus de lumière, j'estimerois qu'il seroit bon de le transférer à la Bastille ou au Chasteau-Trompette, ou en quelque autre lieu.

Je prends cognoissance de toutes ces affaires, Monseigneur, en vertu d'une clause de ma commission, qui me donne pouvoir de juger les procez criminels en dernier ressort contre ceux qui, depuis les derniers mouvemens de ceux de la R. P. R., se trouvoient avoir voulu troubler l'Estat. Néantmoins, ayant à présent icy des affaires de ceste nature et des gens de guerre, j'ose vous proposer s'il vous plairoit me faire expédier une commission générale pour la cognoissance et jugement des affaires criminelles en dernier ressort, ainsy que l'on faict aux Intendans de la justice dans les armées.

Je crois que l'on aura satisfaction très-grande, Monseigneur, du service important que Monsieur le duc d'Espernon rend au Roy en ceste conjoncture, nul autre que luy n'ayant peu porter les peuples de ceste province au point de la bonne volonté qu'ils tesmoignent. Il me parloit, il y a quelques jours, Monseigneur, de ce prisonnier qu'il retient au Chasteau-Trompette pour le faict de ce que l'on luy vouloit imputer la sédition de Bourdeaux. Je trouve que la difficulté qu'il faict de le remettre n'a autre fondement que la crainte qu'estant renvoyé au Parlement, on change sa déposition, ou que l'on le contraigne luy-mesme de se rétracter. Il m'est demeuré d'accord de le remettre, au cas que par arrest du Conseil ou autrement, le Lieutenant criminel de Bourdeaux soit commiz pour instruire le procez jusques à sentence définitive par jugement souverain, ou à la charge de l'appel, ou qu'il soit renvoyé au Parlement de Paris, ou en la Chambre de l'Arsenal. Je ne sçays, Monseigneur, sy vous auriez agréable de luy faire expédier cest arrest, qui luy tiendroit lieu d'une obligation bien grande, et feroit cesser les plainctes que l'on a faictes de luy sur ce subiet. Je suis et seray toute ma vye avecq entière fidélité,

Monseigneur,
vostre très-humble, très-obéissant et très-obligé serviteur,

VERTHAMON.

A Bayonne, ce 19 octobre 1636.

Monseigneur,

Depuis ma lettre escrite, j'apprends que ceste nuit Monsieur le duc d'Espernon a esté travaillé d'ung commencement de son mal ordinaire. J'espère, néantmoins, que cela n'aura pas de suitte.

―※――※――※――※――※―

LETTRE DE M. DE VERTHAMON (1)

Monseigneur,

Je joincz à la présente une relation sy particulière et sy longue de ce qui s'est passé en l'entrée des ennemys au païs de Labour et en la prise de Socoa et de six bourgs, que je ne puis rien y adiouster, oultre la douleur extresme que je ressens de ceste perte. Je ne doubte pas, Monseigneur, qu'elle ne vous soit bien fort sensible, pour vostre zèle incomparable au service du Roy, et pour les soins particuliers que vous avez cy-devant voulu prendre de luy accroistre et faire valoir ceste extrémité de son Royaume. J'espère que ces mesmes considérations vous porteront à appuyer fortement près Sa Majesté tous les conseils qui seront nécessaires pour réparer ceste usurpation et en arrester le cours, dont ceste ville n'est pas menacée pour ung peu, quoyque désià mieux fortifiée aujourd'huy de la présence de 2,600 hommes, et demain il en doibt encore arriver 1,300, de sorte que ce seront proche les 4,000 hommes nécessaires pour la garde de son dehors. Messieurs d'Espernon, de La Valette et de Grammont n'ont pas estimé ceste conjoncture propre pour juger les procez criminels dont j'ay eu l'honneur de vous escrire, ny ceux de quelques soldatz de l'ennemy, crainte de mauvais traitement contre les nostres. Monsieur d'Espernon, Monseigneur, m'a tesmoigné une extresme joye de la grâce qu'il vous a pleu luy faire, et à présent beaucoup de desplaisir qu'il est empesché de vous en remercier par son mal ordinaire, dont l'on donne la cause à ce que, pendant dix jours, il a continuellement demeuré dans le voyage, souvent par le serain, et le dernier jour trois heures entières à cheval et à l'ardeur du soleil, depuis une lieue et demie de ceste ville; et depuis le premier accès de fiebvre qu'il a eu, il n'a pas laissé de monter à cheval pour voir les fortifications, ce qui a faict sa rechute. Je vous marque ce particulier,

---

(1) Dossier n° 114, tome II, pièce 55.

Monseigneur, sçachant l'affection particulière que vous avez tousiours eue pour luy, combien la sienne vous est réciproque et combien il vous honore.

Je vous supplie, Monseigneur, de me faire l'honneur de me croire et que je suis très-fidèlement,
    Monseigneur,
vostre très-humble, très-obéissant et très-obligé serviteur,

Verthamon.

Bayonne, ce 26 octobre 1636.

LETTRE DU DUC DE LA VALETTE (1)

Monsieur,

Je reçeus, il y a quelques jours, une lettre que vous m'avez faict la faveur de m'escrire par Monsieur de Verthamon, qui a pris la peyne de me confirmer de vive voix ce que j'ay tousiours attendu et espéré de la bonne volonté dont il vous a pleu de longue main me gratifier. Je vous en rends mille grâces très-humbles, Monsieur, vous suppliant de me faire la faveur de croire que vous n'obligerez jamais personne de ce bien, qui le ressente comme je fais, ny qui l'estime davantage. L'indisposition douloureuse qui m'a presque tousiours travaillé depuis que Monsieur de Verthamon m'a rejoinct, et qui ne m'a donné relasche que depuis fort peu de jours, m'a contraint de différer jusques à ceste heure à vous rendre ces véritables tesmoignages de mon ressentiment. Vous en recevriez plus souvent des marques, sy je ne croyois que vous n'estes pas en doubte de mon service, et que, dans les grandes occupations que vous avez, les complimens qui peuvent vous estre rendus sont autant d'importunitez. J'ay donné cy-devant advis au Roy de l'entrée des ennemys dans le païs de Labour. Il vous est bien facile de juger, Monsieur, cognoissant le païs comme vous faictes, que les ennemys n'ont pas eu à faire ung grand effort pour s'en rendre les maistres, ayant trouvé des villages tout ouverts, deffendus

---

(1) Dossier n° 107, tome II, pièce 26.

seulement par des paysans sans ordre et sans expérience, et qui n'avoient jamais faict ung seul retranchement pour se mettre en deffense. Les ennemys, qui y sont avecq une bonne armée, s'y fortifient à bon escient. J'en donne advis au Roy par mes dépesches, que Monsieur de La Vrillière vous fera voir, sy vous l'avez agréable. Ceste affaire mérite grande considération, et j'ay subiet d'appréhender que ceste province, où nous n'avons pas ung seul homme de guerre en troupes réglées pour la deffendre, et ceste frontière dont toutes les places sont en très-mauvais estat, ne donnent envie aux ennemys d'y entreprendre quelque chose. C'est à Sa Majesté d'y pourveoir, s'il luy plaist, et à Messieurs de son Conseil, par les moyens que j'ay proposez. Pour moy, je n'ay d'autre but que d'achever ce qui me reste d'années pour le service de Sa Majesté : il est vray que depuis quelque temps mes forces sont tellement diminuées, que je ne puis agir que fort peu. Je feray néantmoins tout ce qui me sera possible pour ne demeurer pas entièrement inutile. Je vous supplie de me continuer tousiours la faveur de vos bonnes grâces, et de croire que vous ne la ferez jamais à personne qui soit sy véritablement que moy,

Monsieur,
vostre très-humble serviteur, et plus affectionné,

Louis DE LA VALETTE.

A Dax, le vi^e novembre 1636.

LETTRE DU DUC DE LA VALETTE (1)

Monsieur,

Les aigreurs et animositez de ce Parlement s'augmentant tous les jours contre moy (ce que je ne puis éviter, y ayant mille occasions dans lesquelles je suis obligé de servir le Roy contre les sentimens de ceste Compagnie), me font recourir à vous, Monsieur, pour vous supplier, comme je le fais très-humblement, de vouloir mettre à couvert mes domestiques de leur persécution par

(1) Dossier n° 107, tome II, pièce 28.

une évocation générale. La passion de ceste Compagnie est telle, que ne pouvant rien contre moy, ils font tout ce qu'ils peuvent (sans avoir esgard ny à raison, ny à justice) pour m'offenser en la personne des miens, qui courent mesme risque de recepvoir tous les jours du préiudice en leurs fortunes, en leur vye et en leurs biens, par la violence du dit Parlement, qui a souvent faict ressentir des effets de sa passion à l'endroit d'aucuns des miens. Je sçays, Monsieur, que vous avez tant d'esgard à la justice, et que vous cognoissez sy bien les mouvemens de la dite Compagnie, pour juger ce qui se doibt attendre d'une haine violente comme la leur, que je m'asseure que vous ne desnierez pas ceste grâce à mes dits domestiques, à mon fils le duc de La Valette, ny aux siens, qui ont en cecy pareils interests que les miens. Vous avez jugé Monsieur le marquis de Duras et ceux qui sont à luy dignes de ceste grâce, et il est bien clair et bien apparent que ses raisons, quoyque fort légitimes, ne l'estoient pas à beaucoup près comme les miennes. J'ay prié Monsieur de Verthamon de prendre la peyne de vous escrire sur ce subiet, affin que son tesmoignage fortifie de plus en plus ma prière. Quoyque je vous demande ceste faveur pour ceux qui sont à moy et à mon dit fils, vous jugez bien néantmoins que je m'asseure, Monsieur, que ce sera nous obliger nous-mesmes, et beaucoup plus estroitement que s'il s'agissoit de nos intérests, car, en mon particulier, j'aimerois beaucoup mieux recepvoir une injustice que sy quelqu'un des miens en ressentoit à mon occasion, comme cela arrive presque tous les jours. J'ay longtemps différé à vous faire ceste supplication, mais je suis maintenant forcé par la nécessité et par la raison mesme, qui peut tellement sur vous, que je m'asseure que vous n'y résisterez pas. Assurez-vous, s'il vous plaist, Monsieur, que je n'auray jamais de passion sy forte que celle de vous rendre, en toutes occasions, des preuves asseurées que je suis entièrement,

Monsieur,
vostre très-humble et plus affectionné serviteur,

Louis de La Valette.

A Bourdeaux, ce xviiie décembre 1636.

LETTRE DU PÈRE B. DUVERGER
RÉCOLLET (1)

Mon très-digne Seigneur,

Je prends encore la hardiesse de me présenter à vostre bonté, et l'accident qui est arrivé à nostre province me servira d'excuse, s'il vous plaist pour l'amour de Dieu. Il est tel, Monseigneur, que les Espagnols, prenant Saint-Jean-de-Luz, nous ont ravy ung très-beau couvent qui coustoit plus de soixante mil escus. Le vice-roy, y entrant, dit au Père gardien qu'il avoit ordre de son Maistre de ne faire aucun tort à leurs personnes, ny les chasser de leur couvent, en cas qu'ils luy voulussent jurer fidélité, à quoy il fut respondu unanimement par trente religieux, qui y demeuroient actuellement, que leurs personnes et le couvent estoient en son pouvoir, qu'il en disposast à sa volonté, et que, pour dernière parole, ils estoient tous prests de quitter le couvent et tout ce qui estoit dedans, et perdre plustost la vye que de rien faire de lasche contre le service de la fidélité qu'ils avoient vouée à leur Roy, la magnificence de bonté duquel estoit sy grande, qu'il ne les laisseroit pas sans retraite; et prenant une croix de bois et leurs bréviaires, ils leur quittèrent tout et se retirèrent à Bayonne, et de là à Bourdeaux, vers nostre Père provincial, qui est bien en peyne de loger ceste petite troupe désolée. Il est vray qu'il se présente une occasion où Vostre Grandeur les pourra consoler : c'est qu'il y a plusieurs années que nous sommes désirez à Angoulesme et à Poitiers, et il ne nous manque qu'ung tesmoignage que Sa Majesté aura pour agréable que nous y soyons logez. C'est pourquoy je vous supplie très-humblement, Monseigneur, au nom de tous mes pauvres confrères, de nous favoriser d'une lettre par laquelle Vostre Grandeur tesmoigne ce consentement. Je mourrois content sy je pouvois poser les armes de l'illustre maison de Séguier en ces deux lieux, comme j'ay faict à La Rochelle. Je remets ceste consolation à vostre bonté et clémence, finissant la présente par l'asseurance que je vous donne qu'en tous les couvens de ceste province, il se faict journellement des prières pour vostre prospérité, que nous sou-

(1) Dossier n° 114, tome II, pièce 68.

haittons tous efficacement, particulièrement moy qui suis de tout mon cœur,

Mon très-digne Seigneur,
vostre très-humble et très-obéissant serviteur,

B. Duverger, Récollet.

A Bourdeaux, ce 18 décembre 1636.

ANNÉE 1637

LETTRE DU DUC DE LA VALETTE (1)

Monsieur,

Je me sens obligé, pour l'intérest du service du Roy, de vous donner advis que les prests nous ayant manqué dans ceste année dès le dixiesme de ce mois de may, les soublèvemens qui se font dans une partie de Guyenne et le retardement dans l'autre de la levée des rations nous jettent dans des inconvéniens auxquels il m'est impossible de remédier, et desquels la ruyne des troupes s'ensuivra infailliblement, s'il n'y est promptement pourveu par Sa Majesté. Jusques à ceste heure, Monsieur, on n'a touché que cinquante mil livres de ce qui a esté imposé pour les prests sur la province, qui ont esté employées avecq tout le mesnagement possible, ainsy que Monsieur de Verthamon luy-mesme le pourra justifier. La passion que j'ay au service de Sa dite Majesté m'oblige de vous donner ceste cognoissance, ce que je doibs aussy faire pour ma descharge, affin que je ne puisse estre blasmé de la dissipation de l'armée, et que personne ne m'impute une faute qui ne vient pas de moy.

Je me suis donné l'honneur d'en escrire à Sa Majesté par plusieurs fois, ce que je fais encore présentement. J'en rends compte à Monsieur le Cardinal, qui, je m'asseure, prendra la peyne d'y faire les considérations nécessaires. J'espère cest honneur de Son Éminence, et vous devez attendre de moy, Mon-

(1) Dossier nº 107, pièce 35.

sieur, tous les très-humbles services que sera capable de vous rendre,

Monsieur,
vostre très-humble et très-affectionné serviteur,

Le duc DE LA VALETTE.

Du camp d'Espolette, le 12 may 1637.

Monsieur,

Sur l'advis que j'ay que l'on parle de tirer Monsieur de Verthamon de ceste armée pour l'envoyer par la province ou en quelque autre employ, j'ose vous supplier de le vouloir laisser icy, puisque je vous puis asseurer que le service de Sa Majesté le requiert sy absolument et avecq telle nécessité, qu'on ne le pourroit esloigner sans ung extresme préiudice, et que certainement on ne s'en peut passer en aucune façon du monde dans ceste armée, sans que toutes choses y aillent très-mal; car, certes, sa probité, sa passion au service de Sa Majesté, et sa très-grande prud'homie et capacité, remédient à une infinité d'inconvéniens, auxquels une autre personne ne seroit capable de donner ordre.

LETTRE DE M. DE VERTHAMON (1)

Monseigneur,

La lettre que vous m'avez faict l'honneur de m'escrire, le 21 du mois passé, sur le subiet de la commission pour le resgalement des emprunts des villes de la Généralité de Bourdeaux, me vient d'estre rendue présentement avecq la commission et une lettre de cachet du Roy par ung homme du Commis du Procureur général de Bourdeaux. J'ay bien veu que le dit Procureur n'en poursuivant pas luy-mesme l'exécution, comme il est porté par l'instruction, c'est qu'il recognoist le peu de seureté et d'apparence qu'il y a, dans ceste province et en la saison en laquelle nous sommes, en l'exécution de ceste affaire, car ce qu'il doibt

---

(1) Dossier n° 114, tome II, pièce 77.

fournir aux fraiz de ceux qui doibvent m'y assister, cela ne m'arresteroit point du tout, non plus que pour la commission du resgalement des tailles par le Procureur du Roy, le greffier et les huissiers, qui n'ont point esté payez. Or, Monseigneur, je me suis donné l'honneur de vous ramentevoir, il y a peu de jours, ce que je m'estois donné l'honneur de vous escrire, il y a quatre mois (ce fut le 17 janvier), sur l'advis que le sieur de Montauron avoit donné à Monsieur le duc d'Espernon de ceste proposition sur les villes; je voyois dès lors très-bien les mauvaises dispositions et l'impuissance, et qu'il y auroit moins de perte et de péril à continuer les ordres accoutumez pour ceste province. Du depuis le temps auquel nous fismes des progrez sur ce que l'ennemy peut tenter en ceste frontière, dont il y a divers advis, et le soublèvement du Périgord, avecq la mauvaise disposition de toute la province, tout cela rend l'affaire sans apparence. J'ose vous supplier très-humblement, Monseigneur, de croire que sy par-dessus cela l'affaire estoit commandée en ceste province, il n'y a personne qui ne peust y réussir mieux que moy, ne pouvant pas vous cacher que diverses occasions, en lesquelles j'ay esté employé depuis sept ans en ceste province pour le service du Roy, quoyque tousiours au soulagement de ses subietz, n'ayent donné occasion ou prétexte à plusieurs de m'y tirer en beaucoup d'envie, ce que je mespriseray et toutes sortes de périls, quand il y aura apparence de pouvoir servir efficacement le Roy, mais non pas pour y hazarder par trop son authorité et son obéissance, sans aucun effet, comme en ceste occurence. J'ose vous supplier très-humblement, Monseigneur, me vouloir dispenser de ceste commission, et y vouloir nommer une personne qui se promette de s'en acquitter plus heureusement que je ne l'ose pas promettre, estimant que vous approuverez qu'ayant à faire tenir à Monsieur le duc d'Espernon une lettre du Roy sur ce subiet, par laquelle il luy escrit de tenir la main à l'exécution de son intention, qui luy sera cogneüe par la commission, je luy envoye présentement et la dite lettre et la commission, par celuy mesme qui m'a porté la dépesche du sieur Foucauld, commis du Procureur général, n'ayant pas estimé les pouvoir confier plus seurement en autre main. Je crois que c'est par inadvertance, Monseigneur, qu'il est parlé de gabelles en ceste commission, dont les copies doibvent estre veües en divers lieux, et ce seul terme pourroit produire beaucoup de désordres en ceste province, quand elle seroit dans le plus grand calme, comme aussy on n'a point joinct à la depesche les ordres en blanc de Monsieur Desnoyers pour le deslogement des gens de guerre des villes qui auront payé. Ce n'est pas, Monseigneur, le principal de ceste affaire, mais bien en partie ce que je vous en ay cy-dessus représenté avecq les autres considérations qu'il vous plaira y faire. Je suis très-fidèlement,

   Monseigneur,

vostre très-humble, très-obéissant et très-obligé serviteur,

             VERTHAMON.

Du camp d'Espolette, le 20 may 1637.

Je vous ay cy-devant escrit, Monseigneur, ce que m'a dit Monsieur le duc de La Valette, qu'il ne me pouvoit souffrir quitter ceste armée, ce qu'il vient encore de me répéter.

LETTRE DE M. DE VERTHAMON (1)

Monseigneur,

M'estant donné l'honneur de vous escrire ce jourd'huy sur le subiet de la lettre qu'il vous a pleu m'escrire, le 21 du mois passé, sur le faict du resgalement des emprunts sur les villes, j'adiouste ces lignes pour vous donner compte qu'ayant veu par les instructions qu'il est parlé des subsistances des gens de guerre, des bleds, farines et aveines qui se sont levez sur la province, dont il m'est commandé d'informer, je puis dès à présent vous donner fort bon compte de toute la cognoissance que j'en ay, du moins pour les ordonnances qui en ont esté faictes, de toutes lesquelles je vous ay envoyé les Mémoires par le menu; Monseigneur, et à Messieurs de La Vrillière et Desnoyers. Celuy des rations seroit trop long en ce lieu, mais il est malaysé que quelqu'un des siens ne l'aye, et j'estime qu'il n'a

---

(1) Dossier n° 114, tome II, pièce 78.

point esté excédé, et que sy cela se trouve dans les Séneschaussées particulières, il est aysé d'y pourveoir. Je dis le mesme pour les bleds qui n'ont pas encore esté entièrement reçeus, et qui se trouvent entièrement nécessaires et non pas suffisans avecq les 600 muids que le sieur Montauron doibt fournir pour tout le mois d'aoust. Pour les foins, sur la proposition qu'en faict le sieur St-Jehan Pouch, gentilhomme d'Armagnac, à Monsieur de Biscarros, il fut convenu avecq luy, au mois de febvrier dernier, qu'il en fourniroit 24 mil quintaux, qui seroient payez sur les deniers imposez par le Roy pour la subsistance de l'armée, à 10 sols le quintal pris sur le lieu, et à 2 sols par lieue de voiture, mais le traitant n'ayant peu en fournir que 1,200 quintaux, le surplus est demeuré sans exécution. Pour les aveines, Monseigneur, dès le 23 octobre dernier, la noblesse d'Armagnac ayant esté mandée à Bayonne et ne s'y trouvant point d'aveine, le sieur La Baune, receveur des tailles d'Armagnac, s'offrit d'en faire recouvrer 2,000 sacs sur les comtés d'Armagnac, rendus au Mont-de-Marsan, et le 26 novembre dernier, sur le lendemain, ce me semble, dont le despartement luy fut laissé, tant à cause de la presse de ceste saison-là, que parce qu'il est estimé homme de bien et plus pratique que nul autre en cela. Néantmoins, au mois de febvrier, ayant trouvé que son commis n'avoit que 4 ou 500 sacs au Mont-de-Marsan, je lui escrivis de faire plus de debvoir, et demanday mémoire au sieur St-Jehan Pouch, son ennemy, pour l'y convaincre de malversation, ce qui ne m'a point esté justifié du depuis, et aussy, parmy une infinité d'autres affaires, je n'ay point poursuivy ceste pointe. Ce qu'il a envoyé du depuis d'aveines, ainsy que les foins, a esté donné aux gensdarmes et à la cavallerie de ceste armée, Monseigneur, en déduction de leur paye, et quelque peu aux officiers de l'armée en déduction de leurs appointemens, avecq plus de mesnage qu'on ne se peut représenter. En effet, Monseigneur, pour les gensdarmes et chevaux-légers, ce peu, avecq le pain de munition et les rations de viande et cidre qui ont esté fournis aux chevaux-légers pendant trente-trois jours, est cause qu'il leur reste encore deu quelque chose de la subsistance qui leur estoit assignée sur la province pour trois mois seulement, qui sans cela seroit consommée dès le 24e de ce mois, ce qu'ayant escrit par le menu diverses fois, j'ay peyne à m'imaginer que l'on aye eu ceste pensée dans l'instruction, et compris qu'il y avoit préiudice au service du Roy, sy les puissances de deçà, que j'estime certainement, y avoient agi avecq toute sincérité, et qui n'ont eu des ordres du Roy sy précis, estimèrent que l'on eust cest ombrage (1). J'ay appris néantmoins, Monseigneur, que Monsieur de Théobon a escrit la mesme chose de Périgord en la présence de ceste armée, dont sy je pouvois avoir preuve, ce seroit de quoy luy intenter le procez, y ayant apparence que des gens malintentionnez trompent les peuples et les desbauchent par ces faulx prétextes.

J'ose vous supplier très-humblement, Monseigneur, me vouloir descharger de la commission pour le resgalement des emprunts sur les villes. Je sçays qu'il m'est impossible de bien servir le Roy en cela en ceste province, car autrement je n'espargneray nul hazard pour son service. Sy ceste supplication me donne ung successeur pour le reste de mon employ, je seray très-ayse qu'en tel employ que j'aye, ung autre s'en acquitte mieux que moy, du moins nul ne me passera en volonté, et ce ne me sera pas aussy un petit advantage d'avoir l'honneur de servir le Roy plus près de vostre personne. Je suis très-fidèlement,

Monseigneur,
vostre très-humble, très-obéissant et très-obligé serviteur,

VERTHAMON.

Au camp d'Espolette, le 21 may 1637.

LETTRE DE M. DE VERTHAMON (1)

Monseigneur,

Voicy une troisiesme dépesche que je suis encore obligé de vous faire sur la commission du resgalement des emprunts sur les villes, en laquelle, oultre les considérations que je vous ay représentées de l'aversion des peuples à ceste imposition, de leur soublèvement et de l'incapacité personnelle que je recognois par-

(1) Dossier n° 114, tome II, pièce 79.

ticulièrement en moy pour ceste affaire, je suis encore obligé de vous représenter qu'ayant considéré l'estat du recouvrement, je trouve que quand toutes ces autres considérations cesseroient, il seroit impossible de se rien promettre d'approchant, soit par le général, soit par le menu, du cinquiesme ou sixiesme que l'on propose, car en général, Monseigneur, je trouve que les taxes des villes de Bourdelois, Agenois, Périgord et les Lannes montent plus de 1,400 mil escus, oultre ce qui regarde Xaintes et Coignac. Or, je n'estime point que quand tous ceux qui doibvent contribuer considéreroient de rembourser ceste somme, je puisse l'assembler dans ceste province. Aussy, Monseigneur, sur ce pied, y comprenant l'autre moitié du plat païs, ce seroit environ 3 millions de livres que l'on se promettroit de ces quatre Eslections. Or, je ne vois point que toutes les marchandises et denrées qui sortent de la province y puissent apporter ceste somme, car je ne sçache que du seul Bourdelois qu'il sort environ 50 mil tonneaux de vin, lesquels, à 20 escus le tonneau, feroient bien 3 millions de livres, mais les Anglois qui acheptent en payent la plus grande partie en marchandises de leur païs, et pour l'argent qu'ils promettent, on n'en repçoit jamais qu'une fort petite partie; à la fin, le reste demeure en crédit. D'ailleurs, les propriétaires sont obligez de réserver la moitié ou le tiers pour le moins de l'entière valeur, pour faire cultiver les vignes de l'année suyvante, et ce qui leur reste doibt servir pour toutes les autres choses nécessaires de la vye, car il est notoire que, hormis les vins, le Bourdelois achepte tout le reste d'ailleurs. Pour les autres Eslections, toutes ensemble, Monseigneur, il ne leur vient pas tant d'argent qu'au Bourdelois, mais aussy ont-elles les autres choses nécessaires plus commodément, car de l'Agenois, des Lannes et du Périgord, je n'estime pas qu'il sorte plus de 6 à 8 mil tonneaux de vin, puisque de tout le haut païs ensemble il n'en passe que 10 ou 12, et le prix en est moindre. La vente de leurs bleds, voire mesme le transport de quelques denrées, cesse par l'interdiction du commerce en l'Espagne, et au lieu de cela, vous sçavez, Monseigneur, les charges extraordinaires de passages, logemens et entretènemens de gens de guerre, auxquelles à peyne peuvent-ils suffire. Voilà pour l'emprunt considéré en général.

En particulier, il n'y a aucune taxe sur laquelle il n'y aye beaucoup à dire, et il ne s'en peut presque trouver aucune d'approchant. Je vois, dès la première page, que l'on faict une ville et faubourg en la terre d'Ambarès, où je n'en ay point veu, que l'on taxe à 6 mil escus, et tout le reste se peut examiner de la sorte. Je me contenteray de vous représenter, pour les villes capitales, s'il y a apparence de demander 400 mil escus à Bourdeaux, où, pour le payement de 450 mil livres de debtes légitimes, le Parlement destourne tous les jours par ses arrests les deniers de l'Hospital, et dans les tesmoignages qu'ils avoient donnez cy-devant de quelque bonne volonté pour le service du Roy en ceste occurence dernière, lorsqu'il en fallut seulement tirer 5 mil escus, il fut impossible, et le Parlement mesme y apporta obstacle par son arrest, dont j'escrivis dès lors. Bayonne est taxé à 60 mil escus, et jamais il n'y a esté payé tailles, et ils ont présenté au Roy ung cahier de 120 mil escus de despenses pour son service, dont Sa Majesté leur a promis le remboursement, et n'y ayant peu trouver de l'argent pour les choses plus nécessaires, il a fallu s'engager pour eux. Voire mesme, je vous puis asseurer, Monseigneur, d'avoir depuis ung mois faict prester 100 escus du mien, pour empescher le desbandement du régiment de Béarn, en quoy je n'ay pas voulu que mon nom parust, pour ne les y point accoustumer. Tant s'en faut que l'on leur puisse seulement proposer aucun emprunt, sans en hazarder davantage la perte pour le service du Roy, que sy les ennemys y avoient faict triomphe. Je dis le mesme pour toutes les villes de ceste province. Pour les 80 mil escus sur Agen, Monseigneur, il me semble que leur massacre de 1635 est assez récent pour 2 escus sur cabaret, aussy bien que les 80 mil livres de Périgueux, où jamais ceste somme n'a esté assemblée, sinon dans la recepte du Roy; et de plus, on voit que la seule crainte les en a faict soublever à présent, ou du moins le menu peuple, assisté soubz main de quelques autres, en a donné le bransle. Je crains, Monseigneur, de vous proposer toutes ces choses avecq trop de liberté, mais j'estimerois mal servir le Roy, et estre indigne de l'employ dans lequel il vous plaist me tenir, sy je ne vous donnois compte de tout cecy par le menu, affin qu'il n'y soit pas faict de fondement; et sy ceux qui ont informé Messieurs du Conseil de ceste sorte qu'ils ont faict de l'estat de ceste province, prenoient la peyne d'y venir eux-mesmes et y agir, j'entends possible le sieur de Montauron, ils verroient, Monseigneur, l'apparence qu'il y peut avoir. Je n'auroy jamais passion plus grande que de pouvoir utilement servir le Roy, et mériter l'honneur de vostre bienveillance, en me tesmoignant toute ma vye,

Monseigneur,

vostre très-humble, très-obéissant et très-obligé serviteur,

VERTHAMON.

Au camp d'Espolette, le 21 may 1637.

LETTRE DE M. DE VERTHAMON (1)

Monseigneur,

J'ay esté pressé par une lettre de Monsieur le duc d'Espernon de me rendre auprès de luy, à l'arrivée de Monsieur le duc de La Valette, et ayant résolu de dépescher Monsieur Dalies pour représenter l'estat et les besoins de ceste armée et de ceste province, dont il est fort bien informé, j'ay creu estre obligé de vous donner compte en particulier, Monseigneur, de ce que l'assignation qui a esté donnée sur les emprunts des villes ne pouvant réussir, on ne peut, oultre 31 mil livres désià consommées en trois prests finissant le 20ᵉ de ce mois, ramasser pour le présent d'une autre assignation, et 50 mil livres sur les 63 mil livres imposées par les Commissaires du Roy pour la subsistance de ceste armée, que la somme de 10 mil livres seulement, sçavoir 7 mil livres par la Généralité de Montauban et 3 mil livres par celle-cy, lesquelles, avecq ung autre prest que nous trouvons moyen de faire des subsistances de la province, nous donnent le moyen de compter jusques au 3ᵉ de ce mois. Passé cela, Monseigneur, il est impossible de se promettre la subsistance des troupes par ceste frontière, s'il n'y est pourveu d'autre fonds, et je ne vois point que l'on puisse faire estat de recouvrer, de celuy des emprunts, que les mesmes sommes qu'elles ont payées les années dernières. Ainsy que j'ay eu l'honneur de vous escrire et à Messieurs les Sous-Intendans, dont sy quelqu'un voulust faire parti (en quoy il y

(1) Dossier n° 114, tome II, pièce 82.

auroit peu de risque), ce seroit ung moyen de faire valoir ceste assignation, de laquelle, en la manière qu'elle est, il n'y a pas lieu de se rien promettre du tout. J'ay aussy ung extresme desplaisir, Monseigneur, de ce qu'en nulle Eslection de ces Généralitez, les .... ne sont envoyées, ny mesme desparties en Périgord, où les .... n'ont encore osé paroistre, non plus qu'en Agenois, à Cahors et à Figeac. Le peu de respect qui a esté rendu à Monsieur le duc d'Espernon par ces peuples mutins en ces derniers rencontres, et la haine dont ils l'ont chargé, le rendent, à mon advis, plus retenu à y mettre encore son authorité en compromis, et, avant partir d'icy, ce que je feray au premier jour, je m'empresseray d'y faire apporter tous les ordres qui se pourront. Je vois aussy, Monseigneur, que le sentiment de Monsieur d'Espernon et de Monsieur de La Valette n'est pas de mettre sitost les abolitions en évidence, du moins sans quelques réserves des plus coupables, dont je sçays qu'ils vous escrivent plus particulièrement, et en ont informé Monsieur Cartier, qui vous en donnera compte, oultre la créance du dit sieur Dalies, auquel j'ay esté bien ayse de rendre encore près de vous les tesmoignages que requièrent son zèle au service du Roy et son mérite, pour lesquels, avecq l'amitié particulière que j'ay avecq luy, j'ay désià pris la liberté de vous supplier autrefois de haster les grâces qui luy peuvent estre desparties, vous suppliant me faire seulement l'honneur de me croire que je suis très-fidèlement,

   Monseigneur,
vostre très-humble, très-obéissant et très-obligé serviteur,

            VERTHAMON.

A Bourdeaux, ce 9 juin 1637.

Monseigneur, depuis ma lettre escrite, j'ay pensé n'y avoir point de moyen plus efficace pour la levée des deniers du Roy que celuy tenu en Xaintonge par Messieurs des Roches, Baritault et de Villemontée, et que pour cest effet le dit sieur de Villemontée pourroit estre prié de passer en Périgord, où il trouvera la mesme assistance de Monsieur d'Espernon et des troupes qui y sont réunies, et Monsieur des Roches, estant obligé, pour mon regard, de m'en retourner dans peu de jours en l'armée, n'ayant pas osé l'abandonner sans ung commandement exprès de vostre part. Messieurs d'Espernon et de La Valette ont approuvé d'en user de la sorte, et en escrivant à Monsieur de Villemontée, comme je fais aussy et par ceste mesme occasion, Monsieur d'Espernon fera effort de mettre les troupes en meilleur estat, par l'assistance d'hommes et autres choses que l'on pourra tirer des villes. On envoye de plus ung Mémoire des choses qui manquent pour l'attaque des forts des ennemys. Je ne sçays, Monseigneur, sy c'est par inadvertance qu'en l'estat de l'armée envoyé depuis peu, le sergent de la taille est nommé avant l'Intendant de la justice, ce qui n'estoit pas au précédent et n'a jamais esté. Je m'asseure, Monseigneur, que vous ne voudrez pas que nostre position perde le peu de dignité que l'on luy a laissée.

―――――――――

LETTRE DE MM. DE MONNEINS ET DE MASSIP (1)

Monseigneur,

Après vous avoir rendu compte cy-devant de ce qui s'est passé, exécutant la commission contre les séditieux de Périgord et Agenois, et après avoir envoyé le jugement donné contre le nommé Lerast, nous avons aussy creu estre de nostre debvoir de vous informer des jugemens du depuis par nous donnez, sçavoir deux à Bergerac, l'ung à l'encontre de Jean Bonmartin, dit Lescansou, du lieu d'Eymet, lequel fut condamné à estre pendu et estranglé, pour estre venu quérir au dit Bergerac les communes soublevées, et icelles conduites dans la ville d'Eymet, laquelle fut reprise et remise soubz l'obéissance du Roy par Monseigneur le duc de La Valette, et l'autre donné à l'encontre de Jean de Fettes, dit Lamothe-Grignols, gentilhomme de naissance, qui eut la teste tranchée, capitaine dans les troupes des mutins, qui estoit à la suitte du Turc, et qui fut pris à Sainte-Foy. Nous avons donné autre jugement de mort à Sainte-Foy, tant à l'encontre de Léonard Bonamy, notaire royal, qui a esté

(1) Dossier n° 114, tome II, pièce 91.

condamné à estre pendu, pour estre aussy ung des complices du dit Le Turc, que contre Charles Lallegrand, lequel néantmoins, pour certaines et justes considérations, nous avons condamné de servir le Roy perpétuellement dans ses galères. Encore, avons-nous donné autre jugement dans Bergerac à l'encontre de Jean Marcerou, valet du sieur de Marboutin, portant condamnation d'amende honorable et bannissement, pour n'avoir gardé soigneusement la maison et chasteau du sieur de Marboutin, son maistre, estant sorty dehors et l'ayant laissé surprendre aux dits séditieux. Il a esté jugé qu'il y avoit plus d'imprudence que de mauvais dessein, et au regard des sept autres prisonniers, nous avons ordonné qu'il sera informé contre eux, eux demeurant en l'estat qu'ils sont, soubz la charge des Consuls, Vice-Séneschaux et geolliers qui en sont chargez. Comme aussy nous avons dressé de prise de corps, tant à l'encontre de Lamothe La Forest, soy-disant général, que d'ung grand nombre d'autres, accusez par les susdits exécutez à mort, tant dans la ville de Périgueux que dans celles de Bergerac et de Sainte-Foy, qui sont les trois endroits èsquels le désordre a esté le plus grand, et avons faict faire les chastimens sur les principaux autheurs et personnes de considération et les plus qualifiées, estimant qu'il n'y a rien qui frappe plus les esprits que cela; et comme, Monseigneur, nous avons eu rendu compte de nos actions au Parlement, il a ordonné que le procez seroit faict aux autres coupables, et pour cest effet, il a commis le Lieutenant criminel de Bergerac pour instruire la procédure jusqu'à jugement définitif exclusivement, affin que par après le Parlement leur fasse subir la punition que leurs crimes méritent, et ce par le sentiment de Messeigneurs les ducs d'Espernon et de La Valette, la générosité et la prudence desquels, avecq les armes victorieuses de Sa Majesté à l'encontre des rebelles et la justice exemplaire qui a esté rendue en ceste occurence en toutes les villes que nous avons passées, ont donné une sy grande horreur aux plus mutins, que maintenant l'authorité du Roy y est sy absolue, que l'obéissance à ses volontez et la tranquillité publique y sont du tout remises, vous suppliant humblement, Monseigneur, nous favorisant de l'honneur de vostre bienveillance, nous obliger d'ordonner le remboursement des fraiz de nostre commission, durant ung mois, sur telle nature de deniers asseurés qu'il vous plaira, dont nous ne vous donnerions l'importunité, sy le Parlement avoit des fonds pour y satisfaire, et nous prierons Dieu pour vostre prospérité, comme estant,

Monseigneur,
vos très-humbles et très-obéissans serviteurs,

De Monneins, H. de Massip.

A Bourdeaux, ce xiii juin 1637.

LETTRE DU DUC DE LA VALETTE (1)

Monsieur,

Quoyque je n'aye pas repris toutes mes forces, et qu'à mon âge il ne soit pas fort facile de revenir d'une sy grande maladie que a esté la mienne, je me fais néantmoins effort de servir le Roy dans ceste rencontre d'affaires, et ayme mieux hazarder ce peu que j'ay de santé que de desnier mes soins aux choses qui se présentent. Je m'asseure, Monsieur, que vous avez sçeu ce que mon fils, le duc de La Valette, a très-heureusement exécuté en Agenois et Périgord, et comme il a par ce moyen dissipé la plus puissante faction qui se soit formée, il y a longtemps, dans l'Estat par ung soublèvement des peuples, sans que pour cela les ennemys ayent profité en quoy que ce soit de nos désordres, par le bon ordre qu'il avoit laissé dans l'armée, premier que de s'esloigner de la frontière. Le mauvais succez qu'ont eu les peuples leur a véritablement osté les armes des mains, mais non pas la rage, ny la mauvaise volonté du cœur, non plus que les discours téméraires et séditieux de la bouche, de sorte qu'estant en cest estat, je n'ay garde d'implorer la grâce, ny la clémence du Roy en leur faveur. J'estime, au contraire, qu'il est très-nécessaire de les tenir en crainte, de menacer ceux qui ont failly ou qui manqueront désormais à leur debvoir de la confiscation de leurs biens et razement de leurs maisons, et d'en faire une

(1) Dossier n° 107, tome II, pièce 39.

commission expresse, car ceste révolte estant favorisée de plusieurs personnes de condition, et qui ont quelque chose à perdre, il y aura peut-estre moyen de les contenir par ces peynes et les empescher de retomber dans leurs premières fureurs. Je propose mon sentiment selon la passion que j'ay pour le service du Roy. Vous adviserez par vostre prudence, Monsieur, ce qu'il sera plus expédient de faire dans ceste rencontre, qui est une des plus importantes et des plus dangereuses qui se soient offertes, il y a longtemps, et que nous debvons principalement à l'impunité des peuples de Xaintonge.

Je ne sçays sy on est encore en humeur au Conseil de faire presser les emprunts des villes, mais bien que j'en tiens la proposition très-dangereuse et l'effet du tout impossible, j'estime que la personne la moins propre qu'on pourra choisir pour ceste commission est Monsieur de Verthamon, qui a esté nommé pour la Généralité de Bourdeaux. Les divers employs qu'il y a eus pour le service du Roy luy ont attiré tant de haine et d'envie, oultre ce que son employ luy en donne (le commettant, comme vous sçavez, très-souvent avecq Messieurs du Parlement, qui ne souffrent pas volontiers Messieurs les Intendans de justice), qu'il seroit du tout impossible, quand mesme il auroit à proposer des choses agréables, qu'il feust escouté, ny qu'elles feussent bien reçeües, venant de sa part. Je vous laisse penser ce que ce seroit de l'affaire la plus odieuse qui sera jamais proposée. Il en arriveroit sans doubte beaucoup de malheur, et pour les affaires du Roy, et pour sa personne particulière, ce que je ressentirois avecq ung extresme desplaisir. Oultre ces considérations, il y a celle des services qu'il rend à l'armée, dans laquelle il est tellement nécessaire, que je le tiens pour ung des plus asseurez moyens de sa subsistance, ses soins, son économie, sa vigilance estant tels, que je ne les sçaurois assez loüer. Ces raisons m'obligent à vous supplier très-humblement, Monsieur, de le vouloir descharger de ce malheureux employ. Il y a fort longtemps que je vous en aurois faict la prière sans ma maladie, mais les choses sont encore dans leur entier, et je ne doubte point que recognoissant la vertu et le mérite de cest honneste homme, qui a l'honneur d'estre aymé de vous, Monsieur, par tant de justes raisons, vous ne preniez le soin de le desgager d'ung sy mauvais rencontre. Il vous en sera très-obligé, et moy autant que luy-mesme. Aussy vous asseurerai-je que pour l'acquit de ceste faveur et d'une infinité d'autres dont je vous suis redevable, je rechercheroy toute ma vye les occasions de vous faire paroistre que je suis autant que personne du monde,

Monsieur,

vostre serviteur très-humble, et plus affectionné,

Louis DE LA VALETTE.

A Cadillac, le xxie juin 1637.

ANNÉE 1641

LETTRE DE M. DE PONTAC (AU NOM DU PARLEMENT) (1)

Nostre très-honoré Seigneur,

Les Commissaires députez pour le crime de faulce monnoye et rogneure des espèces d'or et d'argent ont condamné à mort deux Maistres de monnoye, l'ung de Bayonne et l'autre de ceste ville. Ils ont faict mourir le premier dans Nérac, où le jugement a esté rendu et où ils sont establis pour exercer leur commission, et ont envoyé l'autre en ceste ville pour y estre exécuté dans la place du Palais, ayant pour cest effet escrit aux Jurats et à eux mandé de recepvoir le condamné dans leurs prisons et prester main-forte à l'exécution d'iceluy, de quoy nostre Compagnie ayant eu advis, pour se deffendre de ceste entreprinse contre son authorité, a donné arrest par lequel elle a ordonné que la dite exécution ne se feroit point en ceste ville, et faict inhibition et deffense aux dits Jurats de permettre que le dit condamné feust mis dans leurs prisons et de bailler leurs archers pour assister à la dite exécution, sauf aux dits Commissaires de faire exécuter leur jugement en tel autre lieu du ressort qu'ils adviseroient bon estre. C'est ce qui nous oblige de vous faire ceste dépesche, nostre très-honoré Seigneur, pour vous supplier très-humblement, comme nous faisons, de vouloir nous despartir vostre protection en ceste occurence, et empescher la dite entreprinse, en ap-

(1) Dossier n° 108, tome I, pièce 54.

prouvant nostre arrest. Nous vous représentons pour cela qu'il est inouy que tels jugemens rendus par des Commissaires ayent esté exécutez dans les villes où les Parlemens résident et ont l'honneur de rendre la justice souveraine du Roy, n'y ayant que les condamnez par leurs arrests et par les sentences des magistrats ordinaires qui puissent estre exécutez ès dites villes. La raison sur laquelle les dits Commissaires veulent fonder la dite exécution ordonnée par eux en ceste ville, sçavoir que le dit condamné y estant Maistre de la monnoye, il est important pour l'exemple que la punition s'en fasse où il a commis les crimes, n'est pas pertinente, d'autant qu'il y a icy assez d'exemples faicts de la punition du crime de rogneure, pour retenir les habitans en leur debvoir par les diverses condamnations que nous avons rendues à l'encontre de ceux qui s'en sont trouvez coupables, lesquelles ont esté exécutées dans la place du Palais. Aussy est-il certain que c'est ung prétexte recherché par le sieur Foulé pour se venger de ce que nous luy avons faict signifier l'arrest du Conseil, par lequel il luy est deffendu de cognoistre des tesmoins qui ont déclaré par-devant les Commissaires de la Cour avoir vendu des pistoles à plus haut prix qu'elles ne valoient par les Édits du Roy, et permis seulement au Procureur de Sa Majesté, en sa commission, d'informer du contraire, et d'envoyer les informations, quand elles seront faictes, au greffe du dit Conseil. Ce qui le monstre clairement, c'est que sy les dits Commissaires n'avoient eu d'autre motif que celuy de l'exemple, ils debvoient par ce mesme motif envoyer à Bayonne celuy qu'ils ont faict exécuter à Nérac, puisqu'il y avoit esté pareillement Maistre de la monnoye et y avoit commis le crime. Par ces considérations, nous espérons, nostre très-honoré Seigneur, que vous blasmerez la procédure du dit sieur Foulé, et que vous trouverez juste cest arrest que nous avons donné pour arrester sa violence, et que vous conserverez la dignité du Parlement. Sur ceste espérance, nous finissons et prions Dieu qu'il luy plaise,

        Nostre très-honoré Seigneur,
vous donner, en parfaite santé, très-heureuse et très-longue vye.
   Les gens tenant la Cour de Parlement de Bourdeaux, vos bien humbles et affectionnez serviteurs,

                                                               De Pontac.

   Escrit à Bourdeaux, en Parlement, le xxvie janvier 1641.

ANNÉE 1643

LETTRE DU DUC D'ÉPERNON (1)

Monsieur,

Envoyant ce gentilhomme exprès vers Leurs Majestez pour les asseurer, sur les occurences présentes, de la fidélité de mon très-humble service et de l'obéissance que je leur doibs, je ne l'ay pas voulu laisser aller sans le charger de ces lignes pour vous supplier très-humblement de me vouloir tousiours, s'il vous plaist, honorer de la continuation de vos bonnes grâces et m'en donner ung nouveau tesmoignage pour me faire iouir de la grâce qu'il a pleu au Roy de me faire accorder des lettres d'Estat, que mes créanciers taschent de rendre nulles par une pure vexation, sans qu'ils en puissent retirer aucun advantage, ainsy que le sieur Cartier vous fera, s'il vous plaist, entendre, s'il ne l'a désià faict; il vous parlera aussy, Monsieur, de l'affaire de Nadaillan, les crimes duquel sont assez cogneus. Je sçay que vous estes protecteur de la justice, et ne doubte pas que je ne la reçoipve de vous prier empescher l'abolition que mes ennemys taschent de luy faire obtenir. Ceste affaire regarde la mémoire et l'honneur de feu Monsieur le duc d'Espernon, mon père, et le mien particulier, que ce monstre a voulu noircir d'une accusation qui faict horreur aux gens de bien. J'en escris à la Reyne et à Monsieur le cardinal Mazarin, affin qu'il plaise à Sa Majesté de ne se laisser pas surprendre, et à Son Éminence pour luy demander ses favorables offices en ceste occasion, qui me doibt estre tellement à cœur, que je ne sçaurois recevpoir ung plus signalé tesmoignage de l'amitié que vous m'aviez faict l'honneur de me promettre, que vostre protection et bonne justice, laquelle je tiendray à une très-grande grâce et obligation, pour m'en revancher par mes services très-humbles, lorsque ma bonne fortune m'en donnera les moyens conformes au désir passionné avecq lequel je suis,

Monsieur,

vostre serviteur très-humble et très-affectionné,

(*Sans date.*)   Le duc D'ESPERNON.

(1) Dossier n° 87, tome III, pièce 1.

LETTRE DE M. CHARRETON (1)

Monseigneur,

Je suis obligé de vous donner advis que j'ay désià faict exécuter ceux des principaux autheurs de la révolte du Pardias (?) et du vol des deniers du Roy, faict par eux à Plaisance. Ce n'a pas esté sans peyne, puisqu'il les a fallu aller chercher dans les bois et du costé des monts Pyrennées. J'en ay encore pris trois ou quatre des plus séditieux et qui estoient chefs des autres, auxquels je fais le procez, ayant discontinué pour la présence des Bons Jours. La désobéissance et obstination de ces peuples de Gascogne à ne vouloir pas mesme imposer les deux derniers quartiers de la taille n'est pas imaginable, et il semble, à les entendre parler, que c'est par arrest du Conseil qu'ils ont esté deschargez. Je fais tous mes efforts pour les désabuser et pour obliger à imposer les deux derniers quartiers, qui ne l'ont pas faict l'année passée, à quoy j'advance peu, quel soin et quelle diligence que j'y apporte. Ils ayment mieux abandonner leurs maisons et leurs villes, n'y laissant que des femmes, et sy je ne les traitois avecq doulceur pour les faire retourner dans leurs maisons, je crois qu'ils déserteroient toutes les villes et villages. Ce n'est pas que les Vice-Séneschaux et autres, que j'ay avecq moy, ne vivent avecq ordre, vous asseurant, Monseigneur, que je les fais payer partout où ils logent, et qu'ils ne font aucune violence ; mais c'est par la crainte qu'ils ont de se voir réduits et contraints au payement des deux derniers quartiers de la taille, qu'ils se figurent estre une seconde taille, et s'en plaignent comme d'une surimposition. Je ne vous escriray point icy le détail de l'affaire du Pardias, que je différe jusques à ce que je l'aye mis en tel estat, que vous puissiez recepvoir satisfaction de mon procédé, vous suppliant très-humblement, et crois que ma plus grande ambition seroit de mériter vostre approbation et l'honneur de vostre bienveillance par l'exécution de vos ordres, comme,

Monseigneur,
vostre très-humble et très-obéissant serviteur,

CHARRETON.

De Martias (?), ce 5 avril 1643.

(1) Dossier n° 114, tome III, pièce 38.

LETTRE DE M. DEFAU (AU NOM DU PARLEMENT) (1)

Nostre très-honoré Seigneur,

Aucuns des Conseillers de la Cour, commissaires députez par le Roy pour la recherche de ceux qui ont rougné et altéré les monnoyes, ayant présenté leur commission au Parlement, après avoir esté communiquée au sieur Procureur général de Sa Majesté, nous l'avons trouvée sy importante et injurieuse au peuple, et sy préiudiciable au repos et tranquillité de la province, que nous avons jugé à propos, pour le service de Sa Majesté, d'en arrester l'exécution, et avons chargé le dit sieur Procureur général d'envoyer au sieur de Loyac, nostre député, les Mémoires et instructions sur lesquels nous avons fondé ceste sursoyance, avecq la commission en original, laquelle vous trouverez altérée en ce qu'on a rayé le nom d'ung des Commissaires, et remply d'ung autre, ensemble celuy du Substitut du dit Procureur général et du greffier de la dite Commission, d'autre main que de la vostre. Oultre qu'au commencement de la dite commission il n'est faict mention que pour l'estendue de la ville de Bourdeaux et Eslection d'icelle, et néantmoins dans le corps de la dite commission ils ont faict glisser pour tout le ressort de la Cour, qui monstre la surprinse qui vous a esté faicte, et ce qui est de plus considérable est que les quatre partisans de la dite commission, qui ont esté condamnez en amendes par arrest de la Cour et exécutez figurativement dans la ville, sont aujourd'huy ceux qui ont choisy leurs plus proches parens pour Commissaires, et par ce pour se rembourser des condamnations contre eux intervenues ; que sy elle estoit exécutée en ceste forme, ce seroit le moyen de ruyner entièrement la province. Nous vous supplions, nostre très-honoré Seigneur, d'y apporter, par vostre authorité et justice, le remède convenable, en sorte que les principaux autheurs et criminels, ainsy que sont les traitans, ne profitent de leurs crimes et infamies à la ruyne et désolation des peuples, ce qu'attendant de vostre zèle et affection au bien et soulagement des subietz du Roy, nous continuerons nos prières à Dieu à ce qu'il luy plaise,
Nostre très-honoré Seigneur,

(1) Dossier n° 108, tome I, pièce 55.

vous combler de ses grâces et bénédictions, en parfaite santé, longue et heureuse vye.

Les gens tenant la Cour de Parlement, vos bien humbles serviteurs,

Defau.

Escrit à Bourdeaux, en Parlement, les Chambres assemblées, le xv avril 1643.

LETTRE DE M. DE LANSON (1)

Monseigneur,

Je m'efforce de traiter avecq le Parlement de Bourdeaux avecq toute la civilité possible. Je leur tesmoigne que je n'iray point en la Chancellerie pour exécuter une commission qu'il vous a pleu m'envoyer pour les Secrétaires des finances, tant que l'arrest du Parlement de Tholouse subsistera, et ne les obligera point d'en donner ung pareil, affin de ne les pas commettre avecq vous. Et quand j'ay reçeu l'arrest du Conseil qui casse celuy de Tholouse et leur faict deffense, à peyne de désobéissance, de se mesler des droits du sceau, au moment que j'ay esté dans la Chancellerie, et que j'y ay faict lire et enregistrer l'Édit des ....., ung Secrétaire des finances a mandé deux archers avecq leurs hoquetons, mais sans pistolets, pour signifier aux Secrétaires de la Chancellerie l'arrest du Conseil qui leur ordonne d'obéir. On assemble les Chambres, on casse l'arrest du Conseil, on ordonne qu'il sera informé contre moy, comme sy j'avois violé le Capitole. Voilà les advantages que ces Messieurs veulent prendre sur la maladie du Roy. Aussitost que je pourray avoir l'arrest qu'ils ont donné, je ne manqueray de le vous envoyer, pour qu'il vous plaise y pourveoir, c'est,

Monseigneur,

vostre très-humble, très-obéissant et très-obligé serviteur,

De Lanson.

A Bourdeaux, ce vi^e may 1643.

(1) Dossier n° 114, tome III, pièce 40.

LETTRE DE M. DE MONTBRUN (1)

Monseigneur,

Le silence est blasmable alors que la parole est nécessaire, et estant attaché, comme je le suis et comme je doibs l'estre, au service du Roy et à l'observation de vos commandemens, je ne puis vous taire ce qui se passe au païs de Rouergue, dans mon proche voysinage, et dont l'exemple est désià généralement regardé de tous les peuples voysins, à qui la grande et incroyable misère peut donner de très-mauvais conseils, qui ne pourroient estre suyvis que de leur ruyne entière. Monseigneur, je crois que vous aurez sçeu ce qui arriva, il y a huit jours, dans Villefranche à Monsieur de La Terrière, intendant de la justice en ceste province de Guyenne, de qui, par des prières et remonstrances armées, une troupe esmeüe et composée de deux ou trois mil personnes arracha des ordonnances selon leur intention dans le couvent des Cordeliers, où il s'estoit retiré. Il falloit qu'il calast voile, et que sa prudence cédast à la force. Monseigneur, du depuis, ceste bande ou assemblage de soldatesque et peuple armé a fort grossy en roulant, puisqu'il est certain que de tous endroits de ce bailliage (qui est de grande estendue) on a accouru en très-grand nombre et en armes à Villefranche, pour y advoüer et soubscrire les mouvemens commencez. Ils protestent, Monseigneur, de vouloir payer exactement les deniers du Roy et de n'en vouloir qu'aux partisans, à cause, comme ils disent, de leur extresme pauvreté et de leur impuissance incroyable. Le mal est fascheux en sa source, et très-dangereux en sa course ou progrès. Monseigneur, je ne suis pas homme que les phantômes effrayent, et j'en parle sans autre intérest que celuy du service du Roy, mais cognoissant la langue et le païs, je crains, avecq de visibles conjonctures, que le trouble est désià tel et la rage sy extresme de ces gens-là, que non-seulement les sages seroient désormais bien empeschez de modérer, par discours ou par adresse, ceste sédition, mais aussy ceux qui ont authorité et commandement ne le sçauroient faire par des simples menaces. Cependant, quelques-ungs, qui se font de feste et qui peut-estre, en partie, jettent

(1) Dossier n° 114, tome III, pièce 47.

la pierre et cachent la main, amusent Monsieur de La Terrière, qui est à Montauban, à dix ou douze lieues d'icy (qui en valent vingt de France), luy mandant qu'on quitte les armes ou qu'on les met bas, et néantmoins, aujourd'huy comme hier, on faict de grandes assemblées avecq armes, et, à l'heure que j'ay l'honneur de vous escrire, dans ma maison, qui est fort eslevée, j'entends battre les tambours au-delà de la rivière de Lot. Ceste esmotion, Monseigneur, qui est numéreuse et violente, n'a pas besoin de remèdes lents : *difficile enim posteà seditio, defectioque adulta coercetur.* Sy vous me faictes l'honneur de me le commander, je vous continueray le debvoir de mes advis très-sincères, comme procédant de l'homme du monde qui se glorifie d'estre, depuis longues années, avecq plus de passion et de respect,

Monseigneur,

vostre très-humble, très-obéissant et très-fidèle serviteur,

MONTBRUN.

A Montbrun, du Hault-Quercy, ce x juin 1643.

LETTRE DE M. DE LANSON (1)

Monseigneur,

Je reçois tant de tesmoignages de vostre bonté, qu'au hazard d'estre importun, j'en doibs une recognoissance. Après avoir faict passer deux mil Espagnols par ceste province suyvant mes ordres, je retourne en ceste ville de Bourdeaux, pour y continuer le service auprès de Monsieur le mareschal de St-Luc, qui n'a tousiours point de gardes.

On lève la taille, à main armée, dans toutes les provinces qui entourent ceste Généralité. Les premiers deniers qui se rencontrent dans les lieux sont pris par les gens de guerre et ne vont point à la Recepte. J'ay empesché ce désordre en ceste Généralité de Bourdeaux, en laquelle je me suis contenté de faire beaucoup de bruit et peu de mal. Nous y sommes en paix, et les

---

(1) Dossier n° 114, tome III, pièce 49.

quatre archers qu'il plaist au Roy m'y entretenir font grand'peur avecq leurs livrées, et je conduis tout ce qui m'est commandé, en sorte que peu de choses demeurent à faire, et j'évite les rébellions.

J'entends que l'on parle de la charge de Monsieur d'Aguesseau. Je vous ay escrit que j'en avois donné cognoissance à Monseigneur le Prince. Je n'y ay inclination que pour servir et vous rendre tout ce à quoy est obligé,

Monseigneur,

vostre très-humble, très-obéissant et très-obligé serviteur,

De Lanson.

A Bourdeaux, ce xxix juin 1643.

LETTRE DE M. CHARRETON (1)

Monseigneur,

Jusques à ce que les esmotions du Rouergue soient appaisées, ou, pour mieux dire, de ceste Généralité, je tascheray de vous tenir adverty le plus souvent qu'il me sera possible de ce qui s'y passera. La relation joincte à la présente vous dira ce qui est arrivé depuis ma dernière, cependant que j'attends les ordres sur exécution de l'arrest de Villefranche, que j'ay faict signifier, comme vous verrez par la dite relation. J'ay aussy envoyé à Messieurs du Parlement l'arrest qui casse les leurs. J'ay esté adverty que la sédition des Rouergueurs finiroit plus tost : ce n'est pas ung petit advantage pour le repos des peuples en ce païs, mais je vous supplie très-humblement de croire que Messieurs du Parlement, en haine de ce qu'ils voyoient leurs parens et leurs amis impliquez dans ceste recherche, ont faict des entreprinses du tout extraordinaires, jusques à arrester tous les Commissaires subdéléguez, et contre les Vice-Sénéschaux exécutant nos ordonnances, et mesme dire qu'ils viendroient enlever le greffier de la Commission et toutes les pièces de son greffe, malgré les Commissaires. Il est vray qu'ils n'ont pas esté sy

(1) Dossier n° 114, tome III, pièce 51.

hardis que de l'entreprendre, mais c'estoit l'affaire qui les pressoit le plus. Je vous demande pardon sy je suis sy prolixe; je n'adiousteray que les vœux de mon obéissance, que je vous supplie très-humblement d'agréer comme,

Monseigneur,

vostre très-humble et très-obéissant serviteur,

CHARRETON.

De Montauban, ce 11 juillet 1643.

LETTRE DE M. CHARRETON (1)

Monseigneur,

Vous verrez, par la relation joincte à la présente, que les séditieux de Villefranche ont refusé les propositions les plus doulces et les plus favorables que des criminels pourroient souhaitter, et qu'ils renvoyent l'affaire à la négociation du sieur de St-Vensa (?), qu'ils disent estre à la Cour. Ainsy, pour ce regard, je ne puis plus agir, ny par justice, ny par accommodement, jusques à ce que j'aye de nouveaux ordres : par justice, puisque, oultre que je ne suis pas assez fort, il m'est ordonné d'attendre ung second commandement avant que d'exécuter l'arrest du Conseil; par accommodement, puisque les habitans de Villefranche n'en veulent point ouyr parler, et se rapportent à ce que le sieur de St-Vensa fera à la Cour. Je continueray seulement à donner advis, tous les ordinaires, de ce qui se passera, en attendant vos commandemens, et comme ma relation vous fera voir les entreprinses du Parlement au préiudice des lettres, advis et arrests de Leurs Majestez, je recours à vous, Monseigneur, comme à nostre chef commun, affin de leur lier les mains et leur imposer silence. Ils me menacent de leurs Commissaires pour venir enlever le greffier de la Commission et tous les papiers du greffe. Je n'en appréhende pas l'effet de leur part, mais alors mesme que l'entreprinse, que quelques esprits chauds de la Compagnie pourroient faire au préiudice de l'arrest que Leurs

---

(1) Dossier n° 114, tome III, pièce 52.

Majestez ont donné ces jours passez, ne m'obligeast pas à arrester la Commission et sa suitte, après en avoir tant souffert, je ne l'entreprendray pas toutefois que je ne sçache sy mon action seroit approuvée à la Cour, mais de vous, Monseigneur, particulièrement. Sy j'estois assez heureux pour obtenir vos ordres et vos commandemens sur ce subiet, ce me seroit une très-grande consolation, vous protestant que je m'y conformeray avecq une soubmission parfaite et absolue. Que s'il plaisoit à Leurs Majestez de faire voir à ceste Compagnie leurs bras levez pour les chastier, je ne doubte point qu'ils ne plyassent aussitost, car les Gascons, à moins que de voir le baston et le coup prest à frapper, difficilement se réduisent à la raison, lorsqu'ils ont une fois pris l'essor. C'est ce que j'ay osé prendre la liberté de vous représenter, vous suppliant très-humblement de croire que personne n'est plus passionnément que moy,

Monseigneur,
vostre très-humble et très-obéissant serviteur,

CHARRETON.

De Montauban, ce 15 juillet 1643.

LETTRE DE M. DE LAUVERGNE (1)

Monseigneur,

Je n'aurois point entreprins de vous informer, par ceste lettre, du désordre qui est survenu en ceste ville touchant les funérailles du Roy deffunt et de la honte que la Justice et tous les Corps ont soufferte par la mauvaise conduite de l'ung des grands vicaires de Monsieur de Bazas, qui en craint l'événement, sy je ne sçavois que Monsieur de Bazas mesme, se prévalant de la bienveillance de Monsieur de Beauvais, a tasché de faire grand bruit contre le Présidial de ceste ville, pour mettre à couvert les faultes de son grand vicaire, qui ne peuvent estre excusées que par une grâce toute particulière; et affin, Monseigneur, que vous puissiez estre informé de la vérité, je vous diray, aussy

(1) Dossier n° 114, tome III, pièce 58.

briefvement qu'une affaire de ceste nature le peut permettre, qu'ayant esté donc question de faire en ceste ville les honneurs funèbres du Roy deffunt, suyvant les ordres envoyez de la Cour, qui portoient précisément que l'on observeroit les mesmes cérémonies qui furent faictes ès obsèques du Roy Henry quatriesme, l'on fit voir au grand vicaire de Monsieur de Bazas les registres de l'Hostel de ville, qui furent appuyez des tesmoignages des anciens bourgeois, par où il se voyoit que, lors des funérailles de Henry quatriesme, le clergé estoit venu prendre le convoy au Palais; et nous passasmes plus avant, car nous luy offrismes que s'il doubtoit de la fidélité de preuves sy authentiques, nous nous en remettrions à la foy des registres du Chapitre. Comme cest esprit chatouilleux et vain vit qu'il ne pouvoit plus disputer la coustume, il promit de venir au Palais et d'y faire rendre le clergé, mais il désira adiouster aux anciennes cérémonies une nouvelle, qui estoit de faire estendre dans la salle du Palais ung cercueil vuide couvert d'ung drap mortuaire, comme il avoit esté faict dans quelques villes de province, parce que, disoit-il, il vouloit réparer la foiblesse de ses prédécesseurs, d'autant que s'il faisoit aller le clergé au Palais, sans qu'il y eust quelque cercueil, l'on croiroit que le clergé s'estoit rendu au Palais pour honorer la Justice du Roy et personnes de ses officiers, et qu'au contraire y ayant ung cercueil, il représenteroit le corps du Roy deffunt, et que de plus ce cercueil estoit de la bienséance pour faire les encensemens et autres cérémonies prescrites par le cérémonial. A quoy il luy fut respondu qu'il n'estoit pas question d'entrer dans le mespris de la Justice du Roy, que l'on ne sçauroit trop honorer; qu'il falloit seulement, suyvant la volonté du Roy aujourd'huy régnant, observer les anciennes formes qui avoient esté pratiquées en pareilles rencontres, et que pour les encensemens dont il parloit, il suffisoit de les faire dans l'église, aux environs du cercueil que l'on met soubz la chapelle ardente, comme il a esté faict du depuis à Bourdeaux, et finalement, que comme toutes les villes de province ne suyvoient pas nos coustumes, il ne debvoit pas désirer que nous suyvissions les leurs. A toutes lesquelles raisons nous adioustasmes ceste dernière, que s'il falloit porter ce drap mortuaire par la ville, comme il avoit esté faict dans quelques villes desquelles il alléguoit l'exemple, il y arriveroit de la difficulté entre les Officiers du Présidial et les Jurats qui prétendroient porter le drap, ce que nous ne souffririons pas, puisque nous estions officiers du Roy. Après toutes ces raisons, l'esprit de ce grand vicaire resta aussy obstiné que jamais, ce qui obligea nostre Compagnie, pour le bien de la paix, de luy faire signifier ung acte par lequel on l'interpelloit, dans ceste contestation qu'elle ny luy ne pouvoient terminer, d'avoir promptement recours au Parlement, comme à la puissance la plus proche, la plus souveraine et la plus légitime de la province, puisqu'il n'estoit pas question de régler ce qui debvoit estre faict dans l'église, pour ce qui regardoit l'action du sacrifice et l'ordre des prières, mais seulement des cérémonies extérieures entre des ecclésiastiques et des officiers. Et où il croyoit la voye trop longue pour attendre le jugement du Parlement, nous le fismes prier instamment de vouloir passer par l'advis de Messieurs les Gens du Roy, et l'y exhortasmes par le mesme acte. Il n'eut point d'oreilles pour toutes ces semonces. Nous le fismes prier de nous avoir quelque autre expédient, il se mocqua de tout cela et fit le souverain, disant que ce qu'il avoit dit estoit dit, et ensuite fit afficher ung mandement abusif, par lequel il ne se contenta pas de convoquer, par l'advis du Chapitre, les Corps ecclésiastiques, séculiers et réguliers dans l'église cathédrale, et les Frairies sur lesquelles il n'a point jurisdiction, pour de la dite église aller tout droit au Palais prendre le convoy, mais, qui plus est, il prit jurisdiction dans le Palais, ordonnant qu'ung cercueil y seroit posé. Toutes ces violences nous obligèrent d'en advertir le Parlement, qui bailla arrest, à la requeste de Monsieur le Procureur général, par lequel il fut dit que dans ceste occasion les anciennes coustumes seroient gardées, et, en ce faisant, qu'il ne seroit posé au Palais ny cercueil, ny drap mortuaire, d'autant que quelque ressentiment que nous ayons en la mort de nos Princes, la Justice ne paroist jamais en deuil. Cependant, il fut faict une proposition de faire dresser seulement ung autel dans la salle du Palais, ce qui fut accepté en cas qu'il n'y eust point d'arrest; mais estant venu, nous ne feusmes plus en ces termes, et le dit arrest ayant esté signifié au dit grand vicaire, il en fit pis qu'auparavant, n'ayant point voulu du tout faire aller le clergé vers le Palais, après l'avoir néantmoins promis aux Jurats, qui, sur leur parole, firent deslivrer les cierges de la chapelle ardente, mais il fit aller le dit clergé en procession en une paroisse de la ville, où il fit poser ung cercueil, sans faire advertir les Corps de la ville qui estoient assemblez au Palais; et dans le mesme ordre il fit retourner le dit clergé en l'église cathédrale, où le service fut faict, ce qui obligea les Frairies de le quitter sur le milieu de la place publique et de se rendre au Palais avecq grand concours de peuple, conformément au mandement que le dit grand vicaire avoit faict afficher par une nouvelle pratique, n'ayant esté pratiqué autre chose en pareilles rencontres, sy ce n'est de faire advertir les peuples aux prosnes des paroisses. Après tous ces outrages, Monseigneur, qui divisèrent les cœurs aussy bien que les personnes, tous les Corps se retirèrent, et désirant rendre leurs derniers debvoirs à la mémoire du feu Roy, en faisant faire ung nouveau service en la forme ancienne, ils me prièrent de porter leurs plainctes au Parlement, où je fus suyvy par l'ung des grands vicaires de Monsieur de Bazas, lequel ayant promis d'accommoder ce différend par l'advis de Messieurs les Gens du Roy, et leur ayant remis l'intérest du clergé, comme je fis celuy de toute la ville, Messieurs les Gens du Roy trouvèrent bon que les Jurats, se rendant médiateurs de la paix publique et supplians, priassent le grand vicaire de vouloir ordonner ung nouveau service en la forme ancienne, et affin qu'il feust faict ensuite, non pas en vertu d'aucun arrest, mais d'une ordonnance que le grand vicaire feroit afficher pour donner le moyen à tous les Corps de ceste ville d'honorer la mémoire du feu Roy. Il fut aussy arresté que suyvant la dernière proposition qui avoit esté faicte par ce grand vicaire, l'on feroit dresser ung autel dans la salle du Palais, affin que toutes ses propositions estant suyvies, il n'eust rien plus à souhaitter, et que le clergé, dans ceste rencontre, eust l'advantage, et d'avoir agi par authorité, et d'avoir pratiqué la charité, en restablissant la paix dans une ville. Ce traité ayant esté faict de ceste sorte, le dit grand vicaire tesmoigna le trouver fort raisonnable et convenable à l'honneur et à la piété du clergé. Néantmoins, il demanda délay pour le faire approuver à son collègue et au Chapitre, ce qui luy fut accordé. Ce délay estant expiré, le clergé refusa de l'exécuter, ce qui obligea le Parlement de bailler ung second arrest à la requeste de Monsieur le Procureur général, portant qu'il seroit faict ung nouveau service en la forme ancienne, et qu'à ce faire les vicaires-généraux et Chapitre seroient contraints par saisie de leur temporel. Cest arrest donné, Messieurs les Gens du Roy, et particulièrement Monsieur l'Advocat général de Lavie, qui avoit travaillé à ceste paix, me donnèrent ordre de ne le point faire exécuter, sy le clergé vouloit encore se tenir au traité qui avoit esté faict. Je fais ceste offre, j'employe tous mes soins pour luy faire accepter, je suis rebuté et refusé. Enfin, l'arrest est exécuté, à la requeste de Monsieur le Procureur général. Après cela, j'offre de faire retirer les exploits, pourveu que l'on veuille accepter la paix. Je ne me suis pas contenté, Monseigneur, de chercher toutes ces précautions, car la considération que j'ay tousiours eue pour Monsieur de Bazas m'a obligé de luy escrire confidemment, par tous les courriers, ce qui se passoit, affin que de sa part il contribuast à la paix de la ville. Toute ceste histoire, Monseigneur, est sy véritable, que ma vye et mon honneur vous en respondront. Enfin, Monseigneur, après les offenses que tous les Corps ont receües et dont ils attendent la réparation, et après tant d'advances que j'ay faictes, qui eussent esté honteuses pour moy, sy les respects que j'avois voués à Monsieur de Bazas et le désir de la paix ne m'eussent obligé de les faire, je suis adverty que Monsieur de Bazas, transporté d'une passion extraordinaire et voulant faire des loix à sa fantaisie, s'en va de porte en porte persécuter Messieurs les Prélats, et particulièrement Monsieur le cardinal Mazarin, Monsieur de Beauvais et Monsieur de Bourdeaux, pour vous aller demander ung adiournement personnel contre moy, et qu'il a esté sy peu considéré, de dire hautement dans vostre salle, en présence d'assez de personnes, que sy vous ne luy accordiez pas ce qu'il demandoit, il s'en plaindroit à la Reyne, et que sy la Reyne ne luy faisoit pas justice, il se la feroit luy-mesme. Je crois, Monseigneur, que sy vous luy demandiez de quoy il se plainct, il seroit bien en peyne de le vous dire, puisque nous sommes les offensez, et qu'il n'y a aucune matière de parler de nous, que pour dire que nous n'avons pas assisté dans l'église cathédrale au service du feu Roy, à quoy le grand vicaire, qui est l'autheur de nostre desplaisir, n'a nul intérest, et n'est partie recevable à s'en plaindre, mais bien tous les Corps de nostre ville en ont eu d'obliger Monsieur le Procureur général d'en demander ung nouveau : aussy est-il la seule partie à laquelle il s'en faut prendre. Je suis marry, Monseigneur, d'estre contraint de me plaindre à vous des violences et des foiblesses de Monsieur de Bazas, que ses amis cachent tant qu'ils peuvent. Ceux qui ne l'honorent pas condamnent sa conduite, et ses serviteurs, au nombre desquels j'ay tousiours esté, en ont compassion. Il ne se parle jamais d'aucune entreprinse des ecclésiastiques qu'il ne mette l'Église en jeu, pour bailler couleur à leurs faultes, et que pour satisfaire son humeur ambitieuse, il ne tasche de persuader à ung chacun que dans les diverses actions qu'il dit avoir faictes pour le clergé, qu'il croit impeccable, il n'aye esté son martyr. Monsieur l'Archevesque d'Arles, qui est ung grand prélat, n'a point suyvy ces maximes, et jamais la Justice n'a esté tant honorée que lorsqu'il a esté parmy nous, ny les ecclésiastiques plus réformez. Monsieur de Bazas escrit en ce païs qu'il gouverne Monsieur de Beauvais, et que sans forme, ny figure de procez, il me fera aller à la Cour, estimant avoir pour cela trop de crédit. Monsieur de Beauvais est trop vertueux prélat pour vouloir maltraiter personne avecq violence, et la Justice, Monseigneur, ne craint aucune oppression, puisque vous en estes aussy bien le protecteur et le chef, à qui je m'adresse, par l'ordre de nostre Compagnie, pour vous porter nos justes plainctes avecq celles de toute ceste ville, qui, n'ayant jamais manqué de fidélité, ny d'amour envers ses Roys, a recours à vostre authorité, affin qu'elle en puisse rendre les derniers tesmoignages à celuy qu'elle a perdu. C'est, Monseigneur, ce que toute ceste ville attend de vostre justice et de vostre protection, de laquelle des absens, qui n'ont autre appuy à la Cour, ont besoin, et lesquels, dans l'occasion qui s'est passée, n'ont eu autre intérest que de ne voir point flestrir entre leurs mains l'authorité du Roy et l'honneur de la Justice, en faisant observer les anciennes coustumes. Voilà, Monseigneur, le subiet de nos plainctes, que je vous supplie très-humblement vouloir recepvoir, et agréer qu'avecq toute sorte de respect, je prenne la qualité,

    Monseigneur,

de vostre très-humble et très-obéissant serviteur,

DE LAUVERGNE,
Lieutenant général de Bazas.

A Bazas, ce 29 juillet 1643.

LETTRE DE M. CHARRETON (1)

Monseigneur,

Vous verrez, par les relations joinctes à la présente, ce qui se passe en Rouergue, et comme Monsieur de Noailles penche ung peu en faveur de ses anciens amis et hostes. Néantmoins, je puis dire avecq vérité qu'il a grand dessein de marier le service du Roy avecq la justification des coupables, mais, comme il est impossible, aussy faict-il souvent ung pas trop favorable pour les séditieux, comme vous verrez. Monseigneur, je ne vous ennuieray point icy de tous les desseins chimériques qu'ils se forment soubz la protection du dit sieur de Noailles, mais je vous diray seulement qu'ils se vantent de sortir de ce mauvais pas, sans advoüer que ny le général, ny le particulier, aye failly. Je sçays, Monseigneur, que le Roy est père de ses peuples, et qu'il les traite doulcement et avecq clémence, lorsqu'ils recognoissent leurs faultes, mais il faut qu'ils les recognoissent, qu'ils obéissent et qu'ils demandent pardon, mesme dans leurs grands crimes comme celuy-cy et d'une sy grande conséquence. Il a esté tousiours pratiqué soubz vous, Monseigneur, que deux ou trois chefs de la révolte ou soublèvement ayent esté chastiez, c'est pour l'exemple qui est sy nécessaire en ung païs comme celuy-cy, où les esprits, prompts et bouillants, ne s'arrestent jamais par la seule raison, et où il ne se passe point d'année sans sédition ou soublèvement, quoyque mesme souvent il s'en fasse des punitions exemplaires. C'est ce que j'ay creu estre obligé de vous représenter, Monseigneur, puisque, tenant le timon et le gouvernail de la Justice, c'est aussy de vous de qui dépendent ces résolutions, que j'attendray de vostre équité, et tous les commandemens dont il vous plaira m'honorer pour les exécuter avecq soubmission et respect, comme,

Monseigneur,
vostre très-humble et très-obéissant serviteur,

CHARRETON.

De Saint-Anthony, ce 10 aoust 1643.

(1) Dossier n° 114, tome III, pièce 60.

LETTRE DE M. DEFAU (au nom du Parlement) (1)

Nostre très-honoré Seigneur,

Ayant veu, par la commission du Roy, le changement qu'il luy a pleu de faire en la nomination que nous luy avons envoyée des Officiers catholiques pour servir en la Chambre de l'Édit la prochaine séance, nous avons estimé en debvoir différer l'enregistrement, soubz le bon plaisir de Sa Majesté, pour vous faire entendre par nos députez combien il est important au bien public et à la Religion qu'il y ayt en la dite Chambre de l'Édit deux Conseillers de la Grand'Chambre, dont l'ung soit plus ancien que tous ceux de la R. P. R., ainsy qu'il a esté tousiours observé. Néantmoins, par la dite commission, il n'en a esté mis de la Grand'Chambre qu'ung seul, qui n'est que le dernier d'icelle et postérieur en réception à trois des Conseillers de la dite R. P. R. Le premier, qui est nommé dans la dite commission, n'est pas de la Grand'Chambre, ny mesme des anciens des Enquestes; aussy n'est-il compris dans nostre nomination. Nous vous supplions, nostre très-honoré Seigneur, non-seulement en l'occasion présente, mais encore à l'advenir, de vouloir faire authoriser et approuver par le Roy les nominations qui luy seront par nous faictes, pour que nous ne considérions autre chose, dans le choix que nous faisons des dits Officiers, que l'honneur de son service et le bien de la Religion. Nous ne vous en représenterons point icy le rapport, parce que vous en serez assez instruit par nos députez, suyvant l'ordre que nous leur en donnons, mais nous vous supplions seulement, nostre très-honoré Seigneur, de les vouloir appuyer de vostre authorité, et nous y despartir les effets de vostre bienveillance, dont nous conserverons tousiours la mémoire pour vous tesmoigner, aux occurences qui s'en présenteront, nostre ressentiment, et continuerons nos vœux et prières à Dieu pour qu'il luy plaise,

Nostre très-honoré Seigneur,
vous combler de ses grâces et bénédictions.

(1) Dossier n° 108, tome I, pièce 59.

Les gens tenant la Cour de Parlement de Bourdeaux, vos bien humbles serviteurs,

DEFAU.

Escrit à Bourdeaux, en Parlement, les Chambres assemblées, le viie septembre 1643.

* * * * *

LETTRE DE M. BURLAC (1)

Monseigneur,

J'ay desià faict deux dépesches à Monsieur de La Vrillière sur le subiet des entreprinses à Saint-Gilles et Générac pour le restablissement du presche par ceux de la R. P. R. Je luy ay envoyé les arrests que la Chambre a rendus, portant deffense de faire aucun exercice de la dite Religion, ce qui n'a jamais esté faict dans la Chambre, avecq ung ample Mémoire de ce que je pense nécessaire pour le service du Roy. J'espère qu'ils auront defféré, et que les Commissaires, que nous avons nommez, ne seront point obligez de partir. Ils croyent que la déclaration qu'il a pleu au Roy leur accorder les remet entièrement en l'estat de l'Édit de Nantes, et qu'elle emporte la restriction portée par l'arrest général que je fis donner en la Chambre, soudain après le décez du feu Roy, qui les restrainct à la jouissance des Édits de pacification, déclarations, arrests et règlemens faicts et exécutez jusques aujourd'huy. C'est pourquoy je vous supplie très-humblement, Monseigneur, de nous faire informer de Leurs Majestez, ayant prié le dit sieur de La Vrillière de vous faire entendre ce qui se passe et nos sentimens, que je ne répéteray pas pour n'abuser de vostre patience, priant Dieu qu'il vous conserve en qualité,

Monseigneur,

vostre très-humble et très-obéissant serviteur,

BURLAC.

A Castres, ce 8 septembre 1643.

(1) Dossier n° 114, tome III, pièce 70.

LETTRE DE M. DE LANSON (1)

Monseigneur,

J'attends les ordres pour exécuter ce qui me sera commandé touchant Monsieur le président Pichon.

J'ay mis la commission pour la Chambre de l'Édit ès mains de Monsieur le président Pontac, mais après le despart du dernier ordinaire, j'ay appris qu'elle vous a esté renvoyée, et m'a-t-on dit que ces Messieurs vous supplient de considérer que ceste Chambre est my-partie, que les Officiers de la R. P. R. sont très-intelligens et très-capables, que pour la conservation du bien, de l'honneur et de la vye des catholiques, on a besoin d'ung puissant contre-poids; que, hors de Monsieur de Maran, qui est continué, le reste est sy foible, qu'il vous feroit compassion; que, hors Monsieur de La Lanne, sieur d'Uzeste, qui entre maintenant en la Grand'Chambre, le reste est fort jeune; que puisque la séance se tient en ceste ville, les anciens de la Grand'Chambre n'ont pas droit de s'en excuser comme autrefois, ainsy qu'ils y pourroient servir.

Au reste, les doubles deniers nous donnent bien de l'exercice, et sans le soin des Jurats, et particulièrement des sieurs de La Chabanne, Lauvergnat et Fouques, qui sont nouvellement esleus et qui méritent vostre protection par le service qu'ils ont rendu, la ville seroit en grand désordre. Je vous asseure, Monseigneur, que comme peu de personnes s'abandonnent pour le public, ceux qui le servent doibvent estre en grande considération, et ces Messieurs sont de ce nombre, autant je suis,

Monseigneur,
vostre très-humble, très-obéissant et très-obligé serviteur,

DE LANSON.

A Bourdeaux, ce 10 septembre 1643.

---

(1) Dossier n° 114, tome III, pièce 72.

LETTRE DE M. CHARRETON (1)

Monseigneur,

Comme les verbaux et les délibérations joinctes à la présente vous donneront entière cognoissance de l'estat des affaires du Rouergue, et vous feront voir que j'ay tousiours donné advis de la vérité dont j'avois plus de cognoissance que personne, quoyque l'on aye voulu insinuer au contraire, je me contenteray de vous entretenir par la présente de l'estat de la Séneschaussée de Villefranche transférée à Saint-Anthony, dont les Officiers non interdits sont à présent dans une parfaite obéissance, mais tousiours avecq ce desplaisir de se voir réduits à une simple séneschaussée, quoyque Présidiaux par la nature de leurs charges. Ils m'ont tellement pressé et prié de vous supplier en leur faveur, affin qu'ils puissent obtenir le restablissement de leur Présidial, qu'enfin je n'ay peu me dispenser de vous en faire pour eux les très-humbles remonstrances et supplications.

Leurs moyens, Monseigneur, c'est qu'ils n'ont point participé aux crimes des autres, et que vostre équité ne permettra pas, par conséquent, qu'ils participent à leurs peynes ; qu'ils ont quantité de procez instruits au Présidial, dont les parties languissent ; qu'à Saint-Anthony, attendu le désordre du Rouergue, ils n'ont que fort peu d'affaires, lesquelles, par le restablissement de la cognoissance des cas présidiaux, pourroient augmenter de beaucoup, spécialement à cause des crimes ; que les interdits auront plus de douleur et de repentir de leurs faultes, voyant leurs confrères innocens maintenus et conservez dans les droits de leurs charges, que s'ils les voyoient maltraitez aussy bien qu'eux ; que les Présidens sont entièrement despouillez de leurs charges, quoyqu'ils ayent fidèlement servy le Roy et se soient opposez courageusement aux séditieux, spécialement le sieur de Pommeyrols, premier président ; que ceste désunion de la Séneschaussée d'avecq le Présidial est préiudiciable aux parties, à cause de la distance des lieux, qui est très-grande ; et finalement, que ceste désunion cause grand désordre et grande perte aux propriétaires des greffes.

(1) Dossier n° 114, tome III, pièce 73.

Je ne doubte point qu'il n'y aye quelques raisons à opposer au contraire; néantmoins, Monseigneur, comme je ne les juge pas sy considérables qu'elles doibvent empescher ceste grâce, je vous supplie très-humblement, Monseigneur, de la leur vouloir accorder et me continuer l'honneur de vostre bienveillance, comme à,

Monseigneur,
vostre très-humble et très-obéissant serviteur,

CHARRETON.

De Cajas (?), ce 16 septembre 1643.

LETTRE DU DUC D'ÉPERNON (1)

Monsieur,

J'ay appris que le sieur Thibaud, qui a esté esleu ceste année jurat de Bourdeaux par les voyes qui ont donné lieu au Parlement de faire l'entreprinse qu'ils ont faicte de casser l'eslection, avoit obtenu arrest du Conseil, par lequel il est ordonné qu'il seroit informé par-devant Monsieur de Lanson de la brigue qu'on prétend avoir esté pratiquée en l'une et en l'autre eslection. Mais d'autant que le dit sieur de Lanson s'est allié avecq la sœur du sieur de La Chabanne, qui a esté esleu en la place du dit Thibaud, et lequel s'est desparty de l'eslection qui avoit esté faicte en sa faveur, le sieur Thibaud a récusé le dit sieur de Lanson et est allé en Cour pour obtenir arrest confirmatif de son eslection, ce qu'il espère obtenir d'autant plus facilement, qu'il n'a plus de compétiteur. De quoy j'ay creu debvoir vous donner advis, Monsieur, et vous supplier de considérer que le désistement du sieur de La Chabanne ne doibt pas servir au sieur Thibaud, puisque c'est une affaire qui regarde les intérests du public, et non pas celuy des particuliers; qu'il est nécessaire que la vérité soit cogneüe, et que le premier arrest du Conseil soit exécuté. Et pour moy, Monsieur, j'estime que le plus court et le plus raisonnable expédient seroit de casser l'une et l'autre

---

(1) Dossier n° 87, pièce 3.

eslection, et de procéder à une nouvelle selon les formes ordinaires. Je vous supplie de considérer en cela l'intérest du service du Roy et le mien particulier, et de croire qu'en toutes occasions vous me trouverez tousiours disposé à vous rendre toutes les défférences et les services très-humbles que vous pourrez désirer,

Monsieur,
de vostre serviteur très-humble,

Le duc D'ESPERNON.

A Agen, ce 24 novembre 1643.

LETTRE DE M. DE JONZAC (1)

Monseigneur,

Ayant reçeu une dépesche de Sa Majesté du dix-huitiesme de aoust, pour empescher la sortie de toute sorte de grains hors des païs de Xaintonge et d'Angoumois, et ce avecq une grandissime cognoissance de cause et bonté du Roy et de la Reyne envers leurs subietz des dits païs, je l'ay faict ponctuellement exécuter. Et sur ce que Messieurs du Parlement de Tholouse, de leur authorité particulière, donnèrent inhibitions aux marchands de leur ressort de ne faire aucun trafic de grains en Guyenne, Messieurs du Parlement de Bourdeaux se sont pourveuz au Conseil de Sa Majesté, et, par arrest du troisiesme d'octobre dernier, ont obtenu cassation de celuy de la Cour de Parlement de Tholouse, et permission aux marchands de Languedoc de trafiquer en Guyenne, et ce avecq justice, veu la grande estendue de païs et abondance de fruicts creuz en la dite province. Mais aujourd'huy, voulant estendre l'arrest du Conseil jusques en Xaintonge, j'ay esté obligé de m'y opposer, veu qu'il n'est parlé par iceluy que du trafic de Languedoc, et qu'il n'a esté donné que sur le subiet du Parlement de Tholouse, tant pour le maintien de l'authorité du Roy, que Sa Majesté m'a mise en main par sa dépesche, que pour la considération des vyes de tous les peuples de Xaintonge et

(1) Dossier n° 114, tome IV, pièce 4.

d'Angoumois, qui, languissans désià, se croyent réduits à la famine, sy l'on permettoit que le peu de grain qui est dans ces deux provinces feust transporté par l'avarice de quelques particuliers qui en ont faict des greniers, pour profiter à la ruyne du public. Et me semble que Messieurs de Bourdeaux se doibvent contenter d'avoir tout celuy de Guyenne, et d'estre assistez encore des fruicts de la plus grande province de France, qui est le Languedoc. L'arrest qu'ils ont donné, dont le porteur vous fera voir copie, et de l'ordonnance que j'ay faicte, m'a obligé à la faire, non tant pour la considération de la nécessité des peuples de Xaintonge et d'Angoumois, que pour l'intérest que je prenois au service du Roy, car ayant mandé à Monsieur Le Tellier, par mes précédentes, qu'il y a en ce païs quelque soublèvement des peuples que je vais chastier, il est certain, et de cela n'en doubtez pas, que sy l'on permettoit le transport des bleds, tout le menu peuple courroit sus aux marchands, et une fois affriandez à la prise sans rien payer, indubitablement s'attrouperoient, et de là osteroient la liberté des chemins à tous ceux qui vont lever les deniers du Roy et feroient courrir risque de la recepte des tailles de Sa Majesté, car le peuple, une fois armé et soublevé, se sert de ses armes contre tous ceux qui luy demandent de l'argent. Lorsque vous me ferez cognoistre les sentimens de la Reyne et les vostres sur l'arrest de Messieurs de Bourdeaux et sur mon ordonnance, j'y obéiray, comme je doibs, avecq respect, mais je vous supplie, pour l'intérest du service du Roy, que mes raisons soient pesées et leur conséquence considérée. Cependant, je demeureray,

Monseigneur,
vostre très-humble et très-obéissant serviteur,

De Jonzac.

De Jonzac, ce 12e de décembre 1643.

ANNÉE 1644

LETTRE DE M. DE LANSON (1)

Monseigneur,

Mon honneur m'obligeant de vous rendre compte de ma conduite, j'ay expérience que vous avez assez de bonté pour entendre mes justifications sur les plainctes que l'on rend de moy, ainsy que l'on m'escrit, comme sy l'alliance que j'ay prise me rendoit inutile à servir le Roy en la province en laquelle ma femme, qui est originaire de Lymoges, n'a pour parent qu'ung frère unique qui est Trésorier de France, et qui, depuis qu'il est en charge, a esté employé à toutes les commissions qui se sont présentées convenables à sa charge. Jugez, Monseigneur, quel mauvais effet ceste alliance a peu produire, et sy j'ay manqué d'appuyer avecq chaleur l'effet de toutes les commissions desquelles j'ay esté honoré?

Il est vray que j'ay creu les debvoir conduire avecq tempérament et mesnager l'intérest du Roy avecq les forces des peuples d'une province que vous cognoissez, prévenant les rébellions que j'ay veu esclater par tout mon voysinage et dans les employs de ceux qui m'environnent, et de quoy, Monseigneur, vous avez cognoissance, sans que je m'explique davantage.

Quant à la levée des tailles, j'ay tasché d'éviter la procédure violente et de conserver les peuples pour la payer plus d'une année, et je mets en faict que nous avons à proportion moins de restes dans l'estendue de mon employ que dans les autres, et pour presser les contribuables, je n'ay point refusé aux Receveurs généraux, ny ma personne, ny les archers que j'ay, ny toute autre assistance qui aye esté dans mon pouvoir, faisant beaucoup de peur aux Commissaires et beaucoup de menaces pour les exciter à leur debvoir, sans pourtant leur procurer nulle vexation, ny aucune despense.

Maintenant, je viens de parcourir le Bourdelois, l'Agenois, le Condomois et le Bazadois, vous asseurant que ces Eslections et

---

(1) Dossier n° 114, tome IV, pièce 19.

celle des Lannes me paroissent faire tous leurs efforts dans la disette et la misère communes.

De là, je m'en allois en Périgord, où les restes sont plus grands et où l'on rend plusieurs raisons de ce retardement, et comme je m'y acheminois, allant d'Agen à Bergerac, je reçois ung arrest du Conseil à moy adressant, avecq une dépesche de Monsieur le Controlleur général, pour me rendre à Bourdeaux et y restablir les courtiers et leur Bureau, et mettre le porteur des quittances en possession des clefs de leur coffre, pour en porter les deniers où le Conseil les destine.

Icy, j'apprends que le Roy a destiné une compagnie de carabins pour se faire obéir, et le Receveur général m'a prié d'en attendre la levée, pour la mener avecq moy en Périgord et la faire agir selon les occurences. A cela j'acquiesce, prest à partir selon les inclinations de ceux qui secourent le Roy dans ses nécessitez. Voilà, Monseigneur, quelle est ma conduite.

Sy je recepvois cest honneur que d'estre interpellé sur quelque action particulière, je me promets que j'en rendrois bon compte, et que vous, Monseigneur, approuveriez mes raisons, comme en l'affaire du sieur Ligouze, où j'ay donné des ordonnances qui se trouveront très-juridiques, sy on se donne la peyne de les examiner dans la vérité du faict. Icy, les hommes se jettent à l'aveugle dans les rébellions : sy on les violente au-delà de la justice, les esmotions, les reproches de gabelleurs et les meurtres suyvent, pour ne pas mesnager les affaires avecq la balance à la main. Excusez, Monseigneur, cest entretien de ma justification, puisqu'il part de la main,

Monseigneur,
de vostre très-humble, très-obéissant et très-obligé serviteur,

De Lanson.

A Bourdeaux, ce xxvi may 1644.

LETTRE DE M. DE LANSON (1)

Monseigneur,

Je n'ay pas grand'chose à vous escrire du Périgord, sinon que

(1) Dossier n° 114, tome IV, pièce 41.

je tasche de faire le monde sage par force, en leur ostant le moyen de faire folie, à l'exemple de leurs voysins, estant du service du Roy et de la province d'empescher plustost le désordre que de le chastier quand il est arrivé. Par ceste raison, nos carabins ne se séparent point, et ils payent partout comme marchands. A part cela, l'authorité de Leurs Majestez tient tout en respect, et, à l'exception de quelques petits désordres, tout est en paix, et je suis,

Monseigneur,
vostre très-humble, très-obéissant et très-obligé serviteur,

De Lanson.

A Périgueux, ce xx décembre 1644.

LETTRE DE MM. DUSAULT ET DE LAVIE (1)

Monseigneur,

Nous avons creu estre obligez de vous rendre compte de l'exécution des volontez du Roy contenues dans l'arrest que le sieur de Quiqueboeuf, donneur de la présente, est venu signifier au Parlement, où il a esté résolu que les parens et alliez du sieur de Lalanne, dans le quatriesme degré, obéiront à l'interdiction. Nous estimons aussy que les quatre adiournez satisferont de leur part aux commandemens de Sa Majesté, les trois s'estant retirez d'abord du Palais après la lecture faicte par le dit sieur de Quiqueboeuf, huissier, de l'arrest du Conseil, et le quatriesme, qui est nostre collègue, n'y ayant pas mesme paru. Nous eussions bien voulu pouvoir vous envoyer la liste de tous les interdits, estimant qu'en en voyant le nombre, vous eussiez esté porté plus volontiers à moyenner leur restablissement près de Leurs Majestez, mais il nous eust fallu plus de temps, et ce porteur n'en a désià que trop perdu icy. Que sy trois jours se sont passez à former la résolution de la Compagnie sur la response qu'elle avoit à rendre à Sa Majesté, pour qu'il vous plaira, Monseigneur, de considérer que nous avions affaire aux parens et amis de trois puissantes

(1) Dossier n° 114, tome IV, pièce 42.

familles, de Pichon, de Pontac et de Lalanne, qui sont unies sy estroitement par leur parenté et alliance, qu'elles ne font qu'une maison, vous jugerez qu'il y a plus de quoy se satisfaire de la résolution qu'on a prise d'obéir que de se plaindre des difficultez qui se sont trouvées à en venir là. La vérité aussy est telle, qu'il a fallu que Monsieur le premier Président et nous ayons essuyé beaucoup d'orages et dissimulé plusieurs injures, pour faire réussir les affaires du Roy. Nous ne vous parlerons pas des menaces faictes contre nos personnes et nos familles : nous espérons, dans les occasions, trouver en la protection du Roy et en la vostre le préservatif contre tous ces maux. Nous vous prions seulement, Monseigneur, de nous permettre de vous marquer les rebuts faicts à nos charges, en ce que, dans ces délibérations assez irrégulières, ayant à requérir, de moment à autre, sur les occurences et la personne de chasque particulier qui se vouloit garantir de l'interdiction, on nous contraignoit de sortir et rentrer à chasque bout de champ, avecq estonnement et mespris de ceux qui estoient au dehors, et dedans on nous escoutoit avecq tant de tumulte, que nous avons esté obligez de venir à ceste extrémité de donner nos réquisitoires par escrit et en forme de requeste. Nous advoüerons qu'il nous est glorieux de souffrir pour le service du Roy, mais aussy il est important pour son service que nos charges ne soient ny odieuses, ny mesprisées dans la Compagnie. Pour l'autre, vous nous garantirez, s'il vous plaist, Monseigneur, du mespris, par les voyes que vous jugerez les plus propres, affin de nous rendre plus utiles de servir Sa Majesté. Agréez cependant que nous vous priions et demandions, avecq tout respect, le restablissement de ce nombre de parens interdits, dont l'absence retarderoit les affaires et causeroit beaucoup de préiudice aux parties dans l'administration de la justice, et que nous vous supplions très-humblement de moyenner. Que sy le Roy leur faict ceste grâce, il plaise à Sa Majesté et à vous, Monseigneur, de marquer que ce que Monsieur le premier Président et nous luy avons remonstré sur ce subiet n'a pas peu servy à leur restablissement. Après quoy il nous reste encore à vous supplier très-humblement de considérer que, oultre ce que le restablissement du sieur de Lalanne a esté très-rude à tous les gens de bien, à cause de la notoriété de son crime, il seroit encore très-préiudiciable au service du Roy et au bien de sa justice par l'accroissement de l'authorité trop grande de sa famille dans le Parlement, vous pouvant asseurer, Monseigneur, dans la sincérité que nos charges nous obligent de garder envers vous, que tout ce que ceste famille voudra faire ou empescher dans le Parlement succédera suyvant leurs désirs. Les nostres sont tousiours portez à souhaitter la continuation de vostre santé, et à vous protester que nous sommes et serons tousiours,

Monseigneur,
vos très-humbles et très-obéissans serviteurs,

DUSAULT, T. DE LAVIE.

De Bourdeaux, ce 27ᵉ décembre 1644.

ANNÉE 1645

LETTRE DU DUC D'ÉPERNON (1)

Monsieur,

L'advis que j'ay des poursuites que l'on veut faire, soubz la faveur de Monsieur le duc d'Anguien, pour faire sortir la Chambre de l'Édit de ceste ville pour la mettre à Agen, me donne subiet de vous escrire pour vous en représenter les inconvéniens, et vous dire, Monsieur, que, par son establissement, son séjour a esté déterminé à Nérac ou à Bourdeaux. Mais la desmolition de Nérac estant survenue, cela a empesché leur demeure en ce lieu plus longtemps, et ils ont tant faict, qu'ils ont enfin obtenu de venir faire leur séjour en ceste ville, où il est important, pour le bien du service du Roy, qu'ils demeurent plustost qu'en ung autre lieu, d'autant qu'estant comme incorporez avecq ceux du Parlement, qui sont au-dessus d'eux, ceux de la R. P. R. ne peuvent pas se donner dans les affaires l'authorité qu'ils pourroient usurper, s'ils en estoient esloignez, et je crois que ce seroit bien leur désir de se retirer d'icy, d'autant que ce seroit leur advantage, à quoy je puis adiouster que la ville mesme

(1) Dossier n° 107, tome II, pièce 72.

recepvroit beaucoup de diminution, sy on en retiroit une telle Compagnie, qui y attire beaucoup de personnes, et la pluspart des Officiers de ceste Chambre estant de Bourdeaux, seroient incommodez d'aller demeurer ailleurs par l'esloignement de leurs proches et la despense extraordinaire que les voyages et le séjour en une autre ville leur causeroient, ce que je vous supplie très-humblement, Monsieur, de vouloir considérer, et d'interposer vostre authorité pour empescher ung changement sy préiudiciable au bien du service du Roy, à la Religion, et à celuy de ceste ville, et de croire qu'en cela, comme dans toutes les choses qui regardent le public, je n'ay d'autre but, ny visées, que le bien du service du Roy, et finiray ceste lettre en vous asseurant tousiours du désir extresme que j'ay de pouvoir rencontrer les occasions de vous faire paroistre combien je suis,

Monsieur,
vostre très-humble et très-affectionné serviteur,

Le duc d'Espernon.

A Bourdeaux, ce 9 janvier 1645.

LETTRE DE M. DE LAVIE (1)

Monseigneur,

En continuant l'obéissance que je doibs à vos commandemens pour vous rendre compte de ce qui se passe dans nos mauvaises affaires, j'adiousteray à celle que mon collègue et moy nous donnons l'honneur de vous escrire quelques petites circonstances. Nous avons veu avecq desplaisir que toutes les bonnes intentions que Monsieur le premier Président et nous avons eues pour redonner quelque calme à ceste Compagnie ont demeuré inutiles. Il eust voulu tendre les mains à Monsieur de Blanc, qui, n'ayant rien de la malignité des directeurs du parti contraire, a quelque violence d'humeur dont ils se servent, et l'exposent à porter la peyne du mal que les autres couvent dans leur cœur. Monsieur le premier Président a faict cognoistre qu'il

---

(1) Dossier n° 114, tome IV, pièce 52.

estoit tout disposé à tesmoigner de delà qu'il estoit plus que satisfait, et à prier qu'il feust deschargé et du voyage et de l'interdiction. Ceux qui debvoient porter Monsieur de Blanc à ceste réconciliation l'en ont esloigné et se sont roidis à ne souffrir pas qu'il fist aucune advance vers Monsieur le premier Président, ny en personne, ce qu'on n'a pas demandé, ny par ses parens ou amis, qui parleroient de sa part ou du moins de la leur, et pourroient seulement, en ce cas, asseurer Monsieur le premier Président que Monsieur de Blanc estoit en disposition de vouloir bien vivre avecq luy. On ouvrit ung autre expédient qui fut refusé, que dans la Compagnie, parmy les discours de paix qui s'y pourroient tenir, quelqu'un demandast à Monsieur le premier Président de donner ce premier tesmoignage à la Compagnie de son affection à la paix, de travailler pour Monsieur de Blanc. Ils vouloient que la lettre du Roy ne feust pas rendue et demeurast supprimée, ce qui excédoit nostre pouvoir. Leur primeur a esté toute pareille pour les intérests du Corps : nous avons connivé à ce désordre (dans l'espérance de l'estouffer par ceste action) de voir que des particuliers traitoient pour la Compagnie avecq le premier Président et les gens du Roy, et faisoient porter des paroles, se faisant forts et respondans de tout le Corps. Messieurs de Primet, de Lescure et de Verdier estoient donc les chefs du Parlement, c'est-à-dire de la famille de Lalanne, car meshuy ces deux intérests sont confondus. Leur proposition estoit réunion avecq Monsieur le premier Président. Ils ne me font pas la grâce de me vouloir donner part en ceste paix. Pour y parvenir, ils demandoient que l'on supprimast l'arrest du Conseil et la lettre du Roy, et qu'on ne parlast point dans la Compagnie d'ung ordre sy extraordinaire et qui la blesse, disent-ils, sy fort, que celuy de rompre des registres ou de les supprimer; qu'ils promettoient que la minute de ceste lettre escrite en faveur de Monsieur de Blanc seroit rendue à Monsieur le premier Président, et que le registre, qui n'a point esté dressé, ne le seroit jamais. Nous respliquasmes que ce n'estoit pas satisfaire au Roy, et que puisque Sa Majesté avoit engagé son intérest dans ceste affaire, il estoit juste de donner quelque chose à son authorité, aussy bien qu'à l'intérest de Monsieur le premier Président, et que nous ne pouvions supprimer entièrement ses ordres; que nous les radoucirions autant qu'il seroit possible; que, pourveu que l'on nous asseurast de la bonne disposition des esprits à se réunir, nous ne demanderions point de registre de ce qui se feroit à ceste occasion, et que ne faisant point de registre, il ne resteroit point de marque de ceste humiliation, qui, estant à la postérité, les blessoit, disoient-ils, et les flétrissoit; que nous proposerions dans nostre remonstrance que le Roy, pour oster toutes les marques de nos divisions et nous tesmoigner combien il désiroit nous voir dans le calme, avoit ordonné qu'on osteroit toutes ces choses des registres; que nous nous asseurions que la Cour correspondroit à de sy favorables intentions de Sa Majesté pour elle; qu'à suitte la lettre du Roy estant ouverte, dès les premières lignes quelqu'un d'entre eux proposant qu'il n'en falloit pas davantage, on en demeureroit là; que s'ils tesmoignoient à Monsieur le premier Président désir de bien vivre, qu'il enchériroit de sa part, et eux ayant refusé de faire aucune advance, Monsieur le premier Président s'offrit de recueillir les propositions de paix, que nous aurions forcé mesme de les faire le premier, sans nostre semonce qui leur estoit odieuse, pourveu qu'il feust asseuré qu'il trouveroit quelque correspondance de leur part. Ils eurent ceste fermeté de ne vouloir pas dire une parole, ny souffrir mesme que aucun des leurs demandast que la lecture de la lettre du Roy ne feust pas achevée. Quatre jours se passèrent dans ces pourparlers, qui demeurèrent inutiles. Leur aigreur ne diminue point : les asseurances qu'ils ont, disent-ils, de ravoir le président Lalanne, et les espérances que la lettre du Roy leur donne de la suppression de la charge de Monsieur de Gourgues, leur grossit le cœur. Ils ayment mieux que leurs interdits souffrent encore ung peu que de relascher quoy que ce soit.

La considération de Monsieur de Lalanne et des autres les oblige, disent-ils, à dissimuler pour quelque temps, mais non pas à rien approuver expressément. Ils ignorent, disent-ils, que Monsieur Dusault et moy ayons retiré ces pièces du greffier et exécuté l'arrest. Ils prétendent bien faire revivre ce registre, et par leur ordre, samedy, Monsieur de Blanc demanda par requeste qu'il feust enjoinct au greffier de luy en deslivrer une copie, et ils ont résolu d'y délibérer et de chasser tous ceux qui ne sont pas des dix-et-neuf qui formèrent ceste délibération.

De mesme, ils tolèrent et ignorent, disent-ils, le restablissement de Monsieur de Gourgues, mais ne le veulent pas approuver expressément, et s'agissant de respondre à la lettre que le Roy escrit pour tesmoigner combien luy desplaisent les voyes dont on se sert pour éluder ses intentions sur ce subiet, et les traitemens qu'on a faicts à Monsieur de Gourgues dedans et dehors le Palais, ils continuèrent leurs entretiens samedy, et je ne sçays sy ce matin ils continueront à dire qu'ils n'y veulent point opiner. Ils espèrent bien qu'après ung peu de temps on ne laissera pas pour cela de renvoyer Monsieur de Lalanne, et de descharger les adiournez et les interdits. Le Roy, disent-ils, leur rendra Monsieur de Lalanne et leur ostera non-seulement Monsieur de Gourgues, mais Monsieur le premier Président, sur les plainctes que va porter de delà Monsieur de Blanc, qu'ils appuieront hautement.

Voilà, Monseigneur, les maladies dont ils sont travaillez, qui causent beaucoup de maux dans la province, par ung sy grand trouble du Corps qui la doibt conduire. Je ne sçays sy je me préoccupe à croire que tous les moyens dont on s'est servy jusques icy estant inutiles, il n'y a point d'autre remède que de les humilier à bon escient et justement, en ostant Monsieur le président Lalanne et remettant tous les autres. Ce seroit trancher tout et couper la racine de nos misères. C'est à vous, Monseigneur, de juger de ces choses, et à moy à vous demander ceste grâce d'estre creu,

Monseigneur,
vostre très-humble et très-obéissant serviteur,

De Lavie.

Bourdeaux, ce 20 febvrier 1645.

LETTRE DE MM. DUSAULT ET DE LAVIE (1)

Monseigneur,

Les dernières rencontres qui se sont passées dans ce Parlement et les commandemens dont le Roy nous a honorez sur ces occasions nous ayant acquis la haine de ceux qui se trouvent aujourd'huy les plus puissans dans la Compagnie, nous res-

(1) Dossier n° 114, tome IV, pièce 59.

sentons désià les effets des menaces qu'ils nous firent dès le commencement. Comme ils se sentent extraordinairement obligez à Monsieur le Procureur général, et qu'oultre ce qu'il a, disent-ils, souffert pour eux, le sang et la parenté les engagent dans ses intérests, ils ont cherché les moyens de le récompenser tout ensemble et de se venger de nous, dans la première occasion des Chambres assemblées qui s'est rencontrée. Après son restablissement, il a faict paroistre une nouvelle prétention et qu'il n'auroit jamais conçeüe, sy, dans la confiance de l'appuy de ces Messieurs, il ne se croyoit en estat d'entreprendre les choses les plus extraordinaires. Il rompit la parole au plus ancien de nous, disant que c'estoit à luy de parler dans les Chambres assemblées, et ne fit que proposer sa demande sans la soustenir par aucun exemple, ny par aucune raison, bien asseuré qu'il estoit de la pluralité des voix. Oultre qu'il choquoit en cela le principe le plus général de nos charges, qui luy donne la plume et à nous la parole, encore dans ceste occasion il s'agissoit de délibérer sur l'arrest donné par le Roy, le neufviesme mars, dont Sa Majesté nous avoit faict l'honneur de nous commettre l'exécution, et luy avoit assez marqué qu'Elle n'avoit pas eu agréable qu'il se feust meslé de ceste affaire; sy est-ce que dans une cause sy évidente, tout ce que nous peusmes faire, Monseigneur, fut d'empescher qu'elle ne se jugeast icy et de gaigner le temps nécessaire pour recourir à l'authorité du Roy, qui nous doibt régler. La Cour ordonna, comme elle a faict depuis dans toutes les délibérations suyvantes, que nous rapporterions de part et d'autre le tiltre de nos prétentions, et cependant que nous ne serions point ouys, à quoy opinèrent tous les parens de Monsieur le Procureur général et ceux de Monsieur le président Lalanne, des intérests duquel il s'agissoit au fond, qui, depuis avoir faict ce coup contre nous, ont esté déclarez par la Cour suspects en ces délibérations. A ceste contestation, Monsieur le Procureur général en a adiousté depuis d'autres aussy desraisonnables, jusques à soustenir qu'il n'est point obligé, dans les délibérations du Parquet, de suyvre la pluralité des voix, ce qui nous obligera, Monseigneur, à poursuivre, soubz vostre advis, un règlement général dans nos charges; mais, comme c'est une chose de longue haleine, de qui cependant voilà toutes les poursuites des affaires publiques arrestées, et nous suspendus indirectement dans la principale fonction de nos charges, en revanche de l'interdiction que nous avons, disent-ils, procurée à nostre collègue, nous osons vous demander très-humblement, Monseigneur, de nous rendre par provision la liberté de nos charges, et d'appuyer la requeste que nous présentons au Roy, affin qu'il nous soit permis de faire appeler au Conseil Monsieur le Procureur général, pour estre réglez avecq luy dans nos fonctions, et que cependant il soit ordonné que, conformément à ce qui est de la nature de nos charges, et à tous les privilèges rendus au Conseil en semblables rencontres, les Advocats généraux porteront la parole soit à l'audience, soit èz Chambres assemblées. Nous osons espérer, Monseigneur, ceste grâce de vostre justice et de la protection que vous voudrez bien donner à des Officiers du Roy, persécutez pour avoir obéy à ses commandemens, et qui ont tousiours faict profession d'estre,

Monseigneur,
vos très-humbles et très-obéissans serviteurs,

DUSAULT, T. DE LAVIE.

De Bourdeaux, ce 13 avril 1645.

LETTRE DE M. BRISSON (1)

Monseigneur,

Les efforts qu'ont tousiours faicts les Ministres et Anciens du Consistoire de la Religion prétendue réformée de ceste ville pour violer les ordres qu'il plut au deffunt Roy, d'heureuse mémoire, que Dieu absolve, y establir, après l'avoir par la force et par la justice de ses armes réduite en son obéissance, en l'année mil six cent vingt-et-huit, les portèrent, dix ans après, à faire plusieurs demandes à Sa Majesté, de toutes lesquelles ils n'eurent que celuy d'estre deschargez de tendre et parer devant leurs maisons les jours de la procession du très-saint et très-auguste Sacrement, pourveu qu'il feust, à la diligence des Officiers, tendu à leurs despens, ce qui a ponctuellement esté observé. Mais ayant, depuis six mois, envoyé le ministre Vincent au

(1) Dossier n° 114, tome IV, pièce 76.

synode tenu par eux à Charenton, il apporta, au mois d'avril dernier, une lettre du Roy, par laquelle Sa Majesté mandoit à Monsieur d'Argenson que son intention estoit qu'ils fussent deschargez des fraiz de ceste tenture, et qu'ils fussent pris sur les deniers de la boucherie de caresme, qui sont tous les ans distribuez au prédicateur qui y presche, aux pauvres et religieux de ceste ville, et employez à œuvres pies, ce qui ayant donné lieu aux ecclésiastiques de se pourveoir vers Sa Majesté, Elle auroit escrit une autre lettre à mon dit sieur d'Argenson, par laquelle Elle luy mande que son intention est qu'il soit tendu et paré en la mesme façon pratiquée depuis la réduction de ceste dite ville en son obéissance, jusques à ce que autrement par Sa Majesté y eut esté pourveu; mais comme ce Consistoire pense tousiours à estendre les grâces que leur a faictes le Roy au-delà de son intention, ils ont, par une surprise manifeste, faict glisser en la dite lettre que ceux de la Religion prétendue réformée originaires de ceste ville seroient (contre ce qui s'estoit observé et dont ils avoient tousiours esté exclus) reçeus et admis dans la maistrise des arts et métiers, ce qu'estant une voye pour empescher les catholiques de s'y venir establir, mais mesme ung moyen indubitable (par les mauvaises maximes qu'ils tiennent de n'en employer jamais aucun, s'ils peuvent trouver des artisans de la Religion prétendue réformée) d'obliger ceux qui s'y sont establis de s'en retirer. J'ay creu de mon debvoir, Monseigneur, de celuy de ma conscience et de ma charge, de vous en donner advis, et par la qualité dont m'honore ceste dernière, d'implorer en ceste occasion, qui regarde purement le bien de l'Église et celuy de la Religion catholique, vostre protection et vostre justice, les effets desquelles donnant lieu à l'augmentation de la foy en ceste ville (où le nombre des catholiques est fort petit et celuy des religionnaires extresmement grand), le donneront pareillement à tous les gens de bien de continuer avecq zèle leurs très-humbles prières vers le Ciel, pour qu'il vous donne, en parfaite santé, longue et heureuse vye. Ce sont les vœux de,

Monseigneur,
vostre très-humble, très-obéissant et très-fidèle serviteur,

Brisson,
Procureur du Roy à La Rochelle.

De La Rochelle, ce 19ᵉ juin 1645.

LETTRE DE MM. DUSAULT ET DE LAVIE (1)

Monseigneur,

Nous avons esté obligez autrefois de vous porter nos plainctes du traitement que nous faisoit Monsieur le président Pichon dans la poursuite des causes du Roy, pendant qu'il tenoit les audiences en l'absence de Monsieur d'Aguesseau, leur premier président en ce Parlement. Vous tesmoignastes, Monseigneur, n'approuver pas la prétention qu'il avoit de nous obliger, comme les simples Procureurs des parties, à luy demander l'audience et luy donner nos placets, ou en particulier, ou en public, et la cognoissance que vous en donnastes à Monsieur d'Aguesseau, avecq la considération que Monsieur le premier Président a généralement pour tous les interests de Sa Majesté et pour les personnes qui les poursuivent, avoit faict cesser jusques icy le subiet de nos plainctes. Monsieur le président Daffis, qui a quelque chose sur le cœur contre nous pour les dernières occurences qui se sont présentées en ce Parlement, avoit sçeu ceste querelle que nous avoit faicte Monsieur le président Pichon, et a creu nous pouvoir marquer son ressentiment, et l'absence de Monsieur le président La Tresne, qui présidoit ceste année à la Tournelle, luy a fourny la mesme occasion qu'avoit donnée à Monsieur de Pichon, dans la Grand'Chambre, l'absence de Monsieur d'Aguesseau, et il s'en est servy avecq tant de chaleur, que nous sommes obligez, Monseigneur, à vous en porter nos plainctes, et à vous demander très-humblement de nous rendre la liberté de nos fonctions. Nous croyons que vous trouverez estrange que les Présidens, qui se dispensent de garder les ordonnances et de faire appeler les causes par rolle, dans lequel celles du Roy doibvent estre les premières, ne se contentent pas qu'on dissimule ceste authorité qu'ils entreprennent, mais veulent encore obliger le Roy, ou ceux qui ont l'honneur de parler pour luy, de leur aller demander l'audience, ce qui estant de soy honteux, et pour le Maistre et pour ses Officiers, seroit encore plus incommode dans la Tournelle, que la poursuite des crimes, où il n'y a point de parties, nous oblige tous les jours à y demander

---

(1) Dossier n° 114, tome IV, pièce 88.

des deffaults, des congés et autres resgalemens ou instructions, qui ne desrobent pas beaucoup de temps aux audiences, et ne peuvent estre retardez sans grand préiudice du bien public. C'est ce, Monseigneur, qui nous faict espérer que vous ferez bientost cesser cest obstacle, et que vous nous ferez ceste grâce, que nous vous demandons très-humblement, de faire ordonner, ou par arrest, ou par lettre à Monsieur Daffis, que, suyvant le sage inconcussement observé, il souffre que l'huissier appelle les causes du Roy, dont nous luy donnerons les placets, ou qu'il fasse les rolles suyvant l'ordonnance, et que les causes du Roy y soient tousiours mises les premières.

En suitte de quoy nous vous représenterons, Monseigneur, que Messieurs de la Tournelle ont aussy deffendu au concierge de recepvoir à l'advenir aucun prisonnier condamné à mort ou en peyne afflictive par les Séneschaux ou autres Juges royaux et subalternes de ce ressort, à la poursuite et requeste de nos Substituts aux dits sièges, auxquels procez il n'y a autre partie civile que le Roy seul dénuntiateur, sy nos Substituts ne constituent procureur sur les ....., pour responde du payement des espèces des Rapporteurs et des fraiz de l'exécution des arrests de condamnation, et n'ont voulu permettre que les procez des deux prisonniers de Sarlat, condamnés à mort depuis deux ans pour divers crimes énormes de sodomie et de sortilège, et d'une autre misérable femme, condamnée, puys six mois, pour prostitution et vente de filles, à la Séneschaussée de Condom, conduicte icy à la diligence de nostre Substitut au dit siège, ces Messieurs, disons-nous, ont empesché que les procez criminels, qui sont procez de jurisdiction, n'ayent esté distribuez, et nous ont dit hautement et par plusieurs fois qu'ils ne jugeront les dits procez, ny aucun autre, où le Roy sera seul partie, et nos Substituts aux dits sièges d'office, que on ne leur baille Procureur qui signe les ....., et responde du payement de leurs espèces et de l'exécution de leurs arrests, tellement que par ce deffault, les crimes grands et atroces comme ceux-là demeureront impunis, ou les prisons seront remplies et chargées de prisonniers, à la grande faulte de geoliers, à la honte et destriment de la justice du Roy, et la raison de ce reffus est que le Roy leur oste leurs gaiges, et qu'acheptant leurs offices chèrement, ils ne doibvent servir le Roy sans estre payez. A quoy nous vous supplions, Monseigneur, de pourvoeir, en faisant laisser fonds suffisant entre les mains des fermiers des engagistes pour les charges locales, ou par quelque autre fonds qu'il plaira à Leurs Majestez faire laisser dans ceste province, pour subvenir à ceste despense ordinaire des justiciers du Roy èz sièges des Séneschaux ou autres jurisdictions royales. Et espérant ceste grâce de vostre justice, nous continuerons nos prières à Dieu pour vostre conservation, en qualité,

Monseigneur,
de vos très-humbles et très-obéissans serviteurs,

DUSAULT, T. DE LAVIE.

A Bourdeaux, ce 17ᵉ juillet 1645.

LETTRE DE MM. DUSAULT ET DE LAVIE (1)

Monseigneur,

Nous avons faict ce que nous avons peu pour faire réussir la dernière jussion du Roy, que le sieur Cizier, huissier du Conseil, a portée icy par vostre ordre pour l'establissement des .... des consignations alternatives et triennales, mais la Cour n'a voulu suyvre nos réquisitions et nos sentimens, de quoy nous ne sommes pas responsables, en faisant ce qui est en nous, ne pouvant pas porter quatre-vingts à suyvre les mouvemens et les conclusions de trois que nous sommes dans le Parquet, ce qui ne vous divertira pas, s'il vous plaist, de nous accorder ce que nous demandons pour l'honneur et l'advantage du Roy et conservation du privilège de nos charges, qui est l'appel des placets des causes du Roy, sans estre obligez de les demander, comme de simples Procureurs, à Monsieur le président Daffis, qui nous y prétend obliger par les rebuts scandaleux qu'il nous a faicts en l'audience de la Tournelle, dont nous avons faict plaincte, et après cela pourveoir, s'il vous plaist, à ce que les prisons soient deschargées des prisonniers que Messieurs de la Tournelle reffusent de juger, soubz prétexte de ce que n'y ayant que le Roy partie et nos Substituts d'office contre les dits pri-

(1) Dossier n° 114, tome IV, pièce 94.

sonniers, ils prétendent estre obligez de juger les procez des dits prisonniers sans espèces, et sans que nos Substituts s'obligent par Procureur de fournir leurs espèces et les fraiz des arrests de condamnation, desquels fraiz les acquéreurs engagistes du domaine du Roy reffusent de faire le payement, ce qui faict que les crimes demeurent impunis, et les prisons sont remplies de prisonniers retenus en icelles, faulte de fonds pour faire juger leurs procez, les amendes de la Cour ne pouvant suffire aux charges du Palais; et ensuite, nous vous supplions accorder l'évocation de nos causes pour nous, nos femmes et enfans, qu'il vous a pleu accorder cy-devant à l'ung de nous, à cause des inimitiez que nous avons accueillies sur nous de la pluspart de Messieurs du Parlement, en haine de ce que nous avons requis et poursuivy avecq vigueur l'exécution des arrests du Conseil cy-devant donnez contre ceux qui ont esté interdits en leurs charges par l'ordre de Sa Majesté sur les occasions passées. Sur quoy, espérant des effets de vostre protection et bienveillance, nous vous asseurerons qu'avecq l'espérance et l'assistance de vostre protection, nous continuerons de faire paroistre par effet le zèle que nous avons tousiours eu à effectuer les commandemens du Roy et les vostres, en qualité de,

Monseigneur,
vos très-humbles et très-obéissans serviteurs,

Dusault, T. de Lavie.

A Bourdeaux, ce 12ᵉ aoust 1645.

LETTRE DE M. DE GOURGUES (1)

Monseigneur,

L'insolence faicte dans le Palais par ung huissier, nommé Monteil, au sieur Duvergier, conseiller, de la Religion prétendue réformée, a donné subiet à la Chambre de l'Édit de le retenir pendant quelques jours dans ses prisons pour toute punition. Le sieur de Lanson, intendant de ceste province, en ayant eu

(1) Dossier n° 114, tome IV, pièce 91.

quelque cognoissance, sans plaincte aucune précédente, s'en alla hier soir, à sept heures du soir, dans le Palais, demanda d'entrer dans les prisons, ce que n'ayant peu par l'absence du concierge, il se mit en debvoir d'instruire quelque procédure criminelle par l'interrogation de quelques prisonniers qu'il apperçeut d'une fenestre. Ce procédé faisoit grande rumeur, et m'a occasionné ce matin, en estant adverty, de mander le sieur de Pontac, substitut créé par le Roy en la Chambre, par l'organe duquel ayant voulu informer le sieur de Lanson des motifs de ceste détention, de sa durée et des suittes que son procédé pourroit causer, on ne l'avoit trouvé chez luy, et sçachant que derechef il s'estoit transporté au Palais, le sieur de Pontac luy seroit allé entretenir, et l'ayant trouvé ferme dans ses résolutions de faire des procez-verbaux et de porter ceste affaire au Conseil, suyvant les impressions qu'il en avoit, il m'en est venu donner advis, et comme j'estois à mesme de vous rendre compte plus au long de tout ce démeslé, le sieur de Lanson seroit survenu, auquel j'aurois faict plaincte de ce que, sans m'informer d'aucune chose, il auroit de son authorité privée et avecq quelque espèce de violence, voulu attenter sur nostre jurisdiction, et, dans la conférence que nous avons eue, luy ayant donné à cognoistre qu'il avoit esté surpris, que nostre procédé estoit plein de respect pour les ordres du Roy et d'indulgence envers la partie, plustost que de justice, ne pouvant ravoir son pacquet qu'il avoit desià mis à la poste, il m'a donné ceste dépesche pour vous esclaircir de ceste affaire et de l'estat auquel elle est, ayant bien recogneu que ceste mésintelligence et surprise pourroient retarder et nuyre aux affaires du Roy. Je n'adiousteray rien pour la justification de nostre procédé que les asseurances de nos parfaites inclinations au service du Roy et mes soubmissions respectueuses à vos volontez, en qualité,

    Monseigneur,
de vostre très-humble et très-obéissant serviteur,

DE GOURGUES.

De Bourdeaux, ce 14 aoust 1645.

LETTRE DE M. DE LA MARGRIE (1)

Monseigneur,

Pour ne laisser rien passer en ceste Généralité sans me donner l'honneur de vous le faire sçavoir, je vous diray que, jeudy dernier, le synode provincial de ceux de la R. P. R. commença en ceste ville, et auquel Monsieur le duc d'Espernon, en la forme accoustumée, a commis Monsieur de Villemade, que j'ay chargé de m'advertir de tout ce qui se passera au dit synode, et d'empescher qu'il ne s'y traite d'autres affaires que celles qui concernent la police ecclésiastique de leurs églises, et que les choses demeurent au mesme estat qu'elles estoient lors de la mort du feu Roy, ce qu'il m'a promis de faire, comme aussy les députez du dit synode, qui m'ont asseuré de ne se despartir jamais du service, obéissance et subjection qu'ils doibvent à Leurs Majestez. Je veilleray soigneusement à tout pour vous en informer. Le reste va bien. Je ne voys, Monseigneur, que Messieurs les Trésoriers de France de ce Bureau qui me puissent donner de la peyne, à cause des malversations de quelques-ungs d'eux, que je suis obligé d'empescher pour le service du Roy et soulagement du peuple. Je vous supplie de me continuer tousiours l'honneur de vostre bienveillance et protection, et prie Dieu de vous donner, en parfaite santé, longue et heureuse vye, estant,

Monseigneur,
vostre très-humble, très-obéissant et très-obligé serviteur,

De La Margrie.

A Montauban, ce 18 octobre 1645.

LETTRE DU DUC D'ÉPERNON (2)

Monsieur,

Le sieur de Challanges, intéressé dans la ferme des gabelles

---

(1) Dossier n° 114, tome V, pièce 2.
(2) Dossier n° 87, pièce 8.

de Languedoc, m'a pressé de luy permettre l'establissement de nombre de controlleurs dans plusieurs villes de ce gouvernement, qui sont à cinq lieues de distance de la frontière des païs où la gabelle est establie, ce qu'il dit n'estre à autre effet que d'empescher le faux saulnage. Mais c'est une chose sy préiudiciable au service du Roy, tant pour la levée des tailles et autres impositions, que pour le repos et la tranquillité de ceste province, quelque couleur et prétexte qu'il ayt peu donner à cest establissement, que j'ay creu que je ne le debvois pas souffrir, d'autant que par ce moyen il donne à ces controlleurs toutes les fonctions qu'ils ont dans les lieux où la gabelle est establie, ce qui est l'establir en effet. A quoy je me suis d'autant plus librement résolu, que ce pouvoir ne luy a pas esté accordé par son bail. Aussy se fonde-t-il seulement sur ce qui se pratique en Auvergne, m'ayant faict voir une copie d'arrest du Conseil sur ce subiet, laquelle ne justifie point que cest establissement soit tel qu'il le prétendoit faire en ceste province, et quand cela seroit, je vous représenterois, Monsieur, que les peuples de ce gouvernement sont tellement esmeus au seul nom de gabelle, quoyque cela ne les regardast pas, ainsy que ceste affaire faict qu'ils semblent estre hors d'eux-mesmes, lorsqu'ils en entendent parler. Et il est arrivé qu'ayant esté faict autrefois ung pareil establissement à Auvillar, cela esmeut une grande sédition, en laquelle il y eut plusieurs meurtres, et deffunt Monsieur le duc d'Espernon, mon père, eut ordre du Roy de faire retirer les officiers, qu'on eut beaucoup de peyne de garantir de la fureur du peuple. Il en arriva une autre au Mont-de-Marsan pour ce mesme subiet, d'où Monsieur de Verthamon, qui s'y estoit transporté pour en faire l'establissement, fut contraint de se retirer. A quoy j'adiousteray que les sieurs Dalies et Boucault, qui sont commis à la levée des deniers du Roy, s'y opposent, et m'ont déclaré qu'ils ne les pourroient plus lever, sy cest establissement avoit lieu; qu'il y auroit mesme du danger pour eux, lorsqu'ils iroient dans les lieux particuliers pour en faire les levées, et que les peuples les prendroient pour des officiers de gabelle. Je m'asseure qu'ils ne manqueront pas d'en faire leurs remonstrances au Conseil. Ils ont esté trouver Monsieur de La Margrie, intendant de ceste province, pour luy en faire leurs plainctes et former leur opposition.

Oultre ce que dessus, je vous diray, Monsieur, que tout le

monde a cognoissance, en ceste province, que tous les intéressez en ceste ferme n'ont choisy pour leurs officiers dans le Rouergue que des personnes diffamées, et qui ont esté condamnées aux galères et en d'autres peynes corporelles par Monsieur de La Terrière, pour avoir trempé dans les séditions et pour avoir esté convaincues de plusieurs crimes et mauvaises actions, à quoy il est très-nécessaire de pourveoir pour le bien du service du Roy et le soulagement du peuple, et d'en mettre d'autres en leur place, qui soient sans reproche, de crainte que ces gens, qui sont haïs non-seulement du peuple, mais encore des plus honnestes personnes, n'ayent, par le moyen de leurs employs et commissions, le pouvoir de faire des affronts ou embarrasser dans des procez et mauvaises actions ceux qui leur ont esté contraires, dont l'on n'a veu que trop d'exemples.

Ces raisons me portent à vous supplier de considérer l'importance de ceste affaire et de prendre garde au désadvantage que le service du Roy recepvroit, s'il arrivoit quelque sédition en ceste province pour ce subiet. La suitte indubitable seroit la cessation de la levée des deniers royaux et les meurtres de plusieurs personnes innocentes. Vous sçavez ce qui est arrivé en Rouergue et à Dax pour moindre subiet que celuy-cy, et le peuple est encore fort esmeu à Dax, et leur disposition n'est guères meilleure qu'elle estoit l'année passée, estant aussy unis avecq leurs voysins qu'ils l'estoient, ce que j'ay appris par la bouche du sieur Laminssans, qui m'est venu trouver exprès à Agen pour m'en advertir. Je ne doubte point que vostre affection au bien du service du Roy ne vous porte à rompre le cours au mal que cest establissement causeroit à ceste province, qui vous en sera d'autant plus obligée, que ce seroit sa ruyne entière, qui est la seule cause qui m'oblige de vous en parler, à quoy je n'adiousteray que la prière que je vous fais de me continuer l'honneur de vos bonnes grâces, et de me croire tousiours,

 Monsieur,
vostre très-humble et très-affectionné serviteur,

Le duc d'Espernon.

Mirande, le 21 novembre 1645.

ANNÉE 1646

LETTRE DE M. DE PONTAC (1)

Monseigneur,

Je me trouve obligé de joindre en particulier mes très-humbles supplications à celles de la Compagnie à laquelle j'ay l'honneur de présider, et parce qu'il vous a pleu me faire ceste grâce de m'agréer pour son chef, et qu'en ceste qualité j'ay faict, à ceste Saint-Martin dernière, les ouvertures de la Cour selon les anciens usages et en la forme que mes devanciers l'ont pratiquée, qui est le subiet de la plaincte que le sieur de Pichon, président du Parlement de Bourdeaux, a ordre de vous faire de la part de sa Compagnie. Sa remonstrance vous semblera, je m'asseure, Monseigneur, d'autant plus hors de propos, qu'elle vient aujourd'huy contre une possession de longues années. Ung chef de Compagnie, qui feroit moins de gloire d'estre absolument dépendant de vostre authorité, ou qui seroit moins attaché à vostre personne, s'estimeroit malheureux de voir former une querelle et eslever ung orage sur sa teste après une longue tranquillité, à la première fois qu'il a monté sur le tribunal de justice pour faire les ouvertures d'une Cour souveraine avecq les esloges et les attributs de sa dignité, et j'attribuerois à une infortune extraordinaire de voir ressusciter contre moy seul l'envie qui a semblé esteinte en la personne des sieurs de Laubardemont et de Foullé, mes devanciers, pendant l'espace de vingt années qu'ils se sont maintenus dans la possession de faire les ouvertures de la Cour en robes rouges, à l'exemple de toutes les Cours des Aides de France séparées des Parlemens, sans que je sçay et que chacun cognoist très-bien que Messieurs du Parlement de Bourdeaux ne cherchent aujourd'huy ceste querelle à la Cour des Aides que parce que j'ay l'honneur d'en estre le chef, et qu'ils ne l'attaquent en ma personne, que d'autant que je passe dans leur esprit et celuy de tous les subietz du Roy dans ceste province pour vostre créature. C'est donc à vous seul, Monseigneur, pour suyvre et les senti-

(1) Dossier n° 114, tome V, pièce 7.

mens du Parlement et ceux que mon debvoir et mon inclination m'inspirent, que je doibs avoir recours pour la conservation de la dignité d'une charge qu'il vous a pleu me confier. J'adiousteray ceste faveur à ung nombre de bienfaits que j'ay reçeus de vostre bonté, et seray toute ma vye en recognoissance de ceste grâce,
Monseigneur,
vostre très-humble et très-obéissant serviteur,

De Pontac.

A Bourdeaux, ce 4 janvier 1646.

LETTRE DE M. DE LA MARGRIE (1)

Monseigneur,

J'ay reçeu, par l'ordre de Son Altesse Royale, l'arrest du Conseil portant adiournement prononcé contre le sieur de Pébat, laquelle m'a faict l'honneur de m'escrire que ceste affaire luy estoit extremement à cœur, et qu'Elle désiroit qu'elle feust poursuivie. Monsieur l'abbé de La Rivière m'a mandé la mesme chose : j'ay signifié le dit arrest. Vous avez veu, Monseigneur, par mes secondes informations, plus de lumière de ceste action, de laquelle plusieurs tesmoins, intimidez par les menaces des intéressez, n'osent déposer, lesquels sont soupçonnez d'avoir faict mener prisonnier à Tholouse ung bourgeois de Montauban, nommé Mazade, sur ce qu'ils ont creu qu'il m'avoit indiqué des tesmoins, à quoy il n'a jamais pensé, et cependant le dit Mazade m'a asseuré avoir esté prisonnier neuf jours au dit Tholouse, soubz prétexte d'ung décret de prise de corps contre luy, rendu, à ce qu'on prétend, par les officiers des Eaux et Forests. Il ne m'a jamais sçeu dire les suittes de son emprisonnement, quoyque je l'en aye fort pressé. Néantmoins, le bruit court que le dit soupçon en a esté cause : sy cela estoit véritable, ce seroit adiouster une violence à une autre. Je vous envoye, Monseigneur, copies de quelques actes, par lesquels ceux de la R. P. R. de la ville de Saint-Antonin veulent bastir ung temple, entre

(1) Dossier n° 114, tome V, pièce 10.

lesquels vous y verrez une de vos ordonnances. J'ay empesché ceste construction jusques à ce que j'aye reçeu vos commandemens, car la pluspart des catholiques n'y sont consentans, et ceste affaire est assez importante pour estre sçeüe de vous, comme aussy ce qui s'est passé au païs de Sainte-Foy, qui n'a accordé que 10 mil livres au lieu de 21 mil livres, et demande des termes pour sy longtemps, que c'est dire qu'ils ne veulent rien payer pour ceste année 1646.

Monsieur le duc d'Espernon espère partir jeudy prochain pour aller à la Cour. Je suis venu icy luy dire à Dieu : en vostre considération et par vostre recommandation, Monseigneur, il me comble de toutes sortes de faveurs, dont je vous rends très-humbles grâces, vous suppliant de me continuer l'honneur de vostre bienveillance et protection, puisque je suis sans condition,

Monseigneur,

vostre très-humble, très-obéissant et très-obligé serviteur,

De La Margrie.

A Agen, ce 13 febvrier 1646.

LETTRE DE M. DELAVAU (au nom des Jurats) (1)

Monseigneur,

Nous escrivons au Roy sur le subiet de la ruyne qui menace la tour de Cordouan, qui est ung phare le plus beau et le plus magnifique du monde, basti et eslevé sur ung rocher à l'embouchure de la rivière de Garonne pour la seureté de la navigation et l'adresse des vaisseaux dans l'entrée d'icelle, laquelle seroit très-périlleuse de nuit à raison des escueils et bancs de sable qui l'environnent, s'il n'y avoit au fanal ung feu ordinairement entretenu. La bresche que la mer a faicte au talus qui ceint le piédestal sur lequel ce bel édifice est assis, et qui luy sert de deffense contre la violence des vagues, se peut présentement réparer à peu de fraiz, n'y en ayant que quarante brasses d'em-

---

(1) Dossier n° 108, tome II, pièce 4.

portées, ainsy que nous a dénoncé et requis acte de nous François Pécot, garde de la dite tour, et ayant charge d'y entretenir le feu de nuit, aussy bien que la lanterne, à laquelle il dit ne pouvoir plus monter pour y allumer le dit feu, à cause qu'elle est toute crevassée et rompue. Mais s'il est différé ung an à y pourveoir, la mer, qui rompt en cest endroit plus qu'en lieu du monde, y trouvant de l'ouverture, fera sans doubte ung desgât estrange qui coustera beaucoup à réparer, et c'est à craindre qu'elle entraisnera tout le bastiment. La perte en seroit inestimable, tant pour la noblesse et la magnificence de la structure, que pour les pertes et naufrages infaillibles des négociants subietz de Sa Majesté et estrangers, sy leurs vaisseaux sont privez de la guide de ce feu, lorsque le vent les portera de nuit à l'entrée de la rivière. Le péril et le risque qui s'en ensuyvroient pourroient refroidir le commerce et rebuter les marchands, en sorte que les fermes du Roy en recepvroient une notable diminution. C'est pourquoy, Monseigneur, nous supplions Vostre Grandeur d'y avoir esgard et de faire en sorte que Sa Majesté ordonne le fonds nécessaire à la réparation et entretènement de ceste pièce, qui est très-importante à ses intérests et revenus, et au salut et bien général de toute ceste grande province, tous les habitans de laquelle vous auront une obligation immortelle, s'il vous plaist interposer vostre pouvoir et authorité à ce que la main soit mise au plustost à l'œuvre de ceste restauration. Et nous qui les représentons et prions pour eux et pour la seureté de leurs fortunes, tascherons en toutes occurences de vous en marquer une parfaite recognoissance par l'obéissance et le service que vous vouent et promettent,

 Monseigneur,
vos très-humbles et très-obéissans serviteurs,
 Les Jurats gouverneurs de la ville de Bourdeaux.

DELAVAU.

A Bourdeaux, ce 19 mars 1646.

LETTRE DE M. DE PONTAC (AU NOM DU PARLEMENT) (1)

Nostre très-honoré Seigneur,

Ayant reçeu avecq toute la recognoissance qu'il nous a esté possible la grâce que Sa Majesté nous a accordée pour la suppression de l'office de huitiesme président, possédé par le sieur de Gourgues de Vayres, nous avons recherché avecq soin les moyens pour parvenir au remboursement de la somme que Sa Majesté a ordonnée au dit sieur de Gourgues, mais parce que la somme est fort notable et que nous sommes obligez de trouver des moyens plus innocens et qui soient moins à charge à ses subietz, affin qu'ils soient d'autant plus agréables à Sa Majesté, nous avons esté surprins par le temps, les trois mois qui nous ont esté donnez à cest effet expirant le sixiesme du mois prochain. C'est pourquoy nous recourons derechef à la bonté du Roy et le supplions très-humblement de nous proroger le délay d'autres trois mois, affin que ceste suppression, qui a esté jugée par Sa Majesté très-raisonnable et importante pour le bien et dignité de la Justice, ne nous soit point inutile pour n'avoir pas peu assez tost y pourvoir. Nous vous supplions aussy, nostre très-honoré Seigneur, nous vouloir continuer dans ceste occasion la faveur que vous nous avez despartie dans la poursuite de la dite suppression, vous protestant que nous vous en aurons une très-parfaite recognoissance, et prierons continuellement la Divine Bonté à ce qu'il luy plaise,

Nostre très-honoré Seigneur,
vous combler de ses grâces, en parfaite santé, longue et heureuse vye.

Les gens tenant la Cour de Parlement de Bourdeaux, vos bien humbles serviteurs,

DE PONTAC.

Escrit à Bourdeaux, en Parlement, les Chambres assemblées, le xxie mars 1646.

(1) Dossier n° 108, tome II, pièce 5.

LETTRE DE M. DE CHARON (1)

Monseigneur,

Le Parlement de Bourdeaux ayant donné ces jours passez ung arrest sur requeste portant que le temple de ceux de la R. P. R. de la ville de Pujols seroit desmoly, les habitans de ceste profession se sont pourveuz en la Chambre de l'Édit, en laquelle y ayant eu partage sur la rétention, et depuis instance au Conseil en resgalement de juges, le seigneur du lieu, attroupé de deux cens hommes armez, a faict, en trois heures, nonobstant les oppositions des dits habitans, exécuter le dit arrest sur requeste, ce qui estant venu à ma cognoissance, j'ay creu estre obligé de donner advis à Vostre Grandeur de ceste infraction aux Édits et à la dernière déclaration de Sa Majesté, estimant que ceste action, qui a grandement esclaté en ceste province, ne luy debvoit pas estre cachée. Elle pourra, Monseigneur, mieux que tout autre peser la conséquence de ceste entreprinse, et juger sy les subietz de Sa Majesté, qui vivent soubz le bénéfice de ses Édits, peuvent se tenir asseurez de ce qui leur est plus cher que leur vye, sy le Parlement, sur de simples requestes, sans cognoissance de cause, ordonne le razement des temples et commence les procédures par l'exécution. Il a donné ung pareil arrest contre les temples de Bergerac et de Montpassier, qui sont bastis il y a plus de soixante ans, et a ordonné leur desmolition sans ouyr les parties, qui appréhendent une pareille exécution. Il importe sy fort à la tranquillité publique d'arrester ces entreprinses et infractions, que je me persuade, Monseigneur, que Vostre Grandeur y apportera le remède convenable, et je continueray de prier Dieu pour sa prospérité et félicité, comme estant,

Monseigneur,
vostre très-humble et très-obéissant serviteur,

De Charon.

De Bourdeaux, ce 10 avril 1646.

(1) Dossier n° 87, pièce 53.

LETTRE DE MM. DUSAULT, DE PONTAC ET DE LAVIE (1)

Monseigneur,

Il se pourra faire que le Ministre et quelques habitans de la Religion prétendue réformée de Pujols, près Villeneuve d'Agenois, iront importuner le Roy et la Reyne de ce qui se passa au dit lieu de Pujols le mardy saint dernier, et d'autant qu'ils pourroient surprendre la religion de Leurs Majestez et la vostre par leur plaincte calomnieuse et injuste, nous avons jugé estre à propos de vous instruire de la vérité, qui est telle que comme vous, Monseigneur, sçavez bien que par l'Édit de Nantes, article huitiesme, le Roy a excepté les terres des gentilshommes catholiques de l'exercice public de la dite Religion prétendue réformée. Néantmoins, les dits de la Religion prétendue ont, depuis le dit Édit, sans permission du seigneur du dit lieu, qui est catholique, entreprins à son insçu et sans sa permission et sans celle du Roy, enregistrée dans son Parlement, de faire bastir ung temple proche l'église collégiale du dit lieu de Pujols et devant icelle, dans lequel ils faisoient faire leurs presches et prières publiques à leur mode, qui incommodoient et interrompoient le service divin dans la dite église collégiale, en laquelle il y a ung Chapitre et des chanoines qui font journellement le service divin en icelle, auquel service ils estoient grandement divertys et troublez par le Ministre et habitans de la dite Religion prétendue réformée, à cause de quoy le seigneur du dit lieu, qui pareillement en recepvoit de grandes incommoditez, a déclaré, par acte retenu par ung notaire royal en le mois de juillet dernier, que le dit temple avoit esté basty à son insçu et sans son consentement, à cause de quoy il consentoit à la desmolition d'iceluy, sy la Cour le trouvoit bon ; lequel acte nous ayant esté mis en main, nous l'avons porté à la Cour, et, sur nostre réquisition, la Cour, veu le dit acte, a ordonné, par son arrest en date du second mars dernier, que le dit temple seroit desmoly du consentement du seigneur de la dite jurisdiction, conformément au dit article huitiesme du dit Édit de Nantes, et que le Juge royal et nostre Substitut en la ville de Villeneuve se transporteroient sur le dit

(1) Dossier n° 108, tome II, pièce 9.

lieu pour faire exécuter le dit arrest, après en avoir conféré avecq le seigneur de Pujols et arresté avecq luy le jour et l'heure propices à faire faire la dite desmolition suyvant le dit arrest, ce qui a esté faict sans bruit et avecq diligence, en présence du dit Commissaire de la Cour et du dit seigneur de Pujols, sauf que les dits Ministre et religionnaires en ont murmuré sans autre désordre, parce que le seigneur de Pujols y convoqua quelques gentilshommes du voysinage, ses amis, pour empescher le désordre, sy les dits religionnaires en eussent voulu faire. De quoy les Ministre et Anciens de la dite Religion prétendue réformée ont osé faire plaincte, depuis la dite desmolition, devant le Juge royal, qui est juge incompétent, lequel ayant osé entreprendre contre l'authorité du Parlement, a permis aux dits Ministre et Anciens de former et faire procez-verbal de la dite desmolition contre les dits Juge et nostre Substitut de Villeneuve, prétendant que l'exécution du dit arrest feust ung grand crime et une voye de faict, ce qui ne peut estre, parce que la voye de droit et ce qui se faict par authorité de justice et en vertu d'ung bon arrest authorisé des Ordonnances et des Édits du Roy, ne peut estre pris pour crime, ny pour injure. De quoy le Parlement ayant eu advis et donné arrest à venir playder sur nostre appel de la dite nulle procédure et sur la cassation d'icelle par nous requise au premier jour, et cependant leur a faict deffense de passer oultre, ce qui arrestera leur malice et entreprinse du dit Juge, mais d'agir, comme nous l'espérons, de telle sorte que cela ne passera pas plus avant. Que sy ce cavesson ne les arreste en leurs prétendues plainctes, et que les dits Ministre et Anciens soient sy hardis que d'en aller faire plaincte à la Reyne et son Conseil, ou à vous, Monseigneur, nous vous supplions de ne permettre qu'il ne soit ordonné aucune chose sur leur prétendue requeste, sans nous ouyr et entendre le dit seigneur de Pujols et les chanoines de la dite église collégiale qui soustiendront avecq nous la justice du dit arrest de la Cour. En quoy, réclamant vostre assistance et protection de la Religion catholique envers le Roy et la Reyne régnans, nous vous supplions, Monseigneur, de nous conserver la continuation de l'honneur de vostre bienveillance, et demeurerons à perpétuité, Monseigneur, vos très-humbles et très-obéissans serviteurs,

Dusault, de Pontac, T. de Lavie.

A Bourdeaux, le 26 avril 1646.

LETTRE DE MM. DUSAULT, DE PONTAC ET DE LAVIE (1)

Monseigneur,

Nous vous adressons derechef ces lignes pour vous remettre en mémoire une affaire de laquelle nous vous avons escrit, il y a quelque temps, concernant ung appel comme d'abus, que nous avons interjetté d'office, de l'eslection des quatre vicaires-généraux esleus par le Chapitre de l'église métropolitaine de Saint-André de ceste ville, après la publication de la mort de feu Monsieur nostre Archevesque, lesquels ayant faict diverses innovations et entreprinses, tant sur les Chapitres des églises collégiales, que sur les Chapitres réguliers des monastères des religieux et sur ceux des religieuses, et non contents de ce, ont non-seulement estendu leurs mains sur les fonctions de l'authorité épiscopale, mais aussy sur l'authorité du Roy, ayant convoqué en la dite ville, sans la permission de Sa Majesté, tous les suffragans de cest archevesché, et donné jour aux dits suffragans pour s'assembler et eslire et establir ung petit Bureau et Chambre des décimes en ceste ville, au préjudice du grand Bureau estably en icelle depuis cinquante ans en çà ou environ, et par ce moyen estably ung second degré de jurisdiction en ceste ville pour ce diocèse, sans aucune nécessité et sans permission du Roy, contre les termes des Ordonnances qui prohibent deux degrez de jurisdiction en mesme ville et lieu, et les réduisent à ung seul degré. Ces entreprinses nous ont esmeus à nous enquérir de la forme de leur eslection, et l'ayant trouvée faicte contre les formes prescrites par les saints décrets et constitution de l'Église, nous en avons interjetté d'office appel comme d'abus par l'entremise du nom public de nostre collègue, lequel ayant esté pris à partie en la Cour par les dits vicaires-généraux, qui ont appréhendé de voir casser leur eslection comme abusive, tant pour la forme d'icelle que pour les deffaults que nous avons descouverts en leurs personnes, la Cour, nous ouys, par son arrest du mois de febvrier dernier, les a déclarez non recevables à la dite prise à partie contre nostre collègue, et au renvoy par eux requis en ung

---

(1) Dossier n° 114, tome V, pièce 21.

autre Parlement où ils demandoient d'estre renvoyez, se fondant sur les parens particuliers de nostre collègue, attendu qu'il n'estoit partie au dit appel comme d'abus que *ratione officii* et comme partie publique, et non en son propre et privé nom, taisant lequel arrest, ils sont allez surprendre vostre religion et ont obtenu du grand Sceau une permission pour informer des parentez et alliances de nostre collègue, supposant avoir ung procez civil avecq luy en son particulier, sans nommer ny exprimer l'instance du dit appel comme d'abus, et ayant attaché ung prétendu acte de cédulle évocatoire faict contre luy en son particulier, ont faict glisser en la dite commission la clause ordinaire d'interdiction, deffendant à ce Parlement de cognoistre de l'instance civile qu'ils présupposent avoir en ce dit Parlement contre la personne propre de nostre collègue, sans exprimer la qualité de la dite instance, ce qui a esté cause que la Cour, appréhendant que ceste clause d'interdiction deubt estre estendue à la dite instance d'appel comme d'abus, n'a voulu en cognoistre jusques à ce que nous ayons faict juger par le Conseil et par vous, Monseigneur, que l'intention de Sa Majesté n'a esté d'interdire ce Parlement sur la dite instance d'appel comme d'abus, interjettée par nostre collègue par l'advis et délibération de nostre Parquet. C'est pourquoy nous vous faisons ces lignes pour vous supplier derechef de vouloir considérer que nous ne pourrions estre reçeuz, ny pris en partie en nos privez noms èz causes publiqués, où il s'agit de l'intérest public et de la police de l'Église et contravention aux saints décrets, et que sy les causes d'appel comme d'abus, que nous interjettons d'office, estoient évoquées et tirées hors de ce Parlement, ces instances ne pouvant estre poursuyvies ailleurs par nostre ministère et entremise, demeureroient esludées et non jugées, faulte de partie publique et de Mémoires pour les soustenir contre ceux qui ont commis ces abus, et les abus demeureroient impunis et authorisez par la désertion de nos appelans, n'y ayant d'autres personnes ailleurs comme nous instruites des moyens que nous aurions pour les faire juger et condamner tels qu'ils soient. A cause de quoy nous vous supplions, en interprétant la dite commission, déclarer par arrest n'avoir entendu comprendre dans la dite commission l'interdiction à ce Parlement sur la cognoissance du dit appel comme d'abus, auquel nostre collègue n'est partie en son privé nom, ains seulement partie publique à cause de sa charge, affin que ces entreprinses que font les dits vicaires-généraux, soubz prétexte de leurs charges, soient réprimées et arrestées par l'authorité de la justice souveraine du Roy, qui réside naturellement en la jurisdiction de ce Parlement contre les ecclésiastiques de ce ressort qui abusent de la leur et de leur pouvoir, et se veulent estendre au-delà de leurs limites contre les saints décrets et constitutions anciennes de l'Église gallicane. Sur quoy, espérant les effets de vostre protection en ceste occurence, nous prierons Dieu vous conserver à longues années pour le bien de cest Estat et du service du Roy, et demeurerons à perpétuité,

Monseigneur,
vos très-humbles et très-obéissans serviteurs,

DUSAULT, DE PONTAC, T. DE LAVIE.

De Bourdeaux, ce 30 avril 1646.

LETTRE DE M. DE LA MARGRIE (1)

Monseigneur,

Je me suis donné l'honneur de vous escrire de la rébellion arrivée à Saint-Genis en Rouergue, où, par quatre fois, la compagnie de chevaux-légers de Monsieur de Saillans, qui est du régiment de la Reyne, a esté refusée pour y loger en garnison, suyvant l'ordre du Roy; et comme ceste ville estoit en estat d'estre forcée, suyvant mes ordres, à recepvoir la dite compagnie, elle l'a receüe, après que quelques cavalliers d'icelle ont esté blessez par les habitans de la dite ville qui avoient pris les armes. J'ay faict arrester ung des coupables, et fais instruire le procez aux autres par deffault, et, à cause de la fuite des consuls modernes, j'ay ordonné que ceux de l'année passée rempliroient leurs charges, ce qu'ils font à présent. Depuis peu, le sieur de Saillans a eu ordre d'aller en garnison, jusques à ce qu'il en aye reçeu ung nouveau, à Genouillac en Languedoc; mais comme

(1) Dossier n° 114, tome V, pièce 37.

j'ay veu que la dite ville de Saint-Genis n'estoit entièrement soubmise à l'obéissance du Roy, ainsy que le dit sieur de Saillans et le Commissaire, qui y est de ma part, m'ont mandé, j'ay creu que vous auriez agréable que j'y fisse demeurer la dite compagnie encore pour quelques jours, pendant lesquels l'on achèvera la procédure contre les dits rebelles. Le Rouergue attend que deviendra la punition d'ung tel crime : vous en voyez, Monseigneur, la conséquence, et sy ce refus n'est chastié, les autres villes en voudront faire autant. Attendant l'honneur de vos commandemens, je me diray sans condition,

Monseigneur,
vostre très-humble, très-obéissant et très-obligé serviteur,

De La Margrie.

A Montauban, ce 27 juin 1646.

ANNÉE 1647

LETTRE DE M. DUMAS (au nom de la Cour des Aides) (1)

Monseigneur,

Le favorable accueil que vous avez faict à ceux qui vous ont rendu nostre dépesche et la satisfaction que vous avez tesmoignée d'apprendre que nous n'estions coupables que dans les procez-verbaux de nos ennemys, nous obligent, en vous rendant grâces de ceste faveur, à vous renouveler les protestations de nostre obéissance et à vous supplier de trouver bon que nous ne soyons pas plus longtemps punis par la faute de nos adversaires, car il est véritable que s'ils avoient eu la mesme defférence pour vos ordres, que nous avons tousiours eue et que nous conserverons inviolablement pour l'exécution des volontez du Roy et des vostres, nous ne serions pas en peyne de vous redemander nos collègues que vous n'avez jamais eu dessein de nous oster. La lettre de cachet qui avoit esté envoyée au sieur de Lanson et

---

(1) Dossier n° 108, tome II, pièce 23.

qui debvoit précéder l'arrest qui portoit leur interdiction, en nous faisant justement appréhender le mal, nous auroit donné le moyen de l'esviter. Mais, au lieu d'exécuter ce que vous aviez ordonné, les Trésoriers, se servant du dernier sans nous avoir donné cognoissance de l'autre, et croyant par ceste procédure extraordinaire, de mesme que par les précédentes, surprendre encore une fois vostre religion, se sont efforcez de nous rendre coupables en nous empeschant de paroistre innocens, mesme continuent ce pernicieux dessein, affin de nous pouvoir accuser de désobéissance. En nous ostant les occasions d'obéir, ils ont négligé jusques à présent l'exécution de l'arrest qu'ils avoient sy passionnément désiré, et ont mieux aymé se priver de l'advantage qu'il leur procure, bien qu'il soit sans exemple, que du plaisir de rendre nostre douleur plus longue et plus sensible par ce dillayement. Cela nous faict croire, Monseigneur, puisque vous avez eu assez de bonté pour tesmoigner par une lettre qu'ils ont supprimée avecq trop de hardiesse, que la sévérité dont le Conseil avoit usé estoit plustost une peyne destinée à la faulte que nous eussions peu commettre qu'à celle qu'on nous accusoit d'avoir commise, que vous n'en manquerez pas encore pour réparer le mal que vous désiriez empescher par la première, en permettant à nos collègues de continuer l'exercice de leurs charges, veu mesme que nous ne vous demandons ceste grâce qu'à la faveur des nouvelles asseurances que nous vous donnons de subir l'exécution de l'arrest du Conseil, lorsque nos parties la demanderont comme elles doibvent et comme vous l'avez désiré, avecq ceste seule réservation, que nous sçavons bien ne pas vous estre désagréable, de vous pouvoir demander ensuite ce que vous accordez à tous nos semblables et que nous sommes asseurez d'obtenir, parce que les bonnes causes ne doibvent rien craindre où vous présidez, ny les mauvaises rien espérer, et parce que nous sommes véritablement,

Monseigneur,
vos très-humbles et très-obéissans serviteurs,
Les gens tenant la Cour des Aides de Guyenne,

DUMAS.

A Bourdeaux, ce 2 avril 1647.

LETTRE DE M. DE LAROCHE (AU NOM DU PARLEMENT) (1)

Nostre très-honoré Seigneur,

Pendant trois années que ceste ville de Bourdeaux a esté affligée de la maladie contagieuse, nous avons gardé nostre poste sans désemparer, quoyque depuis peu les maisons du doyen de nostre Compagnie et de deux autres d'entre nous ayent esté fermées. Maintenant que le mal s'est renforcé et s'est respandu par tous les quartiers de la ville, il a fallu, suyvant l'advis des médecins, faire fermer les Collèges et retrancher deux de nos audiences par semaine. Nous craignons encore, sy Dieu n'arreste sa main, que nous serons contraints de recourir au remède pratiqué par diverses fois et approuvé par le deffunt Roy, de très-glorieuse mémoire, ès années 1630 et 1631, restreignant l'exercice de la justice souveraine du Roy à une seule Chambre, qui fut alors composée d'ung Président et douze Conseillers. Mais, nostre très-honoré Seigneur, pendant que nous continuerons le très-humble et très-fidèle service que nous debvons à Sa Majesté et que nous dispenserons la justice à ses subietz dans ung péril sy imminent, nous implorons vostre faveur et appuy pour obtenir de Sa Majesté la mesme grâce que le deffunt Roy nous accorda, en l'année 1631, pour la conservation de nos offices en faveur de ceux qui serviront actuellement, en cas qu'ils viennent à décéder dans le service. Il est très-véritable que rien ne nous oblige à tenir ferme contre ce mal qui nous attaque de toutes parts, que le zèle que nous avons de rendre le très-humble et très-fidèle service que nous debvons à Sa Majesté et au public, qu'à la considération des émolumens qui se peuvent trouver dans l'exercice de nos charges, cessant en ung temps où les parties, avecq raison, fuyent l'abord de ceste ville. C'est pourquoy nous espérons que vous considérerez la justice d'une demande qui est faicte par des personnes qui n'ont de plus forte passion que de vous tesmoigner qu'ils sont véritablement,

Nostre très-honoré Seigneur,
vos bien humbles serviteurs,

(1) Dossier n° 108, tome II, pièce 25.

Les gens tenant la Cour de Parlement de Bourdeaux,

De Laroche.

Escrit à Bourdeaux, en Parlement, les Chambres assemblées, le xxviii⁹ juin 1647.

LETTRE DE M. BORDENAVE (1)

Monseigneur,

Le désir que j'avois de trouver que Villefranche de Rouergue a esté du domaine de Navarre, comme Vostre Grandeur croyoit, m'a faict estre longtemps dans ceste recherche, et trop long peut-estre à rendre compte à Vostre Grandeur de l'ordre que vous m'avez faict l'honneur de m'en donner.

J'ay donc trouvé, Monseigneur, que le domaine de Rouergue, dont Villefranche est la capitale, a esté tousiours du domaine de France, et qu'il fut baillé par le Roy Charles neufviesme en apanage à la Reyne Marguerite, sa sœur, par le décez de laquelle il fut réuny à la Couronne, sans qu'il ayt esté jamais de l'ancien domaine de Navarre.

Il y a bien dans le duché d'Albret deux autres petites villes qui portent le nom, l'une de Villefranche de Puynorman, au siège de Castelmoron, qui fut vendue par le feu Roy Henry le Grand avant l'union du dit duché d'Albret à la Couronne, possédée à présent par Monsieur le comte de Curson; et l'autre, Villefranche de Queyran, au ressort de Casteljaloux, qui est encore du domaine d'Albret, mais je ne crois pas que ny l'une, ny l'autre, soit ce que Vostre Grandeur cherche.

Je n'ay pas manqué de voir, à mon retour dans le Béarn, le sieur Doysenart, et luy ay dit qu'en travaillant à la commission que Vostre Grandeur luy a faict l'honneur de luy donner touchant la visite et la réfection des inventaires du trésor du Roy, Vostre Grandeur désiroit qu'il prist le soin de vous envoyer des extraits bien escrits et corrects des actes plus importants et dignes de vostre curiosité; mais il est sy diverty par les affaires de Monsieur

(1) Dossier n° 114, tome V, pièce 50.

le mareschal de Grammont, que je ne pense pas qu'il s'y attache encore, dont j'ay creu, Monseigneur, que je debvois vous donner advis, affin que sy Vostre Grandeur a encore ceste pensée, il vous plaise de luy faire escrire pour l'esveiller et l'obliger d'y mettre promptement la main.

J'estendray, Monseigneur, ceste lettre sur le subiet d'une demande pressante que je suis obligé de faire à Vostre Grandeur, tant pour l'intérest du Roy, de celuy de Monsieur le président Marca, que de mon particulier, mais la crainte que j'ay d'abuser de vostre patience, en importunant Vostre Grandeur par une lettre plus longue, m'arreste, Monseigneur, en vous suppliant très-humblement d'agréer que mon fils, qui luy rendra la présente, se donne aussy l'honneur de luy expliquer l'affaire. J'en attendray, Monseigneur, le succez de vostre bonté et justice, en priant Dieu pour vostre conservation et prospérité, et seray tousiours,

Monseigneur,
vostre très-humble et très-obéissant serviteur,

BORDENAVE.

De Pau, ce 21 juillet 1647.

ANNÉE 1648

LETTRE DE M. DE LAROCHE (AU NOM DU PARLEMENT) (1)

Nostre très-honoré Seigneur,

Pendant quatre années que la ville de Bourdeaux a esté affligée de la maladie contagieuse, nous avons gardé nostre poste sans désemparer, quoyque l'année dernière les maisons du doyen de nostre Compagnie et de deux autres d'entre nous ayent esté fermées, et cela nous obligea pour lors d'implorer vostre faveur et appuy près de Leurs Majestez pour obtenir ung brevet pour la conservation des charges des Officiers de ce Parlement qui ser-

---

(1) Dossier n° 108, tome II, pièce 31. (Voir, page 386, une lettre sur le même sujet.)

viroient actuellement, en cas qu'ils vinssent à décéder pendant le service, lequel brevet il pleust à Sa Majesté nous accorder pour quatre mois seulement, à commencer du xxv juillet dernier. Depuis, le terme estant expiré, et croyant que Dieu eust retiré son fléau, nous n'avions pas estimé avoir besoin d'une pareille grâce, mais ceste maladie s'estant resveillée et rengrégée puys quelques mois, non-seulement parmy le peuple, mais parmy nous et en la personne d'ung des nostres, lequel, puys quelques jours, a esté frappé de ce mal, nous implorons derechef, nostre très-honoré Seigneur, vostre faveur et appuy dont nous ressentismes les effets en pareille occurence, l'année dernière, pour obtenir ung semblable brevet, pendant que nous continuerons le très-humble et très-fidèle service que nous debvons à Sa Majesté et que nous dispenserons la justice à ses subietz dans ung péril plus imminent que celuy de l'année dernière. Il est très-véritable, nostre très-honoré Seigneur, que rien ne nous oblige à tenir ferme contre ce mal qui nous attaque de toutes parts, que le zèle que nous avons de rendre le très-humble et très-fidèle service que nous debvons à Sa Majesté et au public, qu'à considération des émolumens qui se peuvent trouver dans l'exercice de nos charges, cessant en ung temps où les parties, avecq raison, fuyent l'abord de ceste ville. C'est pourquoy nous espérons que vous considererez la justice d'une demande qui est faicte par des personnes qui n'ont de plus forte passion que de vous tesmoigner qu'ils sont véritablement,

 Nostre très-honoré Seigneur,

Les gens tenant la Cour de Parlement de Bourdeaux, vos bien humbles serviteurs,

De Laroche.

Escrit à Bourdeaux, en Parlement, le viiie d'avril 1648.

LETTRE DU DUC D'ÉPERNON (1)

Monsieur,

Le bruit qui a couru dans ceste province de l'establissement

(1) Dossier n° 87, pièce 11.

d'ung nouveau siège présidial à Moyssac, m'avoit désià donné subiet de vous recommander dans ceste occasion les intérests du Présidial d'Agen et de la Séneschaussée de Lauserte. Du depuis, les Officiers de divers Présidiaux desquels on vouloit retrancher les jurisdictions qu'on prétendoit soubmettre à ce nouveau Présidial m'ont faict entendre leurs intérests et ceux du païs, et de Son Éminence et de la Religion, et m'ont prié de vous les représenter, espérant que mon intercession leur seroit favorable pour leur obtenir, en ce rencontre, vostre protection. Il n'y a pas de doubte, Monsieur, qu'on feroit grand préiudice au Présidial de Tholouse, auquel on a désià osté tout l'Artarac (?), et qu'on a obligé, depuis neuf ou dix ans, de donner cent mil livres pour ne leur oster pas l'Albigeois; au Présidial de Cahors, duquel on a tiré le Présidial de Montauban; à celuy de Montauban, auquel on a retranché la Séneschaussée de Lauserte; au Présidial d'Agen, duquel on a tiré la pluspart des jurisdictions qui composent celuy de Libourne; à celuy de Condom, qui a esté diminué par l'érection de Nérac, et à celuy de Lectoure, qui a esté amoindry par l'establissement du Présidial d'Auch. La perte de tant d'Officiers, qui pensent avoir droit de demander au Roy de grands desdommagemens, est bien considérable : l'incommodité qui en reviendroit au païs ne le seroit pas moins. On veut prendre de diverses Séneschaussées et de deux diverses provinces et gouvernemens, et du ressort des deux Parlemens de Tholouse et de Bourdeaux, le ressort de ce nouveau siège présidial, et joindre et soubmettre à une mesme forme de juges des païs qui se gouvernent par coustumes et ceux qui ne se servent que du droit romain et des ordonnances, des païs d'Estats et des païs sans Estats. La situation des lieux rend encore la chose plus incommode, en obligeant des habitans qui vont demander justice, à pied sec et sans péril, ès Présidiaux auxquels ils respondent maintenant, à passer plusieurs torrents et rivières profondes, rapides et dangereuses, et sans ponts, pour venir plaider à Moyssac, où souvent, et pendant plusieurs mois de l'année, les desbordemens des eaux les pourront empescher de se rendre. Monsieur le Cardinal, comme abbé de Moyssac, en est aussy seigneur, et y faict exercer sa justice, qui sera diminuée et obscurcie par celle du Présidial, comme les droits de greffe et autres émolumens amoindris; et sy les partisans promettent quelque chose à présent qui paroisse advantageuse à Son Éminence, il n'y a pas subiet d'espérer que ses successeurs abbés en iouissent, auxquels il sera tousiours plus honorable et plus advantageux de faire exercer la justice par leur juge seul en leur ville. Sy on dit que la ville se rendroit plus puissante par ceste érection, elle se diminueroit d'ailleurs par la fainéantise qui suit ordinairement les gens qui ne vivent que de procez et par la diminution du commerce, qui seroit moindre à mesure que ses habitans, qui s'emploient au trafic, achepteroient des offices et quitteroient la profession de leurs pères. Pour la Religion catholique, on avoit eu dessein de l'establir plus fortement à Montauban par ung Présidial composé d'Officiers tous catholiques, qui seront moins considérables, plus on retranchera de leur ressort. Oultre que les villes de Moyssac, de Castelsarrasin et de Montech fournissent bonne partie des Officiers qui s'habituent à Montauban, sy on joinct ces trois villes dans ung nouveau ressort de Moyssac, elles ne fourniront plus d'Officiers catholiques à Montauban, d'où ceux qui y ont pris office et sont originaires des dits trois lieux, tascheront de se retirer pour se placer à Moyssac, et cest intérest de religion n'est pas séparé du bien de la province et de l'Estat, pour la considération de ceste ville et du nombre des prétendus réformez qui y habitent. Vous jugerez, Monsieur, sy ces considérations sont plus raisonnables et doibvent estre plus fortes que le peu de profit qui reviendroit au Roy par cest establissement d'ung nouveau Présidial. Vous m'obligerez, s'il vous plaist, de les faire valoir et appuyer de vostre authorité, comme je vous en supplie, et suis de tout mon cœur,

Monsieur,
vostre très-humble et très-affectionné serviteur,

Le duc D'ESPERNON.

De Montauban, ce 21 d'avril 1648.

LETTRE DU DUC D'ÉPERNON (1)

Monsieur,

Le différend entre Monsieur le comte de Clermont et le marquis

(1) Dossier n° 87, pièce 12.

de Canillac m'obligea principalement d'aller à Montauban la semaine de Pasques. On y traita ceste affaire soigneusement et on la termina heureusement le 21 de ce mois, et avecq satisfaction et grand advantage de Monsieur le comte de Clermont, en la personne duquel nous considérions l'honneur qu'il a de vostre alliance, et ceste considération servit aussy sur l'esprit du dit sieur marquis pour le faire relascher de ses prétentions. Le mesme jour 21, je fus près de Tholouse, à Grenade, où nous accommodasmes le lendemain le marquis de Rabat avecq l'évesque de Rieux (?), qui y reçeut une satisfaction raisonnable pour ung valet, de ses domestiques, qui avoit esté frappé par le marquis. J'estimay cest accommodement nécessaire, non-seulement pour les personnes de qualité qui estoient en ces différends, mais pour les suittes fascheuses d'attroupemens, plus à craindre en ces temps de mescontentement des peuples qu'ils n'ont jamais esté. J'appris à Grenade, par lettre des Jurats de Bourdeaux, qu'ils y craignoient une esmotion de peuple sur les bruits d'une nouvelle imposition du sol pour livre, et je partis en mesme temps pour descendre sans intermission à Bourdeaux. Hier, par lettres des mesmes Jurats et de Monsieur le premier Président, j'appris que Monsieur de Lanson, que le peuple soupçonnoit estre à Bourdeaux pour ceste imposition, en estoit party de l'advis du Parlement et avoit esté accompagné, comme il l'avoit désiré, par les Jurats jusques dans le basteau qui le debvoit porter à Bourg, pour tascher d'y donner quelque ordre à la licence avecq laquelle y vivent quatre compagnies de cavalerie qu'on y a envoyées de Xaintonge. Je me rendray, Dieu aidant, en deux jours à Bourdeaux, pour y porter tout l'ordre qui me sera possible et estouffer une sédition qui s'allumeroit et s'estendroit très-facilement dans ceste province, après la charge extraordinaire de gens de guerre qu'elle a portée depuis cinq mois et qu'elle porte encore, et la difficulté de payer les tailles et deniers du Roy, et en ce mescontentement des Officiers de Parlement et des sièges présidiaux, à cause des semestres et des distractions de juridiction et des érections de nouveaux sièges dont on les menace. Nous avons d'autre costé, dans la vallée d'Aran, advis que les ennemys ont pris quelques petits chasteaux et s'avançoient vers nostre frontière. J'ay envoyé au sieur de Signan, brave gentilhomme, et aux vallées de France sur ceste frontière, les ordres nécessaires pour s'opposer aux ennemys s'ils se présentent, qui ne pourront pas, comme je crois, faire grand effort, ny tirer grand advantage sur nous de ce costé-là. J'ay creu, Monsieur, que vous n'auriez pas désagréable ceste participation de l'estat et des affaires de ceste province, où je n'oublieray et n'espargneray aucune chose qui soit en ma disposition pour la tenir en l'obéissance qu'elle doibt au Roy, et dans la tranquillité dont elle a plus besoin qu'aucune autre, car il n'y a rien en mon pouvoir que je n'employe avecq joye, quand il sera besoin de me faire paroistre,

Monsieur,
vostre très-humble et très-affectionné serviteur,

Le duc d'Espernon.

D'Agen, ce 25 d'avril 1648.

LETTRE DE M. DE PONTAC (1)

Monseigneur,

Par ce que je sçays que pour faire réussir les volontez du Roy dans les Compagnies l'adresse est quelquefois aussy nécessaire que l'authorité, et que pour venir à bout des choses qui vous sont ordonnées par le Conseil il se faut souvent résoudre à la patience et à souffrir des rebuts qui ne laissent pas de donner atteinte à l'authorité des premières charges, j'ay essuyé depuis longtemps les injures et les menaces de nos Officiers et souffert leurs mespris et leurs insultes; mais enfin, Monseigneur, ma patience s'est lassée avecq raison, et voyant que nos Officiers portoient toutes choses au désespoir et qu'il n'y avoit plus de seureté dans ce Palais pour moy, ny pour deux de nos Conseillers, ayant esté soubçonnez debvoir servir à l'establissement du semestre et translation de nostre séance dans la ville de Xaintes, ny la liberté de rendre la justice pour ceux qui ont refusé de faire certain serment contraire à l'obéissance deue au Roy et aux maximes de la Religion, j'ay esté contraint de lever le masque, et pour tascher d'arrester le cours de la témérité de

(1) Dossier n° 114, tome V, pièce 63.

nos Officiers et de leurs entreprinses, je les ay menacez diverses fois d'en advertir le Roy et vous, Monseigneur; mais ayant veu qu'au lieu de les retenir dans leur debvoir, cela ne servoit qu'à les rendre plus audacieux, j'ay enfin esté obligé de vous donner une ample cognoissance de leurs désordres par le procez-verbal que j'en ay dressé, et lequel, Monseigneur, vous sera rendu avecq la présente, aux fins qu'il vous plaise apporter par vostre authorité les remèdes nécessaires à nos maux et establir, par ung sévère exemple, la crainte et la vénération pour les volontez de Sa Majesté et les ordres de son Conseil dans nostre Compagnie, où j'ose vous dire (pourtant avecq regret) qu'il y a des esprits encore plus hardis et plus téméraires que parmy Messieurs les Maistres des Requestes. Je suis obligé de vous donner advis, Monseigneur, qu'ils se mocquent des interdictions, que les adiournemens personnels ne leur font point de peur, et que la seule voye pour les mettre à leur debvoir seroit celle-là mesme qu'il vous a pleu cy-devant pratiquer contre quelques Officiers réfractaires du Parlement de Tholouse, auxquels vous donnastes diverses villes de ce Royaume pour prison et pour exil jusques à nouvel ordre de Sa Majesté. Ce seroit le seul moyen de leur donner de la terreur pour l'advenir et de les obliger d'avoir le respect nécessaire pour leur chef. Enfin, Monseigneur, après avoir esté forcé de quitter le Palais, d'abandonner l'exercice de ma charge et de céder à la violence, je ne puis plus trouver de seureté, ny de liberté, jusques à ce qu'il vous aye pleu de prononcer sur ma plaincte et mon procez-verbal, et faire justice à celuy qui a subiet d'attendre de vostre grâce et de vostre faveur sa subsistance, puisqu'il vous a pleu luy donner l'estre, et luy permettre de prendre la qualité de,

    Monseigneur,
vostre très-humble, très-obéissant et très-obligé serviteur,

De Pontac.

A. Bourdeaux, ce 10 may 1648.

    Monseigneur, ceux de nos Officiers qui sont autheurs de la ligue et du serment dont vous verrez la preuve par mon procez-verbal, et qui font mestier de s'opposer, en tous rencontres, à la volonté du Roy et aux ordres de son Conseil, et desquels j'ay particulièrement reçeu injure en ce dernier rencontre, sont les sieurs de Léger, de La Crompe et de Villemont, conseillers, et de Robillard, advocat général.

LETTRE DE M. DE PONTAC (1)

Monseigneur,

Je me sens obligé, pour satisfaire à mon debvoir, de vous donner advis qu'il a esté affiché ceste nuit divers placarts aux carrefours de ceste ville, tendant à sédition. Le retour du sieur de Lanson, intendant de ceste province, sert de prétexte à ceste levée de boucliers; mais en effet, Monseigneur, je suis fort trompé, ou ce sont des pièces faïctes à plaisir, qui n'ont pas pour autheurs des gens de peu. La nouvelle qui nous a esté apportée de la ligue et de la jonction des Corps de Justice de Paris (qu'on nous asseure se fortifier tous les jours par l'arrivée des députez des autres Compagnies du Royaume) est une cause secrette qui a produit ces placarts et ces menaces séditieuses. La passion que j'ay pour le service du Roy faict que je ne crains point de vous dévoiler ce mistère, dont j'ose vous supplier, Monseigneur, de ne me rendre point autheur, puisque ce seroit me perdre et me rendre à l'advenir absolument inutile au service de Sa Majesté par la défiance qu'on prendroit de moy dans ceste ville, où je suis désià assez mal voulu, pour estre accusé d'avoir intelligence particulière avecq Messieurs les Ministres d'Estat et de porter avecq générosité les intérests de nostre Prince et l'authorité du Conseil. Pourtant, Monseigneur, sy ces menaces avoient suitte, asseurez-vous, s'il vous plaist, que je payeray de ma personne, et que je m'exposeray hardiment aux plus grands dangers pour maintenir l'authorité du Roy dans ceste ville et pour pouvoir mériter avecq effet la qualité de,

Monseigneur,
vostre très-humble, très-obéissant et très-obligé serviteur,

DE PONTAC.

A Bourdeaux, ce 28 may 1648.

(1) Dossier nº 114, tome V, pièce 66.

LETTRE DU DUC D'ÉPERNON (1)

Monsieur,

Voyant ce Parlement sur le point de chercher quelque satisfaction pour l'intérest des Officiers qui le composent et craignant qu'ils prissent quelque résolution importune, je leur ay faict offrir mon entremise vers Sa Majesté et Messieurs les Ministres. La proposition en fut faicte mercredy dernier par Monsieur le premier Président, en haine duquel on m'a faict entendre qu'elle ne feust pas acceptée sur l'heure mesme, mais qu'on remist à en délibérer aujourd'huy en l'Assemblée des Chambres. Il y eut longue contestation et de rudes paroles entre le dit premier Président et le président de Gourgues et quelques-ungs des Enquestes, èsquelles j'ay sçeu qu'on avoit pris aujourd'huy résolution de se plaindre ès Chambres assemblées de ces paroles, que les Enquestes révoquoient à injure. La cognoissance de ce dessein a porté les parens et amis du dit sieur premier Président à tascher de le rompre, et, n'en pouvant divertir les Enquestes, à se retirer avant qu'on s'assemblast, et leur retraite et absence a donné suitte aux autres Officiers, qui se sont assemblez, de ne délibérer pas, mais de remettre, après la feste, à opiner sur l'offre qui leur a esté faicte de ma part. On m'advertit que Monsieur le premier Président a résolu de prier qu'on luy envoye de la Cour pouvoir d'empescher l'assemblée des Chambres, soubz prétexte qu'on y veut proposer quelque chose contre le service du Roy. Je ne juge pas à propos qu'on luy donne pour cest effet autre pouvoir que celuy qu'il a par sa charge. Ceste deffense augmenteroit la haine qu'on luy porte et aigriroit des esprits que nous voulons adoucir, et feroit le contraire de ce que nous désirons. Ceux qui se verroient maltraitez de la Cour, au mesme temps que je tasche à les retenir avecq civilité et à les empescher de se joindre aux autres Cours souveraines, pourroient se laisser emporter par despit aux sollicitations qui leur sont faictes d'ailleurs. J'espère que par des remèdes plus doux et en leur accordant quelque satisfaction raisonnable, nous gaignerons davantage sur ces Officiers, et je ne voys aucun subiet de craindre qu'on prenne

(1) Dossier n° 87, pièce 14.

en ce Parlement des résolutions contre le service du Roy. J'ay creu, Monsieur, debvoir vous donner advis de cest estat des choses et de mon sentiment, dont je serois tousiours bien satisfaict, s'il est conforme au vostre, que j'estime infiniment et pour la juste persuasion que j'ay de vostre sagesse et pour le désir que j'ay de vous plaire et d'estre cogneu,

Monsieur,
vostre très-humble et très-affectionné serviteur,

Le duc d'Espernon.

De Bourdeaux, ce 29 may 1648.

―――

LETTRE DE M. DUBERNET (1)

Monseigneur,

Il est vray que ceste union du Parlement de Paris avecq les autres Cours et les divers bruits qui courent des délibérations qui s'y prennent ont imprimé de deçà cest esprit d'union. Pour rompre et esloigner ces pensées, j'assemblay les Chambres, le 25 de ce mois, pour leur porter une proposition de Monsieur d'Espernon, par laquelle il s'offroit de s'entremettre près de Leurs Majestez pour nostre Compagnie, non-seulement pour la continuation du droit annuel, en quoy leur intérêt estoit commun avecq les autres Cours, mais aussy en particulier pour avoir la diminution du pied et de l'évaluation des offices, suyvant la promesse autrefois faicte, comme encore pour destourner les menaces de la distraction de nostre ressort en faveur du Parlement de Pau. Après avoir longuement débattu sur l'acceptation de ces offres, à quoy toute la Grand'Chambre, à la réserve d'ung Conseiller et de quelque Président, inclinoit, il fallut remettre la délibération au mercredy 27. Le 28, les billets séditieux, dont j'ay envoyé copie à Monsieur de La Vrillière, ayant esté affichez, il fallut néantmoins tenir l'audience, affin que le peuple ne creust pas que nous estions estonnez ou allarmez, et, à la fin de l'audience, nous délibérasmes et donnasmes commission à Monsieur

(1) Dossier n° 114, tome V, pièce 67.

le Procureur général pour informer, et l'envoyasmes vers Monsieur d'Espernon pour sçavoir s'il voudroit venir ce matin au Palais pour délibérer plus amplement, ce que le dit seigneur n'ayant pas jugé nécessaire, nous avons donné arrest contre les autheurs de ces billets et contre les assemblées factieuses. Ce faict, nous avons assemblé les Chambres à neuf heures, selon la coustume, mais nous avons trouvé que la première Chambre des Enquestes s'estoit retirée, sauf les deux Présidens et deux Conseillers, lesquels estant entrez dans la Grand'Chambre, le Président ancien a représenté l'absence de toute la Chambre, et s'est opposé à ce que l'on continuast la délibération, protestant de n'y opiner point et de se retirer avecq les autres, comme l'heure estant passée et leur horloge allant plus viste que les autres. Alors, il a esté forcé de remettre la délibération et d'envoyer deux Conseillers de la Grand'Chambre vers Monsieur d'Espernon pour luy faire entendre la raison pour laquelle nous n'avions peu résoudre la response à sa proposition. Vous voyez assez par ce procédé, Monseigneur, la disposition de nos esprits. Ce que nous avons profité pourtant, c'est que nous avons gaigné jusques après les festes, et esloigné les propositions que Messieurs des Enquestes ont à faire. Je mesprise celle de l'union manifeste, parce qu'ayant esté avancée par aucuns d'eux et par ung de nos jeunes Présidens, j'ay protesté hautement que jamais on n'y délibéreroit, et qu'on me mettroit plustost en pièces. Ils se retranchent à une union taisible, en faisant ce que le Parlement de Paris doibt faire par la voye des remonstrances. Ces remonstrances sont de deux sortes, ou générales et pour le bien public, ou particulières pour la révocation des levées que font les alternatifs et triennaux des consignations et des saisies réelles, en vertu des ordonnances de Monsieur de Lanson données en suitte des arrests du Conseil, attendu que les Édits ont esté refusez au Parlement. Sur ces remonstrances, je vous diray, Monseigneur, que j'emploieray toute mon industrie et tout le pouvoir que le Roy m'a donné, pour rompre ou du moins pour embarrasser ce dessein, qui regarde le général et le bien public, dont il ne peut arriver que beaucoup de mal, principalement dans la conjoncture où nous sommes. Mais pour les remonstrances touchant les consignations et les saisies réelles, je ne suis pas assez fort pour l'empescher, je dis remonstrances avecq deffenses. Vous jugerez, Monseigneur, s'il sera à propos de m'envoyer ung arrest du Conseil mesme, qui révoque ou surseoie les establissemens faicts par Monsieur de Lanson. Je m'en serviray en cas de besoin et non autrement, vous suppliant très-humblement de croire que j'agis de toute ma force et que je m'expose tous les jours à la malice des esprits factieux, qui déclament partout que je suis l'ennemy du bien public et du Parlement mesme. Sur le tout, Monseigneur, je vous demande les ordres que je doibs suyvre, parce que, dans l'ignorance où je suis de la vérité des choses qui se passent de delà, et dans la liberté qu'ung chacun a d'escrire, les plus mauvaises nouvelles sont débitées et reçeües agréablement. Je suis,

Monseigneur,
vostre très-humble et très-obéissant serviteur,

DUBERNET.

A Bourdeaux, ce 29 de may 1648.

—*—*—*—*—*—

LETTRE DU DUC D'ÉPERNON (1)

Monsieur,

Les Jurats et habitans de la ville de La Réole vous rendent compte de l'obéissance qu'ils ont rendue à la volonté du Roy touchant la réception de leur Évesque, qui est celuy de Bazas. Leurs procez-verbaux contiennent leurs raisons, leurs coustumes et les honneurs qu'ils ont rendus à ce Prélat, qui n'a pas voulu entrer dedans la ville, estant venu jusques aux portes, parce qu'on ne luy offroit pas le mesme honneur qu'on ne doibt qu'au Saint-Sacrement et à la personne du Roy. Je vous supplie, Monsieur, comme vous avez désià commencé à soustenir en ceste mesme cause la justice et les intérests de Sa Majesté et l'honneur des communautez et de leurs magistrats, de continuer le mesme honneur de vostre protection aux Jurats de La Réole et aux Consuls de Penne (?), qui sont en mesme différend contre l'Évesque d'Agen, et me donner en ces occasions les tesmoi-

(1) Dossier n° 87, pièce 15.

gnages de vostre bienveillance, qui vous obligeront infiniment,
  Monsieur,
vostre serviteur très-humble et très-affectionné,

            Le duc d'Espernon.

De Bourdeaux, ce 15 juin 1648.

LETTRE DU DUC D'ÉPERNON (1)

Monsieur,

A l'heure mesme que je vous escrivois ma dernière dépesche, les Enquestes envoyèrent demander l'assemblée des Chambres au lendemain, pour délibérer touchant les Intendans. La Grand'Chambre remit l'assemblée au jour d'hier. Pendant cest intervalle, je fis parler à ceux que je jugeai à propos. Ils s'assemblèrent hier et changèrent la proposition des Intendans en une plus générale, qu'aucune commission extraordinaire ne feust exécutée dans le ressort de ce Parlement, sans avoir esté premièrement vérifiée par ce Parlement. Tous demeuroient bien d'accord qu'ils debvoient prendre ceste résolution comme conforme à l'ordonnance et en charger leurs registres. Les plus anciens disoient qu'il ne falloit rien encore escrire. Ils se séparèrent sans résoudre, à dessein de s'assembler une autre fois sur le mesme subiet. La Cour des Aides n'a pas voulu donner arrest pour interpréter et adoucir celuy que je vous envoyay par le dernier ordinaire. L'imprimeur duquel ils se sont servis pour l'imprimer en deux formes différentes, m'a dit qu'il leur en avoit donné plus de quinze cents exemplaires. Je luy ay deffendu et aux autres de la mesme profession de rien imprimer de semblable, sans m'en donner advis. Sy ceste Compagnie envoye les Commissaires pour informer en vertu de cest arrest, je leur tiendray ce que je leur ay promis, et en tout autre subiet tascheray de servir Sa Majesté comme je doibs, et particulièrement me faire cognoistre,
  Monsieur,
vostre très-humble et très-affectionné serviteur,

            Le duc d'Espernon.

De Puypaulin, ce 16 juillet 1648.

(1) Dossier n° 87, pièce 16.

LETTRE DU DUC D'ÉPERNON (1)

Monsieur,

Les nouvelles de Paris, tant imprimées qu'escrites à la main, que le dernier ordinaire apporta dès avant-hier en ceste ville, enflèrent le cœur des Officiers de ce Parlement, qui résolurent hier, en l'assemblée des Chambres, qu'aucunes commissions, soit d'Intendans ou autres, ne seroient exécutées dans ce ressort, sans estre vérifiées en ce Parlement, avecq deffense aux subietz du Roy d'y déférer autrement, et que le Roy seroit supplié très-humblement d'avoir cest arrest agréable, comme donné pour le bien de son service et de ses subietz. Ils ont résolu de s'assembler encore lundy prochain pour deffendre la levée de quelques droits nouveaux que les Officiers de l'Admirauté exigent sans tiltres; en quoy, parce que Monsieur le premier Président a quelque sorte d'intérest, ils prennent subiet de le blasmer et tourmenter davantage en leurs Assemblées. J'ay retenu jusques à présent leurs délibérations. Après les exemples de Paris et de ce que Leurs Majestez et tout le Conseil d'en haut ont relasché au Parlement et Cours unies à Paris, il seroit impossible, sans avoir des forces en main, d'empescher que ces Parlemens de province s'assemblent et donnent des arrests au préiudice des Édits et des establissemens qu'on a introduits depuis peu sans vérification. Je ne laisseray pas d'apporter toute la diligence et d'employer tout le soin et travail qui me sera possible pour modérer toutes choses, et considéreray principalement le repos et la tranquillité de la province, que j'estime estre à présent le point le plus important pour le bien des affaires du Roy. Il y a cela de bon dans la résolution que ce Parlement a prise, qu'en ordonnant que les Trésoriers généraux et esleus fissent leurs charges, ils ordonnent aussy qu'on procède sans cesse à la levée et au payement des tailles. Vous me ferez, s'il vous plaist, la faveur de me faire sçavoir, sur tous ces ren-

(1) Dossier n° 87, pièce 17.

contres, les intentions de Leurs Majestez et de me croire cependant,
    Monsieur,
vostre très-humble et très-obéissant serviteur,

            Le duc·d'Espernon.

De Bourdeaux, ce 19 juillet 1648.

LETTRE DU DUC D'ÉPERNON (1)

    Monsieur,

Nous avons besoin pour le repos de ceste province des ordres de la Cour. Sy nous pressons l'imposition et la levée des tailles selon le despartement des Intendans, nous mettrons en danger la tranquillité publique et avons suitte de craindre des esmotions de dangereuse conséquence. La résistance, que les peuples sont résolus d'apporter pour leur soulagement, a pour autheurs ceux qui la debvroient punir. Les Parlemens et Cours souveraines loüeront tousiours ceux qui exécuteront leurs arrests, et nous n'avons point d'autres juges pour faire condamner les coupables, et quand nous aurions d'autres juges, nous n'avons pas de forces pour faire exécuter leurs jugemens contre la multitude qui s'oppose à l'imposition par l'authorité des Intendans. Vous jugez bien, Monsieur, de ceste disposition de la province, qu'il est très-nécessaire que nous recevions au plus tost les ordres de Sa Majesté sur ces difficultez. Je crois que les plus expédiens seroient d'ordonner aux Officiers ordinaires de pourveoir au plus tost à la levée des tailles. Je recevray ceux qu'on nous enverra avecq le respect que je doibs, et apporteray pour les faire valoir et pour le reste qui despend de ma charge tout ce qu'on pourra désirer,
    Monsieur,
de vostre très-humble et très-affectionné serviteur,

            Le duc d'Espernon.

De Bourdeaux, ce 23 juillet 1648.

(1) Dossier nº 87, pièce 19. Le post-scriptum est autographe.

Monsieur, j'adiouste ce mot pour vous advertir que l'arrest donné sur les Intendans porte mandement au peuple de payer les tailles, et aux Trésoriers généraux et esleus d'y faire diligence, et nonobstant les raisons cy-dessus alléguées, je ne puis mettre le prisonnier qu'entre les mains du Parlement, qui sera responsable de ce qu'il ordonnera. Je ne sçauray retenir de mon authorité des prisonniers pour le refus du payement des tailles, n'ayant point de pouvoir légitime pour cest effet.

LETTRE DE M. DE LAROCHE (AU NOM DU PARLEMENT) (1)

Nostre très-honoré Seigneur,

Nostre Compagnie ayant au commencement de ceste année, suyvant la coustume, nommé des Commissaires pour servir au Bureau de l'Hospital de ceste ville, et ordonné que le sieur de Pontac y présideroit, le sieur de Gourgues de Vayres en a faict plaincte à Sa Majesté et a obtenu ung arrest en vertu duquel il poursuit le dit sieur de Pontac au Conseil, le prenant à partie ; sur quoy nous avons creu estre obligez de vous asseurer qu'en ceste délibération, de laquelle nous vous envoyons la copie, il ne s'y est rien passé qui soit contraire à nos ordres, et le succez a faict voir combien il est nécessaire de commetre l'administration de ceste maison à ceux qui, par des soins particuliers et une exacte assiduité, veillent à ses interests et travaillent à sa conservation, à cause de la maladie contagieuse dont elle a esté affligée ceste année, où elle eust faict de plus grands progrès et ravages sans le prompt secours des Administrateurs, ce que le dit sieur de Vayres n'eust peu faire, la nécessité de ses affaires ne luy ayant pas permis d'arrester dans la ville et de rendre ses services à ung hospital qui ne se maintient que par ceste voye, ce qui nous faict vous supplier de ne pas donner créance aux plainctes des particuliers contre les délibérations de leur Compagnie, et de faire cesser les poursuites du dit sieur de Vayres et de croire que nous ne nous esloignerons jamais de nostre debvoir, ny de l'obligation que nous avons de prier Dieu,

(1) Dossier n° 108, pièce 35.

Nostre très-honoré Seigneur,
vous continuer ses grâces, et donner, en parfaite santé, très-heureuse et longue vye.

Les gens tenant la Cour de Parlement de Bourdeaux, vos très-humbles et affectionnez serviteurs,

De Laroche.

Escrit à Bourdeaux, en Parlement, le 24 juillet 1648.

LETTRE DU DUC D'ÉPERNON (1)

Monsieur,

A l'heure mesme que je vous escrivois, lundy dernier, le dessein que j'avois d'entrer le lendemain au Parlement, Messieurs le premier Président et le Procureur général, auxquels j'en avois communiqué, le firent sçavoir au Parlement et expliquèrent les raisons desquelles je prétendois me servir. Il leur succéda mal : la Compagnie se roidit au contraire, et j'eus raison de croire que sy je fusse entré le mesme jour que j'avois délibéré, je n'eusse rien obtenu qu'ung refus, qui m'eust esté fascheux. Je jugeay plus à propos de laisser faire ung effort à Monsieur le premier Président, qui, ayant mis l'affaire mardy dernier en délibération, ne gaigna rien sur ces esprits jaloux de leur authorité. On résolut que l'arrest seroit publié sans délay le jour suyvant. J'eus cependant loysir de voir et faire voir mes amis de ceste Compagnie, et faire comprendre à plusieurs que leur arrest pourroit donner prétexte et subiet à rébellion à ceux qui ne voudroient pas payer les tailles sur les despartemens envoyez par les Intendans; et après tout, que sans blasmer leur procédé et approuvant leurs bonnes intentions pour le service du Roy et le soulagement du peuple, je les voulois prier de surseoir la publication de leur arrest. Les ayant ainsy disposez, j'entray hier et les priay de différer ceste publication jusques à la semaine pro-

(1) Dossier nº 87, pièce 21.

chaine, espérant qu'en l'ung des deux ordinaires qui arriveront icy de Paris demain et lundy prochain, nous recepvrons les déclarations du Roy, qui ont esté vérifiées à Paris, affin de les faire vérifier aux Parlement et Cour des Aides de ceste ville, et je leur ay demandé ce délay comme une obligation que j'aurois très-sensible, tant à ceste Compagnie en général, qu'à tous les particuliers qui la composent. Ils me l'ont accordé de bonne grâce. Il me reste à vous supplier, Monsieur, sy avant que de recepvoir ceste lettre, vous n'avez pas encore envoyé ces déclarations, de vouloir prendre quelque soin qu'elles soient envoyées au plus tost, et d'user de pareille diligence pour les autres déclarations que vous jugerez cy-après à propos d'envoyer ès provinces. Nous faisons et ferons icy tousiours tout ce qui nous sera possible pour contenir et mener toutes choses en l'estat qu'on peut désirer à la Cour; mais n'ayant pas affaire à des communautez soublevées, mais à des Compagnies souveraines, qui prétendent estre fondées en droit et en ordonnance, qui mettent les peuples de leur costé par leur intérest, et qui sont animées par les exemples et les lettres de Paris, et ont encore plus de chaleur qu'il n'y en a à Paris, nous ne les pouvons pas appaiser avecq de simples paroles, ny arrester leurs délibérations avecq des promesses : ils désirent des effets qui ne peuvent venir que du Roy. Après la résolution prise de différer la publication de l'arrest contre les Intendans, j'ay esté prié par la Compagnie d'assister à la délibération qu'on vouloit prendre pour deffendre la levée de quelques droits qu'on dit exigez sans tiltre. J'ay proposé qu'on particularise et qu'on examine séparément chasque droit dont on veut empescher la levée, de peur que s'ils donnoient ung arrest général, comme plusieurs en avoient esté d'advis, contre tous les droits qu'on lève sans tiltre, ils donnassent subiet au peuple de refuser le payement de tous les droits ordinaires et bien establis. Oultre laquelle raison je considérois en moy-mesme qu'en les arrestant à délibérer sur divers droits en particulier, nous gaignons autant de temps qui nous peut donner advantage. Ils ont pris cest advis et ont délibéré sur quelque imposition qu'on exige sans droit, dont je ne vous entretiens pas, sçachant que vous en serez plus amplement informé par quelques Officiers de ceste Compagnie. J'agiray comme j'ay commencé, avecq toute la diligence imaginable et tout le soin que vous pouvez désirer,

Monsieur, de vostre très-humble et très-affectionné serviteur,

Le duc d'Espernon.

De Bourdeaux, ce 30 juillet 1648.

Monsieur, il ne nous sera pas possible, sy l'on ne reçoit icy demain ou lundy prochain les déclarations du Roy qui ont esté vérifiées à Paris, d'empescher la publication de l'arrest de ce Parlement contre les Intendans.

LETTRE DU DUC D'ÉPERNON (1)

Monsieur,

La déclaration du Roy touchant la révocation des Intendans fut envoyée par Monsieur de La Vrillière à Monsieur le premier Président de ce Parlement avecq quatre lettres du Roy pour les Lieutenans généraux de ceste ville, de Bayonne, de Périgueux et d'Agen, avecq autant de copies imprimées des dites déclarations, pour les faire publier et tenir la main à ce qu'elles fussent exécutées. Le premier Président avoit rendu la lettre au Lieutenant général de ceste ville et à celuy de Bayonne, et avoit envoyé les deux autres à leurs adresses, et avoit faict cependant présenter la déclaration au Parlement, qui, estant adverty de ces lettres et copies de déclarations envoyées aux Lieutenans généraux, se plaignit de l'artifice du premier Président, comme s'il avoit conseillé à Monsieur de La Vrillière d'envoyer ces dépesches, se plaignit du dit sieur de La Vrillière, qui, par une nouveauté sans exemple, comme ils disent, veut rendre les Lieutenans généraux égaux aux Cours souveraines, en leur envoyant directement et leur ordonnant de faire publier et valoir les déclarations qui ne doibvent estre enregistrées ès Présidiaux et Séneschaussées, sinon après qu'elles ont esté vérifiées aux Parlemens et leur ont esté envoyées par les Cours souveraines dont elles despendent.

(1) Dossier n° 87, pièce 22.

Il y eut ung merveilleux bruit contre le premier Président durant deux ou trois jours. Il usa de supplications et d'excuses, et en fut enfin quitte pour une réprimande et advertissement d'estre désormais plus soigneux des advantages de la Compagnie et d'en observer les ordres et les règlemens.

Il est vray que ces quatre dépesches estoient hors de saison, inutiles, et propres à fascher le Parlement, et me donner à moy-mesme subiet de n'en estre pas satisfait, sy je le voulois prendre, puisque je suis icy pour faire valoir les ordres de Sa Majesté, le Lieutenant général ayant moins de pouvoir pour contenir le peuple que le moindre Jurat. La déclaration fut registrée au Parlement jeudy dernier, comme elle l'a esté pareillement à la Cour des Aides, et a esté envoyée aux Sénéschaussées et aux Eslections, et l'arrest, qui avoit esté donné au Parlement avant que nous eussions ceste déclaration, et duquel on avoit sursis la publication à ma prière, demeura sans exécution et comme s'il n'avoit pas esté donné. J'avois oublié à vous donner advis, Monsieur, qu'en l'Assemblée des Chambres de ce Parlement, où je me trouvay pour empescher la publication du dit arrest qui avoit esté donné contre les Intendans et sur le faict des tailles, après que j'eus obtenu ce que je désirois de la Compagnie, je fus convié par Monsieur le premier Président de demeurer pour opiner avecq la Compagnie sur quelque plaincte que les habitans de ceste ville avoient faicte contre les commis de la comptablie et du convoy, de ce qu'au-delà de leur bail ils exigent de ceux qui transportent des grains, et d'ung bord de la rivière à l'autre, et d'icy en Xaintonge et de Xaintonge icy, des droits qui ne leur sont pas deubs. Les commis demeuroient d'accord que ce droit n'estoit pas particulièrement exprimé dans leur bail, et n'avoient autre deffense, sinon qu'il avoit esté levé par quelque autre commis avant eux. Ils advoüoient aussy qu'il n'en revenoit pas grand profit au Roy, ny aux fermiers, et ceste imposition ne laissoit pas de faire extraordinairement crier les bourgeois et le menu peuple, qui se faschoient d'en estre inquiétez en transportant quelque peu que ce feust de provisions de ceste ville en leurs maisons des champs, ou bien des champs icy. Monsieur le Procureur général nous asseura qu'il avoit escrit à Monsieur de La Vrillière sur ce subiet, et leut la response du dit sieur de La Vrillière, de laquelle je vous envoye copie en ce pacquet, et nous dit davantage qu'en présence de son fils, receu en survivance de la charge de Procureur général, qui est à Paris, Monsieur d'Hémery avoit mandé deux des intéressez au convoy, et leur avoit deffendu de faire désormais lever ce droit. Voyant toutes choses en cest estat, la volonté du Roy et l'intention de Messieurs les Ministres, et la contravention des commis de la comptablie, je ne m'opposois pas à l'arrest que la Compagnie avoit résolu de donner, et qui passa lors à deffendre la levée de ce droit, qui n'est fondé sur aucun tiltre. Il y a plusieurs autres plainctes contre les mesmes commis, desquelles le Parlement veut cognoistre, dont la plus importante est d'une imposition de deux escus par tonneau, sur quoy ils font estat de s'assembler après-demain. Je tasche de les disposer à se contenter de faire des remonstrances et supplications et ne passer pas oultre, et j'apporteray tout le soin qui me sera possible pour les porter à suyvre ceste voye. Nous avons veu les copies imprimées de la déclaration que le Roy fit vérifier en sa présence, à la fin du mois passé, au Parlement de Paris, laquelle nous attendons, comme vous m'avez faict l'honneur, Monsieur, de me faire espérer par vostre lettre du second de ce mois, qu'elle nous seroit incontinent envoyée. Je donneray tous les ordres nécessaires, tant aux Lieutenans généraux et Juges des villes, Prévosts des mareschaussées, Vice-Sénéschaux, qu'aux Maires, Consuls et Jurats, de tenir la main à la levée des deniers du Roy, selon qu'il en sera besoin, et n'espargneray rien qui soit en ma disposition pour retenir en l'obéissance et debvoir tous ceux qui sont dessous ma charge, et pour vous faire paroistre en toutes occasions que personne du monde ne vous honore plus parfaitement et ne vous est plus fidèlement acquis,

Monsieur,
que vostre très-humble et très-affectionné serviteur,

Le duc D'ESPERNON

De Bourdeaux, ce 10 d'aoust 1648.

LETTRE DU DUC D'ÉPERNON (1)

Monsieur,

La lettre que vous m'avez faict l'honneur de m'escrire le 5 de ce mois est pleine, comme les précédentes, de marques de vostre affection, qui me donne une satisfaction et joye très-sensible, et dont je vous rends un million de grâces. La déclaration du Roy, qui porte divers règlemens et qui révoque les deux Édits, l'ung de la distraction du bailliage de Soule de ce ressort, l'autre des greffiers alternatifs et triennaux des consignations et saisies réelles, a esté envoyée par Monsieur de La Vrillière à Monsieur le premier Président, qui la mit ès mains de Monsieur le Procureur général pour la présenter au Parlement. Je vous ay désià marqué cy-devant, Monsieur, qu'il seroit à propos que Monsieur de La Vrillière gardast les ordres et adressast au Procureur général ce que le Procureur général doibt présenter, et que tant s'en faut que l'entremise du premier Président serve, qu'elle peut apporter préiudice aux affaires qu'on veut faire passer en ce Parlement, advis que je ne donne pas par aucune aversion que j'aye contre Monsieur le premier Président, estant par la grâce de Dieu exempt de ceste passion et de toute mauvaise volonté pour ce qui le regarde, mais parce que je suis obligé de vous faire sçavoir, en homme d'honneur, ce que j'estime utile au service du Roy. J'aurois peu trouver à redire qu'ayant prié Sa Majesté de révoquer ces deux Édits, et le Conseil de Sa Majesté l'ayant trouvé à propos sur mes advis, on ne m'ait pas envoyé la déclaration qui contient ceste révocation, affin que le Parlement la reçeust par mon entremise et de mes mains, ainsy qu'il l'a obtenue par mon intercession. Je ne désire point ung honneur vain et inutile, mais j'estime ce qui peut me rendre plus capable de rendre plus service au Roy. Il n'a pas pleu à Monsieur de La Vrillière, qui a voulu obscurcir ce que j'ay faict, pour le bien du service du Roy, en faveur de ce Parlement et faire valoir son amy, Monsieur le premier Président. Il faut prendre patience, comme de la tempeste des Évesques de ce gouvernement touchant le poisle, que Monsieur de La Vrillière a suscitée par une lettre du Roy donnée

(1) Dossier n° 87, pièce 23.

mal à propos, et par l'appuy qu'il a donné du depuis à ceste mauvaise cause contre l'honneur et dignité du Roy et du Royaume. On n'a pas encore vérifié ceste déclaration, sur laquelle on doibt demain opiner, et j'estime qu'en l'enregistrant ils ordonneront remonstrances, affin de faire révoquer les establissemens de charges ou d'impositions sans Édits vérifiés ès Cours souveraines. Je fus hier en l'Assemblée des Chambres au Parlement, où l'on debvoit traiter des droits que les habitans de ceste ville prétendent ne debvoir pas estre levez par les fermiers du convoy et comptablie. Le rapport en fut faict par des Conseillers députez pour examiner les pièces produites, qu'on mit ès mains des gens du Roy, et l'on remit à demain à en délibérer. Je taschay de préparer et continueray demain à préparer ceste Compagnie à se contenter de faire très-humbles supplications et remonstrances au Roy, sans deffendre la levée de ces droits, et je vous en escriray, Dieu aidant, le succez par le premier ordinaire. Après ceste affaire, on en proposa une qui avoit beaucoup aigry les esprits et qui s'est, toutefois, assez doulcement terminée. Ung receveur des taillés, nommé Rocard, avoit esté déféré aux Commissaires du Parlement pour quelque concussion et leur avoit rendu son audition, puis s'estoit pourveu contre ces procédures devant la Cour des Aides, qui avoit ordonné que, nonobstant ces procédures, il ne peust estre appelé, ny poursuivy en autre Cour qu'en celle des Aides, et cest arrest avoit esté signifié, à la requeste de Rocard, au Procureur général du Roy au Parlement. Plusieurs du Parlement parloient de casser la Cour des Aides, comme establie sans vérification légitime et à leur préiudice, proposition qui avoit esté faicte dès le commencement de ces esmotions de Parlement entre les Conseillers des Enquestes, et que j'avois réfutée par raisons et authorité. La pluspart trouvoient bon d'oster huit chaires du chœur de l'église cathédrale de Saint-André, qu'ung règlement du Conseil donne à la Cour des Aides après les députez du Parlement ès assemblées solennelles qui se font en l'église, comme on en doibt faire une après-demain pour ung vœu du feu Roy au jour de l'Assomption de Nostre-Dame, et fondoient cest advis, qui passoit à la pluralité des voix, sur ce qu'ils disent que la Cour des Aides a contrevenu la première à l'arrest du Conseil qui porte leur règlement, ayant tenu des audiences en robes rouges contre les deffenses portées par leur arrest de règlement. Cela ne se pouvoit exécuter sans désordre et les parties pouvoient venir aux mains. J'en représentay la conséquence et dis qu'en ceste cause je ne debvois pas opiner, me réservant à faire valoir par les armes l'authorité du Roy et conserver le repos de la ville en cas qu'il feust troublé en ceste occasion; et par autres discours que je tins à ce propos, je portay l'Assemblée à se contenter d'avoir désià donné, quelques jours auparavant, ung arrest qui casse celuy de la Cour des Aides, qui est une guerre de plume entre deux Cours souveraines, dont le Conseil vuidera le différend.

Il y a ung subiet de querelle entre les catholiques et huguenotz de Périgord, qui mérite bien, Monsieur, que vous en informiez le Conseil du Roy, affin d'y donner ordre. Le curé de Mucidan, ville qui appartient à Monsieur le mareschal de La Force et habitée de huguenotz pour la pluspart, s'est adressé depuis quatre ou cinq mois à ce Parlement, affin de faire rebastir l'église paroissiale dont il est titulaire, nommée Nostre-Dame du Roc. Il a obtenu arrest en vertu duquel ung Conseiller du Présidial de Périgueux s'est transporté sur les lieux et a picqueté la place où l'on debvoit bastir sur les vestiges de l'ancienne église, qui fut commencée à ruyner, il y a plus de soixante et dix ans, et entièrement desmolie depuis vingt-quatre ans. Des gens, qu'on dit avoir esté envoyez par Monsieur le mareschal de La Force, allèrent arracher les picquets, et, sur la plaincte que le dit sieur mareschal me fit, par une de ses lettres, des entreprinses du curé, je manday le prestre, examinay ses tiltres, ses arrests et ses preuves, qui portent qu'il y avoit dans la première enceinte du chasteau, sur ung rocher ou lieu éminent à Mucidan, une église paroissiale sous le tiltre de Nostre-Dame du Roc, qui estoit visitée avecq tant de dévotion, que la pluspart des pèlerins, qui y venoient en grand nombre de toutes parts, montoient tous les degrés du rocher à genoux, et dans l'église estoit escrit en grands caractères romains : « *Rupes mea Christus ideo non movebor* », et je déclaray aux gens du dit sieur mareschal que je trouvay la cause du curé juste, trouvant seulement à redire que le curé n'eust rendu au dit sieur mareschal aucune civilité avant que d'entreprendre ceste affaire. Le curé, par mon ordre, alla pour réparer ceste faulte et faire entendre ses raisons au dit sieur mareschal, qui, estant lors malade, n'en eut pas le loysir, ny le prestre assez de patience pour attendre, ou de considération pour retourner une autre fois donner ce contentement au mareschal de

La Force. Le curé poursuit son entreprinse et a joinct à sa cause tout le clergé de Périgueux. Je reçeus, ces jours passez, une lettre d'ung des vicaires-généraux du dit diocèse, qui porte que s'estant rendu à Mucidan à dessein de dresser ung autel et de planter une croix au lieu où l'on doibt rebastir l'église, il avoit esté adverty que les huguenotz environnoient de barricades tout le rocher sur lequel estoit autrefois l'église et le chasteau, et y tenoient nombre d'hommes armez, et qu'ils venoient en armes des lieux voysins avecq trompettes et tambours; qu'il en avoit dressé procez-verbal et leur avoit faict entendre qu'il avoit seulement dessein de se présenter sans faire effort pour entrer, mais bien se retirer sy on luy refusoit l'entrée. Je luy manday d'envoyer son procez-verbal à la Cour, et fis dire au mareschal de La Force que s'il vouloit suspendre et arrester l'effet des arrests du Parlement, il se debvoit adresser au Conseil, et que je ne me pouvois dispenser de donner main-forte à la Justice, ny souffrir qu'il employast la force et la violence contre les arrests, pour empescher le restablissement d'une église des catholiques. Vous adviserez, s'il vous plaist, Monsieur, s'il est bon de contenter le clergé de Périgueux ou le mareschal de La Force, et sy vous jugez à propos de différer l'exécution de l'arrest de ce Parlement, il est aisé, sans que le Conseil du Roy y paroisse ou s'en mesle, de faire que l'Évesque, nòmmé pour Périgueux, escrive au clergé de ce diocèse pour retarder autant que l'on voudra. Le procédé des huguenotz me semble injuste et violent; vous pouvez mieux juger par delà s'il est à propos de les réduire par force à obéir, ou bien dissimuler ceste saillie.

Le temps que le Roy avoit marqué pour le payement du droit annuel des offices de ce Parlement estant sur le point d'expirer, j'estime, Monsieur, qu'il seroit à propos d'en envoyer la prorogation, affin que la grâce que l'on a faicte à ce Parlement ne luy soit point inutile, et nous serve pour modérer les esprits et les tenir, par le lien d'affection et de recognoissance, dans le respect qu'ils doibvent aux volontez du Roy.

J'escris à Monsieur le Cardinal que je suis adverty que Monsieur l'Évesque d'Aire ne cesse de déclamer contre moy, comme sy je l'avois contraint, par mes injustes violences, de sortir de son diocèse, et je supplie Son Éminence de m'en faire justice; qu'il est honteux au Roy, à la Reyne et aux Ministres qu'on publie qu'ung Évesque est chassé de son évesché par ung Gouverneur de province, qui doibt luy procurer sa seureté et une entière liberté de faire ses fonctions. Qu'on sçache sy je luy ay faict ung mauvais traitement, qu'il m'accuse s'il veut juridiquer et que l'on m'entende sur ses plainctes, mais qu'on ne souffre pas qu'il tienne à Paris des discours injurieux au Roy, à la Régente et au Gouvernement, à mon désadvantage, pendant que je ne cesse de travailler icy pour le service de Leurs Majestez et la satisfaction de Messieurs les Ministres. Quand il déclamoit en son synode, à Aire, contre moy, et qu'en ses ordonnances pour publier le Jubilé il me traitoit de persécuteur de l'Église, il disoit que Son Éminence luy serviroit de second contre moy, qui n'ay point d'armes que pour Son Éminence et qui ne demande autre chose à l'Évesque, pour tous les maux qu'il m'a voulu faire, sinon qu'il me paye ce qu'il doibt à la succession de feu Monsieur le Cardinal, mon frère. Je vous supplie, Monsieur, de favoriser ce juste et raisonnable soin que j'ay de ma réputation contre les calomnies et les discours d'ung homme duquel vous cognoissez le mérite; et s'il estoit possible, comme il seroit très-juste, de luy commander de venir rendre le service et faire le séjour qu'il doibt en son diocèse, on luy feroit ung bien qu'il ne peut pas comprendre, et l'on donneroit à deux ou trois autres qui courent incessamment et se disposent d'aller cest hiver faire du bruit à Paris et vous importuner pour le poisle, ung exemple et advertissement très-utile d'estre sages et modérez comme les Évesques le doibvent. Excusez, s'il vous plaist, Monsieur, une sy longue lettre : l'affection que je sçays que vous avez pour moy m'oste la crainte de vous estre importun en vous descouvrant mes pensées et désirs, et vous entretenant sy amplement des affaires publiques et de celles qui me touchent en particulier. Je vous supplie de me continuer en toutes ces rencontres la faveur de vos assistances, et croire que je suis d'une façon toute particulière et avecq une constance immuable,

  Monsieur,

vostre très-humble et très-affectionné serviteur,

Le duc d'Espernon.

De Bourdeaux, ce 13 d'aoust 1648.

LETTRE DU DUC D'ÉPERNON (1)

Monsieur,

Je fus adverty vendredy dernier par Monsieur le premier Président de ce Parlement qu'on ne traiteroit point en l'Assemblée des Chambres, qui se debvoit tenir ce jour-là mesme, de l'affaire du convoy, pour laquelle j'avois esté convié d'aller au Parlement, et l'on n'en traita pas en effet.

Je fus encore hier prié par le mesme sieur premier Président de n'entrer pas ce matin au Parlement, et luy donner ce moyen de faire différer la délibération touchant l'affaire du convoy et comptablie. Je fais ce qu'il désire et ne vais pas ce matin au Palais, où je crois qu'ils délibéreront sur la dernière déclaration qui leur a esté envoyée.

Les Officiers du Présidial de Montauban m'ont escrit qu'ils ont esté advertiz que le Parlement de Tholouse a donné ung arrest pour supprimer leur siège présidial et quelques autres nouveaux dans le ressort du mesme Parlement, et qu'ils envoyent à Tholouse pour estre asseurez de la vérité ou fausseté de ceste nouvelle, de laquelle ils donnent advis en Cour. Je crains que cest exemple, s'il est véritable, donne aux Officiers de ce Parlement désir de l'imiter et d'ordonner au préiudice des Présidiaux de Libourne et de Marennes. J'attendray sur ces occasions les ordres de la Cour, auxquels j'obéiray ponctuellement et tascheray de faire obéir tous les autres. Monsieur de Castelnau de La Force doibt estre icy demain pour me parler de l'église de Mucidan; ung des vicaires-généraux de Périgueux y est aussy pour le mesme subiet. Nous les entendrons, et je vous rendray compte, Dieu aidant, au premier ordinaire, de ce que nous aurons faict.

Je vous supplie de conserver tousiours en l'honneur de vos bonnes grâces,

Monsieur,
vostre très-humble et très-affectionné serviteur,

Le duc d'Espernon.

De Bourdeaux, ce 16 d'aoust 1648.

(1) Dossier n° 87, pièce 24.

LETTRE DE M. DUBERNET (1)

Monseigneur,

Je suis infiniment marry de ne pouvoir vous rendre meilleur compte des ordres qu'il vous a pleu me donner sur la déclaration du dernier de juillet. Nous combattons à sçavoir s'il y faut délibérer auparavant que les propositions faictes pour le convoy soient conclues. Messieurs des Enquestes représentent ceste déclaration sy importante et sy difficile, qu'il leur faut beaucoup de temps pour l'examiner dans leurs Chambres, ou, pour mieux dire, ce que le Parlement de Paris fera après ces festes. Monsieur d'Espernon agit de son costé dans la créance pourtant que les esprits de deçà ne seront point calmes, tandis que ceux de Paris leur monstreront les exemples qu'ils leur ont donnez jusques à maintenant. Nous en avons encore d'ailleurs, et récemment ung arrest de Tholouse contre les Présidiaux de Limoux, de Rhodez et Montauban fortifia les poursuites des Séneschaussées de Guyenne et de Xaintes contre les Présidiaux de Libourne et de Marennes. Je m'attache plus, Monseigneur, aux choses générales, et je voudrais bien que ces faux zélés agissent dans les particulières seulement, auxquelles l'authorité du Conseil se trouvant blessée, vous remédierez bien tousiours. Et encore qu'il y ayt mauvais exemple donné aux peuples, toutefois les choses, où ils sont intéressez et surchargez, sont, sans comparaison, plus dangereuses à esmouvoir. Je prie Dieu, Monseigneur, que vous puissiez bientost mettre l'authorité royale à tel point, que nous soyons hors de ces désordres, lesquels, certes, durent trop longuement. Cependant, nous gaignerons autant de temps que nous pourrons, et je demeurerois tousiours avecq le respect que je doibs,

Monseigneur,
vostre très-humble et très-obéissant serviteur,

DUBERNET.

A Bourdeaux, ce 16 aoust 1648.

Je vous envoye, Monseigneur, une lettre de nostre Compagnie

(1) Dossier n° 114, tome V, pièce 68.

sur la nomination de Monsieur de Pontac à l'administration de l'Hostel-Dieu de ceste ville.

LETTRE DU DUC D'ÉPERNON (1)

Monsieur,

Je vous ay faict sçavoir comme, par l'advis de Monsieur le premier Président, j'ay différé autant que j'ay peu d'aller au Parlement, qui ne s'assembla pas hier, sur les excuses que j'envoyay faire de ce que je ne m'y pouvois pas trouver. Ce matin, j'ay esté adverty de la part du dit sieur premier Président que l'on s'assembloit, et j'y suis allé sans délay. Je désirois qu'on procédast à la vérification de la dernière déclaration que le Roy nous a envoyée, qui contient des grâces et bienfaits de Sa Majesté pour toute la province, et particulièrement pour le Parlement. Ils ont esté d'autre advis, et n'ont pas voulu toucher à ceste déclaration, qui porte une chose à leur advantage, affin de faire croire qu'ils travaillent et songent principalement au soulagement du peuple, et ont obtenu d'opiner touchant une imposition de deux escus par tonneau, de vingt sols sur certaine mesure de bled, et d'autres sommes d'argent sur le sel et autres marchandises, laquelle imposition fut establie, l'an 1637, par déclaration du Roy vérifiée en ce Parlement pour deux ans seulement, fut continuée pour trois ans par autre déclaration pareillement vérifiée, et derechef continuée, l'an 1643, par une troisiesme déclaration, qui n'a pas esté vérifiée. On ne peut blasmer les commis du convoy et comptablie pour la levée de ce droit, qui est bien exprimé dans leur bail. Sur le deffault de vérification, la pluspart de l'Assemblée se portoit à deffendre de lever ceste imposition. Nous avons représenté ce qu'on pouvoit opposer à l'encontre, que le Parlement n'est pas juge des fermiers du convoy, ny des impositions establies, et remonstré les fascheuses conséquences sy le Roy cassoit leur arrest et en empeschoit l'exécution, soit en envoyant des troupes, soit en

(1) Dossier n° 87, pièce 25.

retirant d'icy le convoy; et s'ils avoient par cest arrest donné subiet au peuple de s'esmouvoir contre l'authorité du Roy, j'ay protesté du mal qui pourroit arriver. J'ay déclaré que je voulois sortir de l'Assemblée, sy elle prenoit ceste mauvaise résolution. J'ay adverty, exhorté et prié; j'ay menacé en quelque sorte et n'ay rien oublié de ce qui se pouvoit dire, jusques à interrompre diverses fois ceux qui parloient avecq plus de vigueur contre mon sentiment. Enfin, plusieurs sont revenus et j'ay obtenu, mais d'une seule voix sur les autres, qu'on sursist ceste délibération et qu'on me donnast le loysir et à Monsieur le premier Président de pouvoir advertir le Roy et son Conseil de l'estat de ceste affaire, et recepvoir sur ce subiet les ordres de Sa Majesté; que cependant des députez du Parlement, avecq les gens du Roy, se trouveroient ung jour à Puipaulin, où nous examinerions, avecq les commis du convoy, le tiltre des droits qu'on prétend estre mal exigez, et les obligerions à consentir de ne pas lever ce dont ils recognoistroient eux-mesmes qu'ils n'ont point de tiltre valable. J'envoye ce gentilhomme exprès pour informer Sa Majesté de ceste affaire et pour la supplier très-humblement de nous donner sur ce subiet l'honneur de ses commandemens. Il n'y a pas de doubte que le peuple désire infiniment estre soulagé de ceste charge; qu'elle a esté premièrement imposée pour tirer une subvention de bien aisez sur ceste ville; qu'elle se lève à présent sans vérification, et qu'il est malaisé, ou plustost qu'il n'est pas possible d'empescher que ce Parlement ne donne arrest pour la supprimer, s'il ne plaist à Sa Majesté y donner ung autre ordre, et que le peuple suit en ceste rencontre les mouvemens du Parlement. Je vois d'ailleurs les nécessitez de l'Estat et des finances du Roy, et ne me mesle pas de donner advis, mais bien de suyvre ponctuellement les ordres du Roy, que je vous supplie, Monsieur, de nous envoyer au plus tost par le retour du baron de Talanges. Cependant, pour empescher et prévenir les impressions que de mauvais esprits pourroient donner au peuple de ceste ville que je m'oppose, et mes amis, à sa descharge et à son soulagement, j'ay tasché de rendre les Jurats, les Juges de la Bourse, et les principaux habitans que j'ay mandez, capables de comprendre et de faire entendre aux autres bourgeois qu'ils ne doibvent attendre aucun véritable soulagement que du Roy, et que ceux qui leur en présentent sans ceste authorité ne peuvent tenir ce qu'ils promettent, et les jetteroient en des confusions et des périls irréparables, sy on suyvoit leurs sentimens.

J'ay oublié à vous marquer cy-dessus, Monsieur, que pour n'opiner pas sitost sur la déclaration du Roy qui a esté envoyée au Parlement, on a dit que le Parlement n'avoit point reçeu de lettres du Roy, comme c'est la coustume quand il reçoit des déclarations ou Édits de Sa Majesté. Quelqu'un a remarqué que la Cour des Aides a reçeu une lettre du Roy pour vérifier la déclaration, et n'a pas reçeu la déclaration, au contraire du Parlement, auquel on a rendu la déclaration sans lettre du Roy, ce qui peut avoir esté faict par l'inadvertance d'ung commis de Monsieur de La Vrillière, qui a mis l'inscription pour la Cour des Aides à la lettre qui avoit esté escrite pour le Parlement.

Des députez de Villefranche de Rouergue me sont venus prier ce matin, de la part de la dite ville et du Présidial qui y est, de les favoriser en suitte de l'arrest que le Parlement de Tholouse donna, le 4 de ce mois, pour supprimer le Présidial de Rhodez, aussy bien que ceux de Privas et de Limoux. Je leur ay déclaré que, sans autre authorité du Roy, l'arrest du Parlement de Tholouse leur seroit inutile; qu'il leur pouvoit fournir quelque prétexte de s'adresser au Conseil pour représenter les griefs qu'ils avoient reçeus en l'érection du Présidial de Rhodez et y proposer les expédiens qu'ils avoient de dédommager ces nouveaux Officiers ou faire la condition du Roy meilleure; que je favoriserois ceux qui seroient maintenus par le Roy. Je vous envoye la copie qu'ils m'ont donnée du dit arrest, qui pourra servir de modèle à ce Parlement contre les Présidiaux de Marennes et de Libourne, à la sollicitation des Présidiaux plus anciens, du retranchement desquels on a composé ces nouveaux. Il est fascheux que les Parlemens entreprennent de casser ces institutions de nouveaux sièges, mais ceste guerre d'Officiers présidiaux ne touche pas le peuple, auquel il est souvent indifférent d'estre jugé par les ungs ou les autres, et se doibt enfin terminer au Conseil. Je vous supplie de conserver l'honneur de vos bonnes grâces,

Monsieur,
à vostre très-humble et très-affectionné serviteur,

Le duc d'Espernon.

De Bourdeaux, ce 18 d'aoust 1648.

LETTRE DU DUC D'ÉPERNON (1)

Monsieur,

J'avois prié Monsieur le Procureur général de Bourdeaux, suyvant les lettres que le Roy m'avoit faict l'honneur de m'escrire au dit Procureur général, à la recommandation des receveurs et fermiers des droits de Sa Majesté, de ne poursuivre pas les fermiers de Mortagne, en conséquence d'ung arrest de ce Parlement donné contre eux et contre les receveurs des droits du Roy sur la Charente, et Monsieur le Procureur général, obéissant aux ordres du Roy et déférant à mes advis et prières, traînoit l'affaire en longueur, et ne faisoit point de poursuites après avoir faict signifier l'arrest. Il a esté adverty, et m'en a donné advis, que l'advocat général Du Saut a présenté requeste au Parlement contre les dits fermiers de Mortagne et de Charente pour les faire assigner à trois briefs jours et leur parfaire leur procez, et quoyqu'il l'ayt présentée sous le nom du Procureur général, il l'a toutefois signée du sieur Du Saut. J'aurois mandé le dit Du Saut pour l'advertir de la conséquence de la chose et des volontez du Roy, sy Monsieur le Procureur général ne m'avoit asseuré que Du Saut n'ignoroit point la volonté du Roy, et qu'il luy avoit faict voir l'ordre et les volontez du Roy, en luy monstrant les lettres de Sa Majesté, au préiudice desquelles il n'avoit pas laissé de présenter la dite requeste, duquel procédé le Procureur général donnera advis et se plaindra à Sa Majesté. Je n'ay pas creu qu'il déférast à mes advis, puisqu'il n'avoit pas faict estat des ordres que le Procureur général luy a communiquez de la part de Sa Majesté, et en outre, le cognoissant d'ung esprit chaud et en des sentimens, touchant ces rencontres, contraires aux miens, j'ay considéré que je n'obtiendray rien de luy en luy parlant, et que de ceste conférence il prendroit occasion d'animer ce qu'il y a de plus remuant dans le Parlement et de nous diminuer ce peu que nous y avons de créance qu'il nous est nécessaire de mesnager pour le service du Roy, ce que Monsieur le Procureur général a approuvé. J'ay deu vous donner cest advis, sur lequel Sa Majesté

(1) Dossier n° 87, pièce 26.

ordonnera ce qui luy semblera bon. Je suis avecq passion,
Monsieur,
vostre très-humble et très-affectionné serviteur,

Le duc d'Espernon.

De Bourdeaux, ce 24 d'aoust 1648.

LETTRE DU DUC D'ÉPERNON (1)

Monsieur,

J'allay passer dimanche, lundy et mardy derniers, qui estoient festes, en ma maison de Cadillac, d'où je vins hier disner en ceste ville pour y continuer ma résidence, autant que le service de Sa Majesté le demandera. J'appris en arrivant que ce Parlement, suyvant l'exemple de celuy de Tholouse, avoit ce matin-là mesme donné arrest contre les Présidiaux de Libourne et de Marennes, et contre quelques offices de nouvelle création ès autres Présidiaux de son ressort. En mesme temps se sont trouvez icy les députez de la ville de Rhodez, pour me prier de protéger leurs droits et ceux de leur Présidial contre l'arrest du Parlement de Tholouse, qui supprime le dit Présidial, et m'asseurent que, sans la considération qu'eux et les habitans de Villefranche de Rouergue ont pour moy, leur païs seroit maintenant en ung extresme désordre; et je vous puis asseurer, Monsieur, que s'il commençoit en ce lieu-là, il auroit une fascheuse suitte, tant dans le Languedoc que dans ceste province, et qu'il est malaisé que les Officiers, qui sont les principaux et plus puissans des villes, poussez au-delà de leur propre intérest par les sollicitations de ces deux Parlemens, jaloux de l'exécution de leurs arrests, ne causent enfin quelque mouvement périlleux parmy les peuples, sy on ne reçoit quelque règlement du Roy qui arreste ces différends.

Hier, je fus adverty par les Jurats qu'il y avoit sept ou huit cens hommes sur le port, résolus d'empescher qu'on chargeast de bled ung navire selon la liberté du commerce, que ces mutins

(1) Dossier n° 87, pièce 27.

n'avoient voulu céder à leurs advertissemens, prières et commandemens, et s'estoient portez jusques à faire retirer les basteaux qui portoient le bled dans le vaisseau. Sur cest advis, avecq douze ou quinze gentilshommes et avecq ce qui se trouva de mes gardes près de moy, je montay à cheval et marchay vers le lieu de ceste assemblée, qui se dissipa toute sur le bruit de mon arrivée. Le soir, trente ou quarante s'estoient assemblez devant la maison du premier Jurat. J'y envoyay mes gardes avecq des gentilshommes de ma maison, devant lesquels ces séditieux s'escartèrent de telle façon qu'on n'en peut recognoistre, ny prendre aucun. J'ay faict garder la Maison de ville, et ay envoyé des personnes asseurées se promener ès rues de ceste ville durant la nuit, qui s'est passée sans trouble, et je continueray de faire tout ce que je verray nécessaire pour tenir ceste ville en l'obéissance et prévenir des mouvemens qui seroient de très-dangereuse conséquence.

J'ay cy-devant adverty une infinité de fois le Roy et Messieurs du Conseil de la nécessité de réparer et fournir de munitions le Chasteau-Trompette, et j'ay supplié de me donner quelques forces et quelque nombre d'hommes plus grand dans mes gardes et dans le Chasteau-Trompette, et qu'on mist sur pied ma compagnie de gensdarmes, affin que je puisse dissiper ce qui s'élèveroit mal à propos. J'en touche derechef quelque chose en mes dépesches au Roy, à Monsieur le Cardinal et à Monsieur de La Meilleraye. Je feray de mon costé tout ce qui me sera possible pour conserver les peuples dans le respect qu'ils perdent aisément s'ils perdent une fois la crainte, et il y a plus de danger qu'ils la perdent à présent, voyant les principaux Officiers des Cours souveraines avoir sy peu de considération des volontez de Messieurs les Ministres et de l'authorité du Roy. Je seray tousiours celuy que je doibs estre, et passionnément,

Monsieur,
vostre très-humble et très-affectionné serviteur,

Le duc d'Espernon.

De Bourdeaux, ce 27 d'aoust 1648.

LETTRE DU DUC D'ÉPERNON (1)

Monsieur,

Depuis ma dépesche faicte, ung nommé Grimard, cy-devant conseiller en la Grand'Chambre du Parlement, qui a laissé son office à son fils, auquel il a aussy achepté la commission de Président aux Enquestes, m'est venu voir accompagné de son dit fils, auquel parlant en présence de l'autre et disant doulcement et amicalement à son fils que je ne croyois pas que l'arrest du Parlement donné hier sur le faict du convoy ne causast dommage au Roy et à ses subietz, et qu'il pourroit donner occasion à Sa Majesté d'envoyer des gens de guerre au quartier d'hiver dans ceste province, et que peut-estre ils logeroient chez luy comme chez les autres, puisqu'ils excitoient la colère de Sa Majesté, qui donneroit lieu à des logemens de gens de guerre. Il m'a respondu avecq beaucoup d'insolence qu'il tueroit ceux qui auroient ordre de loger dans ses maisons, et comme ce discours est insolent et insupportable, je luy ay dit que s'il avoit le courage d'entreprendre une action sy contraire à l'authorité royale, je le poignarderois quand on ne le feroit pas mourir par justice, feust-il entre les bras de tous les Princes de la terre. J'advoüe que j'ay eu bien de la peyne à me contenir, me contentant de le chasser honteusement de ma maison et de luy faire cognoistre qu'il est un vieux fol. Je ne l'ay pas voulu arrester pour ne causer point de sédition, mais je l'ay menacé seulement. Ce vieux homme n'est pas bien sensé, mais il est insolent, et cela vous peut faire cognoistre de quel esprit sont tous ceux de la ville et de la province, et combien les exemples de Paris les esmeuvent. De quoy j'ay voulu vous donner advis, vous asseurant, Monsieur, que je feray bien tout ce que je doibs, mais qu'il est quasy impossible que les peuples demeurent dans la modération. C'est à vous à songer de nous donner les moyens de réussir pour l'authorité de Sa Majesté, le bien de son Estat et le repos public, à quoy je contribueray tout ce que peut et doibt, Monsieur, vostre très-humble et très-affectionné serviteur,

Le duc d'Espernon.

De Bourdeaux, ce 5 septembre 1648.

(1) Dossier n° 87, pièce 29. Autographe.

LETTRE DU DUC D'ÉPERNON (1)

Monsieur,

La nouvelle que j'ay apprise du péril que vous avez couru m'a très-sensiblement touché, et je loüe Dieu de tout mon cœur de ce qu'il vous en a retiré heureusement, bien marry néantmoins de n'avoir pas esté en lieu pour contribuer, par le hazard de ma vye, à garantir la vostre. Le bon Dieu, qui vous a conservé ceste fois, vous conservera longtemps, sy mes souhaits ont lieu. Cependant, je me resjouys avecq vous de vous sçavoir en santé et hors de danger, estant avecq passion,

Monsieur,
vostre très-humble et très-affectionné serviteur,

Le duc d'Espernon.

De Bourdeaux, ce 6 septembre 1648.

Monsieur, je remets à Monsieur Dubernet de vous mander l'arrest que le Parlement donna hier sur le convoy. Je ne l'ay peu empescher, quelque exhortation que j'aye faicte aux particuliers, ce qui m'a empesché d'y assister, puisque ne les pouvant empescher de suyvre leurs mouvemens et opiner librement, j'eusse eu de la honte à me trouver en une délibération qui entreprend sur l'authorité du Roy, et qui est pour causer ung grand désordre dans ceste province.

LETTRE DE MM. DUSAULT, DE PONTAC ET T. DE LAVIE (2)

Monseigneur,

Nous serions blasmables de vous aborder dans la foule extraordinaire de vos occupations pour en augmenter le nombre par nos importunitez, sy ce n'estoit encore une plus grande faulte à nous de vous supprimer les choses qui intéressent notablement

---

(1) Dossier n° 87, pièce 29. Autographe.
(2) Dossier n° 108, tome II, pièce 39.

le service du Roy et de ne recourir pas à vostre protection sy souvent expérimentée, pour la conservation des droits les plus importans de nos charges. Nous avons creu dans ces dernières occurences debvoir dissimuler beaucoup de choses qui se sont passées dans ce Parlement à nostre préiudice, mais elles sont venues à ung point, que vous auriez subiet de condamner nostre silence dans l'occasion qui servira de subiet à ceste lettre. Après que dans toutes ces occasions qui vous ont, Monseigneur, esté cogneües, ces Messieurs se sont servis du nom de nos charges sans se servir de nos personnes, et que convoitant et instruisant les affaires par des conférences de Commissaires où aucun de nous n'a esté appelé, ils ne nous ont laissé autre part dans les intérests publics qui se sont traitez que l'exécution de leurs ordres, et nous ouyr quelquefois sommairement et par forme d'acquit, seulement sur le point de leur résolution, ayant ainsy réduit nos fonctions en ung ministère nécessairement servile. Encore nous ont-ils trouvez trop lents en ceste partie, en ce qu'ils ont appris que ung de nous ayant reçeu ordre de Leurs Majestez d'user de quelque surséance pour l'exécution d'ung décret de prise de corps de vous, sans nostre réquisition, contre quelques commis du Bureau de Mortagne, pour se rendre une fois pour toutes maistres absoluz de la proposition, résolution et exécution des affaires, ils ont proposé et ensuite résolu par arrest rendu, les Chambres assemblées, de voir ung nouveau Parquet. C'est ainsy, Monseigneur, que nous debvons appeler l'establissement qu'ils ont faict d'ung syndicat de trois de Messieurs les Conseillers, ung de la Grand'Chambre et deux des Enquestes, pour veiller aux affaires publiques, promouvoir à l'exécution des arrests, presser le Parquet pour avancer et instruire les procédures et annoter refus. Et n'avons reçeu autre advantage de nos protestations que d'avoir eu subiet légitime de refuser de conclure sur la proposition et l'imposition dernières, faictes en l'année trente-sept, de deux escus pour chasque tonneau de vin, dont le Parlement a sursis la levée par son arrest du quatriesme du courant, donné sans ouyr les gens du Roy. C'est pourquoy nous sommes obligez d'avoir recours à sa main souveraine, sous vostre protection, Monseigneur, que nous vous demandons très-humblement, estimant qu'il seroit inutile de vous expliquer plus au long les conséquences de ce nouvel establissement, nous ne disons pas seulement contre les intérests des charges que nous avons l'honneur d'exercer, mais contre le service du Roy et contre son authorité, ne doubtant pas que dans la seule proposition vous n'ayez prévu d'ung coup d'œil toutes les suittes et tous les mauvais effets de ceste introduction dangereuse, et voyons que ces Messieurs, qui en sont les autheurs, n'y ont pas pris garde, n'estant pas difficile à juger qu'il n'y a point de trouble, ny de désordre, qui ne se glissast dans les Compagnies, sy ceste voye leur estoit ouverte. Nous nous contenterons, Monseigneur, de vous venir supplier très-humblement d'y porter ung remède prompt et efficace, et de considérer que jusques alors nous sommes rendus inutiles au service du Roy; nous ne sommes plus ses advocats et procureurs généraux, mais les substituts de Messieurs les Syndics pour exécuter leurs ordres, suyvre leurs pensées, et estre subietz à leur inspection et direction, et qu'en cest estat il nous est impossible de continuer nos fonctions. Nous espérons que vous jugerez qu'il y a nécessité à requérir ung arrest du Conseil d'en haut portant cassation de ceste délibération, dont il nous seroit impossible de pouvoir vous envoyer l'expédition, et deffenses aux Syndics nommez de faire aucune fonction de nos charges ou commissions, à peyne d'en respondre en leurs propres personnes, et, en cas de contravention, qu'ils seront assignez au Conseil, nous remettant néantmoins aux moyens que vous jugerez les plus propres et les plus convenables. Cependant, nous continuerons nos prières à Dieu pour la conservation de vostre santé, que nous avons redoublées dans les dernières occasions, comme y estant obligez par divers tiltres, et à estre toute nostre vye,

Monseigneur,

vos très-humbles et très-obéissans serviteurs,

Les Advocats et Procureurs généraux du Roy au Parlement de Bourdeaux,

DUSAULT, DE PONTAC, T. DE LAVIE.

Bourdeaux, ce ix septembre 1648.

Ou .... faire eux-mesmes ce qui sera nécessaire selon qu'ils le jugeront à propos, ayant appris par bruit commun ceste délibération, le respect que nous debvons à ung grand Parlement dans lequel nous avons l'honneur de servir, et la considération que nous avons tousiours eue de ne lasser point les oreilles de Leurs Majestez et les vostres des plainctes de nos divisions, nous obligèrent d'employer toute nostre industrie pour arrester le mal dans son principe, nous remonstrasmes à la Cour que dans ung grand Corps comme le sien, qui est le chef de la puissance du Prince et l'image de son authorité, il n'appartient qu'à la main royale d'y porter des changemens, d'y introduire de nouveaux tiltres et d'y faire des establissemens ou d'innover la moindre chose dans les ordres anciens ; que l'institution et les fonctions de nos charges despendoient encore de sa main souveraine, et qu'ayant ceste gloire de porter le tiltre de Gens du Roy, Sa Majesté nous avoit aussy tousiours honorez particulièrement de sa protection ; que sy nous manquions dans nos debvoirs par quelque connivence ou autre plus mauvais principe, dont, Dieu mercy, nostre conscience ne nous reproche rien, la Cour avoit des voyes, par les loix et les ordonnances, pour la censure des personnes, sans porter de flétrissure sur le tiltre de nos charges, qui despendent de l'authorité du Roy ; que nous avions esté condamnez sans estre ouys ; qu'il y a quelque vingtaine d'années qu'une pareille proposition ayant esté faicte et d'abord embrassée comme toutes les nouveautez, sur les remonstrances que fit le Parquet, où deux de nous estoient pour lors, elle fut abandonnée ; que nous attendions la mesme justice, n'ayant jamais manqué de zèle pour le service du Roy, pour la dignité de la Compagnie, de laquelle nous serions bien marrys d'estre obligez de nous plaindre au Roy. Nous en vinsmes enfin jusques au point de protester que nous abandonnerions le service de nos charges, ne pouvant les exercer avecq ceste flétrissure, jusques à ce qu'il eust pleu à Sa Majesté l'effacer de dessus nos fronts et nous remettre dans la liberté et dans l'honneur de nos fonctions. Toutes ces voyes, Monseigneur, nous ont esté inutiles.

LETTRE DU DUC D'ÉPERNON (1)

Monsieur,

Les sieurs de Pontac, procureur général, et de Lavie, advocat général du Roy en ce Parlement, m'ont prié de représenter à la Cour l'entreprinse que le Parlement a faicte, depuis quinze ou

---

(1) Dossier n° 87, pièce 30.

seize jours, sur leurs charges, au préiudice de l'authorité du Roy, en eslisant les sieurs d'Uzeste, de Cursol et du Val, conseillers, en qualité de syndics pour faire les fonctions des gens du Roy en l'exécution des arrests donnez sur les affaires publiques, et pour promouvoir et avancer toutes les causes qui regarderont le bien public et le service du Roy. Cest arrest passa d'une voix, qui fut celle de Du Sault, fils de l'Advocat général. Le Procureur et les deux Advocats généraux se plaignirent de ceste délibération aux Chambres assemblées, et leur firent sçavoir qu'ils avoient résolu de ne faire aucune réquisition, ny fonction de leurs charges, sy le Parlement ne rétractoit cest arrest, ou bien jusques à ce qu'ils eussent reçeu les ordres du Roy, comme ils en estoient demeurez d'accord au Parquet. Du depuis, l'advocat Du Sault, au préiudice de la résolution qu'il avoit prise avecq ses compagnons et de la déclaration qu'il avoit faicte conjointement avecq eux aux Chambres assemblées, a continué d'aller aux audiences et de faire les fonctions de sa charge, ostant à ses compagnons ung moyen qu'ils croyoient avoir en main pour obliger les Chambres à rétracter leur arrest et révoquer leurs syndics et ce nouveau Parquet, qu'ils ont establY contre celuy des gens du Roy. J'ay creu la chose assez importante, Monsieur, pour vous estre expliquée. Je ne m'arresteray pas à en remarquer les conséquences, que les gens du Roy vous auront représentées et que vous cognoissez mieux que personne, ny à proposer les motions et les remèdes nécessaires qu'on doibt attendre du Conseil de Sa Majesté, mais vous asseurer seulement, et de mon inviolable fidélité pour le service du Roy, et de la constante passion avecq laquelle je suis, Monsieur, vostre très-humble et très-affectionné serviteur,

Le duc d'Espernon.

De Bourdeaux, ce 17 septembre 1648.

LETTRE DU DUC D'ÉPERNON (1)

Monsieur,

Quand je ne vous aurois pas préparé à recepvoir des impor-

---

(1) Dossier n° 87, pièce 31.

tunitez de ma part, je ne me pourrois pas deffendre de vous supplier très-humblement de vouloir que le sieur de Mons, qui a achepté ung office de Conseiller au Parlement de ceste ville et qui a besoin d'une dispense d'âge pour se faire recepvoir, soit appuyé de l'honneur de vostre protection en l'obtention de ceste grâce, que je ne vous demanderois pas pour luy, s'il s'en falloit plus de sept ou huit mois qu'il n'ayt atteint l'âge qui luy est nécessaire pour cest effet, et sy son mérite et sa capacité ne suppléoient au deffault de ce peu de mois, qui s'escouleront quasy entièrement à la poursuite de ses provisions et en la cérémonie de sa réception. J'adiouste à cela, Monsieur, qu'estant fils d'ung gentilhomme d'honneur qui a très-bien servy le Roy dans les charges publiques qu'il a exercées en ceste ville, et petit-fils du sieur de Mons qui, après avoir esté longtemps Conseiller au Grand Conseil, vint finir icy ses jours en la charge de Président en la première Chambre des Enquestes, qu'il exerça avecq autant d'honneur et d'intégrité qu'il se peut, il me semble que toutes ces considérations rendent sa cause favorable et luy en doibvent faciliter le succez, et je ne pense pas, Monsieur, qu'il y trouve plus de difficulté, quand je vous auray asseuré que le père et le fils sont des personnes que j'estime et chéris beaucoup, et que vous ne sauriez les obliger sans m'engager avecq eux au ressentiment qu'ils en auront, puisque je fais estat d'y prendre autant de part qu'eux-mesmes, et de vous en faire paroistre ma gratitude par tous les services très-humbles que vous pourra rendre,

 Monsieur,
vostre très-humble et très-affectionné serviteur,

Le duc d'Espernon.

De Bourdeaux, ce 29 octobre 1648.

LETTRE DU DUC D'ÉPERNON (1)

Monsieur,

Quelque soin que j'aye pris de voir en particulier les plus

(1) Dossier n° 87, pièce 32.

puissans, tant dedans la Grand'Chambre qu'ès Enquestes de ce Parlement, et de les exhorter de donner au Roy la satisfaction que Sa Majesté désire pour l'imposition des deux escus par tonneau, je n'ay peu obtenir qu'ils consentent à une rétractation de leur arrest, ou à la levée d'une partie de l'impôt, et la cognoissance de ceste disposition du Parlement m'a empesché d'y entrer pour faire aucune proposition sur ce subiet, sçachant qu'infailliblement elle eust eu ung mauvais succez. Je n'ay pas aussy rien entreprins qui peust aigrir les esprits ou nous causer icy du trouble, cognoissant les inclinations du peuple, et jugeant qu'il n'y a rien aujourd'huy plus nécessaire en France que de conserver la tranquillité publique. Je prends garde à ce que faict le Parlement, qui, suyvant ses arrests précédens et soubz prétexte de procéder à la vérification des dernières déclarations du Roy, a résolu de continuer à prendre cognoissance des levées d'argent qui se font sur le peuple. Ils disent qu'ils ne veulent point toucher à celles qui sont establies par Édits vérifiez ès Cours souveraines; qu'ils veulent délibérer de celles qui n'ont point esté vérifiées, mais seulement establies par arrests du Conseil, ou par ordre de Messieurs les Surintendans ou Intendans des finances, et qu'ils désirent empescher celles qui se lèvent sans aucun tiltre. En attendant que Sa Majesté nous donne ses ordres, que j'envoye demander sur ce subiet par le sieur de Saint-Quentin, je crois ne pouvoir mieux faire que de tascher à porter les Officiers du Parlement à ne deffendre point la levée d'aucunes impositions, mais d'envoyer leurs plainctes ou remonstrances à Sa Majesté, qui entendra leurs propositions, sur lesquelles, avecq cognoissance de cause, elle prendra sa résolution. Le sieur de Saint-Quentin, auquel j'ay beaucoup de confiance, vous en pourra plus amplement entretenir, et vous asseurer très-particulièrement, comme je luy en ay donné charge, que je vous considère et vous honore avecq une extresme passion de pouvoir mériter par mes services très-humbles la continuation de l'honneur de vostre amitié, et me faire paroistre,

 Monsieur,
vostre très-humble et très-affectionné serviteur,

          Le duc d'Espernon.

De Bourdeaux, ce 29 novembre 1648.

LETTRE DU DUC D'ÉPERNON (1)

Monsieur,

J'ay reçeu la lettre dont il vous a pleu m'honorer et vous demeure très-obligé de ceste faveur. Je ne doubte pas que vous ne preniez avecq regret les résolutions qui diminuent aucunement le lustre des Compagnies, et qu'en ces occasions vous ne vous y laissiez conduire par vostre sagesse ordinaire. J'aurois bien à vous dire, Monsieur, quelques choses qui pourroient excuser les parens et alliez de Monsieur le président de Lalanne, et il ne seroit pas difficile de persuader que l'intérest particulier de quelques-ungs a eu plus de force après son ressentiment que aucune pensée de manquer au respect qu'ils doibvent au Roy. Vous cognoissez mieux que personne que le nombre de Présidens augmenté diminue le prix de ces offices, et il pourroit estre que quelques-ungs du Corps du Parlement, se laissant emporter à la violence de leurs mouvemens, auroient faict des déclarations qui se trouveront, en beaucoup de choses, contraires à la vérité des registres, ce qui a donné lieu à l'arrest du Conseil. J'oserois bien asseurer que les parens de Monsieur le président de Lalanne n'avoient plus d'intérest, leur parent estant restably, mais que leur intention, comme celle de tout le Corps, n'estoit pas de chocquer l'authorité du Roy. Ils vouloient seulement chercher les moyens d'éviter l'augmentation des offices, comme une chose qui est tousiours fort rude à toutes les Compagnies, ce que j'ay cogneu estre véritable, et que j'infère de la pleine obéissance que tous ont rendue à la volonté du Roy et à l'arrest du Conseil. Le sieur Quiquebœuf, huissier du Conseil, vous dira comme il n'a trouvé nulle difficulté. S'il y a eu quelques contestations, ce n'a esté que sur l'interprétation du mot de « parens », lequel néantmoins a esté entendu jusques aux alliez, qui sembloient ne pas debvoir estre compris sous le nom de « parens ». Il est bien juste, Monsieur, que le président de Gourgues soit satisfait de ses intérests, et le Roy le doibt ordonner, mais je crois qu'il est du bien de son service de terminer ceste affaire par la doulceur, et je ne doubte pas que quand on en donneroit l'ordre à

(1) Dossier n° 87, pièce 33. Autographe.

quelqu'un agréable et adroit, il ne peut y mettre une fin doulcement et par voye d'accommodement, où l'authorité de Sa Majesté demeureroit tout entière et où l'on pourroit trouver la satisfaction des parties intéressées comme de la Compagnie. Ceste obéissance, que le Parlement a rendue, est une chose qui restablit mieux que jamais l'authorité royale, et qui donne subiet à Sa Majesté de faire paroistre sa bonté après avoir employé sa rigueur. Mais comme vous cognoissez et sçavez les choses très-bien, et donner et prendre les résolutions les plus utiles et honorables, je m'asseure, Monsieur, que dans ceste occasion vostre prudence ordinaire vous fera trouver le meilleur advis, et moy je vous supplieray de me conserver l'honneur de vos bonnes grâces, que je veux mériter et conserver par les effets du service très-humble,

  Monsieur,
de vostre très-humble et très-affectionné serviteur,

        Le duc d'Espernon.

A Bourdeaux, le 27 décembre 1648.

ANNÉE 1649

LETTRE DU DUC D'ÉPERNON (1)

Monsieur,

Envoyant ung gentilhomme exprès pour renouveler à Leurs Majestez les asseurances de mon très-humble service et leur rendre compte de l'estat de ceste province, j'use de la mesme commodité pour vous faire ressouvenir de l'estime très-particulière que je fais de vostre amitié, et vous supplie de me la conserver et croire qu'il n'y a rien que je désire davantage que de la pouvoir mériter par mes respects et services.

Les troubles de Paris ne nous donnent pas icy peu d'exercice : les peuples sont universellement mescontens et tous ès mesmes sentimens, quoyqu'ils ne soient pas ès mesmes mouvemens que

(1) Dossier n° 87, pièce 34.

celuy de Paris. Ceux de ceste province ont esté maltraitez de tailles et impositions, et de gens de guerre, et sont d'ung naturel plus prompt et plus remuant que les autres. Ceux qui debvroient modérer leur chaleur et leur monstrer l'exemple et la loy de l'obéissance et du debvoir les inspirent au contraire et les animent davantage. Les Parlemens se persuadent que leur cause se décide en celle du Parlement de Paris, et comme ils sont puissans et establis pour rendre la justice, il est malaisé de faire entendre au peuple que ce qu'ils approuvent ne soit pas légitime, veu mesme qu'ils l'intéressent par leurs arrests qui ostent les impôts et veulent faire croire qu'ils ne sont en la haine du Conseil et en peyne, sinon pour le soulagement et la cause du peuple, qu'ils préfèrent à tous leurs intérests.

Vous avez appris d'ailleurs les arrests donnez au Parlement de Tholouse pour engager la ville et tout le païs à leur deffense et à maintenir leur authorité, et comme le ressort de ceste Compagnie s'estend en une grande partie de ce gouvernement, ils y font aisément passer leurs inclinations et leurs affections. Ce Parlement toutefois, j'entends celuy de Bourdeaux, nous donne plus de peyne.

Après les nouvelles de la sortie du Roy et de l'approche de ses troupes et de l'armement de Paris, ils mirent icy en délibération d'arrester les deniers ès recettes du Roy. On leur fit cognoistre de ma part qu'ils donneroient ung arrest sans effet et qu'on avoit mis ordre à ce qu'ils ne trouvassent point d'argent ès recettes, et à ce que Sa Majesté ne peust estre sy aisément privée de ce secours.

Ils sçeurent que le Roy avoit donné des passeports pour la traite de quelque quantité de bleds; ils ordonnèrent, ce qu'ils n'ont pas accoustumé de faire, qu'on leur présenteroit les passeports pour les examiner. J'empeschay qu'on les présentast, jugeant bien ce qu'ils vouloient faire, qui est gaigner le menu peuple de ceste ville en deffendant la traite et nous le mettre sur les bras, sy nous voulions, au préiudice de leur arrest, faire valoir les passeports du Roy. Ils cherchèrent ung autre moyen de nous embarrasser, et proposèrent d'exterminer la Cour des Aides et de s'emparer du Palais où elle rend justice, et des registres et actes de son greffe. La Cour des Aides eust apporté résistance; chacun eust employé ses amis; la ville eust esté partagée et toute en armes; la Compagnie la plus grande eust estouffé la moindre contre l'authorité du Roy, et nous eussions veu la sédition commencée par l'authorité du Parlement. Je donnay ordre que le Parlement ne peust employer en ceste occasion les armes de la ville; ils résolurent de ne rien entreprendre et de remettre la délibération touchant la Cour des Aides en une autre saison. Ils ont tesmoigné de la douleur et se sont plaints de moy, comme sy j'avois supporté contre eux la Cour des Aides, bien qu'en ce rencontre je n'aye point eu d'autre pensée que de maintenir l'authorité du Roy et éviter le désordre en ceste ville. Ils ont du depuis donné arrest qui casse l'imposition de quarante sols sur chasque tonneau de vin descendant du haut païs, de quatre livres sur chasque tonneau de vinaigre et de sept livres sur chasque tonneau d'eau-de-vie, laquelle avoit esté establie par mesmes tiltres que les deux escus pour tonneau de vin Bourdelois, qu'ils deffendirent de lever par leur arrest du quatre de septembre dernier. Ils ont eu deux visées en donnant cest arrest : l'une, de gaigner l'affection des peuples du haut païs, qui avoient subiet de leur reprocher qu'ils n'avoient soin que de leurs propres intérests et du païs Bourdelois; l'autre, de me tenter et me provoquer à faire sortir le convoy de ceste ville, affin que le bourgeois s'esmeust et que le peuple du haut païs me voulust mal, comme à ung ennemy de son bien. Et le Parlement avoit occasion de croire que je remuerois le convoy, parce qu'au mois de décembre dernier, j'avois dit à deux députez de la Grand'Chambre, que le Parlement m'envoya pour me parler du convoy, que s'ils en diminuoient les droits et s'ils y touchoient seulement, je ferois aussitost descendre le convoy. Le changement des affaires m'oblige d'en agir autrement et de retenir icy le Bureau, pour oster au Parlement le moyen qu'ils estimoient avoir trouvé d'animer ceste ville et de l'esmouvoir contre moy et contre le service du Roy. D'ailleurs, j'avois désià faict entendre aux communautez du haut païs que le Roy m'avoit promis de leur donner descharge de leurs impositions, à proportion de celle que Sa Majesté voudroit donner au païs Bourdelois, affin qu'ils sceussent l'obligation qu'ils auroient à la bonté du Roy, non pas au Parlement de Bourdeaux.

Ils veulent examiner tout ce qui se lève en leur ressort, et ont ordonné que tous les fermiers du Roy leur porteroient leurs baux. Ce qui se passa le neufviesme jour de ce mois monstre plus clairement leur inclination pour le Parlement de Paris, contre lequel, s'imaginant qu'on vouloit assembler les Estats, ils firent effort pour en empescher la convocation. La Grand'Chambre opina seule avecq ses Conseillers de la Tournelle, où il ne passa que de deux voix qu'on ne s'y opposeroit pas. Les Enquestes entrèrent incontinent après que cest arrest fut donné et vouloient qu'on opinast derechef sur la mesme matière ès Chambres assemblées, où il ne passa que d'une seule voix que pour le respect de la Grand'Chambre, qui avoit désià prononcé son arrest au Lieutenant général, on n'opineroit pas derechef, et qu'on ne deffendroit pas l'exécution des lettres du Roy pour la convocation des Estats. Le jour avant ceste Assemblée, j'avois faict sçavoir à plusieurs de ceste Compagnie qu'ils pouvoient bien donner tel arrest qu'ils voudroient, mais que je donnerois ordre qu'on obéist au Roy et qu'on tinst en ceste province l'Assemblée des Séneschaussées pour députer aux Estats d'Orléans. Vous pouvez juger par ceste délibération, Monsieur, et par les précédentes, quelle est l'intention de la pluspart de ceste Compagnie, en laquelle le premier Président n'ose pas encore proposer de faire response à la lettre qu'elle a reçeüe du Roy touchant ces mouvemens, de peur qu'ils prennent de là subiet d'escrire à Sa Majesté des plainctes et remonstrances pareilles à celles qu'à faictes cy-devant le Parlement de Paris. J'oppose à tous ces desseins ung soin extraordinaire pour les prévenir ou les estouffer en leur naissance, et en empescher les pernicieuses conséquences. J'ay envoyé des gentilshommes de considération en toutes les parties de ce gouvernement et aux principaux de la noblesse. Il n'y a point de ville remarquable qui ne m'ayt député, ny gentilhomme qui ne soit venu ou n'ayt envoyé me faire des protestations de sa fidélité, ce que j'ay faict valoir et que je suis allé dire en plein Parlement, affin d'oster à ceux qui voudroient faire mal l'espérance de réussir, et retenir par la crainte de la puissance du Roy et de l'union des gens de bien ceux que la raison et la justice ne pourroient contenir. J'ay adverty les chefs des ordres religieux d'instruire leurs prédicateurs à parler dignement de l'obéissance que la Religion nous commande de rendre au Roy. J'ay eu des asseurances des villes de Montauban, Bergerac, Sainte-Foy et autres huguenotes, et de la part de Monsieur le mareschal de La Force et de tous ses enfans, de Monsieur de Duras, de Monsieur de Colonges, et par lettres, que plusieurs Ministres de la Religion prétendue réformée ont escrites aux

Ministres de ceste ville, que les huguenotz de ceste province seroient dans le service du Roy. Il n'y a personne parmy le peuple de Bourdeaux qui ayt quelque crédit entre les habitans et sur les artisans et gens de travail, à laquelle je n'aye parlé ou faict dire les choses convenables pour conserver ceste ville en repos. Avecq toutes ces précautions, je ne me fie pas en ceste apparence de tranquillité et n'en ose asseurer. Les esprits sont sy généralement desbauchez, les motifs du soulagement et bien public et de la liberté sont sy puissans, les gens de robe sy artificieux et sy attentifs à toutes les occasions d'esmouvoir le peuple, et sy attachez à presser et à pousser tousiours en avant l'exécution de leurs volontez, qu'une heure nous peut changer toutes choses et nous jetter en de fascheux embarras. Il est de mon debvoir d'employer tout ce que Dieu m'a donné d'industrie et de pouvoir, affin de prévenir ces maux, et pour les arrester et les esteindre au plus tost s'ils avoient paru. Le reste est dans la conduite des autres et dans la disposition et Providence de Dieu, qui me fera tousiours la grâce, comme je l'espère de sa bonté, que je fasse, comme j'y suis plus résolu qu'à vivre, tout ce que je doibs pour le bien du service du Roy avecq une passion et fidélité qui ne se peuvent changer, non plus que la résolution que j'ay faicte de vous honorer tousiours parfaitement et d'estre toute ma vye,

Monsieur,
vostre très-humble et très-affectionné serviteur,

Le duc D'Espernon.

De Bourdeaux, ce 16 febvrier 1649.

PROCÈS-VERBAL

DE LA SIGNIFICATION DE L'ARRÊT DU PARLEMENT INTERDISANT LA LEVÉE DE DROITS NOUVEAUX (1)

Le samedy vingt-septiesme jour du mois de febvrier mil six cent quarante-neuf, sur les neuf à dix heures du matin, nous

(1) Dossier n° 108, tome II, pièce 44.

Jean Peleau, conseiller secrétaire du Roy et audiencier en la Chancellerie establie près le Parlement de Bourdeaux, Alain Déforges, aussy conseiller secrétaire du Roy et commis en la dite Chancellerie, estant en quartier et vacquant à l'exercice de nos charges, et Estienne de Cosson, conseiller secrétaire du Roy, estant dans la dite Chancellerie le sceau tenant assistez des sieurs Joly, aussy conseiller secrétaire du Roy, audiencier, Allène et Colomb, serviteurs du Roy et commis en la dite Chancellerie, est entré en icelle Monsieur Me Jean Desmourins, conseiller du Roy et son doyen en la dite Cour de Parlement, ayant la garde des sceaux de la dite Chancellerie, en l'absence et indisposition de Monsieur Me Guilhaume d'Alesmes, conseiller du Roy, doyen de la dite Cour et garde des sceaux, lequel sieur Desmourins nous a dit que la Cour procédant à la vérification des déclarations de Sa Majesté des dernier de juillet et vingt-deuxiesme octobre derniers, a entre autres choses ordonné que les offices et droits nouveaux créés et establis en la dite Chancellerie puys l'année mil six cent trente, seront dès à présent supprimez, et qu'il sera faict ung nouveau tableau des anciens droits pour estre affiché en la dite Chancellerie, et bien que nous ayons eu ou peu avoir cognoissance du dit arrest par la publication qui en a esté faicte le quinze du présent mois, néantmoins la Cour est advertie que nous avons continué la levée des dites nouvelles augmentations, ce que la Cour trouvoit mauvais, et l'avoit chargé de nous dire qu'elle entendoit faire exécuter le dit arrest pour le bien public et soulagement des parties plaidantes, et ne pouvoir souffrir plus longtemps la levée des dites nouvelles augmentations, à quoy nous aurions respondu que les dits droits avoient esté establis en conséquence des commissions de Sa Majesté par Messieurs de Verthamon et de Lanson, lors intendans de la justice, qu'ils appartenoient à Sa dite Majesté et despendoient de la direction de Monseigneur le Chancelier. Le dit sieur Desmourins nous ayant répliqué que la Cour vouloit estre obéie, nous aurions à mesme temps cessé l'exercice de nos charges, comme aussy le dit sieur Desmourins seroit sorty de la dite Chancellerie, pour donner, disoit-il, advis à la dite Cour de ce que dessus, et pendant que nous estions au sceau, arrestez à délibérer et donner ordre à faire assembler les autres sieurs serviteurs du Roy, nos collègues, à la relevée, la dite Cour auroit envoyé en la dite Chancellerie Bardon, huissier, qui nous auroit signifié le dit arrest, à la requeste de Monsieur le Procureur général du Roy, sans vouloir prendre nos responses, ains adiousté qu'il avoit ordre de nous dire qu'il ne falloit point respondre, mais seulement obéir aux délibérations de la dite Cour, prises les Chambres assemblées, et qu'elle vouloit que ses arrests fussent exécutez, et le dit jour de relevée nous estant rendus en la dite Chancellerie, ensemble les sieurs de Pontac, conseiller secrétaire du Roy du collège ancien, greffier civil et criminel de la dite Cour, de Sauvanelle, de La Roche et de Labat, aussy secrétaires du Roy du dit collège ancien, et le sieur de Cadouin, secrétaire du Roy et audiencier, le dit sieur Desmourins y seroit entré sur les quatre heures et confirmé que la Cour entendoit estre obéie, nous luy aurions respondu d'une commune voix que nous estions obligez de defférer à l'authorité de la dite Cour et répété que les dits droits appartenoient à Sa Majesté soubz la direction de mon dit seigneur le Chancelier, et le dit sieur Desmourins persisté à l'exécution du dit arrest, et à l'instant ordonné que moy dit de Peleau, audiencier, taxasse en sa présence les pièces qui estoient sur le bureau, avecq la diminution des dits droits conformément au dit arrest, ce qui auroit esté faict, et nous ains soubsignez aurions mis le veu et le scellé aux dites pièces et icelles signé, et ayant le dit sieur Desmourins faict apposer le sceau à icelles, nous auroit ordonné de continuer à l'advenir. Ce faict, le dit sieur Desmourins a faict fermer le sceau, et s'est retiré et nous tous. Et le lundy premier de mars et jours suyvans, avons continué, nous le dit Peleau, audiencier, à taxer les fraiz conformément au dit arrest, et les dits sieurs Surin et Pagès, commis et secrétaires, à y mettre le veu et le scellé, et icelles signer, dont nous avons tous ensemble dressé le présent procez-verbal, pour estre envoyé à Sa Majesté et à mon dit seigneur le Chancelier.

Faict et arresté à Bourdeaux, en la salle de la Chancellerie le sceau tenant, le mercredy troisiesme jour de mars mil six cent quarante-neuf.

Peleau, Deforges, Joly, de Sauvanelle, de Cosson, L. Lenet, de La Roche, Colomb, Cadouin, de Labat.

COPIE D'UNE LETTRE DE MESSIEURS DU PARLEMENT DE TOULOUSE A LA REINE (1)

Madame,

Quand nous avons creu que l'authorité des charges dont Sa Majesté nous honore pouvoit suffire à maintenir le repos et la paix dans les provinces que le Roy nous a commises, nous n'avons pas voulu importuner Vostre Majesté, occupée aux grandes affaires du Royaume. Maintenant que nous voyons augmenter le désordre aux païs de nos voysins et qu'il est à craindre qu'il n'entre dans le nostre, nous recourons au Roy, qui est la source du pouvoir que nous exerçons, et supplions très-humblement Vostre Majesté d'y vouloir employer l'authorité royale qui est en vostre main, et faire cesser ces malheurs. Nous sommes environnez de la Provence et de la partie de la Guyenne du ressort du Parlement de Bourdeaux. La guerre est allumée en ces deux païs et faict désià sentir sa chaleur et sa flamme dans le nostre. En ces confusions et désordres, l'exemple est plus fort que la loy. Le peuple le suit et on commence icy de lever des gens de guerre, sans expresse commission de Sa Majesté. On faict de nouvelles impositions pour les entretenir sur les peuples, sy ruynez par les troubles qu'ils ont depuis sy longtemps souiferts, que nous osons dire à Vostre Majesté que la pluspart des habitans de la campagne ne possèdent plus rien que la vye et l'air qu'ils respirent, et ceux des villes ne sont guères plus riches que ceux-là. Le peu de commerce que nous avions avecq Bourdeaux et la Provence nous est osté, et sy Dieu ne nous garantissoit pas de la peste de Marseille qui menace ceste province, et d'où elle nous arrive souvent, il ne resteroit pas ung des fléaux, dont Dieu punit les hommes en sa colère, qui ne tombast sùr nous. Faictes-nous, Madame, ceste grâce ..... d'esteindre promptement ces deux fléaux, qui pourroient causer ung plus grand embrasement, et donner à ces deux provinces ces deux paix particulières, en attendant la générale après laquelle tout soupire et que tout espère de vostre main, et recevez de nos debvoirs et de nostre zèle au service du Roy ces très-humbles

(1) Dossier n° 108, tome II, pièce 56.

et très-respectueuses remonstrances que nous faisons à Vostre Majesté, accompagnées de la protestation de nostre très-humble obéissance et de nostre inviolable fidélité.....

LETTRE DU DUC D'ÉPERNON (1)

Monsieur,

La foiblesse qui me reste d'une fiebvre de cinq jours et une fluxion que j'ay sur le visage m'empeschent de vous remercier de ma main de la lettre obligeante et des discours pleins des marques de vostre affection et bonté que le chevalier de Mun m'a rapportez de vostre part, dont je vous rends ung million de grâces. Je renvoye le chevalier de Mun vers Leurs Majestez pour leur faire entendre ce qui se passe à Bourdeaux et autour où je fais approcher et loger les troupes, nonobstant l'arrest du mesme Parlement, qui a entreprins de leur deffendre de loger ou demeurer à dix lieues autour de Bourdeaux, et qui a sollicité les communautez à se lever et à leur courre sus au son des cloches. Vous jugerez, Monsieur, sy cest arrest est du debvoir et du pouvoir du Parlement, et s'il n'est pas d'une rébellion ouverte. Aussy m'a-t-il donné subiet de faire approcher les troupes qui en estoient esloignées, affin de casser leur arrest, non-seulement par mes ordonnances, mais par les effets sensibles de la puissance du Roy. Je sçays qu'ils ont escrit contre moy une infinité de calomnies à la Cour, qui doit cognoistre leurs intentions et les miennes par nos actions précédentes et recognoistre ma fidélité par leurs plainctes. Ils m'ont enfin ceste obligation qu'ils ont escrit à Sa Majesté, à laquelle ils n'avoient pas voulu faire response des lettres dont Elle les avoit honorez au commencement de ces malheureux troubles. Je remets au chevalier de Mun à vous faire sçavoir particulièrement ce qui se passe icy, et je vous supplie de me continuer l'honneur de vostre amitié, et me croire véritablement, Monsieur, vostre très-humble et très-affectionné serviteur,

Le duc d'Espernon.

De Cadillac, ce 15 d'avril 1649.

(1) Dossier n° 87, pièce 56.

Monsieur, depuis ma lettre escrite, on m'a rapporté que le Parlement a nommé le baron de Chambret, gentilhomme limosin, sourd et boiteux, son général, et l'a logé et visité dans le chasteau du Hâ, bien qu'il y ayt quatre ou cinq jours que la lettre du Roy pour la paix du Royaume ayt esté leüe dans le Parlement, et que l'advocat général Lavie partit avant-hier de Bourdeaux pour Paris, où il promet d'estre dans quatre jours, et que le président Daffis et ung conseiller des Enquestes, nommé Mirat, le doibvent suyvre en bref. Vous pouvez cognoistre l'esprit de Lavie, artificieux et plein de malice, qui a faict premièrement beaucoup de mal en cachette, puis à la fin ouvertement, et a le plus contribué aux dernières brouilleries de Bourdeaux. Le président Daffis est ung esprit turbulent, de bile et de feu, qui a le plus paru dans la dernière prise d'armes, et qui s'alloit ouvertement faire maire, sy quelques adroits de la Compagnie ne l'eussent empesché. Mirat est ung des principaux brouilleurs. Ils vont sans sauf-conduit après avoir pris les armes, sans permission du Roy, contre son authorité, sans subiet, sans que les troupes du Roy les attaquassent et leur fissent aucun mal, encore qu'ils fussent armez à Bourdeaux et se fussent emparez des chasteaux du Roy, et eussent permis aux communautez de courre sus aux troupes de Sa Majesté. Il y a lieu de les retenir et de leur tesmoigner le ressentiment que Sa Majesté doibt avoir de leur rébellion, et leur détention seroit d'ung bon exemple et nous faciliteroit le moyen, en abaissant la superbe de ces mutins, de les réduire plus tost à leur debvoir. Il importe qu'on leur fasse comprendre leur faulte et qu'on n'ordonne et qu'on ne juge rien en leur faveur, sans m'avoir entendu sur les plainctes, mauvaises raisons et demandes injustes qu'ils pourroient avancer. En bonne justice, ils sont criminels de lèze-majesté, et ne se peuvent sauver du supplice que par une abolition. Il est nécessaire, pour leur bien et le repos de la province et l'authorité du Roy, que Sa Majesté ne leur accorde rien qu'en m'ayant faict l'honneur de m'entendre, à quoy je vous supplie, Monsieur, de vouloir tenir la main et nous aider.

LETTRE DE M. DE PONTAC (1)

Monseigneur,

L'arrest du Parlement de Bourdeaux donné contre nostre Compagnie n'est pas la seule, ny la plus grande de mes peynes, puisque je viens d'apprendre par une lettre de Monsieur de Foullé que deux de nos Officiers, mes ennemys particuliers, pour satisfaire à leur ressentiment et à la haine qu'ils ont conceue contre moy depuis l'Édit non exécuté portant création du semestre et la translation de nostre Compagnie dans la ville de Xaintes, soubz prétexte d'une députation qu'ils ont recherchée pour me nuire, s'essayent de vous persuader qu'il est à propos, pour le repos de nostre Compagnie et sa conservation contre les entreprinses du Parlement, de me desgrader et de me priver en faveur de Monsieur d'Espernon du plus beau droit de ma charge et de luy accorder, à mon exclusion, la première place dans la Cour des Aides de Guyenne. Monseigneur, sy nos Officiers se servent en ce rencontre mal à propos du nom et du crédit de mon dit sieur d'Espernon, et sy, comme l'on m'a asseuré, mon dit sieur d'Espernon a moins d'attachement et tesmoigné en ce rencontre moins d'empressement que mes propres collègues à me ravir l'honneur et le bien, considérez, je vous supplie, qu'ils attirent sur eux le reproche de la plus noire malignité qui se puisse imaginer, puisque s'efforçant à me faire perdre la première place que j'occupe parmy eux, ils consentent en mesme temps à la ruyne et à la dégradation de la robe et la perte du plus grand advantage de la magistrature souveraine, qui a conservé, depuis l'establissement de la Monarchie, l'advantage de n'avoir d'autres Présidens que ceux de son ordre, ny d'autres personnes à sa teste que celles qui portent le caractère, l'habit et la livrée de la Justice. Je suis obligé de croire, Monseigneur, que je n'ay point d'autre partie en ce rencontre que mes collègues, Monsieur d'Espernon sçachant très-bien ce qu'il peut et doibt prétendre en ce temps pour récompense de ses services, pour vouloir régler ses demandes à sy peu de chose. Cest intérest est de peu de

(1) Dossier n° 114, tome V, pièce 85.

considération pour luy, mais d'une ruyne totale pour moy, et il n'y a point d'apparence qu'il doibve avoir ceste prétention, après que Monsieur son père en a esté refusé dans le temps de nostre establissement, ny que je doibve perdre cest advantage après une possession de vingt années par moy ou par mes devanciers. Je ne puis m'imaginer que Monsieur d'Espernon voulust faire querelle à toutes les Cours des Aides de France, qui ne manqueront point de s'esmouvoir, en estant adverties, pour la conservation d'ung intérest commun, ny que vous voulussiez, Monseigneur, faire sur ma teste le procez à tous les autres premiers Présidens des Cours des Aides de France, qui iouissent du mesme advantage que moy, à l'exception du feu premier Président de la Cour des Aides de Montpellier, où le contraire se pratique, parce que les Gouverneurs du Languedoc se sont maintenus dans la possession d'y occuper la première place, depuis l'establissement de la dite Compagnie. Ayez esgard, Monseigneur, à la justice de la représentation que je vous fais et de ma très-humble supplication, et puisque vous avez eu la bonté de me protéger jusques à présent comme une de vos créatures, ne détruisez point vostre ouvrage, et veuillez me sauver d'une dernière ruyne, affin que je puisse, avecq le bien et la vye que j'exposeray en toutes occasions pour vostre service, conserver la qualité de,

Monseigneur,
vostre très-humble, très-obéissant et très-obligé serviteur,

De Pontac.

A Tholouse, ce 4 may 1649.

LETTRE DE M. DUBURG

Monseigneur,

Je crois, par les précédentes lettres que j'ay eu l'honneur de vous escrire, vous avoir marqué l'arrivée de Monsieur d'Argenson en ceste ville, et faict sçavoir le commencement de sa négociation, ses divers voyages à Cadillac et icy, qui, n'ayant peu d'abord réussir à la réunion des esprits par son adresse, a commandé ensuite le désarmement par l'authorité que le Roy luy a mise en main, et qu'il n'avoit peu obtenir par ses soins et par ses raisons. Il a trouvé le Parlement et la ville, qui suit ses exemples, disposez à obéir aux ordres de Leurs Majestez. L'exécution n'en est point encore entièrement faicte, parce qu'il a fallu mesnager l'esloignement des troupes qui s'estoient avancées vers Gradignan, à une lieue près de Bourdeaux. Monsieur le duc d'Espernon, pour la seureté du Chasteau-Trompette, dont il est responsable envers le Roy, a désiré aussy que par préalable on y fist entrer cent quarante boisseaux de farine. Le Parlement ayant consenty à ses désirs, les bourgeois, qui composent l'Hostel de ville, s'y sont opposez, par la crainte du soublèvement du peuple. Ceste nouvelle difficulté survenue obligea Monsieur d'Argenson d'aller à Castres, où Monsieur le duc d'Espernon estoit campé, pour la résoudre avecq luy, qui fit proposer, au retour de Monsieur d'Argenson, de joindre, pour la facilité du ravitaillement, ses troupes à celles du Parlement et aux autres forces de la ville, affin que, quelque résistance que le peuple peust faire, le succez en feust infaillible. Cest expédient, Monseigneur, ne fut pas reçeu, par la défiance qu'on avoit conçeue de Monsieur d'Espernon, qui, par ceste jonction, pouvoit se rendre aisément le maistre du Parlement et de la ville. Il survient durant ce traité, Monseigneur, ung bruit qui se répand partout qui rend sa longueur suspecte, et qui veut persuader que le retardement en est affecté par ung dessein de surprise. On y adiouste des advis supposez, de faulces alarmes de jour et de nuit. Cependant, Monsieur le Commissaire persiste tousiours dans sa première proposition, et le Parlement insensiblement s'engage à donner des ostages pour asseurance qu'après l'esloignement des troupes, il seroit loisible de faire entrer dans le Chasteau les farines et les vivres qui y seroient nécessaires, ce que Monsieur le Commissaire accepta d'abord. Et sur l'heure, trois Conseillers furent nommez, qui se rendirent à Blaye. Ces cautions ainsy données, Monseigneur, Monsieur d'Espernon, persuadé d'ailleurs par les raisons de Monsieur d'Argenson, relasche beaucoup de sa première fermeté : il envoye les ordres pour l'ouverture des deux rivières de la Dordogne et de la Garonne, restablit la liberté du commerce ; il esloigne ses troupes jusques à Castres, qui est à quatre lieues de la ville, d'où il apprend que ce que le sieur de Heaumont, capitaine du Chasteau-Trompette, avoit escrit à Monsieur d'Argenson pour response à la lettre qu'il lûy avoit escrite pour apprendre de luy le véritable estat de la place, estoit plustost une ruse de guerre qu'une confession de la vérité qu'il n'est pas permis de desclarer à ses ennemys, car, au lieu de desclarer l'extrémité en laquelle il estoit et le besoin qu'il avoit de farines, il dit hautement ne manquer d'aucune chose, il veut persuader qu'il a des vivres en abondance, et pour preuve de ses paroles il charge le tambour de deux pains fraischement faicts, l'ung pour les chefs qui commandent, et l'autre pour les soldats, de sorte, Monseigneur, que Monsieur d'Espernon revient à sa première proposition, qui est de faire entrer, avant toutes choses, dans le Chasteau-Trompette cent quarante boisseaux de farine. Le Parlement, Monseigneur, bien surpris de ceste nouvelle demande, contraire à ce qu'il venoit d'arrester, consent encore d'abondant pour le bien de la paix à ce que le nombre de farines proposé entre dans le Chasteau, et nomme trois Commissaires, sçavoir Monsieur le président Daffis, Messieurs de Lescure et de Boucaut, conseillers, pour aller communiquer à l'Assemblée de l'Hostel de ville sa résolution, qui fut hier approuvée, d'ung commun consentement, des bourgeois; et, en mesme temps, la lecture des articles (desquels, Monseigneur, j'ay l'honneur de vous envoyer la copie), signez tant par le Commissaire du Roy que par ceux du Parlement, y fut faicte, affin que le public sçeust qu'il alloit iouir de la paix qu'il avoit pleu à Leurs Majestez luy accorder. L'entrée des farines ainsy résolue, Monseigneur, on ne perd pas ung moment de temps pour passer de l'arrest à l'exécution ; on travaille à disposer les passages pour faciliter l'entrée des farines sy désirées et sy attendues, ce qui fut faict dès hier au soir, en sorte que j'espère, Monseigneur, que Monsieur le duc d'Espernon, qui a esté bien aise, à ce que quelques-ungs croyent, d'obliger le Parlement à faire par nécessité ce qu'il avoit tant de fois refusé par obstination, va, sur ceste nouvelle, esloigner les troupes du Roy, et la Ville en mesme temps commencer à licencier les siennes, ce qui seroit desià faict sy les sentimens des sages avoient prévalu, qui désiroient marquer une prompte et aveugle obéissance aux volontez de Leurs Majestez, sans condition et sans défiance. Quelques-ungs, Monseigneur, ont voulu doubter du pouvoir de Monsieur d'Argenson, parce qu'il n'estoit pas scellé du grand sceau, et qu'ils croyent qu'ils ne doibvent pas aisément déférer aux lettres de cachet. J'oubliois de vous dire, Monseigneur, que Monsieur le président Daffis s'est faict descharger de la députation, par la crainte qu'il a eue du mauvais succez de sa commission; Messieurs les autres Présidens ont tous refusé cest employ, hors Monsieur de Gourgues, qui a pris sa place. Le nom qu'il porte m'empesche de vous dire, Monseigneur, les querelles qu'il a formées à Monsieur le Président sans raison, et les violens advis qu'il a eus dans ces dernières occasions. L'air de la Cour tempérera peut-estre ung peu son feu. Faictes-moy, Monseigneur, s'il vous plaist, la grâce de croire que personne n'est avecq une sy véritable passion que je le suis avecq ung sensible respect,

Monseigneur,
de Vostre Grandeur, le très-humble, très-obéissant et fidèle serviteur,

DUBURG.

A Bourdeaux, ce 6ᵉ may 1649.

LETTRE DE M. D'ARGENSON (1)

Monseigneur,

Il y a bien de la difficulté à vaincre les défiances de Messieurs du Parlement de Bourdeaux et à les faire désarmer. J'ay travaillé au commencement pour restablir la bonne intelligence entre Monsieur d'Espernon et eux, mais il m'a esté impossible. Ils n'ont jamais voulu député pour aller conférer avecq luy : c'est ce qui m'a obligé de faire tant de voyages et ce qui a tiré les choses ung peu en longueur. Enfin, ils ont désarmé : tout ce qu'ils avoient de troupes soudoyées ont esté congédiées. Nous avons faict mettre dans le Chasteau-Trompette toutes les farines que Monsieur d'Espernon a désirées. Quelques-ungs du Parlement, qui en avoient approuvé la résolution dans leur Com-

(1) Dossier n° 107, tome II, pièce 96.

pagnie, qui m'avoit donné pour cela des ostages, entrèrent depuis dans la Maison de ville, comme bourgeois, et opinèrent au contraire parmy le peuple, ce qui a esté trouvé fort mauvais par les gens de bien.

Je n'ay jamais trouvé des humeurs sy difficiles, ny des esprits sy esmeus. Encore que vous les cognoissiez fort bien, Monseigneur, j'ose vous dire qu'ils sont dans une situation toute autre que vous ne les avez veus. Leur haine contre Monsieur d'Espernon est estrange. Ils manquent tellement de civilité et de respect à son esgard, que cela n'est pas supportable. J'en escris bien au long à Monsieur de La Vrillière les particularitez; je luy fais aussy quelques ouvertures des moyens pour les obliger à faire autrement. Il ne reste plus que quelques gardes des bourgeois aux portes de la ville : je leur ay escrit de les faire oster aussitost que j'ay esté de retour auprès de Monsieur d'Espernon, qui m'a appris que les troupes du Roy marchoient pour aller en Catalogne, de sorte qu'il ne leur restera plus aucun subiet de défiance, ny de penser que l'on veuille icy leur faire la guerre. Le réduit que l'on faict à Libourne est aujourd'huy le principal subiet de leurs inquiétudes. Il faut renvoyer, à mon advis, leurs députez conférer icy avecq Monsieur d'Espernon, affin qu'ils luy rendent ce qu'ils doibvent et que cela nous donne le moyen de restablir la bonne intelligence nécessaire entre eux pour le bien du service du Roy. Je suis comme je doibs,

Monseigneur,

vostre très-humble, très-obéissant et très-obligé serviteur,

ARGENSON.

A Cadillac, ce 8 may 1649.

Monseigneur, je crois que Messieurs de la Chambre de l'Édit vous feront prier de les transférer ailleurs. Ils sont las de ces troubles, où ils n'ont point eu de part, et plusieurs de ceste Compagnie ont tesmoigné qu'ils avoient ce dessein.

LETTRE DU DUC D'ÉPERNON (1)

Monsieur,

Vous sçavez de quelle importance est la ville de Montauban dans une province comme celle-cy, remplie d'ung grand nombre de personnes qui font profession de la Religion prétendue réformée, et je ne doubte point que par les dépesches que j'ay faictes au Roy, vous n'ayez veu les véritables tesmoignages que j'ay depuis peu rendus à Sa Majesté de la fidélité et obéissance en lesquelles ceste communauté s'est maintenue dans les occurences présentes. Je veux mesme croire, Monsieur, que vous avez esté des premiers à luy procurer l'honneur qu'elle a reçeu par une lettre de Sa Majesté qui luy marquoit la satisfaction qu'Elle avoit de la bonne conduite de ce peuple, et luy faisoit espérer des marques de son affection et de sa bienveillance. En suitte de cela, jugez, s'il vous plaist, s'ils se debvoient attendre à recepvoir des preuves de la colère de Sa Majesté, comme ils croyent en avoir reçeu par ung arrest du Conseil, qui ordonne que le Bureau général des finances, estably à Montauban, sera transféré à Grenade. Je me donne l'honneur d'escrire au Roy sur ce subiet, et supplie Sa Majesté de vouloir faire réflexion sur la conséquence de ceste affaire, qui, subsistant, ne peut contribuer qu'à la satisfaction d'ung particulier intéressé qui n'a pas subiet de chercher à se venger de la peur que sa seule inconsidération luy causa, au lieu qu'il y va du mescontentement d'une ville entière et très-considérable, et de l'incommodité de la pluspart des Officiers de ceste Compagnie, qui ne pourront qu'avecq beaucoup de desplaisir changer leur establissement et la demeure de Montauban en celle de Grenade, dont le séjour n'est nullement convenable à la dignité d'ung Corps de ceste importance. Vous sçavez aussy, Monsieur, comme la saison est peu propre à ces nouveautez, et néantmoins j'apprends que ceux qui les ont inventées recherchent encore à en establir d'autres et veulent faire rejeter sur les Eslections du Quercy ce que d'autres doibvent porter, à quoy je vous supplie très-humblement de vous vouloir opposer et employer vostre crédit et vostre pouvoir pour

---

(1) Dossier n° 87, pièce 36. Post-scriptum autographe.

empescher qu'on n'esmeuve point les esprits de ces quartiers-là par toutes ces innovations, qui sont effectivement injustes et pourroient causer de fascheuses suittes et préiudiciables au service du Roy et à la tranquillité de ceste province, de l'estat de laquelle vous informant par une autre lettre que celle-cy, je me contente de vous protester que je suis tousiours avecq passion,
  Monsieur,
vostre très-humble et très-affectionné serviteur,

          Le duc d'Espernon.

De Cadillac, ce 9 may 1649.

Monsieur, vous me permettrez, s'il vous plaist, de vous représenter qu'il est nécessaire, oultre les raisons cy-dessus spécifiées, de retenir le Bureau des Trésoriers de France à Montauban, que c'est l'advantage de la Religion que plusieurs Officiers catholiques y tiennent leur demeure.

LETTRE DU DUC D'ÉPERNON (1)

Monsieur,

Monsieur de Navailles-Pontous, qui a servy dignement soubz moy en qualité de mareschal-de-camp dans les troupes que j'ay esté obligé d'approcher de Bourdeaux, s'estant attiré par ce moyen et à toute sa famille la haine du Parlement de ceste ville-là, je pense que vous trouverez juste, comme je vous en supplie très-humblement, que Monsieur Philippe de Bénac, son père, et luy qui se nomme Henry, n'ayent point pour juges des personnes qui leur doibvent estre sy suspectes, et que vous ne leur refuserez pas vos assistances et vostre protection pour leur procurer une évocation générale de toutes les causes, tant civiles que criminelles, qu'ils peuvent avoir au dit Parlement de Bourdeaux, d'où ils souhaitteroient, Monsieur, estre renvoyez à celuy de Tholouse, sy la chose se peut. De la sorte, vous m'obligerez

---

(1) Dossier n° 87, pièce 37.

infiniment, et plus encore sy vous me faictes tousiours l'honneur de me croire,

Monsieur,
vostre très-humble et très-affectionné serviteur,

Le duc d'Espernon.

De Cadillac, ce 9 may 1649.

Monsieur, le sieur Thévenin aura, avecq vostre permission, l'honneur de vous entretenir d'ung arrest que je juge très-nécessaire que le Roy fasse donner en son Conseil, pour réparer l'entreprinse faicte par le Parlement de Bourdeaux en la nomination des Juges et Consuls de la Bourse, qu'il est important de ne laisser pas en leur disposition.

LETTRE DU DUC D'ÉPERNON (1)

Monsieur,

La doulceur et bonté de Monsieur d'Argenson nous a retenus d'ung costé, et d'autre a donné cœur aux mutins de Bourdeaux. Il n'osa pas dès le commencement commander de la part du Roy au Parlement et au peuple de poser les armes, ny mesme demander d'aller au Chasteau-Trompette, et que de là on m'envoyast les sieurs de Saint-Méart et de Giac, deux de mes domestiques, gens d'affaires, qui s'y estoient retirez pour sauver leur vye, et suyvoit en ceste retenue le conseil du premier Président, homme craintif, et qui vouloit profiter de ceste occasion pour se remettre aucunement en l'esprit du Parlement et du peuple. Je m'estois avancé à Castres, il y a quinze jours, et le premier Président s'y debvoit trouver avecq d'autres députez du Parlement qui refusoient de venir à Cadillac. Il y eut changement : on me proposa des ostages que j'acceptois, et le lendemain ils refusèrent de me les envoyer, et choisirent eux-mesmes Monsieur de St-Simon, qu'ils estiment fort leur amy, et luy envoyèrent trois personnes de leur Corps, qu'ils appellent ostages, sans que

(1) Dossier n° 83, pièce 38.

j'eusse mandé à Monsieur de St-Simon, et sans que le Roy luy ayt donné charge d'en recepvoir. Le premier jour de ce mois, j'estois à trois quarts de lieue de Bourdeaux avecq les régimens de la Marine, d'Anjou et de Guyenne, et neuf cens ou mille chevaux, tant de la noblesse qui m'estoit venu trouver sans que je l'eusse mandée, que du régiment de Créquy et de la compagnie de chevaux-légers de mon fils, le duc de Candale, et j'estois près à faire effort pour jetter des farines et quelques officiers dans le Chasteau-Trompette et entreprendre quelque chose au-delà, et je tenois infaillible le succez de mon entreprinse. Monsieur d'Argenson se chargea de faire entrer les farines et m'asseura qu'on alloit désarmer, pourveu que je rendisse à Bourdeaux la communication des rivières et que j'esloignasse les troupes. Je l'accorday, à condition qu'avant toute autre chose les farines fussent dans le Chasteau-Trompette. Monsieur d'Argenson me dit à présent qu'ils désarment et qu'ils licencient les troupes qu'ils avoient levées, et qu'ils laisseront le chasteau du Hâ. Mais ce qu'ils doibvent faire n'est pas encore faict : ils retiennent encore leur général prétendu et font garde, quoyqu'ils n'ayent aucun prétexte de craindre. Je ne blasme pas Monsieur d'Argenson, qui croit que la doulceur luy est nécessaire, traitant avecq des esprits plus chauds et plus violens qu'il n'en a jamais veu. Je rends compte de la chose comme elle s'est passée et de ma conduite, que j'ay accommodée autant que je l'ay peu en ce rencontre à son sentiment, comme de celuy qui est venu bien informé des affaires et des mouvemens de la Cour. Il pourra bien faire cognoistre les personnes avecq lesquelles il a traité à Bourdeaux. Ce qu'il m'a rapporté de l'advocat général Lavie mérite bien d'estre sçeu, que depuis son arrivée à Saint-Germain il a escrit à Bourdeaux qu'ils se doibvent roidir, et mesme armer plus puissamment, s'ils veulent obtenir ce qu'ils désirent. On m'avoit bien rapporté que ce brouillon avoit travaillé sourdement et avoit esté le principal moteur de ces derniers désordres de Bourdeaux. J'escris au Roy que j'estime fort nécessaire, nonseulement pour punir la rébellion de Bourdeaux, mais pour conserver le repos de ce gouvernement, que le réduit de Libourne soit achevé et subsiste, et qu'on punisse exemplairement l'insolence du baron de Chambret, qui est chargé de crimes, et a osé, après la paix de Paris, se faire général d'une seule ville révoltée. Bien que j'aye cy-devant mandé à Sa Majesté qu'il estoit bon de transférer de Bourdeaux la Cour des Aides, sans me despartir de mon sentiment qu'il faut affoiblir Bourdeaux en luy ostant les Compagnies souveraines, je crois qu'il est à propos de la restablir premièrement à Bourdeaux pour réparer l'injure du Parlement et luy monstrer son impuissance, et puis transporter ceste Cour à Agen, où elle a esté autrefois. Monsieur d'Argenson a esté prié par plusieurs Officiers de la Chambre de l'Édit de Bourdeaux de remonstrer au Roy la violence qu'ils ont soufferte dans ceste dernière sédition, et de supplier Sa Majesté de les transporter de Bourdeaux, comme il seroit bien à propos. Deux Conseillers de ceste Compagnie m'ont faict la mesme déclaration et prière. Sy vous approuvez leurs raisons et celle que nous avons maintenant de chastier Bourdeaux, Nérac, où ceste Cour a demeuré, est ung lieu propre pour la recepvoir. Je continueray par deçà mes soins ordinaires pour le repos de ceste province et pour restablir en sa ville capitale l'obéissance et le respect deus à Leurs Majestez, selon les ordres et moyens qu'Elles m'en donneront, et n'espargneray vye ny biens pour leur service, ny pour vous tesmoigner pareillement, quand l'occasion s'en présentera, la véritable passion et la fidélité avecq lesquelles je suis,

Monsieur,

vostre très-humble et très-affectionné serviteur,

Le duc D'ESPERNON.

De Cadillac, ce 9 may 1649.

―――

LETTRE DE M. DE LALANNE (1)

Monseigneur,

Je sçays que vos oreilles ont esté sy fort battues des relations de nos désordres, que j'estime que vous me dispenserez aisément de vous entretenir des périls que la profession très-haute que j'ay tousiours faicte d'estre passionné serviteur de la Reyne m'a faict naistre. Je n'ay pas creu que ma vye, que je sacrifieray tousiours avecq grande joye pour le service de Leurs Majestez,

(1) Dossier n° 114, tome V, pièce 86.

ny mon honneur, fussent en seureté en ce lieu-là, depuis que par la paix que Monsieur d'Argenson avoit arrestée, on y tenoit les armes en main avecq autant et plus de violence que par le passé. Je remets au soin de Monsieur nostre premier Président et de l'homme du Roy à vous en instruire plus particulièrement de ce qu'ils ont faict et veu, pendant que je tascheray à réparer ma santé, que je consacre, suyvant mon debvoir, à servir, avecq plus de vigueur qu'aucun autre de ma profession, Leurs Majestez. J'attendray, Monseigneur, avecq grand respect les ordres qu'il vous plaira me donner pour cest effet, avecq d'autant plus de soubmission, que la vénération que j'ay pour vous n'a point d'égale, non plus que la recognoissance qu'a de vos faveurs,

Monseigneur,
vostre très-humble, très-obéissant et très-obligé serviteur,

LALANNE.

A Villandraut, ce 12 may 1649.

Fin du tome I

Nota. — Voir, au tome II, la suite de la Correspondance, la Prise du château de Vayres par les Épernonistes, le Siège de Libourne par les Bourdelois et les Indications biographiques.

TABLE DES MATIÈRES

CONTENUES DANS LE TOME I

	Pages
Liste des Souscripteurs	v
Introduction	1

XVIᵉ SIÈCLE — MARIE STUART

Sommaire	15
Note	17
Histoire de Marie Stuart, Reine d'Écosse (1548-1578)	23
Histoire de Marie Stuart, Reine d'Écosse	33
Procès et mort de Marie Stuart	41
La description de la Royne d'Escosse	141
La manière de l'exécution de la Royne d'Escosse	142
La manière de la solennité des funérailles de la Royne d'Escosse	149

XVIᵉ ET XVIIᵉ SIÈCLES — HENRI IV

Sommaire	155
Note	157
Histoire des amours de Henry quatriesme	161
La clef du Grand Alcandre	194
Procez de François Ravaillac (1610)	197
Procez et mort du Mareschal duc de Biron (1602)	225

HISTOIRE DE BORDEAUX

Sommaire	247
Note	249
Table analytique des matières	251
Luttes du Parlement avec les ducs d'Épernon (Correspondance avec le chancelier Séguier). — Remontrances. — Conflits. — Affaires religieuses. — Émeutes et soulèvements. — Affaires diverses (1633-1649)	277

Bordeaux. — Imprimerie Veuve Riffaud, rue Saint-Siméon, 16.

EXTRAIT DES PRINCIPALES PUBLICATIONS
DE LA
LIBRAIRIE FERET ET FILS, A BORDEAUX

Variétés Girondines ou Essai historique et archéologique sur la partie du diocèse de Bazas renfermée entre la Garonne et la Dordogne, par M. Léo DROUYN, membre de l'Académie de Bordeaux, publié en 9 fascicules in-8º illustrés. — Chaque fascicule... F. 6 »
Les huit premiers fascicules sont en vente.

Histoire de la Réformation à Bordeaux et dans le ressort du Parlement de Guyenne, par Ernest GAULLIEUR, officier d'Académie, archiviste de la Ville. 2 beaux volumes................F. 16 »
Le premier volume est en vente.

Carte du département de la Gironde, à l'échelle de $\frac{1}{10000}$, publiée par l'Administration départementale, suivant les décisions du Conseil général de la Gironde. Bel Atlas de 23 feuilles colombier, gravé sur pierre par la maison ERHARD, de Paris, et tiré à quatre teintes. Prix de l'Atlas entier.....................F. 50 »
Relié toile, monté sur onglets, plaque or........................ 60 »
Chaque feuille se vend séparément.. 4 »

L'Église métropolitaine et primatiale Saint-André de Bourdeaux, par M. Me Hiérosme LOPÈS, docteur régent en théologie dans l'Université de Bourdeaux. Réimpression publiée sous les auspices de S. E. le Cardinal Donnet et de S. Gr. Mgr de la Bouillerie, coadjuteur de Bordeaux. Annotée et complétée par M. l'abbé CALLEN, chanoine honoraire et professeur à la Faculté de théologie de Bordeaux. 2 vol. grand in-8º, illustrés de plus de 150 gr. par MM. Léo Drouyn, Maxime Lalanne, baron Jules de Verneilh, etc., etc............F. 18 »

Vie de Mgr Faurie, vicaire apostolique du Kouy-Tchéou (Chine), avec 1 carte géographique du Kouy-Tchéou, par M. l'abbé J.-H. CASTAING. Grand in-8º.........................F. 8 »

Histoire du Commerce et de la Navigation à Bordeaux, principalement sous la domination anglaise, par FRANCISQUE-MICHEL, correspondant de l'Institut, 2 vol. in-8º, avec carte......F.

Les Cérémonies qui ont été faictes en la présence du Roy aux espousailles de Madame, sœur aisnée de Sa Majesté (reproduction de l'édition de 1615, avec introduction, par L.-B. DE F.). Br. in-8º........................F. 2 »
Quelques exemplaires tirés sur Hollande.......................... 4 »

Histoire de la ville de Blaye, depuis sa fondation par les Romains jusqu'à la captivité de la duchesse de Berry, 1833, par l'abbé E. BELLEMER. 1 vol. in-8º, avec plan de la ville ancienne......F. 10 »

Remarques sur le texte de divers auteurs : Virgile, Ausone, par R. DEZEIMERIS, correspondant de l'Institut. In-8º.................F. 2 »
Quelques exemplaires tirés sur Hollande.......................... 4 »

Histoire de la Terreur à Bordeaux, par Aurélien VIVIE, président de la Société des Archives historiques de la Gironde, 2 vol. in-8º, imprimés en caractères elzéviriens. — Ouvrage épuisé. Il reste quelques exemplaires sur papier de Hollande................F. 40 »

Variétés Bordeloises (réimpression) ou Essai historique et critique sur la topographie ancienne et moderne du diocèse de Bordeaux, par l'abbé BAUREIN, édition de luxe accompagnée d'une préface sur la vie et les œuvres de l'abbé Baurein, par G. MÉRAN, et d'une table générale alphabétique et détaillée par M. le marquis de Castelnau-d'Essenault, 4 beaux vol. in-8º..............F. 30 »
150 exemplaires numérotés tirés sur Hollande..................... 60 »

Lectures historiques à la Sorbonne et à l'Institut, par Fr. GOMBES, professeur d'histoire à la Faculté des lettres de Bordeaux, 2 vol. in-4º.......F. 30 »

Montaigne (Michel de), nouvelle édition publiée par MM. H. BARCKHAUSEN et R. DEZEIMERIS, contenant la reproduction de la 1re édition, avec les variantes des 2e et 3e éditions, 2 vol. in-8º, édition de luxe. (Publication de la Société des Bibliophiles de Guienne).F. 15 »

www.ingramcontent.com/pod-product-compliance
Lightning Source LLC
Chambersburg PA
CBHW070531230426
43665CB00014B/1654